ESBOZO de HISTORIA de MÉXICO

JUAN BROM

Colaboración de
Dolores Duval H.

ESBOZO de HISTORIA de MÉXICO

grijalbo

ESBOZO DE HISTORIA DE MÉXICO

D.R. © 1998, Juan Brom

D.R. © 1998 por EDITORIAL GRIJALBO, S.A. de C.V.
    Calz. San Bartolo Naucalpan núm. 282
    Argentina Poniente 11230
    Miguel Hidalgo, México, D.F.

Este libro no puede ser reproducido,
total o parcialmente,
sin autorización escrita del editor.

ISBN 970-05-0937-0

IMPRESO EN MÉXICO

Esta obra se terminó de imprimir
en mayo de 1998, en
Ingramex, S.A.
Centeno 162
México, D.F.

La edición consta de 15,000 ejemplares

*A mis nietos Manuel y Emilio,
y a los que todavía puedan venir.*

Una experiencia y un compromiso

Allá por 1952, un joven, estudiante de Historia, platicaba con un campesino, un hombre ya grande, en la pequeña pirámide del Tepozteco, arriba del bello pueblo de Tepoztlán, en Morelos.

El estudiante preguntó por Zapata. «Ustedes aquí deben tener muchos recuerdos de él», dijo. La respuesta fue: «Zapata... Zapata fue el que terminó la obra de Morelos». El estudiante se sorprendió. «¿Por qué dice usted eso?», preguntó intrigado. «Pues porque Morelos corrió a los gachupines del gobierno, y Zapata los corrió de las haciendas», contestó el campesino.

El estudiante iba a aclarar: Morelos no logró derrotar a los españoles, y Zapata quitó las haciendas a sus dueños mexicanos. Pero se puso a reflexionar, y vio que el campesino, probablemente analfabeta, había expresado una profunda visión histórica: la permanencia y continuidad de las luchas del pueblo mexicano.

El estudiante que, casi medio siglo más tarde, se lanzó a escribir el presente libro, nunca olvidó la lección.

*Dedico este libro a las luchas del pueblo mexicano,
a sus hombres y mujeres que han pugnado y pugnan
por afianzar y superar nuestro país.*

JUAN BROM

Índice

Reconocimientos 21
Presentación 23
Introducción. México: el río y las corrientes 25

Primera parte
RAÍZ AMERICANA

1. Origen y desarrollo de los pueblos autóctonos 31
   El poblamiento de América 31
   El invento de la agricultura 32
   Cuatro milenios de evolución (2500 a.C.-1521 d.C.) 36
   La sociedad, la economía y el gobierno 36
       Periodo preclásico, 36. Periodo clásico, 39. Periodo posclásico, 39.
           (El dominio mexica, 42). La religión, 44. Ciencia y arte, 48
2. Algunos pueblos, culturas y hechos destacados 53
   Periodo preclásico 53
       La cultura olmeca, 53. Otras regiones, 53
   Periodo clásico 53
       Teotihuacan, 53. Monte Albán, 55. Los mayas, 56. Xochicalco, 57.
       El fin del periodo clásico, 57
   Periodo posclásico 58
       Los toltecas, 58. Los mayas, 58. Los mixtecos, 59. Los mexicas, 59
   Mesoamérica en vísperas de la llegada de los españoles 59
   Resumen 62

Segunda parte
AMÉRICA COMO COLONIA EUROPEA

3. "Descubrimiento" 67
   América y Europa se encuentran 67
   Los recién llegados 68
       La Europa medieval, 68. El Renacimiento, 70. España, 70

14   ESBOZO DE HISTORIA DE MÉXICO

    Los grandes viajes europeos 72
    La colonización de las Antillas 75
4. La conquista de México y de todo el continente 77
    La expedición a México, 77. En Tenochtitlan, 80. Nuevas acciones militares, 81. La caída de Tenochtitlan, 81. La expansión del dominio español, 82. Causas de la victoria española, 83
    Otras conquistas y colonizaciones españolas en América 84
    Las colonizaciones en América por otros países europeos 84
5. La Colonia (1). Las décadas iniciales (1521-1580/1600) 85
    El asentamiento de la nueva estructura 86
    La población en la Nueva España 86
    La organización del gobierno 87
    Las autoridades, 88. Las Repúblicas de Indios y de Españoles, 90
    La nueva organización económica 91
    La tierra. La encomienda, la hacienda y el repartimiento, 91; La agricultura, 92. La minería, 93. Artesanías y obrajes, 95. El comercio, 95
    La conquista espiritual 95
    Los evangelizadores, 97. La defensa de los indios, 97. Las escuelas, 98
    Los primeros conflictos 99
6. La Colonia (2). La Nueva España estabilizada (1580/1600-1760) 101
    El gobierno 101
    La economía 102
    La sociedad colonial 102
    La Iglesia 103
    La cultura 105
    Rebeliones populares 108
7. La Colonia (3). De las Reformas Borbónicas a la Independencia (1760 - 1810) 111
    El ambiente popular y su evolución 115
    Hacia la Independencia 116
    El descontento interno, 116. Elementos externos, 118
    Una reflexión sobre el periodo colonial 120
    Resumen (1492-1810) 122

TERCERA PARTE
FORMACIÓN Y CONSOLIDACIÓN DEL MÉXICO
INDEPENDIENTE (1810-1876)

8. La Nueva España se transforma en México (1810-1821) 129
    Las condiciones para la insurrección en la Nueva España 129
    La crisis española, 129. La América española ve la oportunidad de su emancipación, 131
    La Guerra de Independencia 133
    Estalla la lucha armada, 133. La continuación de la lucha insurgente, 138. El apogeo del movimiento, 141. La evolución en España, 143. Entre la Insurgencia y la Independencia, 144. Inglaterra y Estados Unidos frente a la rebelión hispanoamericana, 145. El logro de la Independencia legal, 146
    Una reflexión sobre la Guerra de Independencia 148

9. En busca de una nueva estructura (1821-1855) 151
   Del entusiasmo a la desesperación 151
      La situación en el mundo, 151. El reconocimiento internacional, 152
   La difícil situación interna 154
      La población, 154. La economía, 154. Iglesia y Estado, 155. La educación
      y la vida cultural, 156. La vida cotidiana, 158
   La organización del Estado 159
10. Gobiernos, conflictos internos e internacionales (1821-1855) 163
   Principales gobiernos 163
      El periodo de Iturbide, 163. La Primera República Federal (1824-1835), 165.
      La República Centralista (1835-1846), 169. La Segunda República Federal
      (1846-1853), 170. El último gobierno de Santa Anna, 170
   Guerras y sublevaciones 171
      México se reduce a la mitad, 171. (Texas, 172. La guerra con Estados
      Unidos, 172. La paz, 176. ¿A qué se debió la derrota, 176). Las rebeliones
      populares, 178. (Yucatán, 178. Otros movimientos, 178)
   Otras amenazas a la integridad del país 179
   Las esperanzas fallidas 179
11. Rompimiento con el pasado colonial: la Reforma 181
   La herencia a superar 181
   Los liberales conquistan el poder 181
   La Reforma 182
      La Constitución de 1857, 182
   La Guerra de Tres Años 186
      Los cambios legales, 188. El extranjero frente a la lucha, 188.
      El triunfo del gobierno constitucional, 192
12. El Imperio contradictorio 195
   La Intervención Francesa 195
      Los antecedentes internacionales, 195. La llegada de las tropas
      europeas, 196
   El Imperio 199
      El gobierno imperial, 199. La vida social y cultural, 201. La política
      internacional, 202. El triunfo de la República, 203. La importancia
      de la Reforma y de la lucha contra el Imperio, 206
13. La República Restaurada (1867-1876) 209
   En busca de la consolidación 209
   Los gobiernos 210
      Benito Juárez, 210. Sebastián Lerdo de Tejada, 211
   Situaciones, avances y problemas 211
      La economía, 212. La cultura, 212. Sublevaciones populares, 213
   Una consideración general 214
   Resumen (1821-1876) 214

Cuarta parte
¡PAZ, ORDEN Y PROGRESO! (1876-1910)

14. El poder político y la economía bajo Porfirio Díaz (1876-1910) 221
    La consolidación del poder (1876-1888) 222
    El "gobierno tranquilo" (1888-1900/1910) 225
    El apogeo aparente (1900-1910) 226
    La economía 229
    　La industria, 230. La agricultura, 232. Obras públicas, 234
15. La sociedad, la cultura y los movimientos de descontento
    (1876-1910) 237
    La sociedad 237
    　Pensamiento, arte y literatura, 238.
    　Educación y ciencia, 241
    Movimientos y rebeliones populares 242
    　Campesinos y pueblos en lucha, 242. Movimiento obrero, 243
    El fin del porfiriato 245
    Resumen (1876-1910) 247

Quinta parte
UN PROYECTO NACIONALISTA Y POPULAR (1910-1940)

16. La Revolución armada (1910-1917) 253
    Campaña y gobierno de Madero 253
    　La caída del dictador. La oposición política, 253.
    　¡Madero al poder!, 254. Regímenes vacilantes, 255
    El gobierno de Huerta 258
    　El golpe, 258. La derrota de Huerta, 260
    La lucha entre los revolucionarios. La Convención de Aguascalientes
    y los constitucionalistas 262
    La Constitución de 1917 y la nueva situación del país 265
    Una reflexión sobre el periodo 268
17. La consolidación del nuevo régimen (1917-1934) 271
    Los gobiernos 271
    　Carranza, 271. Obregón, 272. (Las relaciones internacionales, 274).
    　El general Plutarco Elías Calles, 274. El "Maximato", 276
    Economía, movimientos sociales y políticos 278
    　Población y economía, 278. Partidos y movimientos populares, 279.
    　El campo y los campesinos, 280. La clase obrera, 281
    Cultura y educación, desde la Revolución hasta 1934 283
    　El pensamiento y la vida artística, 283. La educación, 284
18. Grandes cambios (1934-1940) 287
    El rompimiento del Maximato, 287
    El país se transforma 289
    　El campo y los campesinos, 289. Los obreros, 290. La economía, 291.
    　La educación y la vida cultural, 293
    Organizaciones políticas y movimientos armados 295
    　Los partidos, 295. Movimientos armados, 296

La situación internacional y México, 1934-1940 297
Nueva moderación 298
¿Qué significó el periodo cardenista? 299
Resumen (1910-1940) 300

Sexta parte
OTRO RUMBO (1940-1997)

19. ¿Cómo compartir el país? (1940-1982) 305
    La situación internacional 305
    Los gobiernos 307
        Industrialización y nueva política nacional, 307. México y
            el mundo, 309
    La vida cambia 311
        Capitalismo de Estado e iniciativa privada, 311. El campo, 316.
            La clase obrera, 317. La educación, 319. La vida cotidiana, 320. La
            vida cultural, 321. Partidos y elecciones, 324. Organizaciones
            y movimientos sociales, 325
    Crisis del "país compartido" 327
20. Hacia la globalización (1982-1997) 329
    Nueva situación internacional 329
    El Estado se retira de la economía 331
    Movimientos políticos y reformas electorales 335
    Inquietudes y problemas 340
        Inseguridad, 340. Educación, ciencia y cultura, 341. Problemas
            ambientales y de salud, 342. La "sociedad civil", 343. Los indígenas,
            343. Las iglesias, 345
    El primer semestre de 1997 345
    Resumen (1940-1997) 346
21. Últimos acontecimientos (1o./VII-31/XII/97) 353

Séptima parte
RECAPITULACIÓN Y REFLEXIONES

22. Pasado, presente y perspectivas 357
    Un recorrido a través del tiempo 357
    La historia y el historiador 360
    Algunas reflexiones 362
        Periodos "tranquilos" y momentos agitados, 362. Dirigentes y masas
            populares, 362. Unidad nacional y luchas sociales, 363. ¿Progreso
            para todos?, 363. La incorporación de opositores, 364. Cultura
            o culturas, 364
    ¿Hacia dónde? 364
    ¿Qué hacer? 368

18   ESBOZO DE HISTORIA DE MÉXICO

REFERENCIAS GENERALES

Guía bibliográfica

Obras generales 373
    Referencias generales, 373. Recopilaciones documentales y trabajos
    de interpretación, 373. Historias globales, 374
Periodos específicos 374
    Raíz americana, 374. América como colonia europea, 374. Formación
    y consolidación del México independiente, 374. ¡Paz, orden y progreso!,
    374. Un proyecto nacionalista y popular y Otro rumbo, 375
Temas específicos 375
    Relaciones internacionales, 375. Campo, 375. Clase obrera, 375.
    Estado y partidos políticos, 375. Vida cotididiana, 376. Arte, 376

Esquemas geográficos

    Poblamiento y principales culturas de América, p. 33.
    Mesoamérica y principales sitios arqueológicos, p. 37.
    Dominios de la Triple Alianza, p. 43.
    Conquistas árabes, p. 69.
    Principales exploraciones europeas p. 73.
    Ruta de Cortés, p. 79.
    División política de la Nueva España, siglos XVI y XVII, p. 89.
    Principales caminos y centros mineros en la Nueva España, siglo XVI, p. 94.
    Virreinatos y capitanías de España en América, siglo XVIII, p. 112.
    Intendencias y Gobiernos de la Nueva España (1786), p. 113.
    Ruta de Hidalgo, p. 140.
    Campañas de Morelos, p. 142.
    Principales campañas de la guerra con Estados Unidos, p. 174.
    Pérdidas territoriales de México, p. 177.
    Itinerario de Juárez en la Guerra de Tres Años, p. 189.
    Expansión colonial 1815-1914, Láminas a color núms. 6 - 7).
    Red ferroviaria hacia el final del porfiriato (1910), p. 231.
    Revolución Constitucionalista, p. 261.

Recuadros principales

  Raíz americana
    Los problemas del historiador, p. 32.
    La zona andina, p. 35.
    La información acerca de los pueblos indígenas, p. 39.
    El mito del Quinto Sol, p. 45.
    Calendario, p. 46.
    Quetzalcóatl, p. 58.
    Matrícula de tributos (láminas a color, núms. 1 a 3).
  América como colonia europea
    La Iglesia medieval, p. 71.
    La información sobre la conquista de México, p. 78.
    El Ayuntamiento de Veracruz, p. 78.

Castas (láminas a color, núms. 4 y 5).
   La Audiencia, p. 88.
   La Reforma y la Contrarreforma en Europa, p. 96.
   El Real Patronato eclesiástico, p. 105.
   La "Real Cédula de Consolidación de Vales", p. 114.
   La Ilustración , p. 116.
   Fray Servando Teresa de Mier, p. 119.
Formación y consolidación del México independiente
   Las independencias en América del Sur, p. 132.
   Virreyes, 1808-1821, p. 133.
   El "Pensador Mexicano", Fernández de Lizardi, p. 141.
   La doctrina Monroe, p. 153.
   Clausura de la Universidad , p. 156.
   José María Luis Mora, p. 157.
   Los cambios en América Latina (1821-1855), p. 160.
   Gobernantes (1821-1855), p. 165.
   Formas constitucionales democráticas, p. 166.
   Partidos y logias, p. 167.
   El liberalismo p. 185.
   América Latina a mediados del siglo, p. 192.
   Presidentes (1855-1861), p. 193.
   La Guerra de Secesión de Estados Unidos, p. 196.
   El positivismo, p. 212.
   Los movimientos socialistas, p. 214.
¡Paz, Orden y Progreso!
   El imperialismo, p. 221.
   América Latina (1876-1910), p. 222.
   Los Flores Magón y el nuevo Partido Liberal Mexicano, p. 229.
   "Justificando" diferencias sociales ("el darwinismo social"), p. 241.
Un proyecto nacionalista y popular
   La situación internacional (1910-1917), p. 255.
   El Plan de Ayala, p. 256.
   El Plan de Guadalupe, p. 260.
   Presidentes (1910-1917/20), p. 260.
   La situación internacional (1917-1934), p. 272.
   Presidentes (1920-1940), p. 273.
   Partidos importantes fundados antes del PNR, p. 279.
   Partido Comunista Mexicano (PCM), p. 280.
   Partido Nacional Revolucionario (PNR), p. 281.
   Confederación de Trabajadores de México (CTM), p. 291.
   Partido de la Revolución Mexicana (PRM), p. 295.
   Partido Acción Nacional (PAN), p. 296.
Otro rumbo
   Presidentes (1940-1982), p. 307.
   Presidentes (1982-2000), p. 331.
   Partido de la Revolución Democrática (PRD), p. 336.
   El Ejército Zapatista de Liberación Nacional (EZLN), p. 344.
   La autonomía, p. 345.

Reconocimientos

El doctor Pablo González Casanova, uno de los científicos sociales más distinguidos de nuestro país, me honró al manifestar su confianza en mi capacidad de emprender y llevar a buen término la redacción de una breve historia de México. A él debo en gran parte la decisión de enfrentar tan difícil reto.

Mi trabajo se vio estimulado por múltiples observaciones y críticas al manuscrito, referentes a datos, interpretaciones y formas de redacción, con que me apoyaron los amigos historiadores, docentes de la disciplina o profesionales de otras ciencias sociales Bernardo Bader, Yara Brom, Angélica Cuéllar, Norma de los Ríos, Guadalupe Ferrer, María Luisa González Marín, Dolores Hernández, Alfredo López Austin y Dolores Torres. Sus planteamientos constituyeron una valiosa ayuda para mejorar mis primeras exposiciones, corregir errores y eliminar formulaciones confusas.

Especial reconocimiento debo a la licenciada en Historia Dolores Duval H., quien participó intensamente en la elaboración del presente texto, aportando datos, ayudando a definir análisis e interpretaciones y haciendo sugerencias acerca de la estructura y la redacción del trabajo.

Agradezco también el valioso apoyo que me prestaron los señores Ariel Rosales Ortiz y Javier Parra Chapa, respectivamente director editorial y jefe de redacción de Editorial Grijalbo.

Espero no haber defraudado la confianza que me demostraron todos ellos y les reitero aquí mi agradecimiento.

Por supuesto, la responsabilidad conjunta por el libro es mía.

J.B.

San Andrés Totoltepec, enero de 1998.

Presentación

El *Esbozo de historia de México* está pensado para proporcionar una visión breve del desarrollo social, económico, cultural y político de nuestra nación, desde sus orígenes hasta hoy.

Muchas personas consideran tedioso el estudio de la historia, por la abundancia de fechas y nombres que se suelen presentar. Los indicados aquí son los considerados indispensables para la ubicación de los momentos históricos, sin pretender su memorización por el estudiante.

Con el fin de no romper la continuidad del relato se remiten a recuadros fuera del texto ciertas informaciones y datos anecdóticos. El *Índice* proporciona una relación de los más importantes, especialmente de los citados en capítulos distintos a los de su colocación.

El autor no se propone imponer ninguna interpretación particular, pero no puede ni desea renunciar a exponer sus propios puntos de vista. Su deseo es que éstos, de preferencia confrontados con otras concepciones, animen al lector a cuestionar lo expuesto y a elaborar, de manera razonada y con conocimiento de causa, su criterio personal.

El responsable del presente libro no ignora las dificultades enfrentadas para la selección de los datos que presenta y la sabe condicionada por su propia concepción histórica. Desde luego, reconoce la existencia y legitimidad de enfoques distintos al suyo. Corresponde al lector aceptar o rechazar el punto de vista expuesto y adoptar el que considere más convincente.

Introducción.
México: el río y las corrientes

Frecuentemente se compara la historia de un pueblo con la corriente de un río: ambas se nutren de muchos afluentes y se dice que uno o dos de ellos las determinan. Esta consideración tiene mucho de justo, pero también de arbitrario. ¿Qué podemos decir de las raíces y de las características de nuestro país?

Desde hace tiempo se libra una discusión: unos nos consideran prolongación de España, en vista del idioma hablado mayoritariamente, de la unidad formada durante la época colonial y del predominio de una forma religiosa. Otros, en cambio, ven nuestro antecedente principal en los pueblos indígenas, sobre todo en el azteca, porque éste había construido el Estado más fuerte de la actual República en el momento de la Conquista. La propia palabra México es de ese origen, muchas ciudades y pueblos tienen nombres provenientes de esa cultura y son frecuentes los santuarios y edificios de gobierno actuales construidos en lugares antes ocupados por los prehispánicos.

Hay una tercera interpretación, hoy en día muy aceptada, basada en las mismas características aducidas anteriormente: somos un país mestizo, una amalgama de elementos hispánicos y autóctonos. Distintos intérpretes dan mayor o menor importancia a unos u otros elementos.

Sin duda, hay mucho de cierto en los tres planteamientos señalados. ¿Pero son suficientes?

Cualquier examen más profundo de nuestro pasado y presente nos hace ver que los enfoques mencionados constituyen simplificaciones excesivas. Los aztecas o mexicas fueron ciertamente el pueblo dominante en gran proporción del país, pero habían absorbido y desarrollado la herencia de pueblos anteriores o contemporáneos a ellos. Existían además muchas otras culturas, algunas de alto nivel, en el territorio actual de México. La diversidad de nuestro país, su riqueza cultural, tiene una deuda histórica con estas raíces autóctonas y sus descendientes, ya sean hoy de habla española o mantengan sus idiomas ancestrales.

A su vez, los conquistadores y colonizadores tampoco provenían de una cultura única. En su formación habían participado celtíberos, griegos, fenicios, romanos, germanos, árabes, judíos. Eran grandes las diferencias entre los pobladores de España, recién unificada en un solo Estado en el momento de la llegada a lo que pronto llamarían la Nueva España. Todavía hoy son notorias las diversidades culturales en la península ibérica.

Los afluentes de nuestro río no se quedan en esto. Durante el periodo colonial fueron traídos esclavos negros, que se integraron a la población y le proporcionaron una importante aportación. También se incorporaron al México de hoy personas e influencias de casi toda Europa, Asia y países americanos, arribados desde el periodo colonial y con mayor intensidad a partir de la Independencia.

Estas aportaciones del pasado continúan, tanto a través de la llegada de personas como transmitidas por la radio, la televisión, el cine y la literatura. El río se sigue enriqueciendo permanentemente con distintos afluentes étnicos, políticos y culturales.

A su vez, México no sólo ha recibido influencias, sino también las ha aportado, a veces con gran intensidad, al resto del mundo. Formamos parte del enorme conjunto llamado humanidad, en la que todos participamos, queramos o no, para bien y para mal.

Hemos comparado aquí la formación de nuestro pueblo con la corriente de un río, con sus múltiples afluentes. Se trata de una imagen, que no debe aplicarse en forma rígida: en un río suelen mezclarse por completo las aguas provenientes de diversos tributarios; en un pueblo, y específicamente en el nuestro, el contacto entre sus integrantes da lugar a la aparición de diferencias de muchos tipos, en ocasiones causantes de conflictos, pero que sin duda constituyen una gran riqueza.

Los ríos nacen, recorren una trayectoria y "mueren" en otro cauce, en una cuenca, en el mar. Aquí también encontramos una diferencia fundamental entre la imagen empleada y lo que podemos decir de nuestro pueblo. Éste, ciertamente, nace y se nutre de múltiples fuentes pero también es parte del "gran río" constituido por la humanidad, sin "morir" en el mar que ésta forma. Durante un largo tiempo por venir seguramente continuarán existiendo los diferentes pueblos, en una interrelación más activa que en tiempos anteriores, pero manteniendo sus características propias. El nuestro no será una excepción.

Otra característica del río y de la sociedad es que, como casi todas las corrientes, tienen superficie y profundidad. A veces, su movimiento es parejo "arriba" y "abajo", pero con frecuencia presentan una imagen tersa y de transcurrir tranquilo, mientras en el fondo se agitan contracorrientes, estancamientos y remolinos, cuyos signos frecuentemente son ignorados o despreciados por "insignificantes"; en algunos momentos brotan con vigor incontenible y alteran la aparente tranquilidad. También se da el fenómeno inverso: la superficie se muestra agitada mientras el fondo transcurre por su propio cauce. La relación entre "superficie" y "fondo" es compleja, y la acción de quienes integran el pueblo es uno de sus determinantes.

Nuestra participación en el "río" mexicano, y en el "gran río" de la humanidad, puede ser pasiva, dejándonos arrastrar por la corriente, alegrándonos si nos va bien o quejándonos cuando no es el caso; también nos es posible asumir un papel activo, conocer nuestros problemas y las diferentes opciones entre las que podamos escoger. Esta segunda actitud, para nosotros la auténticamente humana y libre, requiere saber de nuestro origen y evolución a través del tiempo.

Este conocimiento es un ingrediente insustituible aunque no suficiente para actuar con responsabilidad. El presente libro tiene por objeto presentar los elementos fundamentales de nuestra historia, plantear dudas, cuestionar afirmaciones. No puede ni desea ofrecer ejemplos a imitar o a repudiar, sino se propone facilitar la reflexión sobre el camino recorrido y acerca del que podemos escoger. Si colabora a profundizar esta reflexión, habrá cumplido con su objetivo.

Primera parte

Raíz americana

1. Origen y desarrollo de los pueblos autóctonos

El poblamiento de América

Hablar de la historia de México es reflexionar por quienes forman la sociedad mexicana, por sus antecedentes y su evolución, buscar sus características y las relaciones con otras sociedades. De entrada se plantea la pregunta acerca del origen de los grupos humanos que integrarían, con el tiempo, al pueblo de México.

Todas las sociedades se han preocupado por su propio origen. Las primeras explicaciones que elaboraron fueron de tipo místico o religioso, que atribuían la creación a varios dioses, a uno en particular o a alguna otra causa fantástica.

Las investigaciones científicas nos indican hasta hoy que el *homo sapiens* se formó en África, Asia y Europa, en un proceso que duró varios millones de años. No hay datos para suponer que la misma evolución podría haberse dado en el continente americano.

Las evidencias conocidas actualmente indican que los primeros pobladores de América procedían de Asia, y que su entrada tuvo lugar por el Estrecho de Bering. Éste, situado entre Alaska y el oriente de Siberia, mide aproximadamente 90 kilómetros de ancho; durante las glaciaciones, al bajar el nivel del mar varias decenas de metros, se transformaba en una extensa zona de tierra, llamada Beringia, que unía los continentes asiático y americano.

Tomando como referencia el periodo de la última glaciación, se supone que la primera llegada humana tuvo lugar hace 40 o 75 mil años. Posteriormente hubo otras inmigraciones por la misma vía.

Los recién llegados se fueron extendiendo por el continente, rodeando o atravesando las grandes cadenas montañosas, en busca de las mejores condiciones para la caza, la pesca y la recolección. En general, los hallazgos arqueológicos indican que la migración se realizó de norte a sur, ya que se han

> **Los problemas del historiador**
>
> Para estudiar el pasado, el historiador utiliza distintos métodos y aprovecha variadas fuentes. Los periodos más remotos se investigan analizando huesos, excrementos (que proporcionan datos acerca de la alimentación), utensilios, pinturas y otros elementos, tomando en cuenta también lo aportado por diferentes ciencias acerca de las condiciones prevalecientes en sus momentos. La información se enriquece, para periodos más cercanos a nosotros, con documentos escritos y, en el caso de acontecimientos contemporáneos, se complementa con la información proporcionada por testigos presenciales.
>
> En lo referente a los periodos más antiguos, el problema reside sobre todo en la escasez de datos, mientras para los posteriores se dispone de una sobreabundancia de éstos, y siempre se debe discernir entre los relevantes y los de escasa importancia. El investigador también necesita tomar en cuenta que los documentos reflejan, forzosamente, los conceptos y prejuicios de quien los haya elaborado.
>
> Además, como sucede en todas las ciencias, la investigación arroja continuamente nuevas informaciones e interpretaciones, modificando con frecuencia lo que ya se consideraba confirmado.
>
> Esta misma problemática afecta el conocimiento de la historia de México, desde la escasez de información acerca de los periodos antiguos hasta la dificultad de apreciación de los recientes.

encontrado pruebas de la existencia humana en Alaska y Canadá, de hace aproximadamente 30 mil años, hasta llegar a la Patagonia con menos de 15 mil años atrás. Sin embargo, recientemente se han hallado elementos en Brasil y Chile, de una antigüedad probable de 20 a 45 mil años, por lo que se supone una llegada y dispersión muy antigua del hombre en el continente.

También hubo contactos de pueblos asiáticos con el sur de América, en épocas posteriores.

A través de miles de años se formó un conjunto de sociedades, en el que se pueden distinguir tres niveles: 1) el de los pueblos recolectores, cazadores y pescadores; 2) el de los agricultores y 3) el de las zonas de alta cultura, constituidas en Mesoamérica (parte de México hasta América Central) y en la región andina de América del Sur. Entre estas últimas hubo algunos contactos.

Al norte de Mesoamérica se extendía una zona conocida como Aridamérica, que no permitía la agricultura con la técnica de la época. En ésta había algunas regiones que contaban con agua, llamadas Oasisamérica, donde se desarrollaron pueblos agricultores.

Los límites no pueden considerarse precisos, ya que se fueron modificando en diferentes momentos y además porque en las mismas zonas se encontraban poblaciones de distintos grados de evolución.

El invento de la agricultura

A través de un prolongado proceso de trabajo y experimentación, los habitantes de América perfeccionaron sus conocimientos y sus instrumentos de caza, pesca y recolección. El único animal domesticado que los acompañaba desde Asia era el perro.

Hace aproximadamente nueve milenios empezó en América el cultivo de plantas útiles al hombre. Se trata de una gran variedad, entre la que se en-

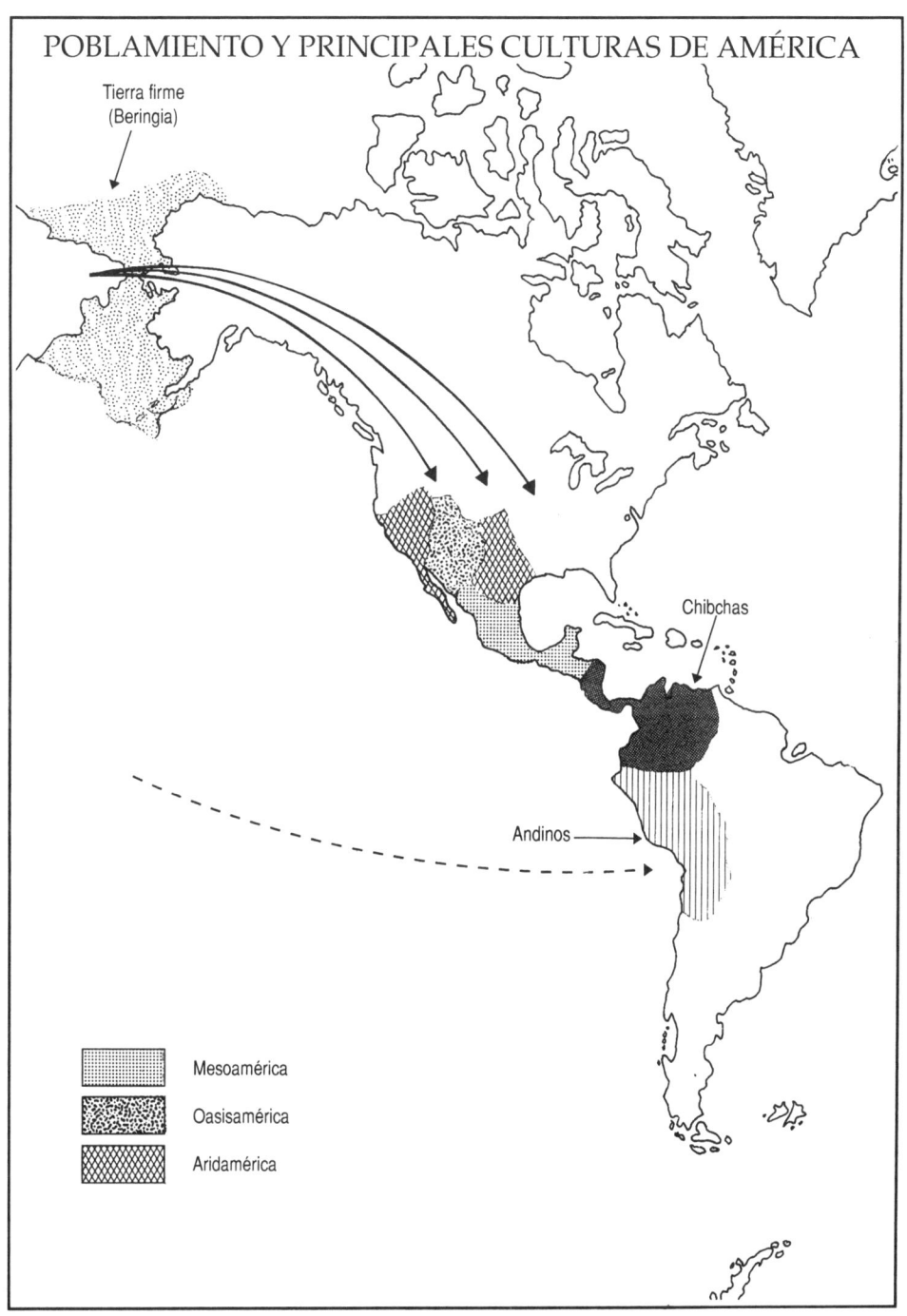

Cacería del mamut

Los cazadores espantaban al animal para que se atascara en una zona pantanosa y se le pudiera atacar con cierta facilidad.
    La recreación representa lo que probablemente ocurrió a orillas del antiguo lago de Texcoco.

cuentran: maíz, frijol, calabaza, tomate, jitomate, amaranto ("alegría"), chía, zapote, cacahuate o maní, chayote, cacao, girasol, yuca, camote y la papa o patata, originaria de América del Sur.

Asimismo se aprovechaba el maguey, del que se obtiene pulque y cuyas hojas tienen variados usos; el algodón, para fibra textil; el henequén, una variedad de agave, usada también en la elaboración de telas.

La más importante planta de las cultivadas en América era el maíz, el único cereal originario del continente, de una extraordinaria adaptabilidad a diferentes climas. Su desarrollo empezó en Mesoamérica hace aproximadamente siete mil años y el cuidado humano produjo, a través de los milenios transcurridos, las múltiples variedades actuales.

Los pueblos americanos solían intercalar maíz y otras plantas en el mismo terreno, lo que permite un trabajo más continuo que el cultivo de una sola especie y reduce el agotamiento del suelo. En muchas partes se construyeron sistemas de riego. En lagos de poca profundidad se creó la chinampa, constituida por un pequeño islote artificial, generalmente afianzado con árboles en sus orillas, que permite un cultivo de alto rendimiento gracias a la humedad que absorbe. Todavía hoy se aplica esta técnica, como sucede en Xochimilco, al sur de la ciudad de México.

A diferencia de la gran variedad de plantas cultivadas en América fueron pocos los animales que pudieron ser domesticados por el hombre. Los más importantes eran distintas especies de perros y de guajolotes o pavos. En la zona andina se criaban la llama y la alpaca, de los que se aprovechaba la lana, y la llama también se utilizaba como bestia de carga, sin que llegara a desplazar a los cargadores humanos. No existía ganado mayor que pudiera ser domesticado, como el vacuno o el equino, lo que probablemente fue la causa de que en el continente no se utilizaran el arado y la rueda.

> **La zona andina**
>
> En la vertiente occidental de los Andes se desarrolló una floreciente agricultura, apoyada en grandes obras de riego. Hacia el año 1000 d.C. se estableció ahí el dominio inca, con un Estado centralizado. Se construyeron imponentes ciudades y excelentes caminos que permitían una rápida y eficaz comunicación y el dominio efectivo de la extensa región.

La evolución de los cultivos permitió un paulatino cambio en la alimentación y la aparición, en el tercer milenio a.C., de los primeros pueblos cuya vida ya no se basaba en la caza o en la recolección. Se desarrollaron aldeas permanentes, que antes sólo habían existido en muy pocos lugares, sobre todo donde había pesca abundante. Al mismo tiempo se inventó y se perfeccionó el arte de modelar y cocer la arcilla, la cerámica.

La agricultura no solamente facilitó la aparición de aldeas y después de ciudades permanentes, sino también que una pequeña parte de la población se dedicara a actividades como arquitectura, ciencia, filosofía y arte. Esta evolución se inició en Mesoamérica y en América del Sur, entre el segundo y el primer milenio a.C.

Evolución del maíz

A través de varios milenios de trabajo humano, este cereal evolucionó de su forma primitiva a las actuales.

CUATRO MILENIOS DE EVOLUCIÓN
(2500 a.C.-1521 d.C.)

El Centro y el Sur de la actual República Mexicana ocupa gran parte de Mesoamérica. En esta región se desarrolló un vigoroso complejo cultural con múltiples características comunes, entre las que se encuentran el cultivo del maíz, la construcción de chinampas, las pirámides escalonadas, el juego de pelota, la escritura jeroglífica, los signos para designar números, el ciclo de 18 meses de 20 días cada uno, concepciones religiosas y determinados tipos de sacrificios humanos, asi como guerras para conseguir víctimas que ofrendar.

Este complejo cultural empezó a definirse lentamente hacia el 2500 a.C., para adquirir características precisas un milenio después y terminar con la conquista española, a principios del siglo XVI. Durante su larga evolución se produjeron importantes cambios y se desarrollaron modalidades específicas, en el marco de la unidad de las regiones de Mesoamérica. Las experiencias acumuladas, así como las formas de vida y la mentalidad que se crearon, constituyen una importante raíz de la idiosincrasia del pueblo mexicano de hoy.

Los investigadores han elaborado diferentes periodizaciones de las culturas mesoamericanas. Una de ellas, fundamentada en la organización de las sociedades, considera tres etapas: 1) de cazadores-recolectores (que abarca de la llegada del hombre a América a la formación de las sociedades agrícolas); 2) de sociedades agrícolas igualitarias; 3) de sociedades agrícola-militaristas estatales.

Se utiliza aquí la forma más común, estructurada en tres periodos: preclásico, clásico y posclásico. Se presentan las características generales a través de su evolución y, en otro capítulo, se señalan rasgos importantes de varias culturas y pueblos de la región.

En el *preclásico* (2500 a.C a 100/200 d.C.) destacan la cultura olmeca y, con formas semejantes, las del altiplano central de México, que culminan en las fases más antiguas de Teotihuacan (Pirámide del Sol), de Monte Albán en Oaxaca y de las culturas mayas. Abarca también regiones de Guerrero y del Occidente del país.

En el *clásico* (100/200 a 900/1000 d.C) sobresalen Teotihuacan, Monte Albán y la región maya.

El *posclásico* (1000 a 1521 d.C.) abarca, entre otros, mayas, mixtecos, zapotecas, toltecas, huastecos, totonacos, mexicas (aztecas) y demás pueblos nahuas, y purépechas (tarascos).

La sociedad, la economía y el gobierno

El periodo preclásico. Antes de que se practicara la agricultura, apenas existía la propiedad individual; los grupos humanos consideraban propio el terreno en que recolectaban, cazaban y pescaban, y sus integrantes sólo eran dueños

ORIGEN Y DESARROLLO DE LOS PUEBLOS AUTÓCTONOS 37

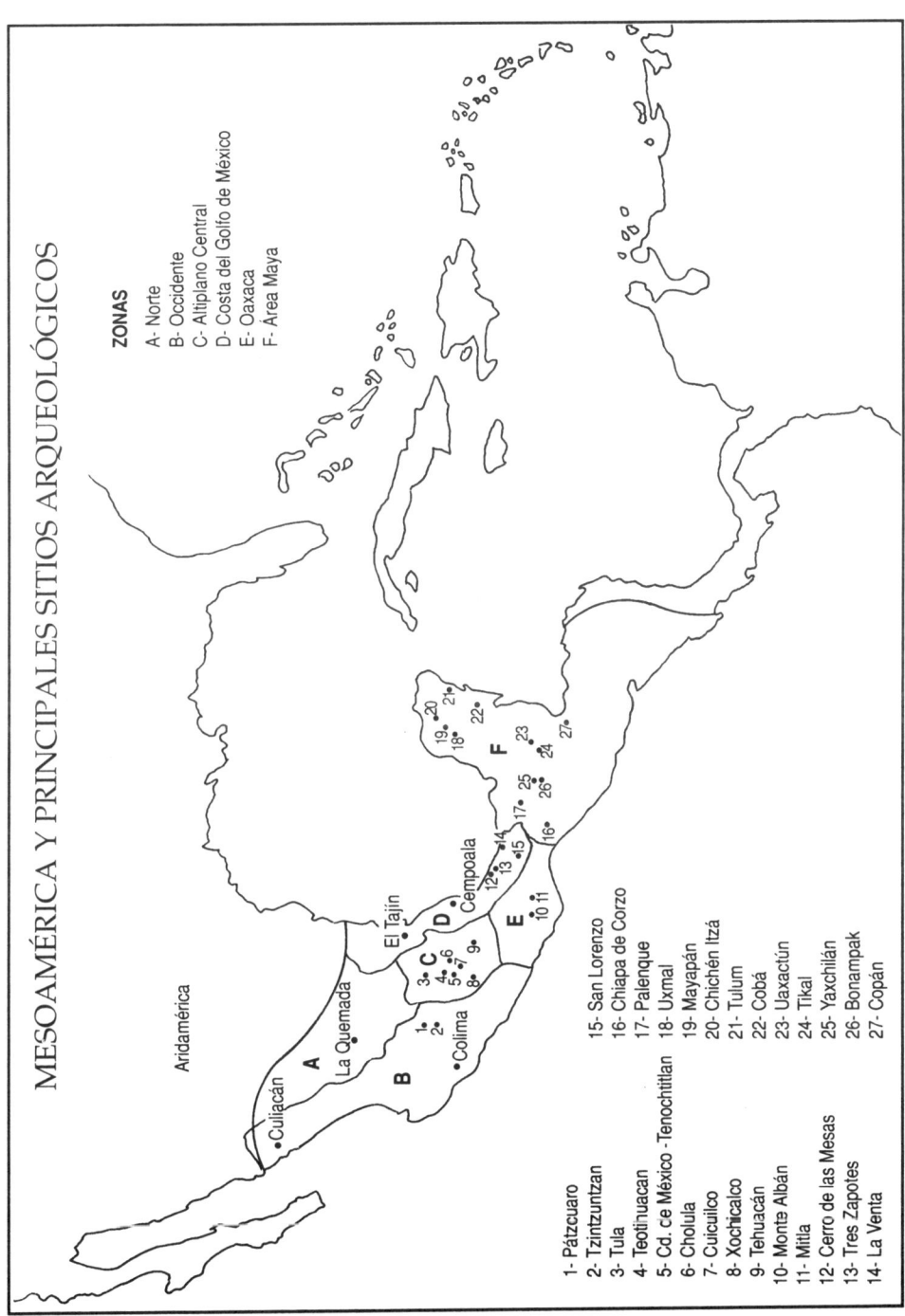

personales de sus armas y otros utensilios. El trabajo se dividía básicamente entre hombres, cazadores, y mujeres, recolectoras; probablemente había personas especializadas en las relaciones con los dioses o en actividades artísticas, pero las condiciones difícilmente permitían la existencia de núcleos dominantes estables.

Cuando la agricultura llegó a ser importante cambió la situación. Ya se producía lo suficiente para sostener a grupos humanos que no participaban en la obtención de los alimentos y de otros productos básicos. Pudieron aparecer, y aparecieron, quienes se dedicaban básicamente al arte, a las actividades religiosas, al gobierno y a la ciencia. Con frecuencia, estas funciones eran ejercidas por las mismas personas.

La nueva forma social se dio en la cultura olmeca, desarrollada principalmente en la costa del Golfo de México a partir del 1200 a.C., cuando aparecieron centros ceremoniales sostenidos por los campesinos que vivían dispersos alrededor de éstos.

Llaman especialmente la atención las cabezas colosales, esculpidas en piedras llevadas a la región, que probablemente representaban personajes destacados. La elaboración de éstas, así como la realización de otros trabajos demuestran la existencia de una sociedad organizada, capaz de coordinar la

Cabeza olmeca "El luchador"

Se han encontrado más de 15 esculturas de estas cabezas gigantes, algunas de las cuales pesan más de 10 toneladas.

Es notoria la impresión de fuerza y movimiento en esta escultura olmeca.

labor de centenares o miles de personas, y la fuerza de un grupo gobernante estable.

Existió también un intenso comercio, gracias al intercambio de los diversos productos elaborados en las diferentes regiones, que contribuyó al desarrollo paralelo en una amplia parte de Mesoamérica. Los ríos navegables de la zona costera facilitaban este contacto.

En *el periodo clásico* (siglos I a X d.C.) se consolidaron las diferencias entre las distintas culturas y las estructuras, formadas durante el periodo anterior.

Teotihuacan, fundada en el periodo preclásico, tenía ya una sociedad altamente organizada, con barrios especializados por profesiones. La ciudad realizaba un extenso comercio que se extendía hasta América Central. Sin duda existía un grupo gobernante definido, probablemente integrado por sacerdotes y militares. El apogeo de este centro, que fue la gran metrópoli del Altiplano central, abarcó del siglo IV al VII d.C.

Cerca de la actual ciudad de Oaxaca se desarrolló Monte Albán, centro zapoteco muy influido por Teotihuacan, a la que sucedió como eje cultural. En las tierras bajas del sureste mexicano y de América Central, en los altos del actual estado de Chiapas y de Guatemala, así como en la península de Yucatán se desarrolló la cultura maya.

El periodo posclásico (siglo X hasta principios del XVI) nos es más conocido que los anteriores debido a la mayor abundancia y mejor conservación de sus construcciones, su cerámica y otros objetos, y gracias a los relatos recopilados por los conquistadores o elaborados por autores indígenas bajo el dominio español.

Había importantes diferencias entre los múltiples pueblos de ese periodo, pero lo que conocemos de varios de ellos, sobre todo de los mexicas, presenta una imagen de las características más generales.

La forma básica de organización era el *calpulli* (la *"ll"* en palabras nahuas se pronuncia "l-l"), existente desde tiempo atrás. Consistía en un clan o grupo de familias, las cuales consideraban tener un ancestro común. Los campesinos, además de cultivar la tierra realizaban también otras labores para satisfacer sus necesidades básicas, entre ellas el hilado, el tejido simple y la elaboración de prendas de vestir. Había asimismo calpullis de personas dedicadas a oficios de alta

---

La información acerca de los pueblos indígenas

La vida e historia de los pueblos indígenas fue descrita en varias obras del siglo XVI, algunas de ellas de autores religiosos. Entre éstas se encuentran la *Historia general de las cosas de Nueva España*, de fray Bernardino de Sahagún, que puede considerarse el primer estudio etnohistórico de América; la *Relación de las cosas de Yucatán*, de fray Diego de Landa; la *Relación de Michoacán*, compilada por fray Jerónimo de Alcalá. También se conservan trabajos de relatores laicos, entre ellos la *Crónica Mexicana*, de Hernando Alvarado Tezozómoc y las *Obras históricas*, de Fernando de Alva Ixtlilxóchitl, ambos de la nobleza indígena.

> **El hueytlatoani y el tlatocan**
>
> Los gobernantes nahuas ostentaban el título de *tlatoani* ("Señor"); el jefe de Tenochtitlan tomó la designación de *hueytlatoani* ("Gran señor"), para señalar su supremacía sobre los jefes de los Estados vecinos. Junto a él existía el *tlatocan*, un consejo integrado por cuatro señores, que escogía al sucesor del hueytlatoani a su fallecimiento, entre los miembros de la familia de éste. Durante mucho tiempo, dicho consejo tuvo gran importancia, pero en la época de Moctezuma II, en cuyo periodo se produjo la llegada de los españoles, ya no podía decidir sino sólo asesorar al "Gran señor".

especialización, como orfebrería, tallado de piedras finas, medicina o comercio, junto a la agricultura.

Era escasa la diferencia en el nivel de vida entre los miembros del calpulli; sus integrantes colaboraban estrechamente entre sí y se protegían mutuamente. El gobierno de la comunidad estaba en manos de un *calpullec*, elegido entre familias determinadas, que constituían así una aristocracia local. Muchas características de sus formas de vida y organización sobrevivieron en el periodo colonial y perduran en la actualidad.

La tierra era, en su mayor parte, propiedad del calpulli. El calpullec la entregaba en parcelas a los jefes de las familias, las que la trabajaban y vivían de su producto, pero no la podían vender ni dejar de cultivarla. Lo cosechado en algunos terrenos, cultivados por los integrantes del calpulli, estaba destinado a sostener servicios públicos, religiosos o administrativos.

Existían también tierras propiedad de nobles, las cuales podían ser vendidas. Las trabajaban campesinos que no tenían derecho a abandonarlas.

Sobre esta base estaba edificada toda una pirámide social, que evolucionó con bastante rapidez. Los relatos mexicas indican que en un primer periodo, durante la larga migración de ese pueblo y en los primeros tiempos de su vida en el Valle de México, los dirigían sacerdotes. Luego fundaron su ciudad, Tenochtitlan, en una isla del lago de Texcoco (pro-

> **Cambio político-religioso**
>
> Fray Bernardino de Sahagún recibió de sus informantes indígenas el relato de que "inventaron (los sabios) la cuenta de los destinos, el libro de los años, la cuenta de los años, el libro de los sueños. Concertaron la forma en que se conservarían. Y así fue mantenido durante todo el tiempo que permanecieron el gobierno tolteca, el gobierno tepaneca, el gobierno mexica; y durante todo el gobierno chichimeca. (...) Porque se guardaba la historia; pero ardió cuando gobernaba Itzcóatl en México. Se hizo concierto entre los señores mexicas. Dijeron: 'No es conveniente que todo mundo conozca la tinta negra, los colores (la sabiduría). El portable, el cargable (el plebeyo, que según esta concepción debe ser conducido como bulto por el grupo en el poder) se pervertirá, y con esto se colocará lo oculto (el arte mágica) sobre la tierra; porque se inventaron muchas mentiras". También se decía que "muchos fueron tenidos por dioses'".[1]
>
> Esta alteración acordada por los señores mexicas puede interpretarse como una acción para acabar con los liderazgos populares, en los que el dirigente se proclamaba encarnación de un dios, y justificar así la autoridad central de los gobernantes de Tenochtitlan. Acciones semejantes han sido realizadas por muchos grupos gobernantes, para legitimar su dominio.
>
> [1] Alfredo López Austin, "El texto sahaguntino sobre los mexicas", *Anales de Antropología*, México, Instituto de Investigaciones Antropológicas, UNAM, v. XXII, 1985, pp. 287-335; p. 310.

El mercado de Tlatelolco

En Tlatelolco, ciudad dominada por los mexicas, se encontraba el gran mercado donde se comerciaba con todo tipo de mercancías, bajo la severa vigilancia de las autoridades.

bablemente en el año 1325), inicialmente como un pobre asentamiento, tributario de los tepanecas de Azcapotzalco.

Casi un siglo más tarde, los mexicas pidieron, probablemente por acuerdo de una asamblea popular, que los señores de Culhuacán les designaran un *tlatoani* ("rey" o "señor"). El nombrado, Acamapichtli, era considerado descendiente de los prestigiados gobernantes toltecas, que habían brillado en Tula a principios del periodo posclásico.

Los señores de otros pueblos, como los mixtecos en la actual Oaxaca, procuraban también el enlace con personas provenientes de la misma nobleza tolteca. Este deseo de emparentar con las familias que habían gobernado en Tula, indica el gran respeto que se sentía hacia la aristocracia y el deseo de obtener legitimidad a través de su relación con ella.

En 1428 se rebelaron Tenochtitlan, Texcoco y Tlacopan contra Azcapotzalco e iniciaron su carrera de conquistas por la Cuenca de México. Con el crecimiento del poderío mexica se fortaleció una aristocracia guerrera y administrativa que vivía del trabajo de campesinos sujetos y de los pagos por su desempeño en el gobierno. Se desarrolló una clase de comerciantes (*pochtecas*), muchos de los cuales llegaron a adquirir grandes riquezas y, además de realizar un activo intercambio de mercancías, servían de espías a Tenochtitlan.

En el reinado de Moctezuma II, Xocoyotzin ("el Joven") (1502-1520), se acentuó más la división en clases sociales. Ya sólo los hijos de nobles (*pillis*) eran admitidos para ejercer funciones de gobierno, a las que antes se había podido acceder por méritos en la guerra. En esta forma se afianzó el predominio de la nobleza.

Existieron esclavos, en su mayoría prisioneros de guerra destinados a ser sacrificados a los dioses. También los había por no solventar sus deudas, que recuperaban su libertad al pagarlas; los que habían cometido algún crimen, y personas que se habían vendido a sí mismas por encontrarse en la miseria. Esta última situación era frecuente en épocas de desastres naturales, como las sequías, cuando escaseaban los alimentos.

La esclavitud tenía escasa importancia económica, a diferencia de lo que sucedió en la Antigüedad europea que estuvo basada en gran parte en el trabajo de los esclavos, totalmente desprovistos de derechos.

El transporte se hacía por medio de cargadores, los *tamemes*, ya que no existían bestias de carga ni se utilizaba la rueda.

El dominio mexica. En el siglo anterior a la conquista española (1521), Tenochtitlan, Texcoco y Tlacopan (hoy Tacuba) se liberaron de Azcapotzalco, constituyeron una triple alianza y crearon un vasto dominio, que se extendió hasta ambos litorales del país. Durante ese proceso, Tenochtitlan llegó a sujetar también a sus aliados, causando un fuerte resentimiento entre éstos.

En la zona central de este dominio, donde muchos pueblos hablaban náhuatl al igual que los aztecas, los sometidos debían realizar trabajos para la clase gobernante de Tenochtitlan, como edificar palacios y templos, además de entregar productos de la tierra. Se llevaron a cabo grandes obras para controlar los lagos, que permitieron ampliar los cultivos, sobre todo los de chinampa, de alto rendimiento.

Las regiones más lejanas no enviaban trabajadores, cuyo sostenimiento hubiera sido demasiado costoso, y en ellas no se realizaron obras públicas de importancia. Las poblaciones alejadas del Valle de México debían también destinar el producto de determinadas parcelas al sostenimiento de los enviados de Tenochtitlan, y entregar personas para ser sacrificadas a los dioses.

La capital mexica obtenía cuantiosos tributos de los pue-

La Cuenca de México

La zona era lacustre. En el sur había agua dulce, que facilitaba la agricultura de chinampa, a diferencia del extenso Lago de Texcoco, de agua salada. Los abundantes peces, aves y otros animales suministraban una parte importante del alimento de los pueblos de la región. Gran cantidad de canoas servían para los viajes y el comercio.

ORIGEN Y DESARROLLO DE LOS PUEBLOS AUTÓCTONOS 43

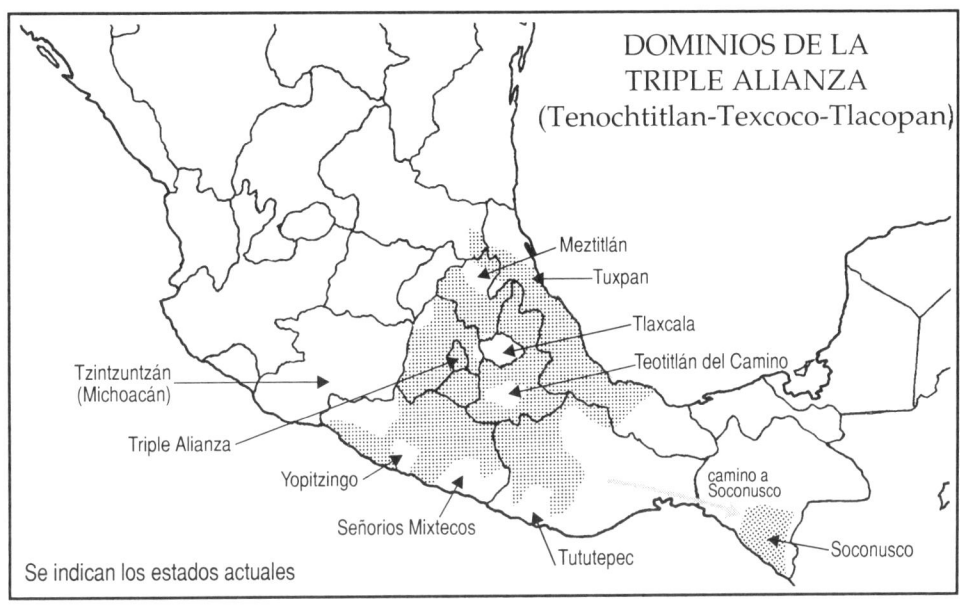

Guerreros mexicas

blos que había conquistado, enumerados en la "Matrícula de Tributos", elaborada durante o poco después del sitio que sufrió la ciudad, y del "Códice Mendocino", confeccionado por órdenes del virrey Mendoza, que es en lo fundamental una reproducción del primero. (Véanse láminas a color, núms. 1 a 3.)

Se ha calculado que los tributos recibidos por Tenochtitlan proporcionaban alimentación suficiente para cientos de miles de personas; los integraban también grandes cantidades (según un análisis del Códice Mendocino, dos millones) de mantas por año, además de muchos otros bienes.

Esta situación provocó sublevaciones en los lugares sometidos, las cuales fueron reprimidas cruelmente. Hubo casos en que los aztecas aprovecharon las contradicciones existentes entre los nobles y el común de los alzados, para someterlos con mayor facilidad.

Los pueblos sujetos al dominio mexica no se fusionaron; conservaron sus idiomas, su organización y sus gobernantes, a menos que éstos se opusieran a los dominadores.

La educación entre los mexicas era diferenciada según la clase social. La mayoría de los niños, al haber cumplido seis años, pasaban a prepararse en el *telpochcalli*. Ahí empezaban por desempeñar tareas sencillas; ya mayores se les entrenaba para ser guerreros valientes y obedientes. Las niñas aprendían a realizar labores domésticas y a llevar una vida recatada.

Los hijos de los nobles asistían al *calmecac*, donde recibían una educación más refinada, que los preparaba para desempeñar funciones de gobierno. También había las "casas de canto" (*cuicacalli*), donde se enseñaba música, canto y danza.

El ideal educativo proclamado por los sabios era "El hombre maduro: corazón firme como la piedra, corazón resistente como el tronco de un árbol; rostro sabio".

La religión

Todos los pueblos, para comprender el mundo en que viven, desarrollan sistemas complejos de ideas, creencias, aspiraciones y actitudes, que forman un conjunto congruente, una cosmovisión. Ésta interactúa con la estructura social y política, la cultura, la religión y la vida económica, y constituye la base de las normas morales y las reglas de convivencia de su sociedad.

La cosmovisión siempre contiene elementos contradictorios y va evolucionando continuamente, pero también mantiene sus rasgos característicos durante un plazo prolongado.

La concepción del mundo de los mesoamericanos se definió durante tres milenios, con características comunes en medio de gran diversidad regional y múltiples modificaciones. A través del tiempo se fueron diferenciando las apreciaciones de los sacerdotes y sabios de las sostenidas por el común del pueblo.

Las creencias y los ritos que se desarrollaron desde el periodo preclásico eran una continuación de los propios de los cazadores y recolectores, que adjudicaban las causas de los cambios de las estaciones y de otros fenómenos a fuerzas sobrenaturales.

Los entierros acompañados de figuras de barro cocido y de cazuelas en que se depositaba comida junto al cadáver, que practicados desde el periodo preclásico, demuestran la creencia en una vida después de la muerte, en la que el fallecido tendría que satisfacer necesidades similares a las de la vida en la Tierra. Se solía enterrar a los muertos en el piso de las viviendas, lo que indica el deseo de mantener una relación estrecha con los ancestros fallecidos.

Al adquirir fuerza la agricultura, empezó la preocupación por las lluvias y el culto a la deidad a la que se atribuía el régimen de éstas. Se enterraban figurillas de barro de mujeres con caderas anchas, probablemente con la idea de fortalecer la fertilidad de la tierra.

Gracias a los relatos recogidos por los españoles en el siglo XVI y a las esculturas y otros testimonios que se han conservado, conocemos bastante bien las concepciones de los mexicas en vísperas de la Conquista. Su estudio es difícil, ya que con frecuencia varios dioses se fusionan en uno, o una deidad se desdobla en diversos seres divinos. Hay contradicciones entre las interpretaciones de los datos, pero se pueden identificar determinados rasgos básicos.

El mundo era considerado una unidad, en la que todo se encuentra estrechamente ligado. Tanto el Universo mismo como cada situación particular contenía siempre dos elementos opuestos, en interacción. Los dioses y las fuerzas naturales se presentaban en dualidades que constituían unidades (como femenino-masculino), que estaban simultáneamente en contradicción (día-noche).

El dios creador era Ometéotl y Omecíhuatl ("Dios dual", "Señor y Señora de la Dualidad"), identificado con Tloque-Nahuaque ("El Señor del Cerca y del Junto",

---

El mito del Quinto Sol

En una de sus muchas versiones, dice que los cuatro Tezcatlipocas crearon cuatro veces al mundo, pero lo destruyeron otras tantas porque en cada ocasión uno de ellos trató de dominarlo. El pimer mundo o sol fue destruido por Quetzalcóatl, uno de los cuatro Tezcatlipocas, por medio del agua; los hombres se convirtieron en peces. El segundo sol fue consumido por terremotos; el tercero sucumbió ante el fuego; el cuarto fue aniquilado por el viento.

Finalmente, el quinto sol fue creado por los dioses reunidos en Teotihuacan. El rico y arrogante dios Tecucizlécatl debió arrojarse a una gran hoguera, pero retrocedió temeroso ante el fuego. Lo suplió el pobre y despreciado Nanahuatzin, quien se sacrificó sin vacilar; luego imitó su ejemplo el primero. Ambos surgieron en el cielo como luminarias, pero uno de los dioses, indignado por la cobardía de Tecucizlécatl, le arrojó un conejo y le hizo perder su brillo. Todavía hoy es pálido: la Luna. Nanahuatzin, transformado en Sol, exigió sacrificios humanos para iniciar y mantener su movimiento; su nombre es "Cuatro-Movimiento", y es el que rige nuestro tiempo.

Este mito fue considerado el origen y justificación de los sacrificios humanos.

La Piedra del Sol

Esta pieza, conocida como el "Calendario azteca" muestra en su centro al sol y contiene el signo *ollin* (movimiento), además de los glifos representativos de los días del mes y otros datos calendáricos.

El calendario

En la cuenta del tiempo se combinaban dos ciclos. Uno estaba organizado en 18 meses de 20 días, que se complementaban con cinco días "nefastos", para corresponder al año solar. El otro consistía de 20 grupos de 13 días, que integraban el "año" adivinatorio. Ambos coincidían cada 52 años solares, el "siglo" indígena, en que los dioses decidían si continuaba o terminaba el mundo. Los cuatro soles anteriores habían durado siempre un múltiplo exacto de estos "siglos".

Cada día del año adivinatorio se identificaba con un número y un nombre; la misma combinación sólo se repetía a los 260 días. Así, cada fecha tenía una doble deidad, ya que tanto el número como el nombre tenían un significado religioso, que influía en la vida de las personas.

dios supremo). Este personaje dio origen a los cuatro Tezcatlipocas ("Espejos que ahúman"), que echarían a andar el mundo. Los conflictos entre ellos serían la causa de las cuatro destrucciones y nuevas creaciones de éste.

En los primeros tiempos del mundo actual, según el relato indígena, Quetzalcóatl bajó al lugar de los muertos (el *Mictlan*) para dar vida a los hombres. Con frecuencia aparece este dios, "Gemelo precioso" o "Serpiente emplumada", como el benefactor y promotor de la sabiduría, en conflicto con su hermano Tezcatlipoca.

Los mesoamericanos pensaban que la Tierra estaba rodeada totalmente de agua; atribuían características a cada uno de los cuatro rumbos cardinales, cuya representación formaba una cruz, atravesada por un quinto rumbo, el vertical. Consideraban que existían trece cielos, el más alto de los cuales era el Lugar de la Dualidad (el *Omeyocan*), y nueve inframundos, donde residían los muertos. Esta concepción no debe confundirse con la idea cristiana de paraíso e infierno, ya que no correspondía a un premio o castigo según la vida que hubieran llevado los difuntos.

Según su creencia, la vida de las personas estaba regida por la fecha de su nacimiento; había días favorables y otros nefastos para determinadas actividades, pero era posible escoger las fechas adecuadas para realizarlas. Por ello daban gran importancia al calendario, que les permitía tomar la decisión conveniente.

El destino de los muertos estaba determinado por la forma de su fallecimiento. Por ejemplo, si la causa del deceso se relacionaba con el agua, como en el caso de ahogados o muertos por un rayo, iban al placentero *Tlalocan* (Lugar de Tláloc, dios del agua); los guerreros caídos en combate acompañaban al sol del amanecer al cenit y los sustituían hasta el ocaso las mujeres muertas en su primer parto.

Se creía en una multitud de dioses, que regían los distintos aspectos de la naturaleza y de la vida humana. También cada calpulli tenía su dios específi-

El Tlalocan

En esta pintura mural, encontrada cerca de la Pirámide del Sol en Teotihuacan, se representan hombres felices, bailando y cantando, entre mariposas, plantas, flores y agua.

> **Algunos dioses importantes**
>
> Destacaron Quetzalcóatl (Kukulcán entre los mayas del posclásico); Tláloc (Chaac en Yucatán), dios de la lluvia, y su compañera Chalchiuhtlicue, Señora de las aguas terrestres; Xipe Tótec, dios de la fertilidad, vestido con una piel humana, lo que recuerda las hojas que mueren y que son sustituidas por otras; Ehécatl, dios del viento, una de las formas de Quetzalcóatl; Xiuhtecuhtli o Huehuetéotl, dios viejo del fuego, representado generalmente como un anciano que carga un brasero; Mictlantecuhtli y Mictlancíhuatl "Señor y Señora de los descarnados" (los muertos); Coatlicue ("Falda de serpiente"), "nuestra madre", progenitora de Huitzilopochtli, el dios principal de los mexicas.

co, el *calpultéotl*, que había proporcionado sus tierras a la comunidad, la protegía y la regía. Cada dios era festejado en determinada fecha con danzas y ofrendas o también con sacrificios humanos.

La organización jerárquica de los dioses reflejaba la sociedad humana, pero ésta creía que los seres divinos habían establecido las estructuras de mando entre los hombres.

Un rito que ha llamado mucho la atención fue el de los sacrificios humanos, que se realizaban para agradar a los dioses, alimentarlos o también enviarles mensajes. En Yucatán se practicaban arrojando personas a los cenotes (depósitos naturales de aguas subterráneas); los mexicas los llevaban a cabo, generalmente, extrayendo el corazón a quienes sacrificaban, para ofrecerlo a la deidad, sobre todo a Huitzilopochtli. En algunos casos, la carne de los sacrificados era consumida, para lograr una estrecha unión con la deidad a la que se había ofrecido el sacrificio. Ritos de este tipo fueron frecuentes en muchos pueblos de todo el mundo.

Para los mexicas, el alimento más valioso que podían ofrendar eran los guerreros capturados en las guerras. Según varios relatos, en Tenochtitlan se sacrificaban miles de personas cada año; algunos investigadores opinan que, además de la intención religiosa, se trataba así de atemorizar a los demás pueblos e impedir que se fortalecieran.

Una de las formas de abastecer a Huitzilopochtli de "tortillas calientes (guerreros a ser sacrificados) cuando quisiera y se le antojase comer", fueron las "guerras floridas", convenidas entre la Triple Alianza (Tenochtitlan, Texcoco y Tlacopan) y Tlaxcala. En ellas no se trataba de realizar conquistas sino de tomar prisioneros para ofrendar a los dioses.

Ciencia y arte

Todos los pueblos se han interesado por conocer el movimiento aparente de los astros, para predecir la sucesión de las estaciones. Con la agricultura se incrementa la importancia de este conocimiento, tanto en el aspecto científico de un saber que llega a ser cada vez más exacto, la astronomía, como en su aplicación mágica, la astrología.

La cultura olmeca logró un importante avance en estas disciplinas; contó con un calendario y un sistema de números y glifos (signos) que le permitía calcular fechas y anotarlas.

Más tarde, los mayas llevaron el cálculo calendárico a una alta perfección. A los dos ciclos, el solar de 365 días y el religioso de 260, añadieron la "cuenta larga" que hacía posible calcular fechas de cientos de miles de años. Sabían predecir eclipses y otros fenómenos astronómicos con extraordinaria precisión.

Uno de los avances de gran importancia, probablemente iniciado por la cultura olmeca y desarrollado por los mayas, fue la idea del cero como concepto numérico y el uso de la posición de los números para indicar su multiplicación.

Por otro lado, los mesoamericanos, como todos los aborígenes del continente, llegaron a identificar y aprovechar muchas plantas utilizables con fines curativos. Conocieron también los alucinógenos, como el peyote, que se usaban sobre todo en ritos religiosos para entrar en comunicación con sus dioses. Esta tradición subsiste hasta hoy en algunos pueblos.

El desarrollo artístico fue impresionante y dejó huellas que todavía se admiran. Las primeras manifestaciones arquitectónicas, de la época olmeca, consistieron en templos edificados sobre basamentos piramidales o cónicos. Más tarde, en los periodos clásico y posclásico, se levantaron en toda Mesoamérica innumerables pirámides, en su mayoría recubiertas de pinturas. Muchas de ellas ostentaban esculturas en las alfardas de sus escalinatas y en sus tableros. En su plataforma superior se levantaba el templo dedicado al dios correspondiente. También se construyeron palacios para los gobernantes y observatorios, además de las chozas y otras habitaciones populares.

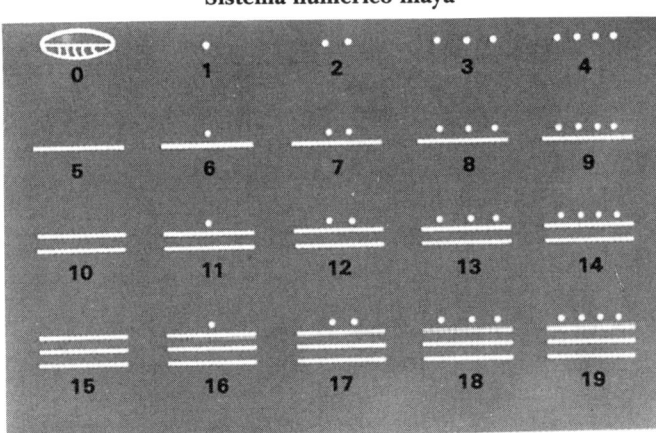

Sistema numérico maya

La distribución de pirámides, templos y otras edificios de las ciudades mesoamericanas obedecía a concepciones urbanísticas bien elaboradas. En el centro se encontraban las construcciones dedicadas al culto y a la vivienda de altos sacerdotes y gobernantes; más allá estaban las habitaciones de la gente común; los campesinos solían vivir dispersos. En muchos núcleos urbanos había un eje central, como la "calzada de los muertos" de Teotihuacan, llamada así por los mexicas.

La cerámica pasó de formas toscas a realizaciones de gran belleza, tanto de figuras religiosas como de objetos de uso diario. Muchas piezas tenían hermosas decoraciones de tipo geométrico o con dibujos que semejan glifos de códices. Algunas representaban animales o escenas de la vida cotidiana.

Entre las múltiples esculturas destacan las cabezas colosales olmecas y las figuras que representaban dioses. Muchas de éstas, a veces muy realistas, tenían forma humana y generalmente contaban con ricos adornos de significado religioso. Una estatua especialmente notoria es la de Coatlicue que se encuentra en el Museo Nacional de Antropología. Su cabeza está formada

Coatlicue

Esta estatua de la madre de Huizilopochtli, el principal dios de los mexicas, es una de las esculturas más expresivas del arte de ese pueblo.

Poesías nahuas

Nezahualcóyotl, señor de Texcoco, sabio y poeta, reflexiona acerca de lo pasajero de la vida:

"¿Acaso de verdad se vive en la tierra?
No para siempre en la tierra: sólo un poco aquí.
Aunque sea jade se quiebra,
aunque sea oro se rompe,
aunque sea plumaje de quetzal se desgarra,
no para siempre en la tierra: sólo un poco aquí."

Tecayehuatzin, señor de Huexotzingo, dice en una reunión de poetas:

"Y ahora, oh amigos,
oíd el sueño de una palabra:
Cada primavera nos hace vivir,
la dorada mazorca nos refrigera,
la mazorca rojiza se nos torna un collar.
¡Sabemos que son verdaderos
los corazones de nuestros amigos!"

Ms. Cantares Mexicanos, Biblioteca Nacional de México; citado en Miguel León-Portilla, *Los antiguos mexicanos a través de sus escritos y cantares*, Fondo de Cultura Económica, México, 1995, pp. 122 y 138.

por dos serpientes, su falda por serpientes entretejidas y sus pies son garras; simbolizaba fuerzas naturales, la vida y la muerte, y la unidad del mundo.

Otras manifestaciones artísticas fueron la orfebrería, sobre todo la mixteca del posclásico, y el arte plumario.

Hubo momentos de gran libertad de los artistas, manifiesta en la expresión individualizada de sus obras, y otros en que se observaban reglas estrictas. Estas características dan una información, que debe completarse con otros datos, acerca del grado de libertad existente en la sociedad correspondiente.

Por último, hay que mencionar la literatura y la poesía. Destacan entre las creaciones de estas artes, escritas tiempo después de la Conquista usando el alfabeto español, el *Popol Vuh*, de los quichés, que contiene un poético relato de la creación del mundo, y los libros conocidos con el nombre común de *Chilam Balam*, un conjunto de relatos de tipo religioso, místico, calendárico e histórico, de los mayas yucatecos. También se han conservado poemas nahuas, de gran belleza y profundo pensamiento.

2. Algunos pueblos, culturas y hechos destacados

En este capítulo se hablará de aspectos relevantes de varios pueblos y culturas mesoamericanos, evitando repetir lo señalado anteriormente.

Periodo preclásico

La cultura olmeca, característica del periodo preclásico, cuyo centro estaba localizado en la zona costera de los actuales estados de Veracruz y Tabasco, fue la primera de la que tenemos evidencias de la existencia de centros ceremoniales y de una casta gobernante.

Otras regiones, como Oaxaca, la zona maya, el occidente de México y el Altiplano central (Cuicuilco, primera fase de Teotihuacan) también mostraron desarrollos importantes en esta etapa.

Periodo clásico

Teotihuacan está ubicado al norte de la zona lacustre del valle de México, en tierras entonces fértiles, en las que se podía practicar la agricultura de temporal y la de riego. Su ubicación facilitó el desarrollo de un intenso comercio que se extendía hasta América Central.

Las primeras construcciones, las pirámides del Sol y de la Luna, corresponden al preclásico y muestran la influencia de los pueblos del sur del valle de México, entre ellos el de Cuicuilco, con su llamada pirámide (de hecho, un cono trunco). De ahí recibieron también el culto a Huehuetéotl, el "dios viejo del fuego".

Más tarde se construyeron en Teotihuacan las pirámides en talud y tablero, con grandes escalinatas. Destaca la dedicada a Quetzalcóatl, con elemen-

Cuicuilco, D. F.

El cono trunco (mal llamado pirámide).

Los "perros bailarines"

Esta pieza muestra un estilo muy peculiar del arte del Occidente de México, de finales del periodo preclásico.

tos provenientes de la costa del Golfo de México. Se alternan en ella esculturas de un personaje que algunos investigadores identifican como Tláloc, dios de la lluvia, relacionado con el jaguar característico de la zona olmeca, y de Quetzalcóatl. Esta pirámide fue recubierta después por otra, probablemente a consecuencia de una pugna entre distintos grupos.

Se supone que Teotihuacan tuvo, en el momento de su máximo esplendor (siglo VII d.C.), aproximadamente 200 mil habitantes; era una de las ciudades más pobladas del mundo, con sus pirámides, templos, juegos de pelota y otros edificios dedicados al culto o a la habitación de gobernantes y sacerdotes. Había también casas modestas de artesanos y campesinos, y barrios especiales habitados por forasteros. La influencia de la ciudad se extendía a una amplia zona de Mesoamérica, mediante conquistas militares y a través del comercio.

Se han encontrado huellas de saqueo y de un gran incendio que arrasó a la población en el siglo VII, que hacen suponer una rebelión de los grupos

ALGUNOS PUEBLOS, CULTURAS Y HECHOS DESTACADOS 55

Teotihuacan

La pirámide del Sol vista desde la pirámide de la Luna.

explotados que protestaban contra el sistema tributario, posiblemente aunada a un ataque de enemigos externos.

La ciudad subsistió durante otros siglos, pero nunca recuperó su esplendor y poderío. En la época mexica ya estaba casi totalmente abandonada.

Monte Albán, zapoteca, fue el centro más destacado de una cultura clásica que se extendía por la región cercana a la actual ciudad de Oaxaca. Su primer periodo corresponde a la cultura preclásica. Hacia el primer siglo de nuestra era, los zapotecas expandieron sus construcciones en el cerro conocido como Monte Albán, y empezaron a adoptar la cima de éste para edificar un conjunto de templos y de otras construcciones. El florecimiento de esta cultura empezó poco antes de la decadencia de Teotihuacan y estuvo fuertemente influenciado por esa ciudad, pero con importantes características propias.

Los zapotecas realizaron extensas conquistas en su región, algunas de las cuales están señaladas en relieves de Monte Albán. Para honrar a sus dirigentes muertos cavaban hermosas tumbas en las laderas de la montaña.

Los mayas. En la zona que se extiende por los actuales estados de Tabasco y Chiapas, la península de Yucatán, Belice, Guatemala y Honduras, diferentes pueblos mayas desarrollaron otra de las grandes culturas clásicas. En el capítulo anterior se han señalado muchos de sus logros científicos y culturales, así como de sus características sociales, políticas, económicas y religiosas.

La "Pirámide de los Nichos" (El Tajín)

La cultura de El Tajín, cercano a la actual Papantla, Veracruz, pertenece al periodo clásico. Se aprecian en ella influencias teotihuacanas, mayas y otras.

La región se distingue por sus tierras de gran humedad con selvas tropicales. Los pobladores tenían que defender sus cultivos de la exuberante vegetación, lo que se reflejó en algunos de sus mitos.

Distinta fue la situación en el actual estado de Yucatán, de suelos pobres y sin aguas superficiales. Esta región participó también de la cultura maya clásica, pero su mayor florecimiento correspondió al periodo siguiente.

Xochicalco. Cuando Teotihuacan ya estaba en decadencia, tuvo su apogeo el "Lugar de la Casa de las Flores" (Xochicalco), edificado en un cerro cercano a la actual Cuernavaca. Su pirámide principal muestra relieves de Quetzalcóatl, y se encuentran elementos correspondientes a influencias teotihuacanas, mayas y zapotecas. En una escena parece relatarse un ajuste calendárico: una mano sustituye el signo de una fecha por el de otra.

El fin del periodo clásico. Las culturas clásicas fueron decayendo desde el siglo VII hasta finales del IX. Es probable que este fenómeno se haya debido a luchas internas y a la invasión de pueblos bélicos, de menor nivel cultural. Sin embargo, a través de algunos centros se transmitió la tradición clásica, que se continuó y se desarrolló en el periodo siguiente.

"Las Monjas" (Uxmal)

La crestería es típica de las construcciones mayas del clásico tardío.

El periodo posclásico

En ese periodo, los aspectos militares adquirieron mayor importancia de la tenida anteriormente, sin que la religión dejara de tener gran peso.

Los toltecas fueron uno de los pueblos invasores que llegaron del Norte; se asentaron primero en el valle de México para establecer, hacia el año 1000, su centro en Tollan, junto a la actual ciudad de Tula en el estado de Hidalgo.

La cultura tolteca recogió la tradición de Teotihuacan y la desarrolló. Los mexicas le atribuyeron la descripción del mundo de los dioses, sus trece cielos y sus nueve inframundos. La admiración a su cultura fue tal que la palabra tolteca llegó a significar "culto" o "sabio". Su influencia abarcó una amplia región, que llegó al norte hasta los actuales estados de Tamaulipas y Zacatecas, y por el Sur y Sureste a la zona maya.

El esplendor de Tollan duró apenas dos siglos. Su fin, probablemente facilitado por luchas internas (como lo hacen pensar los relatos de las pugnas entre Quetzalcóatl y Tezcatlipoca) coincidió con la llegada de nuevos invasores del Norte. Sin embargo, su influencia cultural perduró en Yucatán y en varias poblaciones de la Cuenca de México, como Tenayuca, Culhuacán y Texcoco, para ser asimilada después por los últimos dominadores indígenas del centro de la actual República mexicana, los mexicas o aztecas.

Los mayas. Hacia finales del siglo X se inició en el norte de la península de Yucatán un nuevo auge de la cultura maya, profundamente impactada por la llegada de grupos toltecas o de mayas toltequizados. La arquitectura y otras expresiones artísticas muestran una fusión entre ambas tradiciones, que se expresa en las columnas en forma de serpiente, en los juegos de pelota y en otros elementos.

Dos antiguas ciudades, Chichén-Itzá y Uxmal, y la recién fundada Mayapán, todas bajo el dominio de los grupos que se proclamaban toltecas, establecieron la Alianza de Mayapán que dominó la Península durante casi doscientos años, hasta mediados del siglo XII. Después se impuso Mayapán sobre sus aliados, pero una rebelión, dos si-

---

Quetzalcóatl

Ce Acatl Topiltzin Quetzalcóatl ("Uno-Caña Nuestro Señor Quetzalcóatl") fue el señor más destacado de Tollan. Según uno de los diversos relatos que hablan de él, nació después de que había sido asesinado su padre, Mixcóatl, señor de los toltecas asentados en Culhuacán (hoy parte de la ciudad de México). Se hizo sacerdote del dios Quetzalcóatl, cuyo nombre adoptó, castigó a los asesinos de su padre y llevó a su pueblo a Tollan, donde gobernó con gran sabiduría.

Su figura humana se confunde en la tradición con la del dios homónimo, al grado de que su salida de Tollan se atribuyó a la maldad de su hermano y rival Tezcatlipoca.

Después de que Quetzalcóatl abandonó Tollan y residió un tiempo en Chollolan (Cholula), siguió su viaje al Oriente; según unos relatos se inmoló en una gran hoguera y se transformó en el planeta Venus; según otros, se fue por el mar. Los mayas hablaban de que llegó con ellos, donde recibió el nombre de Kukulcán, que significa también Serpiente Emplumada.

Este mito tuvo gran importancia a la llegada de los españoles, porque los indios relacionaron a Cortés con Quetzalcóatl.

glos y medio más tarde, acabó con la unidad política de la región.

Los mixtecos. En lo que hoy es el estado de Oaxaca se mantuvo la cultura zapoteca, que convivió, aproximadamente a partir del año mil, con la mixteca. En la cultura de ésta destacaron las grecas como forma de adorno y ricas obras de orfebrería. En algunos casos, los mixtecos aprovecharon tumbas zapotecas para enterrar en ellas a sus jefes fallecidos. Su principal ciudad religiosa fue Mitla.

Los mexicas, según sus propios relatos, eran originarios de Aztlán (de ahí el nombre de aztecas), de donde partieron en una peregrinación que duró varios siglos. Los investigadores coinciden en que vinieron del Norte, pero no se ha podido determinar el lugar preciso. Al llegar al Valle de México, recibieron permiso de los señores de Culhuacán para asentarse en Tizapán (hoy parte de la ciudad de México); la leyenda cuenta que los culhúas esperaban que las serpientes de esta región acabaran con los recién llegados, mas éstos se comieron a los animales. Posteriormente, fundaron su ciudad en un pobre islote perteneciente a los señores de Azcapotzalco, donde, según el relato, vieron un águila parada en un nopal, devorando una serpiente.

Las principales características y realizaciones de este pueblo se han descrito en el capítulo anterior.

Los "Atlantes" (Tula, Hidalgo)

Estas figuras, que representan guerreros toltecas, sostenían el techo del templo de Tlahuizpantecutli, una de las advocaciones de Quetzalcóatl.

Mesoamérica en vísperas de la llegada de los españoles

A principios del siglo XVI, lo que hoy es México estaba habitado por una multitud de pueblos que hablaban diferentes idiomas, tenían distintas costumbres y diversos grados de desarrollo. Sin embargo, su cosmovisión y muchas de sus formas de organización mantenían rasgos comunes que les conferían una unidad básica.

"Columnas de Serpiente" (Chichén-Itzá, Yucatán)

Estas columnas son una muestra del culto a Quetzalcóatl (Kukulcán), en el posclásico maya.

En el Norte, más allá de los límites de Mesoamérica, vivían los pueblos cazadores y recolectores de Aridamérica, en cuyo territorio había algunos territorios fértiles que permitían la agricultura (Oasisamérica).

En Mesoamérica propiamente dicha convivían varios pueblos, que compartían culturas altamente desarrolladas, con grandes conocimientos científicos, elaborados sistemas de gobierno y religiosos, y expresiones artísticas de gran belleza.

Mitla (Oaxaca)

Las grecas constituyen una rica ornamentación elaborada por los mixtecos.

El poder más fuerte en Mesoamérica era el mexica, que dominaba y explotaba una amplia región en el centro y parte del sur del país. Otro era el de los purépechas, que habían defendido exitosamente su territorio (gran parte del actual estado de Michoacán) contra los aztecas. Una cultura importante fue la de Oaxaca, zapoteca y mixteca. En el Sur y el Sureste del país y en parte de América Central se localizaba la cultura maya, con grandes ciudades cuya unidad política se había roto. En ambos litorales vivían pueblos que compartían la cultura mesoamericana.

Muchas zonas todavía están escasamente investigadas y nuevas exploraciones seguramente aportarán datos importantes.

El orgullo azteca por su ciudad

"Haciendo círculos de jade está tendida la ciudad,
irradiando rayos de luz cual pluma de quetzal está aquí México;
junto a ella son llevados en barcas los príncipes:
sobre ellos se extiende una florida niebla.
"¡Es tu casa, Dador de la vida, reinas tú aquí:
en Anáhuac se oyen tus cantos:
sobre los hombres se extienden!"

Ms. *Cantares Mexicanos*, fol. 22 v. En Miguel León-Portilla, *Los antiguos mexicanos a través de sus crónicas y cantares*, Fondo de Cultura Económica, México, 1995, p. 95.

Los pueblos mesoamericanos que presenciaron la llegada de los españoles se habían formado a través de largos milenios. Entre ellos existían estrechos vínculos y hubo frecuentes luchas, como también sucedía en el seno de las propias comunidades. Muchas de sus sociedades habían alcanzado un alto nivel cultural y de organización, cuya influencia perduró durante mucho tiempo y, en parte, hasta hoy.

Resumen

El hombre desarrolló vigorosas culturas durante los aproximadamente cuarenta a setenta mil años en que habitó el continente americano antes de la llegada de los europeos. Entre ellas destacó la mesoamericana, que llegaría a constituir una de las raíces del México actual.

Durante muchos milenios, los pobladores de América fueron cazadores, recolectores y pescadores. Hace aproximadamente nueve mil años empezó la agricultura, que abarcó una amplia zona del continente y permitió el desarrollo de altas culturas en diferentes regiones. En Mesoamérica llegó a ser la base de la vida por el tercer milenio antes de nuestra era.

Al norte de Mesoamérica se extendía una zona escasa de agua, Aridamérica, donde no era posible practicar la agricultura, interrumpida por regiones donde ésta se podía realizar (Oasisamérica).

La sociedad mesoamericana evolucionó de una forma igualitaria a una estructura con clases claramente diferenciadas, aunque se mantenía en gran parte la propiedad comunal. Se formaron gobiernos fuertes, hubo un extenso comercio y se estableció la dominación de unos pueblos sobre otros. El dominio más extendido a la llegada de los españoles era el mexica, odiado por los pueblos sometidos y explotados por él.

La primera cultura que ya contaba con asentamientos permanentes, centros ceremoniales y grupos gobernantes estables fue la del periodo preclásico (aproximadamente de 2500 a.C. a 100/200 d.C.), caracterizado por los olmecas en las costas de los actuales estados de Veracruz y Tabasco, y que abarcó una zona mucho más extensa.

En el periodo siguiente, el clásico (100/200 a 700/1000 d.C.), floreció la gran ciudad de Teotihuacan, que ejerció influencia en un vasto territorio, la zapoteca de Monte Albán y la maya, en el Sur y Sudeste de Mesoamérica.

La cultura tolteca, con asiento en Tollan (en el actual estado de Hidalgo), brilló al principio de los últimos quinientos años anteriores a la llegada de los europeos (periodo posclásico), recogiendo y desarrollando los conocimientos, técnicas y concepciones de los pueblos anteriores. Su influencia fue notoria en muchos de los pueblos que caracterizaron los últimos siglos del periodo, mayas, zapotecas, mixtecos, purépechas y nahuas (tlaxcaltecas, texcocanos, mexicas y otros).

Las sociedades estaban estructuradas jerárquicamente, con una clara distinción entre las clases dominantes y las subordinadas, así como entre los pueblos conquistadores y los sometidos, todo lo cual se reflejaba en el complejo sistema de sus dioses. El mundo se concebía como unidad, cuyas partes, incluyendo a los humanos, interactuaban estrechamente. Se pensaba que los hombres habían sido destruidos cuatro veces, y se sacrificaban seres humanos para mantener vivo al quinto sol, que regía al mundo existente.

Hubo un gran desarrollo científico, que incluía la astronomía, la elaboración de un sistema calendárico complicado, de gran precisión, acompañados del invento de la escritura y de la forma de anotar números y realizar operaciones matemáticas. El desarrollo artístico era notable en arquitectura, escultura, cerámica, orfebrería, poesía y otros aspectos.

En el último siglo antes de la llegada de los europeos, los mexicas llegaron a dominar gran parte del centro y sur de la actual República mexicana. Tenochtitlan, donde hoy se asienta la ciudad de México, desarrolló una espléndida cultura, heredera de las anteriores, y explotaba a los pueblos que había sujetado.

Segunda parte

América como colonia europea

3. "Descubrimiento"

América y Europa se encuentran

El 12 de octubre de 1492 arribó a las islas que hoy llamamos las Bahamas o Antillas un grupo de tres barcos españoles al mando de Cristóbal Colón. Se conoce el acontecimiento como el "Descubrimiento de América", aunque Colón y su tripulación no fueron los primeros en llegar a nuestro continente.

Propiamente habría que considerar que los descubridores fueron quienes habían atravesado el Estrecho de Bering, varias decenas de miles de años atrás, y que constituyeron la base principal de la población americana originaria.

A su vez, por el año mil de nuestra era habían desembarcado en América los llamados normandos o vikingos, habitantes del norte de Europa, pero sus viajes no tuvieron continuidad y las huellas de su arribo fueron escasas. Es posible que, aproximadamente un milenio antes que ellos, habían llegado otros navegantes, desde Polinesia.

Al referirse a la hazaña de Colón, más que de "Descubrimiento de América" habría que hablar del encuentro de un mundo desconocido para los europeos. Su importancia radica en que permitió el establecimiento del contacto permanente de América y Europa, con sus diferentes civilizaciones herederas de prolongadas evoluciones propias. A la larga, significó la relación permanente entre todos los continentes de la Tierra.

Con cierta rapidez cambió la vida de los pueblos de ambos lados del océano Atlántico. La población nativa de América disminuyó considerablemente y quedó dominada, en su mayoría, por los europeos. A su vez, las riquezas extraídas de América y la ampliación del comercio constituyeron elementos importantes para el desarrollo en Europa del sistema capitalista, que hoy predomina en el mundo.

El descubrimiento y conquista de América por los europeos ha dado lugar a grandes debates, continuados hasta hoy. Algunos comentaristas consideran que los recién llegados estaban animados por los mejores sentimientos y tenían un adelanto muy superior al de los americanos, mientras que otros los ven como bárbaros, destructores, únicamente interesados en obtener riquezas y en esclavizar a los pueblos que encontraron. Es necesario examinar cuidadosamente los hechos históricos, considerar los antecedentes y acciones de quienes intervinieron en éstos, para llegar a una apreciación objetiva, que no puede ni debe olvidar las simpatías ni los rechazos por uno y otro bando.

Los recién llegados

La Europa medieval. La mayor parte de Europa se había caracterizado, del siglo V al X y XI, por el predominio del campo sobre las ciudades, escasas y pequeñas. Los campesinos, en su mayoría, vivían sujetos a los nobles, a quienes tenían que entregar tributos.

La vida social estaba dominada, en lo fundamental, por los religiosos. Hubo varios periodos de florecimiento cultural, sobre todo con sede en los conventos y en las cortes de los gobernantes.

El poder político se encontraba repartido en múltiples "feudos", dominios de variadas extensiones, en los que se producía casi todo lo que se consumía y cuyo comercio fuera de sus límites era escaso. La autoridad local estaba en manos de los nobles, muchos de ellos dignatarios de la Iglesia.

El Papa y el emperador pugnaban por la hegemonía en Europa central y occidental y luchaban por fortalecer su dominio sobre los señores feudales, quienes también estaban en continuas luchas entre sí.

En la Alta Edad Media (siglos V a X), los pobladores, tanto los campesinos como los nobles, conocían poco del mundo; no tenían una información siquiera aproximada de la situación y de la organización de regiones alejadas, y sólo "sabían" que en el centro de la Tierra se encontraba Jerusalén.

A partir de los siglos X y XI se fue produciendo un cambio, principalmente en Europa occidental y central. La agricultura logró un mayor rendimiento, al mejorarse el arado y desarrollarse métodos más eficaces para aprovechar la fuerza de animales y del agua (irrigación y molinos).

Las ciudades o urbes, que habían decaído mucho en el siglo V al desaparecer el Imperio Romano de Occidente, volvieron a crecer. Su actividad principal era la producción artesanal y el comercio, tanto local como de larga distancia. El gobierno de las urbes solía estar en manos de las asociaciones de comerciantes (guildas) o de artesanos (gremios). Muchas ciudades lograron liberarse del dominio de los señores feudales locales y quedar sujetas directamente al rey o al emperador.

La vida en las ciudades, sin dejar de estar influenciada profundamente por el feudalismo de la época, era mucho más dinámica que la del campo. El agricultor dependía sobre todo de las condiciones naturales, mientras los comerciantes tenían que conocer y aprovechar las condiciones en que actuaban. Esto los impulsaba a interesarse por saber qué sucedía en otros países, cuáles eran las rutas marítimas o terrestres más convenientes para llegar a ellos, las costumbres reinantes ahí, qué producían, qué consumían, quiénes eran sus gobernantes y qué normas aplicaban. Su visión del mundo era mucho más amplia que la de los nobles y de los campesinos, y su vida dependía más de su capacidad de reaccionar dinámicamente ante los acontecimientos que se les presentaran.

Durante la Edad Media, Europa recibió importantes impulsos por sus contactos con los árabes. En el siglo VII, Mahoma había fundado en la península Arábiga la religión musulmana o islámica, monoteísta, con fuertes influencias judías y cristianas. La nueva fe proclamó la "Guerra Santa" para extender sus dominios y sus seguidores conquistaron rápidamente una extensa zona, donde establecieron grandes imperios. La base social de éstos era parecida al sistema de la servidumbre predominante en Europa, de campesinos sujetos a los nobles, pero existían gobiernos centrales fuertes que facilitaban un extenso comercio.

Los científicos árabes, más avanzados que los europeos de su tiempo, destacaron en astronomía, alquimia (antecedente de la química) y en otras disci-

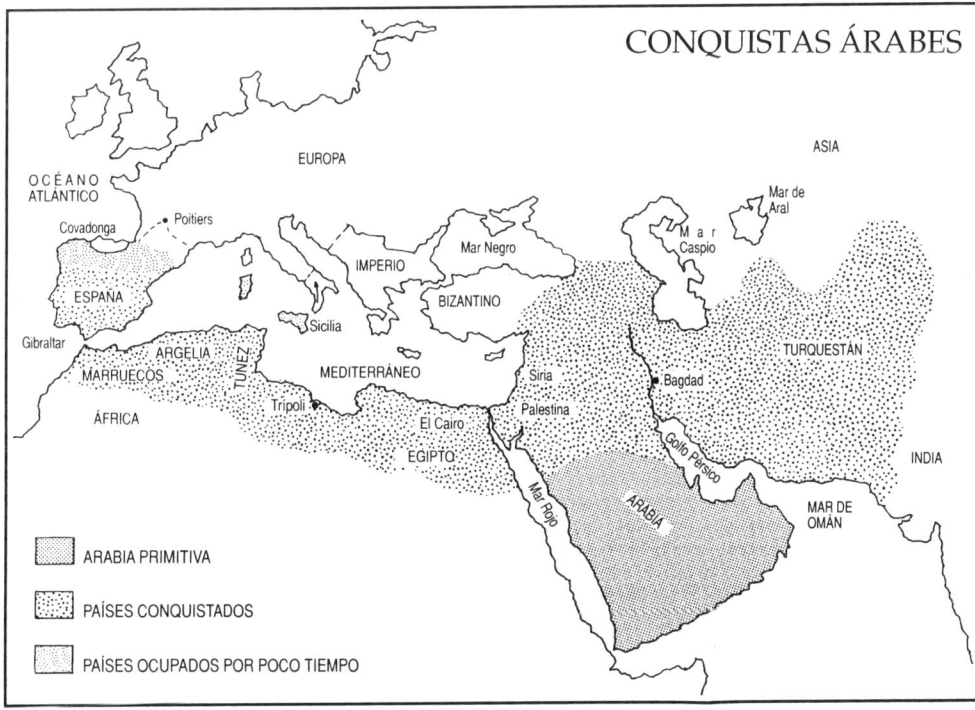

plinas como las matemáticas (usamos números "arábigos") y también conservaron y trasmitieron muchos escritos de la antigua Grecia. Al español pasaron palabras como alcoba, almohada, aljibe (cisterna), alarife (arquitecto), aduana y otras, referentes a un estilo de vida y a una organización estatal desarrollada.

Los avances en las técnicas de producción y el incremento de las relaciones con países lejanos modificaron la organización económica y social europea, y debilitaron la autoridad de la Iglesia.

El Renacimiento. El proceso que tuvo lugar en la Baja Edad Media (siglos XI a XIV) culminó durante las centurias XV y XVI en el Renacimiento, el Humanismo que era su expresión en el pensamiento, y el protestantismo. El centro del movimiento fue Italia, donde se habían desarrollado con más ímpetu las ciudades y el comercio, pero se extendió por toda Europa, sobre todo por Francia, Inglaterra, los Países Bajos (actuales Holanda y Bélgica), Alemania, España y Portugal, donde también se había producido un florecimiento de las primeras formas de organización capitalista o burguesa.

El nuevo pensamiento ya no se centraba en la religión, aunque ésta conservaba gran importancia, sino en el ser humano. El arte y la filosofía expresaban con gran claridad la nueva tendencia. Se profundizó el estudio de los conocimientos y de las reflexiones de los griegos de la Antigüedad clásica y la ciencia cobró impulso; ahora no se buscaba la verdad en la revelación bíblica sino en la observación de la realidad misma y en el ejercicio de la razón. Entre los avances científicos de la época destacan la idea heliocéntrica de que el Sol es el centro del Universo y no la Tierra como se pensaba antes. También se recuperó la idea, ya concebida por los griegos, de que la Tierra no es plana sino esférica, permitiendo así concebir la esperanza de llegar al Oriente navegando hacia el occidente.

El pensamiento renacentista y la lucha de la Iglesia católica contra el protestantismo se reflejaron con fuerza en América, en el primer siglo de la Colonia.

España participó de los cambios producidos entre sus vecinos europeos, al mismo tiempo que desarrolló importantes características propias. A principios del siglo VIII, los árabes habían conquistado casi toda la Península ibérica, y durante largo tiempo se había produci-

> **Europa sale de su aislamiento**
>
> A partir del siglo XI se intensificaron los contactos de Europa con Asia y África. El primer gran paso fueron las Cruzadas, intento de la cristiandad por rescatar sus lugares sagrados (Jerusalén y Belén en Palestina) del dominio de los musulmanes, y por facilitar el comercio con los países del Oriente. Era muy importante el tráfico de la seda y las especias —clavo, pimienta y otras— que se producían en el sur y el oriente de Asia, que reportaba elevadas ganancias. Las conquistas cristianas en Palestina no se sostuvieron mucho tiempo, pero las Cruzadas dieron un gran impulso a la economía y la cultura de Europa y ampliaron su visión del mundo.
>
> Otros conocimientos fueron aportados por el mercader veneciano Marco Polo, qquien realizó un viaje a China. El libro en que describió sus experiencias, *Il Millione*, mezcla de realidad y fantasía, despertó gran interés entre los europeos.

do un gran florecimiento económico y cultural, destacando en éste Córdoba y Sevilla. La tolerancia y la buena relación existente por prolongados periodos entre árabes, judíos y cristianos favorecieron este desarrollo.

A fines del mismo siglo VIII empezó la "Reconquista" por los cristianos, quienes sólo habían conservado el dominio de una pequeña franja en el norte de la Península (Asturias). Durante largo tiempo se alternaron épocas de paz y de guerra entre los musulmanes y los estados cristianos, quienes sólo en 1492 pudieron vencer al último reino islámico, el de Granada.

La larga lucha benefició a la nobleza, tanto a la "alta" como a la "baja" ("hidalgos") y a los campesinos, muchos de los cuales pudieron dejar de ser siervos, así como a las ciudades, que lograron obtener libertades ("fueros"). Los reyes vieron limitado su poder y sólo en el siglo XVI pudieron establecer un régimen absolutista, concentrando el mando en manos del monarca.

> **La iglesia medieval**
>
> La Iglesia no dejó de sufrir cambios y conflictos en la Edad Media. En el siglo XI, la oriental (con capital en Constantinopla, después en Moscú), se independizó de la occidental, encabezada por Roma. Más tarde se produjo el "Gran Cisma de Occidente" (1378-1417), en que hubo un papa en Roma y otro en Aviñón (sur de Francia), lo cual debilitó mucho la autoridad papal.
>
> Con frecuencia se producían movimientos religiosos de fondo social y económico, que exigían, basados en la Biblia, el mejoramiento de la vida de los pobres y a veces planteaban el reparto de las riquezas. Estas rebeldías fueron reprimidas tanto por los gobernantes como por las autoridades eclesiásticas.
>
> La Iglesia de Occidente se dividió a principios del siglo XVI, cuando el monje alemán Martín Lutero se rebeló contra la autoridad papal, recogiendo las críticas contra la corrupción y el mal funcionamiento de la Iglesia. Los diferentes cultos originados en su movimiento, conocidos bajo la designación general de protestantismo, se caracterizan por negar la autoridad del papa y reivindicar el derecho de los fieles a interpretar la Biblia.
>
> El protestantismo llegó a dominar en muchos países del norte de Europa. Durante varios siglos se produjeron crueles guerras, en que se mezclaban las diferencias religiosas con intereses políticos de los gobernantes.

En los siete siglos de la Reconquista y durante las primeras exploraciones y colonizaciones realizadas por españoles y portugueses en territorios árabes, se desarrollaron la mentalidad y muchas de las formas que se aplicarían después en América: el régimen de plantaciones con trabajadores esclavos o semilibres, estructuras comerciales y el concepto de que la tierra y el subsuelo son propiedad del rey, quien los concedía en determinadas formas a los súbditos.

En algunas regiones de la Península se desarrollaron actividades de tipo capitalista. En Castilla se producía lana que se exportaba, sobre todo, a Flandes; la cría de borregos, realizada en gran escala, perjudicó gravemente a la agricultura. Cataluña, por su parte, con su capital Barcelona, realizaba un activo comercio a través del Mediterráneo, sobre todo con Italia. También Andalucía mostraba un importante avance agrícola, minero y comercial.

> **Los Reyes Católicos**
>
> Isabel y Fernando, recibieron tal designación por eliminar de España a todos los que no practicaban el catolicismo. El mismo año del viaje de Colón vencieron al reino musulmán de Granada y expulsaron a los judíos que no aceptaran convertirse al cristianismo. Algunas décadas más tarde, ya bajo el gobierno de los sucesores de los Reyes Católicos, fueron reprimidos duramente los musulmanes acusados de conservar su antiguo culto.

A finales del siglo XV convivían en España el espíritu renacentista y la intolerancia religiosa. Como una forma de esta última se estableció la Inquisición, dedicada a perseguir ferozmente a los sospechosos de no ser fieles cristianos o de haber cometido otros delitos.

En vísperas del viaje de Colón en busca de una nueva ruta a "las Indias", existían en la Península dos reinos cristianos, España y Portugal, y uno musulmán, Granada. En el reino de España, constituido por contrato matrimonial entre los "Reyes Católicos", la de Castilla, Isabel, y el de Aragón, Fernando, eran notorias grandes diferencias regionales, que subsisten hasta hoy. El reino de Aragón incluía a Cataluña, con su alto desarrollo comercial.

Los grandes viajes europeos

Los productos de Oriente, entre los que destacaban la seda de China y las especias del sureste de Asia, llegaban por tierra o por mar a Constantinopla y a Alejandría, donde eran recibidos por mercaderes italianos (genoveses y venecianos). España y Portugal, entre otros, deseaban romper el monopolio de este comercio, que proporcionaba cuantiosas ganancias a los mercaderes de Italia. Con este fin, en el siglo XV buscaron nuevas rutas para llegar al este de Asia. Sus exploraciones se intensificaron cuando los turcos conquistaron Constantinopla, en 1453, y dificultaron o hasta impidieron el comercio con Asia.

Los países que tenían ventaja para explorar nuevos caminos eran Portugal y España, gracias a sus costas sobre el océano Atlántico y a los avances técnicos y comerciales que habían alcanzado. Muchos marineros italianos participaron en las exploraciones que realizaron los estados ibéricos.

La navegación había mejorado considerablemente. Desde el siglo XII, para satisfacer las nuevas necesidades comerciales, se había empezado a desarrollar la brújula, aportación árabe, el astrolabio, el cuadrante y el sextante, que permitían a los navegantes determinar el lugar en que se encontraban, aunque estuvieran en alta mar. Se había incrementado el conocimiento de las corrientes marítimas y de las regularidades de los vientos, lo que facilitaba trazar "caminos del mar", señalados en nuevos mapas. En el siglo XV ya se usaba la carabela, barco con tres palos para vela, más seguro y de mayor capacidad que las embarcaciones usadas anteriormente.

Desde mediados del siglo XV, Portugal, que se encontraba también en fuerte expansión comercial, fue explorando la costa occidental de África,

"DESCUBRIMIENTO" 73

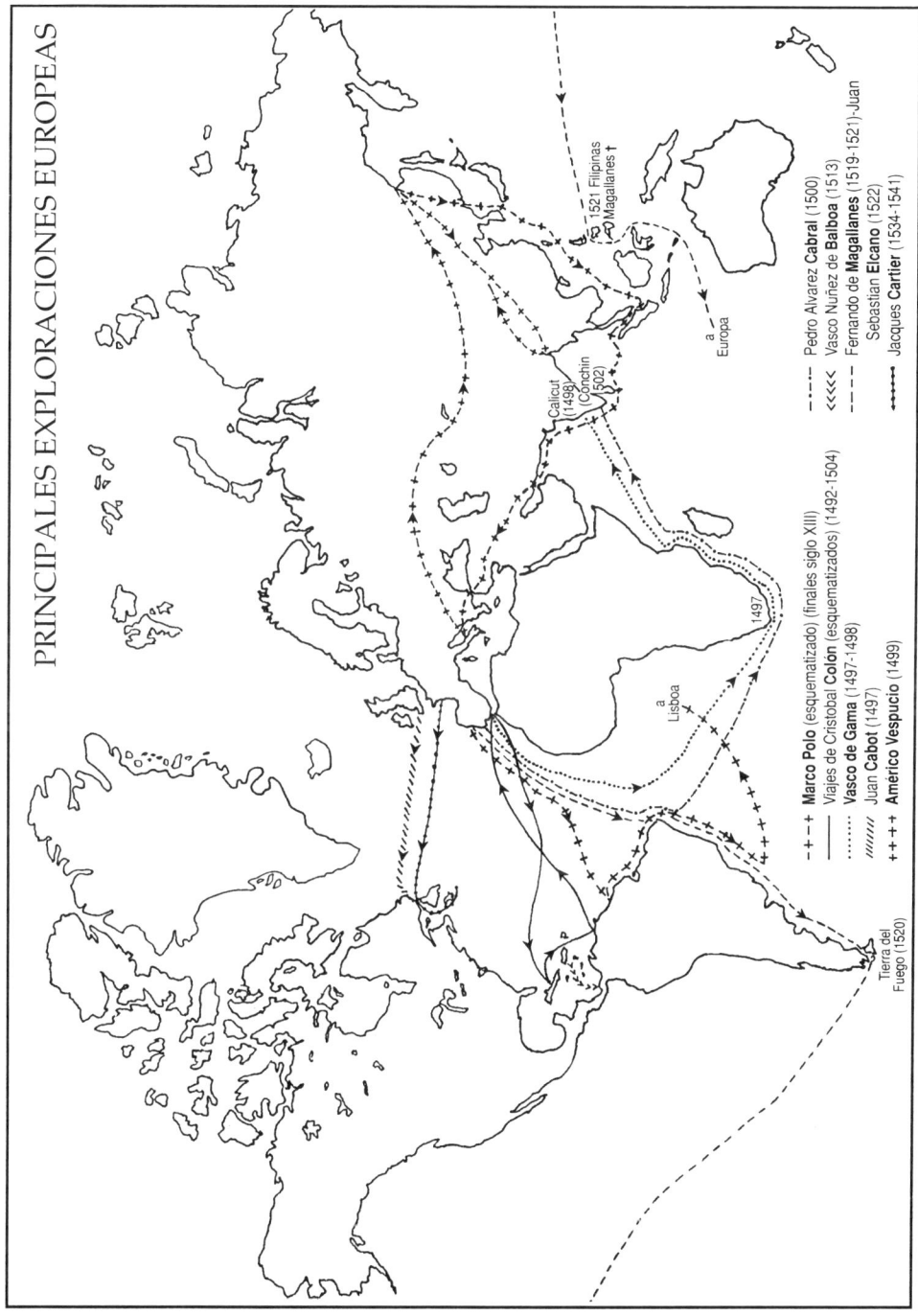

en busca de oro, de esclavos y de la ruta hacia el Oriente. En 1487, sus navegantes alcanzaron la punta sur del continente africano, y en 1498, con la ayuda de marineros árabes, arribaron a la India. Para asegurar sus dominios, habían obtenido del Papa la autorización exclusiva de aprovechar las rutas descubiertas y de conquistar los países no cristianos que encontraran en su camino. Basados en este permiso, destruyeron flotas árabes y también procuraron hundir cualquier otro barco, aunque fuera de país cristiano, que encontraban en las rutas de "su propiedad".

Pronto entró España a la competencia por las exploraciones. Cristóbal Colón, marinero probablemente de origen genovés, que tenía conocimiento de la idea de la esfericidad de la Tierra, planteó al rey de Portugal realizar un viaje al occidente para llegar al Oriente. Entusiasmados por sus éxitos en África, los portugueses no le prestaron atención y Colón presentó su proyecto a los reyes de España. Al cabo de largas negociaciones y después de varios rechazos, recibió la autorización y el apoyo de los reyes hispanos para emprender su viaje.

Colón inició su viaje el 3 de agosto de 1492, con tres carabelas, la *Santa María*, la *Niña* y *la Pinta*. La travesía se prolongó más de lo previsto y los marineros, temerosos de no poder regresar a Europa, exigieron a Colón emprender el retorno. El almirante empleó un truco para calmarlos: falsificó la bitácora (el libro que registra el trayecto transcurrido) para hacerlos creer que no estaban muy lejos de España. Finalmente, después de cuatro meses la expedición arribó a la pequeña isla de Guanahaní, en las Bahamas (norte de las Antillas). Por pensar que se trataba de una tierra cercana a la India, Colón llamó indios a sus habitantes, designación que se sigue usando. Aunque en este primer viaje no obtuvo grandes riquezas, fue recibido triunfalmente en España, ya que se esperaba arribar

---

El mapa de Toscanelli

Al igual que otros geógrafos, había diseñado un globo terrestre donde mostraba que navegando al oeste se llegaría a China. Cometió un error, consistente en considerar que el extremo oriental de Asia se encuentra donde, de hecho, se localiza América. Esta equivocación facilitó mucho los viajes que emprendería Colón.

Las Capitulaciones de Santa Fe

En Santa Fe, donde se encontraba el campamento del ejército español que sitiaba Granada, los Reyes Católicos firmaron con Colón las "Capitulaciones", el contrato que establecía las condiciones para el viaje propuesto por el navegante. La Corona otorgaría una pequeña contribución en dinero y proporcionaría los barcos. Colón sería virrey y gobernador de las "islas e tierras firmes" a descubrir y conquistar; también sería Almirante de la mar Océano. Le pertenecería el 10% de las ganancias del tráfico y sus descendientes heredarían sus títulos y derechos.

Los viajes de Colón

Colón realizó cuatro viajes, a las Antillas, las costas de América Central y el norte de América del Sur. Nunca se convenció de que no se trataba de regiones orientales de Asia.

pronto a tierras ricas donde se podrían obtener grandes ganancias. De inmediato se planearon nuevas expediciones, que dieron lugar a la exploración europea de las tierras americanas y, al poco tiempo, a las conquistas y a la creación de colonias.

El establecimiento de las rutas marítimas españolas hacía necesaria la delimitación entre los dominios de España y los de Portugal. Ambos países apelaron al Papa Alejando VI (de la familia española Borja, en italiano Borgia), quien determinó en la "Bula Alejandrina" una línea de Polo a Polo, que fue trasladada de común acuerdo entre los dos países interesados, para quedar a 370 leguas al oeste de Cabo Verde (Tratado de Tordesillas, 1494). En virtud de este acuerdo, la mayor extensión del Continente quedó en poder de España; Brasil, en su oriente, fue dominio portugués.

Después del primer viaje de Colón, otras exploraciones ampliaron el conocimiento acerca de las tierras recién descubiertas. En 1507, el cartógrafo Waldsee-mueller publicó un mapa en que señaló que se trata de un continente, al que llamó América en homenaje al gran explorador Américo Vespucio.

> **El Tratado de Tordesillas y otros países**
>
> El Tratado de Tordesillas ha sido muy celebrado como un arreglo pacífico entre dos potencias rivales. Sin duda, lo fue. Pero otros países europeos, como Francia e Inglaterra, no quedaron conformes al haber sido excluidos del reparto del mundo y, por otra parte, nadie pidió la opinión de los directamente afectados, los pueblos americanos, que quedaron sujetos a los europeos.

La colonización de las Antillas

En los últimos años del siglo XV empezó la colonización española del continente recién descubierto, por expedicionarios particulares que contaban con la autorización del rey de España. Al llegar a nuevas tierras, los conquistadores solían leer una proclama en que las declaraban propiedad de su rey e invitaban a los inconformes a presentar las objeciones que tuvieran. Los indios, desconocedores del idioma de los invasores, no reclamaban; el país pasaba a ser propiedad de los reyes europeos, y sus habitantes eran declarados súbditos de los mismos; quien se opu-

> **Exploración europea de América**
>
> Entre los viajes europeos posteriores a los realizados por Colón, destacaron el de Vasco Núñez de Balboa, que atravesó el Istmo de Panamá y llegó al océano Pacífico, y el de Magallanes que rodeó al Continente por su extremo meridional, atravesó el Pacífico y arribó a las Filipinas; ahí fue muerto por los pobladores, y la expedición volvió a España por la "ruta portuguesa", rodeando la India y África. Esta circunnavegación, iniciada en 1519, demostró que efectivamente es posible rodear las masas terrestres por vía marítima.
>
> A su vez, en 1500 llegó el navegante portugués Pedro Álvarez de Cabral a la costa de lo que hoy se llama Brasil.

> **La desgracia de Colón**
>
> Colón no pudo disfrutar mucho de sus éxitos. Acusado de mal gobierno, fue enviado en cadenas a España, en 1500. Posteriormente, la Corona española despojó a sus descendientes de los privilegios que les habían concedido en las Capitulaciones de Santa Fe.

siera después era considerado rebelde y castigado como tal. En esta forma se "legalizaba" el dominio de los conquistadores.

Las Antillas fueron las primeras regiones colonizadas, empezando por La Española (hoy Santo Domingo y Haití) y Cuba. Los indios taínos, caribes y arahuacos que las poblaban no tenían una organización social que permitiera la acumulación de riquezas personales y los españoles les impusieron los sistemas de explotación desarrollados en Europa. Para obtener máximas ganancias, no sólo privaban a los nativos de sus escasos bienes, sino también los obligaban a realizar duros trabajos.

Pronto quedó casi totalmente exterminada la población aborigen, debido a las matanzas y los maltratos infligidos por los colonizadores a los indígenas. La nueva situación a que éstos se vieron sometidos llevó a muchos de ellos a perder el deseo de vivir y condujo a numerosos suicidios. Otra causa de gran importancia para el despoblamiento fue la propagación de enfermedades que no habían existido en América y contra las cuales los indios no tenían defensas naturales. Los colonizadores, para disponer de trabajadores, empezaron a introducir esclavos negros a las islas, que llegaron a constituir en muchas partes la mayoría de la población.

4. La conquista de México y de todo el continente

Conforme se acababan los indios y las escasas riquezas de las primeras colonias establecidas en las Antillas, los españoles exploraron y colonizaron otras tierras cercanas. Llegaron a Yucatán, donde se maravillaron al encontrar ciudades, templos, casas bien construidas y personas mucho mejor vestidas que las que habían encontrado en sus descubrimintos anteriores.

La expedición a México. Animado por estos descubrimientos, Diego Velázquez, gobernador de Cuba, decidió entrar en contacto con las tierras recién descubiertas y entablar relaciones comerciales con sus habitantes. Después de algunas vacilaciones encargó la expedición a Hernán Cortés, pero siempre desconfió de él y finalmente decidió destituirlo. Cortés, con mucha habilidad, se mantuvo en el mando y se hizo a la mar, con once barcos, algunos caballos, pocos cañones y unos 500 soldados.

La expedición llegó a la costa de Yucatán, donde se le incorporó Jerónimo de Aguilar, español que había naufragado ahí años antes y había aprendido el idioma maya. Poco después, el pequeño

---

Exploraciones españolas en tierra firme

La primera expedición española en encontrar tierras hoy mexicanas fue la de Francisco Hernández de Córdoba, en 1517; le siguió la de Juan de Grijalva, un año después. En estas expediciones, que tocaron Yucatán y llegaron hasta la actual Veracruz y más al norte, los españoles tuvieron algunas batallas con los indios, y también lograron obtener cierta cantidad de oro.

Un español que se hizo maya

Gonzalo Guerrero fue otro sobreviviente del mismo naufragio que había sufrido Jerónimo de Aguilar. A diferencia de éste, prefirió quedarse con los mayas. Dijo que ya se había casado, tenía "bonitos hijos" y era muy estimado. Desempeñó un importante papel en las luchas de los mayas contra los españoles, porque conocía las tácticas militares de éstos.

> **La información sobre la conquista de México**
>
> Distintas fuentes nos proporcionan conocimientos acerca de la Conquista. En primer lugar se encuentran los relatos de los propios conquistadores, como las *Cartas de Relación* en que Cortés comunicó sus acciones al rey Carlos I, y la *Verdadera historia de la conquista de la Nueva España*, escrita por Bernal Díaz del Castillo, quien participó en la hazaña desde sus primeros momentos. Estas narraciones, como sucede con la mayoría de los documentos, deben verse con reserva, ya que reflejan el punto de vista de un solo bando.
>
> Por otra parte, se conservan impresiones de la parte indígena, como las que se recogen en la *Visión de los vencidos*, recopilada por Miguel León Portilla.

> **Hernán Cortés**
>
> El jefe de la expedición española que sometió a los mexicas, nació en 1485 en Medellín, en la pobre provincia de Extremadura, al oeste de España. Pertenecía, como muchos otros exploradores y conquistadores, a la pequeña nobleza empobrecida que encontraba en América la salida a sus problemas. Estudió algún tiempo en la universidad de Salamanca y en 1504 se trasladó a América. Acompañó a Diego Velázquez en la conquista de Cuba, donde fue nombrado alcalde de Santiago. De ahí salió a fines de 1518 a la expedición que habría de culminar en la conquista de México.

> **El Ayuntamiento de Veracruz**
>
> Cortés fundó el primer ayuntamiento en la tierra firme de América, al crear la Villa Rica de la Vera Cruz. Según las normas españolas, los ayuntamientos sólo estaban sujetos al rey o al funcionario nombrado expresamente por éste. Los soldados, leales a Cortés, eligieron como autoridades de la nueva población a un cabildo que, a su vez, lo nombró capitán general. De esta manera quedó legalmente libre de las indicaciones del gobierno español de Cuba.

ejército remontó el río Grijalva; sostuvo una batalla con los habitantes del lugar, en que triunfó a duras penas, gracias a su caballería. Los vencidos le dieron diversos regalos, el más valioso de los cuales fue una joven mujer, bautizada con el nombre de Marina y que fue conocida como Malinche. Ella hablaba maya y náhuatl, y rápidamente aprendió español. Pronto fue mujer e intérprete de Cortés, a quien proporcionó valiosa información acerca de la organización y las costumbres de los pueblos con los que estaban entrando en contacto los españoles y de los conflictos existentes entre aquéllos.

El ejército español desembarcó después en la costa del actual Veracruz y pronto supo que había llegado a tierras donde existían grandes señoríos y estados, el más rico y poderoso de los cuales era el mexica o azteca. También se enteró del odio sentido por los pueblos sometidos contra sus dominadores mexicas.

Acampados en la playa, los españoles recibieron varias embajadas enviadas por Moctezuma, señor de Tenochtitlan. Cortés se dio cuenta de que los indios no conocían las armas de fuego ni los caballos, y que creían que éstos eran unos extraños venados, con una cabeza animal y otra humana. El conquistador advirtió que las cabalgaduras atemorizaban a los aborígenes y prohibió desmontar en presencia de ellos.

Para impresionar a los enviados mexicas, los españoles organiza-

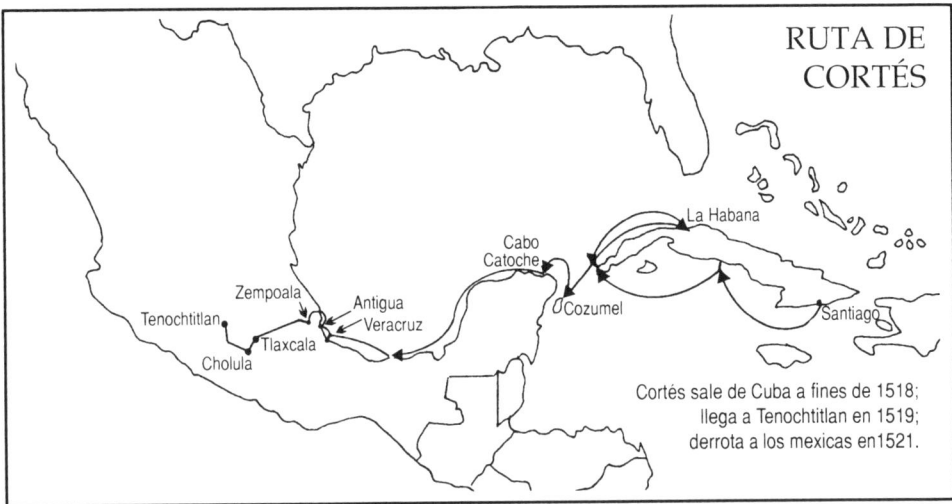

Cortés sale de Cuba a fines de 1518; llega a Tenochtitlan en 1519; derrota a los mexicas en 1521.

ron una cabalgata y dispararon cañones. También les indicaron que padecían una extraña enfermedad, que sólo se podía curar con oro. Moctezuma les envió ricos regalos y les pidió que se retiraran, ya que el camino a Tenochtitlan era penoso y peligroso, pero los tesoros recibidos sólo incitaron a los recién llegados a continuar su marcha. Los españoles no se interesaban por la calidad artística de las joyas de oro sino sólo por éste; desafortunadamente fundieron la mayor parte de las piezas para transformarlas en lingotes.

La expedición española se desplazó a la cercana ciudad de Zempoala, capital de los totonacas, cuyas casas encaladas les parecieron de plata. Una de las primeras acciones de Cortés consistió en lograr que los pobladores se sublevaran contra Tenochtitlan y se aliaran con los españoles.

Acompañados de guerreros y cargadores zempoaltecas, los españoles remontaron la sierra y llegaron a Tlaxcala, que había mantenido su independencia frente a los mexicas. En varias batallas muy duras derrotaron a los tlaxcaltecas,

> **El afán por el oro**
>
> Los indios observaron admirados la reacción de los españoles al recibir los obsequios mexicas. He aquí uno de sus relatos:
>
> "Les dieron a los españoles banderas de oro, banderas de pluma de quetzal, y collares de oro. Y cuando les hubieron dado esto, se les puso risueña la cara, se alegraron mucho (los españoles), estaban deleitándose. Como si fueran monos levantaban el oro, como que se sentaban en ademán de gusto, como que se les renovaba y se les iluminaba el corazón."
>
> ...
>
> "Y las banderas de oro las arrebatan ansiosos, las agitan a un lado y a otro, las ven de una parte y de otra. Están como quien habla lengua salvaje; todo lo que dicen, en lengua salvaje es".
>
> *Códice Florentino*, lib. XII, cap. XIII. En *Visión de los vencidos*, Miguel León Portilla, México, UNAM, 1961, p. 53.

> **La "alianza" con Zempoala**
>
> Cortés incitó al gobernante de Zempoala, el llamado "Cacique Gordo", a encarcelar unos enviados de Moctezuma que habían llegado a la ciudad. Luego liberó en secreto a dos de los presos y les dijo que la acción había sido una iniciativa de los zempoaltecas; pidió a los embajadores que informaran a Moctezuma de la disposición amistosa de los españoles. En esta forma sometió a los zempoaltecas, ya que el castigo mexica sería terrible, y al mismo tiempo mantuvo relaciones aparentemente cordiales con el señor de los aztecas.

después de lo cual lograron su alianza. Luego se desplazaron a la cercana Cholula, ciudad aliada a los aztecas. Ante la sospecha de que ahí se pretendía atacarlos, mataron a muchos de los habitantes de esta ciudad y provocaron así un extenso terror entre los pobladores de los dominios mexicas.

Prosiguieron su marcha hacia la capital azteca, pasando entre el Popocatépetl y la Iztaccíhuatl. Al llegar a la ciudad de Tenochtitlan fueron recibidos amistosamente por el Hueytlatoani Moctezuma, quien los alojó en un palacio ubicado en el lugar que ocupa hoy el Nacional Monte de Piedad. La residencia del propio Moctezuma estaba en donde actualmente se encuentra Palacio Nacional.

En Tenochtitlan. La magnitud, la riqueza y el orden de la capital mexica impresionaron profundamente a los españoles, quienes opinaron que era igual o mayor y más hermosa que las grandes ciudades europeas de la época, conocidas por algunos de ellos. También se dieron cuenta que la urbe, edificada en el lago, era una verdadera fortaleza que fácilmente se podía transformar en una trampa,

> **Moctezuma**
>
> En Tenochtitlan gobernaba desde 1502 el *Hueytlatoani* ("Gran Señor") Moctezuma II. Parece haber creído en un primer momento que los recién llegados eran dioses y que Cortés o el rey Don Carlos, en cuyo nombre decía hablar el conquistador, era Quetzalcóatl. Éste, según las creencias mexicas, había dicho que volvería a tomar posesión de sus dominios, en un año Ce Acatl, que correspondía al de la llegada de los españoles. Moctezuma vaciló siempre en cuanto a la forma de tratar a los llegados por el mar y nunca se decidió a emplear su enorme poderío contra ellos.

porque se podían remover con rapidez los puentes de madera existentes sobre los cortes en las calzadas que unían la ciudad con la tierra firme. Después de varios días de estancia, Cortés "invitó" a Moctezuma al aposento de los españoles. Tomó preso ahí al señor mexica, y éste llegó a jurar obediencia al rey de España.

Durante varios meses, los españoles vivieron de manera más o menos pacífica en Tenochtitlan. Con el permiso de Moctezuma, empezaron a convertir al cristianismo a muchos indios e instalaron una capilla católica en el *teocalli* (templo) mayor de la ciudad.

No sólo recorrieron la ciudad, sino también exploraron los amplios dominios aztecas, para conocer el país y enterarse de los lugares donde se encontraban los yacimientos de oro y plata. En estos recorridos tuvieron el auxilio de guías indígenas, y cometieron tropelías con la población y las autoridades locales.

En un primer momento hubo la idea entre muchos indios de que los hombres blancos, barbados, eran dioses o enviados de éstos. También había quienes, como Cuitláhuac, hermano y posteriormente sucesor de Moctezuma, opinaron desde el principio que no se debía permitir a los españoles el acceso al centro del país. Con rapidez se produjo un creciente descontento contra los extranjeros y los indios se convencieron de que se trataba de hombres, mortales y ambiciosos. También aprendieron que los caballos eran animales que podían ser vencidos.

> **Una muestra de autoridad española**
>
> Cuauhpopoca, gobernador mexica de la costa de Veracruz, trató de cobrar los tributos que los pueblos de la región debían entregar a Tenochtitlan; los españoles que Cortés había dejado en la zona intentaron impedirlo. Hubo un combate en que resultó apresado un español y muerto un caballo. Cuauhpopoca envió las cabezas de ambos a Moctezuma, demostrándole así que no eran dioses ni inmortales. En respuesta, Cortés obligó al Hueytlatoani a llamar al gobernador a Tenochtitlan, donde el capitán español, con el consentimiento de Moctezuma, lo condenó a morir quemado, junto con otras personas. El señor de los mexicas, encadenado, asistió a la ejecución.

Nuevas acciones militares. Al enterarse Diego Velázquez, gobernador de Cuba, de las acciones de los expedicionarios, envió un ejército al mando de Pánfilo de Narváez para someterlos. Cortés salió a su encuentro en Zempoala, atrajo a su lado a parte de las tropas recién llegadas y venció al resto en una breve batalla.

Había dejado a cargo de la ciudad de Tenochtitlan a uno de sus capitanes, Pedro de Alvarado. Éste realizó una tremenda matanza de indios desarmados que participaban en una fiesta religiosa

> **"¡Muerto me han y quebrado un ojo!"**
>
> Según un relato, Pánfilo de Narváez, al ser herido, exclamó: "¡Válgame María Santísima! ¡Muerto me han y quebrado un ojo!"

y desencadenó así la sublevación del pueblo. Cortés, con las tropas de Narváez que se le habían sumado, volvió a la ciudad y pidió a Moctezuma que ordenara dejar de atacar a los españoles, pero el pueblo lo desobedeció. El propio Moctezuma murió, posiblemente a causa de las pedradas que le arrojaron sus enojados súbditos.

Cuitláhuac, señor de Iztapalapa, fue nombrado sucesor de su hermano Moctezuma. Organizó la lucha contra los españoles, pero al poco tiempo falleció de viruela.

Los invasores, viendo que no podían sostenerse, huyeron después de haberse repartido los tesoros de los mexicas. Llegaron a Tlacopan (Tacuba), rodearon por el norte la zona de los lagos, y con muchos problemas lograron llegar a Tlaxcala.

La caída de Tenochtitlan. Tlaxcala rechazó la petición mexica de celebrar una alianza contra los españoles, que posiblemente hubiera llevado al ex-

> **"Noche Triste" española (1o. de julio de 1520)**
>
> Los españoles salieron de la ciudad por el camino que iba a Tlacopan, el más corto que llegaba a la orilla de lago. Llevaron un puente portátil para salvar los cortes de la calzada, pero éste se atascó por el peso de los fugitivos. La retaguardia española, al mando de Alvarado, quedó atrapada en la ciudad y sus integrantes fueron sacrificados más tarde a los dioses por los mexicas. Se relata que el propio Alvarado, apoyándose en su lanza, logró saltar sobre uno de los cortes.
> La batalla fue sangrienta; los españoles perdieron a la mayoría de sus hombres y de sus aliados, el tesoro que llevaban y muchos de sus caballos y cañones. Se afirma que Cortés lloró al llegar a la orilla del lago. Los españoles llamaron a esta batalla la de la *Noche Triste*.

> **El sitio**
>
> Los españoles construyeron bergantines (barcos pequeños) que les permitieron dominar el lago. Ordenaron a sus aliados derrumbar las casas de la ciudad y tapar los canales, para evitar toda comunicación de los aztecas con otros pueblos e impedir la entrada de alimentos y de agua.

terminio de las tropas de Cortés. Al contrario, mantuvo su pacto con los europeos, lo que permitió a éstos reponerse de su derrota y, junto con muchos guerreros indios aliados (probablemente más de los que defendían a la ciudad mexica), poner sitio a Tenochtitlan. Cuauhtémoc, el nuevo señor azteca, trató de unificar los señoríos indígenas contra los invasores, pero no logró convencerlos. El rencor contra los mexicas era demasiado fuerte.

La lucha fue violenta, prolongada y sangrienta. En varias ocasiones, los guerreros mexicas lograron tomar prisioneros a soldados españoles y aliados de éstos y sacrificarlos a sus dioses. Sin embargo, después de dos meses y medio de combates los mexicas quedaron vencidos y Cuauhtémoc fue capturado, con lo que terminó la lucha, el 13 de agosto de 1521. Los conquistadores y sus aliados se apoderaron de todas las riquezas que pudieron. Muchas veces aplicaron tormentos a los vencidos, para que revelaran donde guardaban sus tesoros.

La expansión del dominio español. Los conquistadores se apoderaron de todo el llamado imperio mexica, pero no se conformaron con eso. Ocuparon Michoacán, que se entregó pacíficamente, pero cuyos jefes y muchos pobladores fueron duramente reprimidos más tarde por Nuño de Guzmán. Yucatán fue conquistado en varias expediciones, de 1531 a 1547, encabezadas por Francisco Montejo y su hijo del mismo nombre. También América Central fue sometida a la autoridad española.

La conquista de las tierras situadas al norte de los dominios mexicas y purépechas fue muy distinta de la de Mesoamérica. En ésta, los habitantes estaban acostumbrados a obedecer a sus señores o a los de los pueblos que los habían conquistado, y a pagar tributos. Los españoles, una vez que habían sometido a los gobernantes locales, pudieron tomar el lugar de éstos, tanto en lo que se refiere al dominio como en el cobro de tributos.

En cambio, los grupos nómadas, cazadores, recolectores o de agricultura pobre del Norte y del Occidente no pudieron ser sometidos por los españo-

> **Los poetas indígenas ante la derrota**
>
> Conocemos algunos *icnocuícatl*, "cantares tristes", compuestos por poetas nahuas ante la pérdida de su ciudad.
>
> "El llanto se extiende, las lágrimas gotean allí en Tlatelolco.
> Por agua se fueron ya los mexicanos; semejan mujeres; la huida es general." [1]
>
> "En los caminos yacen dardos rotos, los cabellos están esparcidos. Destechadas están las casas, enrojecidos tienen sus muros.
> "Gusanos pululan por calles y plazas, y en las paredes están salpicados los sesos. Rojas están las aguas, están como teñidas, y cuando las bebimos,
> es como si bebiéramos agua de salitre.
> "Golpeábamos, en tanto, los muros de adobe, y era nuestra herencia una red de agujeros. Con los escudos fue su resguardo, pero ni con escudos puede ser sostenida su soledad." [2]
>
> [1] *Cantares Mexicanos* (Bibioteca Nacional de México). En Miguel León Portilla, *Visión de los vencidos*, México, UNAM, 1961, p. 165.
> [2] *Ms. Anónimos de Tlatelolco*, 1528 (Bibl. Nacional de París). En León Portilla, *op. cit.*, p. 154.

les. En largas y sangrientas luchas, conocidas en conjunto como "las guerras chichimecas", en su mayoría fueron exterminados o arrojados a zonas poco fértiles y de difícil acceso, y la región siguió siendo una frontera de guerra hasta el siglo XIX.

Causas de la victoria española. El triunfo de los conquistadores parece inexplicable. Eran muy pocos y tuvieron que enfrentarse a grandes ejércitos, entrenados y valientes. Además, desconocían el territorio, la lengua y las costumbres de sus habitantes y muchos de sus alimentos. Tampoco estaban acostumbrados a vivir a más de 2,000 metros sobre el nivel del mar. ¿A qué se debió su victoria?

Una de sus ventajas iniciales consistió en que, en un primer momento, fueron considerados dioses por muchos indígenas. Las armas de fuego y los caballos, desconocidos para los indios, también les proporcionaban cierta superioridad. Pero esto no explica la derrota de los nativos: los cañones no podían disparar muchos tiros seguidos, y su alcance era apenas como el doble del que tenían las flechas de los indios y éstos pronto se dieron cuenta de que los españoles eran humanos, tan mortales como ellos mismos.

Los españoles contaban con otras ventajas, además de las armas de fuego y de los caballos. Entre ellas estaba la técnica de construcción de barcos, que les permitió anular la ventaja constituida para los mexicas por el lago que rodeaba su ciudad. También se debe tomar en cuenta la mejor organización de sus tropas y su mayor eficiencia en las batallas. Las enfermedades como la viruela, que no existían en América y causaron tremendos estragos entre los indígenas, también contribuyeron a debilitar a éstos.

Sin embargo, puede considerarse que la causa fundamental de la victoria española radicó en el hábil aprovechamiento hecho por los conquistadores del deseo de los pueblos sometidos de liberarse del dominio mexica a que estaban sujetos. De hecho, los españoles lograron desencadenar una gran sublevación, encabezar este movimiento y transformarse así en los nuevos dueños de las tierras a las que habían llegado.

Otras conquistas y colonizaciones españolas en América

Los españoles conquistaron otro país americano de gran riqueza, Perú, unos diez años después de la caída de Tenochtitlan. El proceso fue similar al de la victoria sobre los mexicas: un pequeño grupo de soldados, bajo el mando de Francisco de Pizarro, llegó al imperio inca, se apoderó de Atahualpa, señor de éste, y le exigió una enorme cantidad de oro como rescate. A pesar de que el Inca (título del gobernante) entregó la riqueza exigida, Pizarro lo mandó asesinar y estableció un gobierno español.

> **Túpac Amaru**
>
> Los españoles trataron de gobernar Perú a través de un emperador subordinado a ellos, pero durante décadas siguió la resistencia de los aborígenes. Tupac Amaru I, último jefe inca del siglo XVI que luchó contra los invasores, fue muerto en 1571. Sin embargo, la población indígena mantuvo una gran fuerza, mayor que la de la Nueva España. Hubo frecuentes rebeliones, la más importante de las cuales fue la encabezada por Túpac Amaru II, en 1780-1783. Todas fueron reprimidas sangrientamente.

Las colonizaciones en América por otros países europeos

De acuerdo con lo establecido en el Tratado de Tordesillas, la parte oriental del continente americano (hoy Brasil) fue explorada y colonizada por Portugal. La población, de unos seis millones de personas, no formaba grandes estados que pudieran ser sometidos como había sucedido en el actual México y en Perú. Los indígenas huyeron a las selvas y a las sierras, y en un principio los portugueses se dedicaron sólo a obtener materias primas valiosas. Tiempo más tarde establecieron plantaciones, en gran parte trabajadas por esclavos negros.

A su vez, en el siglo XVII otras potencias europeas empezaron a colonizar en el norte del continente. Los franceses se apoderaron del Canadá y, aunque no en una forma muy efectiva, del valle del Mississippi. Cerca de la desembocadura de este río fundaron la ciudad de Nueva Orléans. Mucho más tarde obtuvieron la parte occidental de la isla de Santo Domingo, lo que hoy es Haití.

Los holandeses fundaron Nueva Amsterdam, que posteriormente, bajo dominio inglés, recibió el nombre de Nueva York. Los ingleses, a su vez, establecieron un grupo de colonias en la costa oriental de América del Norte; a fines del siglo XVIII, éstas se independizarían y tomarían el nombre de Estados Unidos de América.

Grandes extensiones del continente, sobre todo las alejadas de las costas y de los centros de población conquistados en el siglo XVI, sólo fueron dominadas y colonizadas efectivamente por los europeos en los siglos XVIII y XIX.

5. La Colonia (1). Las décadas iniciales (1521-1580/1600)

En un siglo, a partir del viaje de Colón en 1492, España se apoderó de la mayor parte del continente americano, sobre todo de los estados y señoríos fuertes de Mesoamérica y Perú. La ocupación de las poblaciones menos avanzadas fue más tardía, quedando amplias regiones fuera de su control.

Las formas en que se realizaron las conquistas y se establecieron los nuevos sistemas políticos, económicos y sociales, mostraron características muy diversas. Donde había una agricultura desarrollada y pueblos acostumbrados a pagar tributos, los conquistadores aprovecharon esta fuerza local para obtener beneficios. En otras regiones, los indígenas fueron casi totalmente exterminados o arrojados hacia tierras pobres o de difícil acceso, y la nueva población se integró por personas de origen europeo o africano.

Desde el principio de la conquista por España y Portugal se produjo un mestizaje entre indios, europeos y africanos, que se fue incrementando a través del periodo colonial. Este proceso se vio favorecido por el escaso número de mujeres europeas, y también porque en España ya se había producido la mezcla, muchas veces conflictiva, entre cristianos, árabes y judíos. En las colonias de otros países europeos, particularmente en las inglesas, predominó el exterminio o la expulsión de los aborígenes, y el mestizaje fue escaso.

En los trescientos años de historia de la Nueva España, y en forma parecida en las demás colonias españolas en América, se pueden distinguir dos grandes periodos: el que abarca aproximadamente 250 años a partir de la conquista en 1521, y el que va de 1760/70 a los movimientos de independencia, en las primeras décadas del siglo XIX.

Esta distinción no debe hacer olvidar que muchas de las características básicas del periodo colonial fueron permanentes, aunque evolucionaban por causas internas y externas. Siempre gobernó la metrópoli, la cual nunca dejó de dominar sobre las colonias y de obtener beneficios de ellas. Los nuevos grupos prevalecientes, españoles, tanto peninsulares como criollos (descendientes de aquéllos, nacidos en las colonias) explotaban y discriminaban a indios, mestizos y negros. Por su parte, la Iglesia tuvo en todo tiempo gran fuerza espiritual, política y económica.

El asentamiento de la nueva estructura

Los españoles tuvieron que buscar la participación de los indígenas en la organización de los amplios territorios que habían conquistado, ya que no les era posible gobernarlos con sus propios recursos. Sólo constituían una escasa minoría de la población (se calcula que en el siglo XVI llegaron 200 mil españoles a todas las posesiones americanas), desconocían los idiomas y las costumbres locales así como el medio geográfico.

Una forma para lograr la colaboración de la población aborigen de la Nueva España consistió en incorporar a la estructura gubernamental a integrantes de la nobleza nativa, así como a miembros de los grupos sociales antes sujetos a los gobernantes o provenientes de los pueblos sometidos por los mexicas. También fueron importantes los matrimonios de oficiales españoles con mujeres de las anteriores clases dominantes, con el fin de legitimar las propiedades de que se habían apoderado.

La conversión de extensos sectores indígenas a la religión cristiana y la amplia labor educativa para asimilarlos a las normas de los conquistadores, contribuyeron en gran medida a la consolidación del gobierno español.

También se fundaron poblaciones con el apoyo de núcleos indios que colaboraban con los conquistadores, como la ciudad de Saltillo, establecida con el concurso de un contingente tlaxcalteca.

La población en la Nueva España

La población originaria disminuyó catastróficamente. Según algunos autores, en lo que sería la Nueva España vivían aproximadamente 25 millones de personas en vísperas de la Conquista, reducidas a 750 mil por 1630 (una disminución de 97%); otros investigadores dan cifras diferentes, pero todos coinciden en que el despoblamiento fue de enorme magnitud.

Las causas básicas de esta catástrofe fueron las mismas que se habían producido antes en las Antillas: las matanzas en ocasión de la conquista y al aplastar la resistencia posterior de los pueblos originarios, el exceso de trabajo, así como el desánimo de los indios ante el derrumbe de su mundo, sus dioses y sus formas de vida, que se expresó en suicidios, abortos y en escasa resistencia a las enfermedades. Estas últimas, al igual de lo que había sucedido en las Antillas, contribuyeron de manera importante a la disminución de la población nativa, que sólo en la segunda mitad del siglo XVII se volvió a incrementar.

> **Las enfermedades**
>
> Muchos padecimientos frecuentes en Europa, contra los cuales se habían desarrollado ahí defensas naturales, no existían en América. Entre los europeos causaban alta mortalidad, pero ésta era mucho peor para los aborígenes americanos; se decía "indio enfermo, indio muerto". Se trataba sobre todo de viruela, sarampión, tosferina y escarlatina, pero también de otras enfermedades, como las gastrointestinales.

Muy pronto se inició el mestizaje entre españoles e indígenas, que llegaría a tomar carácter masivo en el siglo XVII. En algunos casos fue el resultado de matrimonios entre miembros de los dos grupos, pero en su mayoría se debió a la acción de los soldados españoles, que tuvieron hijos con sus esclavas y con otras mujeres del pueblo. Este tipo de unión, forzada o también voluntaria, no dejó de practicarse.

También se produjeron mezclas entre negros y blancos (mulatos) y entre indios y negros (zambos). A la larga, se formó un complejo sistema llamado de castas, con denominaciones especiales para cada grupo. Así había los moriscos, hijos de español y mulata; chinos o albinos, de español y morisca; saltapatrás, de español y china, "tentenelaire", "jíbaro" y otros. Estos términos siempre tenían una connotación despectiva. (Véanse láminas a color, núms. 4 y 5.)

La designación de "castas" correspondía a quienes tuvieran ancestros negros, aunque se llegó a aplicar a todos los provenientes de distintos grupos raciales, lo que sucedió también con la palabra mestizos.

> **Mestizos**
>
> El primer caso de mestizaje de que tenemos noticia en la posterior Nueva España fue el de los hijos de Gonzalo Guerrero. Éste había naufragado en las costas de Yucatán, fue aceptado por los indios, se casó ahí y tuvo descendencia que se incorporó al pueblo maya. Un mestizo famoso fue Martín Cortés, hijo del jefe de los conquistadores y de Doña Marina, conocida como Malinche. (Otro hijo de Cortés, criollo, también se llamó Martín.)

Se formaron así varios grupos de población, con características distintivas: los indígenas, que en gran parte conservaron sus organizaciones, su economía local y su cultura originales, aunque modificadas por la influencia española; los españoles, venidos de la Península o ya nacidos en la colonia; los negros y, por último, los crecientes grupos resultantes de las mezclas de los anteriores.

La organización del gobierno

Al estructurar el gobierno de sus nuevas posesiones, España procuraba obtener las máximas ventajas de ellas y, al mismo tiempo, evitar la formación de una sociedad que pudiera sustraerse a su dominio. Ésta fue la causa de que los puestos principales de autoridad se otorgaran de manera casi exclusiva a peninsulares, se limitaran sus periodos de mando y se les sujetara a severos sistemas de control.

En el marco de estas condiciones generales fue evolucionando la organización del régimen, según las diferentes tendencias políticas predominantes en la metrópoli y los cambios que se producían en la colonias mismas.

Hernán Cortés, quien había encabezado la Conquista, fue el primer gobernante de la Nueva España. Lo sucedieron dos "Audiencias Reales", después de las cuales se estableció, en 1535, el régimen de los virreyes, que duraría hasta el final del dominio español.

Las autoridades. El gobierno de España y de todo su imperio siempre estuvo en manos del rey. En lo que se refiere a América, el monarca ejercía su mando a través del "Real y Supremo Consejo de Indias", que tenía funciones legislativas, administrativas y judiciales.

La Audiencia

La Audiencia era un cuerpo de gobierno de la Colonia, integrado por varios "oidores", presidido por el virrey. Era un tribunal de justicia que también debía asesorar y controlar al virrey. En ausencia de éste, se encargaba del gobierno. Además de la Audiencia de México existieron otras en la Nueva España, subordinadas a la que residía en la capital del virreinato.

En la Nueva España, el rey estaba representado por un virrey, con amplias facultades administrativas y militares, asesorado y vigilado por la Audiencia. Al terminar su gestión era sometido a un juicio de residencia, en el que los súbditos podían presentar las reclamaciones que tuvieran. El virrey y los miembros de la Audiencia eran nombrados por el rey de España.

El virreinato estuvo subdividido en distintas regiones (reinos, provincias, etc.), encabezadas por gobernadores, en las que había Alcaldías mayores y Corregimientos, cuyas funciones y características se explican más adelante. Ambos tipos de funcionarios, y sus colaboradores inmediatos, frecuentemente abusaban de sus puestos y cayeron en serios actos de corrupción.

Las entidades menores eran los municipios, encabezados por los cabildos o ayuntamientos. Los integrantes de éstos eran electos por los vecinos, sobre todo por los más acaudalados, o también obtenían sus puestos por compra al gobierno, aunque muchos de estos cargos llegaron a ser hereditarios. En ocasiones se celebraban "cabildos abiertos", asambleas en las que participaban grupos mayores de ciudadanos, pero el mando municipal solía estar en manos de la aristocracia criolla local. Los cargos en los cabildos eran codiciados, por el honor que implicaban y por las posibilidades de obtener ventajas económicas.

Otra institución que participaba activamente en el gobierno de la Nueva España era la Iglesia, legalmente sujeta a la Corona española pero con fuerza propia. Algunas veces se produjeron graves conflictos entre los representantes del gobierno español y las autoridades eclesiásticas, aunque en general estaban unidos para mantener el sistema colonial.

Muchas actividades se regían por las organizaciones que agrupaban a quienes se dedicaban a ellas, sujetas siempre al gobierno o también, en deter-

LA COLONIA (1). LAS DÉCADAS INICIALES (1521-1580/1600) 89

minados casos, a la Iglesia. Era la situación de la Mesta (ganaderos), los consulados (comerciantes), la Universidad y los mineros, entre otros.

Las Repúblicas de Indios y de Españoles. Para mantener aparte los dos grupos iniciales de población de la colonia, el de los españoles y el de los indios, el gobierno estableció "repúblicas" para cada uno. Éstas eran poblaciones, legalmente iguales, aunque en la práctica no dejaban de ser las de los amos y de los sometidos.

Los gobernantes de la Colonia afirmaron que las Repúblicas de Indios se habían creado para evitar la "contaminación" de éstos por la corrupción y las contraversias religiosas existentes entre los europeos. De hecho, sirvieron para el control y la discriminación de los autóctonos, aunque no dejaban de significar algunas ventajas para ellos, por la limitada autonomía que les proporcionaban.

En las Repúblicas de Indios se combinaban características del ayuntamiento español y de las tradiciones de gobierno local de los aborígenes. Generalmente eran regidas por sus propias autoridades, designadas anualmente de acuerdo con sus costumbres, pero sujetas a la confirmación del gobierno virreinal. En su seno se daba una pugna por el mando entre el concejo municipal (cabildo) y el gobernador o el alcalde mayor, pero el poder estaba de hecho en manos de los sacerdotes, los corregidores españoles y los encomenderos. Los jefes de las Repúblicas de Indios eran responsables de la observación de la religión católica y del pago de los tributos. Estaba prohibido que los españoles se asentaran en ellas, disposición que se violó frecuentemente.

En una primera etapa, las autoridades indígenas estaban constituidas fundamentalmente por los antiguos gobernantes, en la medida en que éstos estaban dispuestas a colaborar con el nuevo sistema. Desde fines del siglo XVI, los españoles dejaron de respetar a la anterior nobleza aborigen y las Repúblicas de Indios tomaron un carácter más igualitario, lo que les permitió, en muchos casos, desarrollar una mayor cohesión interna. Al terminar el siglo XVII decayeron, pero tuvieron nueva importancia a partir de la segunda mitad del siglo siguiente.

Los españoles obligaron a los aborígenes a concentrarse en pueblos, en lugar de la dispersión en que vivían muchos de ellos. Esperaban así ejercer un mayor control sobre la población nativa y facilitar su evangelización. La medida modificó profundamente la vida de la población, pero no pudo aplicarse en las amplias zonas de difícil acceso, donde varios grupos indígenas conservaron sus costumbres.

En las Repúblicas de Indios se conservaba generalmente la forma tradicional de la propiedad de la tierra. Ésta seguía siendo de la comunidad, como lo había sido en la antigua calpullalli, "tierra del calpulli", que se entregaba en parcelas a los jefes de familia para su cultivo, sin derecho a venderlas. También había tierras comunales para el pastoreo de animales y para la recolección de leña.

Las Repúblicas de Españoles, por su parte, no estaban sujetas a una reglamentación específica como las de los Indios, ya que su finalidad no era la de controlar a la población conquistada.

La nueva organización económica

La mayoría de los europeos que llegaron al continente americano buscaban enriquecerse rápidamente. Una de las primeras medidas que tomaron los españoles consistió en apoderarse de los tesoros de los señores locales y en reclamar para sí y para su rey los tributos que antes recibían los gobernantes. (Véanse láminas a color, núms. 1 a 3.)

Pero los nuevos amos buscaban mayores fuentes de enriquecimiento. Para aprovechar las enormes riquezas naturales de las tierras recién descubiertas y conquistadas por ellos, sometieron a dura explotacion a los indígenas, mediante trabajos obligatorios o aparentemente voluntarios, y a través del pago de tributos. En muchas partes, sobre todo en las zonas tropicales, complementaron esta fuerza de trabajo importando esclavos negros.

En las primeras seis a ocho décadas de su dominio, el gobierno colonial fomentó las actividades productivas, con el fin de obtener ganancias y para satisfacer las necesidades de los criollos y de los demás pobladores del país.

La tierra. La encomienda, la hacienda y el repartimiento. Una de las primeras formas que emplearon los conquistadores para organizar su dominio y la explotación de los indígenas fue la encomienda, creada en España durante la lucha contra los musulmanes. Se estableció en las Antillas y Cortés la introdujo en la Nueva España, para asentar y recompensar a muchos de sus soldados.

Este sistema consistía en que un grupo de indígenas era "encomendado" a un señor, quien debía organizar su evangelización, protegerlos y enseñarles el idioma castellano; los encomendados, en cambio, tenían la obligación de entregar a los encomenderos el tributo, que éstos remitían a la Península, así como prestar servicios personales a ellos y a la Iglesia. Hacia fines del siglo XVI desapareció casi totalmente la encomienda y sólo en Yucatán siguió siendo importante durante 150 años. En los hechos no fue un mecanismo de protección, sino de explotación y de dominio.

El gobierno aplicaba al mismo tiempo dos políticas que, en cierto sentido, se contradecían. Por una parte, entregaba encomiendas para recompensar a sus súbditos españoles y fomentar su asentamiento. Por otra las limitaba, ya que los tributos que recibía la Corona de España de los indios no encomendados eran mayores de los que obtenía a través de los encomenderos. Además, el rey estaba interesado en que éstos no adquirieran demasiada fuerza, que les hubiera permitido cierta independencia.

Desde las primeras décadas de la colonización, los reyes de España entregaban "mercedes" (tierras en propiedad) a los conquistadores y a otros españoles que se asentaran en las colonias. Estas propiedades fueron uno de los orígenes de las haciendas agrícolas y ganaderas, que adquirieron gran importancia y perduraron hasta el siglo XX. Muchas de estas tierras llegaron a constituir "mayorazgos", que se heredaban íntegramente al hijo mayor.

Algunas encomiendas y haciendas, ubicadas cerca de las ciudades o de las minas, realizaban un activo comercio para abastecer a estos centros, mientras otras estaban dedicadas fundamentalmente a producir lo que requerían y sólo vendían sus excedentes, para ganancia de sus dueños.

Como resultado de la tremenda disminución de la población indígena se presentó una grave escasez de mano de obra. Para resolver ese problema se establecieron el "naborío", una servidumbre impuesta a los indios por tiempo limitado, y el "repartimiento", consistente en la obligación de cada población de enviar determinado número de trabajadores para laborar en las haciendas, las minas o en obras urbanas. La Corona de España estableció que todo trabajo de los indios se remunerara, pero éstos preferían vivir del cultivo de sus campos a incorporarse a los sistemas impuestos por los conquistadores.

La obligación de los pobladores autóctonos de entregar un tributo en efectivo al gobierno constituía otra manera de forzarlos a realizar trabajos asalariados. Todas estas medidas contribuyeron a la disolución de muchas comunidades indígenas.

La agricultura. Los españoles introdujeron nuevas plantas, entre las que destacan los cereales (con excepción del maíz, nativo de América), la caña de azúcar, la vid y el olivo. También aportaron herramientas y técnicas que mejoraron el rendimiento de la agricultura, como el azadón, el pico y la pala, el rastrillo y el arado, la rotación de cultivos y el uso de abonos, así como el aprovechamiento de bueyes y caballos para las labores. Asimismo trajeron al continente los caballos, vacas, burros, mulas, cabras, ovejas, cerdos y gallinas.

Una innovación relevante en la Nueva España fue la ganadería, que se desarrolló sobre todo en el norte del virreinato. Hubo hacendados que poseían cientos o miles de animales, sobre todo de ganado vacuno o lanar. Se dictaron algunas normas para evitar que la ganadería perjudicara a la agricultura, pero con frecuencia los ganaderos invadían los tierras cultivadas por los indios o hacían pasar sus animales por ellas, causándoles graves daños.

Los nuevos productos y técnicas dieron lugar a diferentes modificaciones de la vida cotidiana. En las posesiones españolas se usaron ampliamente los instrumentos que los hispanos habían traído, mientras que los indios seguían en general practicando sus antiguas técnicas de cultivo, pero aceptaron la cría y el consumo de gallinas y cerdos. El trigo se plantaba sobre todo en las propiedades de los españoles, pues entre éstos y una parte de la población de las ciudades predominaba el consumo del pan hecho con este cereal.

Por su lado, los indios seguían alimentándose sobre todo a base de maíz, frijol y chile, a los que se añadieron la carne de cerdo y de gallina. Los españoles, a su vez, aprendieron a consumir muchas de las comidas indígenas tradicionales.

Se fue formando así una especie de mestizaje entre las costumbres autóctonas y las europeas que dio lugar, entre otras cosas, a las ricas y variadas características de la actual cocina mexicana.

La minería. Un afán principal de los conquistadores era la obtención de metales preciosos, oro y plata. Consumada la Conquista, se dedicaron a localizar los yacimientos, crearon ciudades mineras, donde también se beneficiaba el mineral, es decir, se separaba el metal de éste. Consecuencias importantes de la expansión de tales actividades fueron el establecimiento de haciendas para suministrar animales a las minas así como el alimento de los trabajadores ocupados en ellas y también la construcción de caminos destinados al transporte de los metales obtenidos.

Los yacimientos de minerales eran otorgados por el rey en propiedad ("merced") a peninsulares y se heredaban a sus descendientes, criollos, que formaron una aristocracia local. El trabajo estaba a cargo de indios y también de negros o castas, que sufrían muchas enfermedades y gran mortandad por lo pesado de las labores y debido a la toxicidad del azogue (mercurio) utilizado en el beneficio del mineral.

El Potosí

En el Alto Perú —hoy Bolivia— tenían que trabajar obligatoriamente decenas de miles de indios en el Potosí, cerro rico en mineral de plata; cada pueblo estaba obligado a proporcionar determinado número de trabajadores para realizar esta labor, no remunerada, llamada "mita".

El gobierno español obtenía cuantiosos ingresos de los productos mineros, sobre todo de la plata, que llegó a ser el principal producto de exportación. Al rey correspondía el "quinto real" (el 20% del valor obtenido), aunque esta proporción sufrió variaciones en algunos periodos. Además, el azogue estaba monopolizado por las autoridades que manipulaban su precio para favorecer a la minería o para obtener mayores beneficios. Debido a la importancia de la minería, desde las primeras décadas de la Colonia fue establecido el "Tribunal General de Minas" para organizar esta actividad.

El "beneficio de patio"

Para obtener la plata del mineral extraído, Fray Bartolomé de Medina desarrolló el "beneficio de patio", que constituyó un considerable avance técnico. Consistía en triturar el mineral, revolverlo con agua, sal, sulfato y óxidos de cobre, con lo que se obtenía cloruro de plata. Éste se amalgamaba con azogue. Finalmente, se obtenía plata pura, mediante un proceso de calentamiento.

Cabe mencionar que otros metales, contenidos en el mineral extraído de las minas, se desperdiciaban.

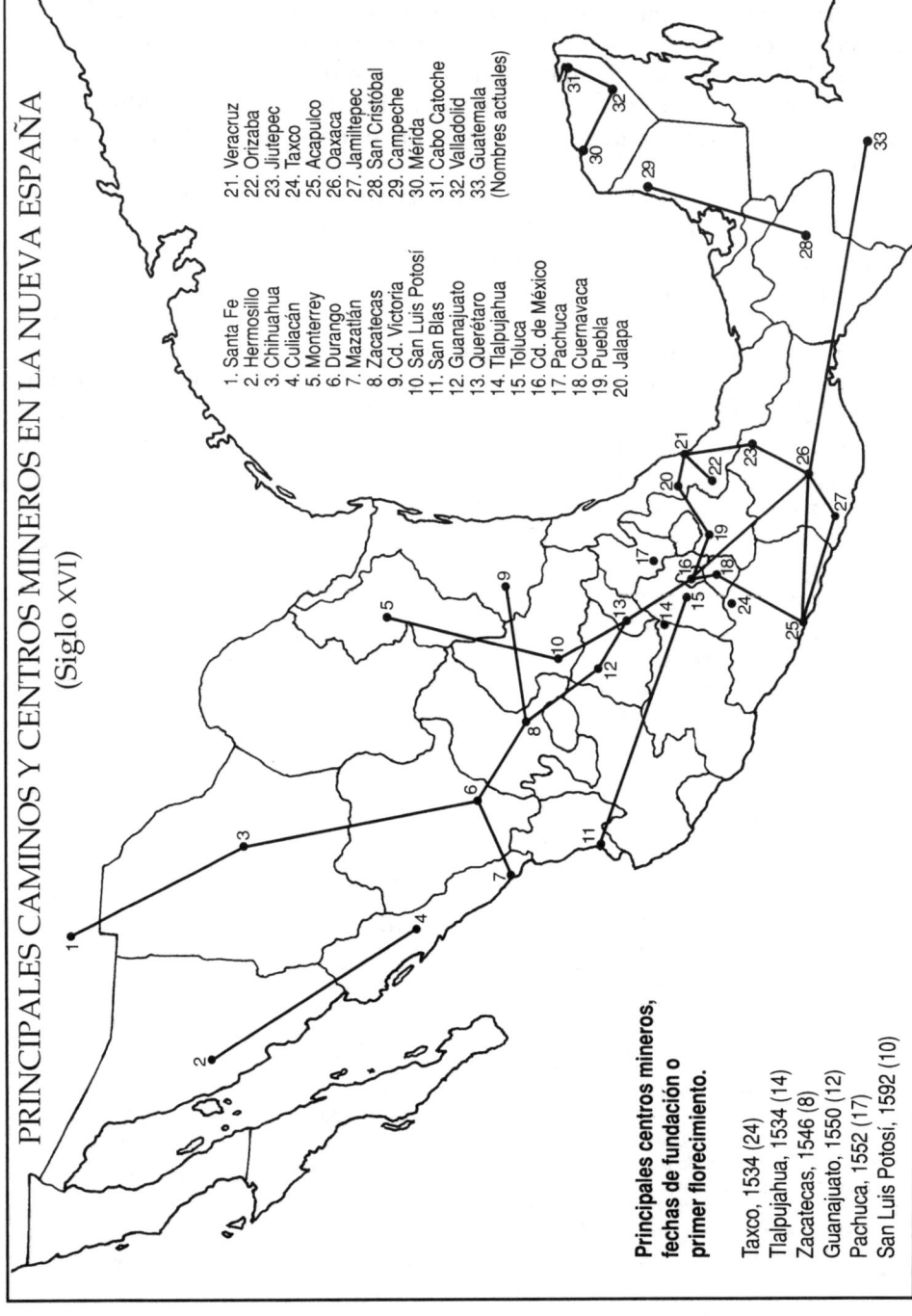

Artesanías y obrajes. Se fundaron obrajes (pequeñas fábricas) que elaboraban telas, y talleres para la producción de otros artículos. La combinación de las antiguas artesanías indígenas con las técnicas españolas dio lugar a productos de alto valor artístico, como fue el caso, entre otros, de la cerámica de talavera.

El comercio local abastecía a las ciudades, los talleres y los obrajes de alimentos y materias primas. A su vez, se desarrolló el intercambio de mercancías a grandes distancias en el interior del virreinato, sobre todo en relación con la minería, para dotarla de los materiales requeridos y para remitir a la ciudad de México la plata y el oro obtenidos, mismos que se enviaban después, en su mayor parte, a España. Circulaban también mercancías como vino, telas, especias y otros productos enviados desde la metrópoli y desde Filipinas.

El transporte terrestre se realizaba por los arrieros, que se servían de burros y mulas para cargar las mercancías. Los recorridos eran lentos y costosos, debido a las grandes distancias a recorrer, a lo malo y escaso de los caminos, así como a los frecuentes asaltos en éstos.

El gobierno español sujetó a estricta reglamentación al comercio externo de sus colonias. Las mercancías, para salir o entrar a España, tenían que pasar por Sevilla y Cádiz, y su único puerto de llegada a la Nueva España era Veracruz. También se recibían artículos como seda, porcelana y otros productos orientales, que arribaban al puerto de Acapulco desde Filipinas (colonia española), en la "Nao de China". Una parte de estos bienes se remitía a España, por Veracruz, y otra se vendía en la Nueva España. A través de Acapulco se comerciaba también con Perú, el otro gran centro español en América.

El tráfico marítimo se vio muy perjudicado por la acción de los piratas, que se desarrolló sobre todo en el siglo XVII.

Los comerciantes estaban organizados en los Consulados, especie de cámaras que tenían el derecho de establecer normas y resolver conflictos concernientes a sus actividades. Estaban dominados por los grandes establecimientos de la ciudad de México y del puerto de Veracruz, que ejercían un monopolio que les permitía obtener elevadas ganancias.

La conquista espiritual

Un aspecto muy importante en la consolidación de la Colonia se encuentra en la conversión de los indígenas al cristianismo. Ya durante la Conquista se realizaron bautizos masivos, aceptados con facilidad por los nativos americanos que estaban acostumbrados a venerar a muchos dioses a los que simplemente añadían otros. Por eso fue una gran conmoción para ellos la condena de sus religiones por los conquistadores, quienes sólo admitían como legítima

> **La evangelización**
>
> La propagación de la fe católica entre los indios constituía una gran preocupación para el gobierno español, ya que proporcionaba la "justificación moral" a la Conquista. La Bula Alejandrina, mediante la cual el Papa había repartido el mundo no cristiano entre españoles y portugueses, la había establecido como una obligación de los conquistadores. Los misioneros que llegaron con los conquistadores y en las décadas posteriores, consideraban que los indígenas eran ingenuos y de buena fe; pensaban que se les debía llevar la religión católica y al mismo tiempo evitar su "contaminación" por las disputas religiosas europeas, de la Reforma y la Contrarreforma.

la fe cristiana. Se dieron enfrentamientos, pero la fuerza de los nuevos dominadores pronto se impuso.

La semejanza, a veces sólo aparente, entre formas religiosas indígenas y cristianas presentó un serio problema para los evangelizadores. Como sucedió también en otros aspectos de la estructuración de la Colonia, chocaron en un primer periodo las tendencias que pugnaban por eliminar los cultos anteriores con las que buscaban asimilar las costumbres autóctonas a las normas de los nuevos dominadores. Así, algunos evangelizadores trataron de facilitar la conversión de los indios, recalcando las similitudes, y otros, sobre todo los franciscanos, temían que así se podrían perpetuar los que consideraban cultos satánicos.

Desde la realización de la Conquista se produjo un sincretismo, es decir, la incorporación de elementos autóctonos a la religión traída por los españoles, lo que se expresaba en las estatuas e imágenes de los santos, en los adornos de las iglesias y en que muchas de éstas se establecieran en los lugares donde habían estado los antiguos templos indígenas. En cierta forma era una manera de los aborígenes para seguir venerando a sus antiguas deidades, al mismo tiempo que significaba una fusión de las dos culturas.

La cruz, símbolo esencial de la religión cristiana, era también un elemento importante de las religiones indígenas, aunque en éstas tenía distinto significado. Era frecuente que los indígenas, al construir los nuevos templos, escondieran detrás o debajo de los altares figuras de los dioses autóctonos, con lo que adoraban simultáneamente a éstos y a Cristo o a los santos de esas iglesias. Las autoridades persiguieron severamente tales prácticas.

> **La Reforma y la Contrarreforma en Europa**
>
> A principios del siglo XVI, se dividió la cristiandad de Occidente entre la católica, con obediencia al Papa, y las diferentes iglesias protestantes. El Papa, jefe del catolicismo, organizó a mediados del siglo un concilio en la ciudad italiana de Trento para enfrentar el movimiento y precisar las normas básicas y la organización de su Iglesia. Tuvo gran importancia en el Concilio la recién fundada Compañía de Jesús (los jesuitas), que proclamaba su fidelidad incondicional al Papa, aunque siglos más tarde entraría en conflicto con éste. Se conoce como Reforma el movimiento protestante, al que se opuso la Contrarreforma que reforzó la estructura de la Iglesia romana y buscó eliminar los vicios que se habían introducido en ésta.
>
> La lucha de la España cristiana contra los árabes y la alianza de los Reyes Católicos con el Vaticano facilitaron la imposición en la Península de la Contrarreforma y las medidas represivas que mantuvieron el dominio de la jerarquía eclesiástica. Esta tendencia llegó a determinar por mucho tiempo la política de la metrópoli.

Los esclavos negros y sus descendientes introdujeron a su vez elementos de sus antiguos ritos en el culto cristiano que adoptaron.

Con el afán de destruir las religiones no cristianas, la Iglesia y las autoridades civiles ejercieron una estricta vigilancia y reprimieron lo que consideraban idolatría. También, con la misma idea, destruyeron casi todos los escritos indígenas (conocidos como "códices") por considerarlos "obra del diablo". Fray Juan de Zumárraga, primer obispo de México, y fray Diego de Landa, obispo de Yucatán, destacaron en esta labor de destrucción, pero la necesidad de conocer la forma de pensar de los indígenas para poderlos controlar los llevó también a elaborar testimonios propios acerca de la vida y cultura de éstos.

> **Lugares de culto**
>
> La catedral de la ciudad de México está casi en el mismo sitio donde se había encontrado el templo mayor azteca, dedicado a Huitzilopochtli y Tláloc. En muchos otros lugares se dieron situaciones similares. Por ejemplo, en Chalma se veneraba una deidad que residía en una cueva; hoy es un lugar de peregrinación popular —"ir a bailar a Chalma" es una costumbre muy extendida— donde se venera un santo de características semejantes a la figura prehispánica. A las fiestas de diferentes santuarios acudían personas de lugares distantes, en forma parecida a como lo hacían sus ancestros antes de la llegada de los españoles.
>
> No se trata de una situación privativa de los conquistadores españoles. Frecuentemente, los nuevos amos establecen sus palacios de gobierno y sus templos en el lugar de los anteriores, para hacer patente su hegemonía. Esto se puede observar en Mesopotamia, en el Imperio Romano y en otras partes.

En general, la acción de la Iglesia estuvo destinada a fortalecer y dar una justificación moral a la organización del dominio español; su labor se realizó en estrecha colaboración con las autoridades civiles, aunque también se dieron severos conflictos con éstas.

Los evangelizadores. Con la expedición de Cortés llegaron algunos sacerdotes católicos, que pronto se vieron reforzados por otros evangelizadores entre quienes destacaron los frailes Toribio de Benavente (Motolinía), Pedro de Gante y Bernardino de Sahagún. Algunos de ellos se dedicaron a estudiar los idiomas indígenas y a informarse de la historia, la organización y las creencias de los pueblos nativos, y a plasmar estos conocimientos en obras que se conservan en gran parte. Debemos a ellas mucha información valiosa acerca de los pueblos prehispánicos, ya que tuvieron la oportunidad de recoger la información de un pasado reciente. (Véase recuadro "La información acerca de los pueblos indígenas" p. 39.)

A la Nueva España llegaron primero los franciscanos, los agustinos y los dominicos, y hacia finales del siglo XV arribaron los jesuitas, quienes se dedicaron a la evangelización y a la educación superior, principalmente de los hijos de españoles. Vinieron también otras órdenes religiosas, entre ellas algunas integradas por mujeres, como las carmelitas y las jerónimas.

La defensa de los indios. Muchos miembros y dignatarios de la Iglesia lucharon contra los abusos de los conquistadores; exigieron y obtuvieron una

> **El culto guadalupano**
>
> La veneración de la Virgen de guadalupe, el culto más popular en México, constituye una importante manifestación de sincretismo religioso. En Extremadura (entre Madrid y Portugal), en el pueblo de Guadalupe, existe, por lo menos desde el siglo XIV, un santuario dedicado a la Virgen. Su culto era muy popular a fines del siglo XV y Cortés, extremeño, era uno de sus devotos. La Virgen venerada ahí, de estilo bizantino, es descrita como morena, pero tiene el Niño Dios en sus brazos, además de otras diferencias con la imagen mexicana.
>
> Según el relato religioso, la Virgen se apareció en el Cerro del Tepeyac, cercano a la ciudad de México, en el lugar donde se veneraba tradicionalmente a *Tonantzin*, "Nuestra madrecita", la diosa Coatlicue, madre de Huitzilopochtli. A partir de esta aparición, en 1531, empezaría el culto guadalupano en América, aunque hay datos de que el santuario de Tonantzin fue destruido durante el sitio español a Tenochtitlan e instalada en el mismo lugar una imagen de la Virgen de Guadalupe de Extremadura.
>
> No faltaron objeciones de algunos dignatarios religiosos al culto que se inició en 1531, por considerarlo un subterfugio de los indígenas para seguir honrando a la antigua deidad mexica. Fue hasta mediados del siglo XVII cuando la devoción a la Virgen de Guadalupe se extendió a todo el territorio de la Nueva España y a gran parte de la América colonizada por los españoles. Posteriormente se transformó en un símbolo nacional, aceptado y enarbolado también por los criollos, y llegó a ser el estandarte de los insurgentes en 1810.
>
> En muchas regiones de la América colonizada hay relatos semejantes de apariciones de la Madre de Dios, como la de la Virgen de Copacabana en Perú, y otras.
>
> Acerca del significado de la palabra Guadalupe, se acepta que "guad" es árabe y equivale a río o arroyo; "lupe", según algunos, proviene del latín "lupus", lobo. Así sería Río de Lobos. También se afirma que se trata del árabe "al" (artículo) y "upe", oculto: "Río Oculto". Otros lo derivan de *Uad-al-hub*, "Río de amor".

> **Denuncias de las atrocidades de los conquistadores**
>
> Un luchador a favor de los indios fue Vasco de Quiroga, humanista español. Influido por la *Utopía* de Tomás Moro fundó el "Hospital de Santa Fe" —hoy una población del Distrito Federal— donde los indígenas vivían con bastante libertad, trabajaban en forma colectiva y disfrutaban de cierto bienestar. Más tarde, ya como obispo de Michoacán, logró pacificar esta región que había sido devastada por los españoles, organizó, recogiendo tradiciones anteriores, a la población que vivía alrededor del Lago de Pátzcuaro y fundó el pueblo de Santa Fe de la Laguna, siguiendo el modelo de la «Utopía». Los indios lo llamaron cariñosamente "Tata Vasco".
>
> *La Brevísima relación de la destrucción de las Indias*, escrita por fray Bartolomé de las Casas, fue por su parte una de las denuncias más dramáticas de las atrocidades de los colonizadores y su autor sufrió la hostilidad de éstos. Fray Bartolomé no se oponía a toda explotación y para aliviar la situación de los indios propuso importar esclavos negros, a quienes consideraba más aptos para realizar labores pesadas.

legislación para proteger a los indígenas, sin dejar de insistir en que éstos debían adoptar la fe cristiana. Destacaron especialmente en esta labor Motolinía, Vasco de Quiroga, obispo de Michoacán, y fray Bartolomé de Las Casas, primer obispo de Chiapas (con sede en Ciudad Real, hoy San Cristóbal de las Casas, Chiapas).

Las escuelas. Un elemento de gran trascendencia para la organización de la vida en la Nueva España fue el factor educativo. Poco después de la Conquista se fundó la escuela de San José de los Naturales, para jóvenes indígenas, dirigida desde 1526 por el franciscano fray Pedro de Gante. Muchos de los egresados de este plantel llegaron a puestos de importancia, otros fueron artistas o artesanos.

Para hijos de la nobleza aborigen se creó el Colegio de la Santa Cruz de Tlatelolco, con el fin de preparar sacerdotes que ayudaran a la evangelización. Al principio tuvo mucho éxito en su labor y en su recinto se realizó también un amplio acopio de información sobre la vida e historia de los indígenas. Decayó más tarde cuando se prohibió la ordenación de indígenas como sacerdotes, para reservar esta función a los españoles, y hacia finales del siglo XVI ya carecía de importancia.

A petición de personalidades como el obispo fray Juan de Zumárraga y del ayuntamiento de la ciudad de México se creó la Universidad Real y (después) también Pontificia (con lo que sus estudios eran reconocidos en todo el mundo católico).

La Universidad de México

Felipe II firmó en 1551 la orden de erigir esta Universidad, accediendo a la petición de que se "fundase una Universidad de todas las ciencias donde los naturales e hijos de los españoles fuesen industriados en las cosas de nuestra Santa fe católica y en las demás facultades ..."

La institución se regía por las normas de la de Salamanca, una de las más adelantadas de su época, y gozaba de cierta autonomía tanto frente al virrey como respecto a las autoridades eclesiásticas. Las cátedras se ganaban por oposición, en cuya evaluación participaban los estudiantes, y pronto se desarrolló en la Universidad un espíritu "criollista". El virrey Conde de Monterrey (1595-1603) consideraba inconveniente la intervención estudiantil en el nombramiento de profesores, ya que facilitaba su oposición al dominio de los españoles peninsulares.

Las primeras cátedras fueron de Teología, Escritura sagrada (Biblia), Prima de Cánones (Derecho), Instituta, Artes, Retórica y Gramática. Estas materias abarcaban filosofía, normas de gobierno y justicia; cultura latina y castellana y conocimientos generales que incluían medicina, que más tarde se separó. También se enseñaba náhuatl y otomí.

Los primeros conflictos

Las décadas iniciales de la colonización no fueron pacíficas. En Yucatán, Chiapas y otras regiones se presentó una fuerte resistencia de los indios; especialmente dura fue la sublevación, mejor dicho, defensa de su libertad, de los pueblos de la Nueva Galicia (en el Noroeste de la Nueva España), que se opusieron a la conquista encabezada por el cruel Nuño de Guzmán.

Al mismo tiempo se dio un primer choque entre los nuevos dominadores y el gobierno de España. La metrópoli tomó medidas para limitar el poder y frenar la explotación que ejercían los conquistadores, quienes consideraban que sus hazañas les daban el derecho de actuar sin limitaciones. En su disgusto, pensaron en separarse de España para establecer su propio gobierno y se organizó una conspiración, encabezada por Martín Cortés, hijo criollo del conquistador. Este movimiento, reprimido en 1566, fue el primer intento no indígena por lograr la independencia del país que, posteriormente, se habría de llamar México.

En Perú se produjo una situación semejante de resistencia indígena y de intentos de los conquistadores por "alzarse con la tierra", es decir, por establecer un gobierno independiente. Al igual que en la Nueva España, el movimiento fracasó.

6. La Colonia (2). La Nueva España estabilizada (1580/1600-1760)

El gobierno

La Colonia continuaba al mando del virrey, representante del rey de España, la Audiencia y demás autoridades establecidas durante el siglo XVI, con fuerte participación de la Iglesia. Los puestos principales en el gobierno y en la Iglesia estaban a cargo de españoles peninsulares, frente a los cuales adquirían creciente importancia los criollos, dueños de haciendas, minas y comercios, legalmente iguales a aquellos pero relegados de hecho a una situación de subordinados.

En el siglo XVII, y hasta mediados del XVIII, se corrompió profundamente la estructura gubernamental. La lejanía de la metrópoli, las grandes distancias y lentas comunicaciones en las colonias mismas permitían a los poderes locales sustraerse en gran medida a las indicaciones de la Península.

La Corona vendía los cargos públicos y, como no tenía recursos para remunerar a quienes los desempeñaban, instauró el llamado repartimiento de bienes, que consistía en el derecho de las autoridades a vender mercancías a los habitantes de su jurisdicción, al precio fijado por los propios funcionarios. Los conflictos que se suscitaban eran resueltos por los ayuntamientos y los corregidores, es decir, por los mismos que cometían los abusos. Esta forma de explotación se empezó a aplicar desde el siglo XVI y continuó hasta la segunda mitad del XVIII, dando lugar a una creciente corrupción y al enriquecimiento de los jefes locales.

Los pueblos aborígenes, por su parte, defendían con tenacidad sus tierras y sus sistemas de gobierno, en el marco del régimen establecido.

La economía

Al terminar el siglo XVI, España empezó a restringir la producción en sus colonias y a incrementar los impuestos que gravaban la importación de mercancías, para obtener mayores ingresos y con el fin de favorecer a los empresarios de la metrópoli. Sin embargo, la medida benefició más a los fabricantes franceses e ingleses que a los hispanos, así como a comerciantes de diversos países europeos establecidos en España, ya que la Península no desarrolló una producción suficiente.

Al aplicar esta política se prohibió la elaboración de la seda y el cultivo de la vid y del olivo y se frenaron otras actividades en la Nueva España. La producción minera disminuyó debido a la reducción de la población aborigen y al alto precio y escasez del mercurio.

Por otro lado, los grandes comerciantes de la ciudad de México y del puerto de Veracruz lograron acumular elevadas ganancias, que solían emplear para adquirir tierras o para financiar otras actividades económicas.

Las relaciones comerciales entre España y sus colonias americanas se vieron perturbadas por la acción de los piratas. España fortificó muchos de los puertos americanos (Veracruz, Campeche, La Habana, Cartagena en la actual Colombia, entre otros) y estableció que sus barcos navegaran en grupo, protegidos por buques armados (sistema de "flotas"). Sin embargo, nunca pudo acabar por completo con los asaltos en el mar.

Corsarios y piratas

Había piratas, quienes actuaban por su cuenta, y corsarios que contaban con el apoyo ("patente de corso") de sus gobiernos. El gran atractivo para ellos eran el oro y la plata que se enviaban a Europa. Algunos de los piratas se dedicaban a los asaltos en el mar no sólo por el afán de enriquecerse, sino como una forma de escapar de las represiones políticas y religiosas imperantes en Europa.

Entre los corsarios más famosos destacaron los ingleses Henry Morgan, Francis Drake y Walter Raleigh. Drake fracasó en su intento de tomar Veracruz (1563), pero tuvo éxito en otras acciones. Fue declarado noble por la reina Isabel I de Inglaterra, asociada con él.

Otros corsarios ingleses, así como navegantes de Francia y Holanda, también potencias marítimas de la época, realizaron igualmente acciones de piratería. A mediados del siglo XVII, los holandeses tomaron y saquearon la ciudad de Campeche; Henry Morgan ejerció una actividad exitosa en el Golfo de México. En 1783, un verdadero ejército de piratas franceses ocupó la ciudad de Veracruz, donde obtuvo un cuantioso botín.

La gran piratería perdió importancia en el primer tercio del siglo XVIII y muchos de quienes se dedicaban a ella se asentaron en las Antillas, donde crearon plantaciones de productos comerciales. Varias colonias inglesas y francesas fueron el resultado de sus actividades.

Además de la acción de los piratas en alta mar había la ejercida por barcos aislados, que ponía en peligro la navegación de cabotaje y dificultaba así el desarrollo de las poblaciones costeras.

La sociedad colonial

Al terminar el siglo XVI se consolidó la división de la sociedad colonial que se había iniciado con la Conquista, en 1521. El sector privilegiado estuvo constituido por los españoles nacidos en la Península y, debajo de ellos, por los criollos. Desafortunados eran los indios, sujetos a una legislación especial y los múltiples grupos producto del mestizaje ("castas"), quienes ocupaban los lugares más bajos en la sociedad y tenían prohibido el ejercicio de gran número de profesiones. Muchos puestos de capataces en haciendas y minas estuvieron en manos de negros o de quienes tenían ancestros de ese color, que formaban el sector más discriminado de la sociedad.

Los españoles proclamaban el alto valor de la relación familiar y del matrimonio, sobre todo en el nuevo sector dominante. Sin embargo, la práctica era distinta, como se ve en las frecuentes relaciones no legales entre españoles y mujeres indígenas o de las castas. En los grupos ricos y poderosos, los matrimonios eran un instrumento de alianza entre familias, para unir fortunas y fortalecer su posición en la sociedad. Los padres tenían gran autoridad en la decisión de los hijos para contraer matrimonio.

Las mujeres, españolas y criollas, mientras estaban solteras se encontraban bajo la autoridad del padre y después debían obediencia al marido, aunque podían tener propiedad personal. En los matrimonios generalmente se procreaban muchos hijos, pero también era alta la tasa de mortandad. Las mujeres que permanecían solteras, con frecuencia ingresaban a un convento.

Muchas mujeres realizaban actividades en las que se reflejaba la estratificación social, abarcando desde la administración de tiendas, imprentas, granjas y haciendas hasta la elaboración de tejidos, cerámica, pan y otros productos, además de dedicarse a la venta en mercados.

Las blancas, al igual que las indias, en su mayoría se casaban dentro de sus respectivos grupos, mientras que en el caso de las castas las uniones eran más libres. La escasez de españolas favorecía el establecimiento de uniones, legales o no, entre hombres blancos y mujeres indias o mestizas.

La Iglesia

El combate contra los abusos de los colonizadores y de muchos religiosos, realizado por un grupo importante de evangelizadores del siglo XVI, perdió fuerza en el siglo siguiente. Aunque no dejó de haber clérigos que realizaban una abnegada labor de exploración o a favor de los indígenas, en general la Iglesia llegó a identificarse con el dominio de los españoles privilegiados y de sus prácticas de represión y explotación.

Los primeros sacerdotes católicos en la Nueva España llegaron de la metrópoli, pero a través de varias décadas se formó un clero autóctono, integrado por criollos. Se fue formando una contradicción entre los religiosos nacidos en la Colonia y los peninsulares, ya que éstos disfrutaban del monopolio de las altas dignidades en la Iglesia. Muchos criollos pobres veían en la carrera eclesiástica una vía para mejorar su situación económica y social; otra posibilidad de alcanzar el mismo fin era la milicia. Ambos factores llegarían a tener más tarde gran importancia, en la lucha por la Independencia.

> **La Inquisición**
>
> Este tribunal eclesiástico aplicaba los procedimientos judiciales acostumbrados en la época: la acusación anónima, el interrogatorio y la tortura para obligar al acusado a confesar sus pecados. Era frecuente que los enjuiciados, al no soportar los tormentos, confesaran lo que los inquisidores querían escuchar, aunque no fuera verdadero. Las penas incluían, entre otras, azotes, mordaza, obligación de abjurar o la muerte, esta última aplicada por la autoridad civil. Los bienes de los condenados los confiscaba el Estado y una parte se entregaba a quien hubiera hecho la denuncia del delincuente.
>
> Hay dudas acerca del número de ejecutados. Algunos autores hablan de varios cientos y otros estiman que se trató de aproximadamente cincuenta.

Hacia finales del siglo XVI se estableció en México la Inquisición, para castigar a quienes atentaran contra la autoridad de la Iglesia. Eran objeto de su represión los católicos que violaran disposiciones básicas de su religión y los sospechosos de ser adeptos a cultos protestantes o de practicar la religión judía.

La vida en la Colonia estuvo regida fundamentalmente por la autoridad eclesiástica, que dominaba la enseñanza y señalaba las pautas morales a que debía sujetarse la población. También llegó a adquirir grandes riquezas, porque el Estado costeaba la mayor parte de sus gastos y muchas personas pudientes le otorgaban fuertes donaciones, debido a su sentimiento religioso, su interés por elevar su prestigio social o para lograr la perduración de su nombre. Con frecuencia, las parroquias, los hospitales e instituciones de beneficiencia (dependientes de las organizaciones clericales) eran dueños de propiedades y recibían las ganancias que éstas producían.

La Iglesia llegó a desempeñar una importante función de prestamista, al facilitar recursos a hacendados y otros empresarios y obtener los intereses correspondientes. Muchos bienes estaban hipotecados a su favor.

Los monasterios constituían centros de la vida religiosa y social; en ellos se estudiaba, se enseñaba y se realizaban otras actividades culturales. En lo arquitectónico y en otros aspectos artísticos, muchos de ellos eran verdaderas obras maestras, que todavía despiertan admiración.

Desde mediados del siglo XVI se fundaron también conventos para mujeres, en los cuales se reproducía la estructura jerárquica de la sociedad, con monjas, sirvientas y esclavas. Para ingresar a estos establecimientos, generalmente se debían entregar determinados bienes ("dote"), cuyo rendimiento permitía el sostenimiento de la religiosa, favoreciendo también el enriquecimiento de los propios conventos.

En virtud del Real Patronato, el gobierno español ejercía autoridad sobre la Iglesia. La disposición, destinada a garantizar la armonía entre las dos instituciones, dio lugar a múltiples conflictos, ya que el gobierno deseaba evitar que la Iglesia adquiriera una influencia excesiva, mientras ésta pretendía incrementar su poder.

También hubo diferencias entre las órdenes monásticas que integraban el clero regular y los sacerdotes del clero secular, que no vivían sujetos a las mismas reglas y dependían de los obispos. Por otra parte, como fue notorio desde la evangelización, no dejó de haber corrientes de opinión encontradas en el seno de la Iglesia, las cuales se hicieron nuevamente evidentes en los antecedentes de la Independencia, durante la lucha por ésta y en los periodos subsecuentes.

La cultura

En las colonias españolas de América se fue desarrollando un conjunto de culturas de variadas características, debidas éstas a los rasgos específicos de las diferentes regiones de España de donde vinieron los colonizadores, y a las influencias que llegaron de otros países. Las concepciones de los conquistadores consistían de una mezcla de ideas renacentistas que propugnaban cierta libertad de pensamiento y de tendencias conservadoras, favorables al restablecimiento de las estructuras represivas propias de la Edad Media.

El Real Patronato eclesiástico

El Real Patronato había sido acordado entre los Reyes Católicos y el Papa, en vísperas de la colonización. Establecía que la Corona enviaría misioneros para evangelizar a los indios; construiría monasterios, hospitales e iglesias, que quedarían bajo la autoridad eclesiástica; propondría candidatos para que la Santa Sede nombrara arzobispos, obispos y otros dignatarios religiosos importantes; recaudaría los diezmos para la Iglesia; podría revisar y, en determinados casos, modificar las sentencias de los tribunales eclesiásticos; autorizaría o negaría el pase de los documentos pontificios a España y a sus colonias.

Pugna entre el virrey y el arzobispo

A principios del siglo XVII se produjo una violenta confrontación entre las autoridades civiles y las religiosas. El virrey Marqués de Gelves ordenó arrestar a Pedro Veráez, Corregidor de Metepec, quien junto con algunos oidores estaba elevando ilícitamente los precios. Veráez se refugió en un monasterio, donde no podía ser apresado, y el virrey mandó soldados a rodear el convento, a lo que se opuso el arzobispo, Juan Pérez de la Serna.

El gobernante ordenó la expulsión del arzobispo de la Nueva España, y éste lo excomulgó. Al pasar por Teotihuacán, el eclesiástico tomó el Santísimo de la iglesia del lugar —con éste en sus manos los militares no se atrevían a tocarlo— y regresó a la capital, donde fue recibido jubilosamente por el pueblo. Entonces se produjo un motín que obligó a huir al virrey.

El conflicto no puede atribuirse simplemente a las rivalidades personales entre las autoridades civiles y eclesiásticas, sino a una crisis en los sectores dirigentes de la cual salieron victoriosos el alto clero y el grupo criollo privilegiado, con su afán de enriquecerse rápidamente.

Estas últimas frenaron fuertemente el desarrollo cultural, sin estancarlo nunca por completo.

A su vez participaron en las nuevas formaciones las tradiciones nativas, específicas de los distintos pueblos sometidos, cuya influencia se manifestó en la concepción de la vida, la alimentación, las fiestas, la pintura y la arquitectura, las formas del culto a los muertos y también en el lenguaje, entre

> **Palabras de origen indígena**
>
> Algunos de los términos que han pasado al español o a otros idiomas son: achichincle (el que ocupa), servidor; aguacate; canoa (antillana); chile; huarache; milpa ("en la sementera"); tabaco (antillana); chocolate; papalote ("papálotl", mariposa); cuate ("cóatl", gemelo; amigo); hule ("ollin", movimiento); escuincle ("itzcuintli", perro corriente); tomate, y otros.

otros elementos. Muchas palabras autóctonas pasaron al idioma de las colonias y algunas de ellas se universalizaron.

La cultura, mejor dicho, las culturas que se formaron, expresaban en su evolución la búsqueda de una nueva identidad, que tendría importante influencia en el periodo final de la época colonial cuando se desarrolló la conciencia de ser "americanos" y ya no españoles. Destacó en esta evolución el sincretismo religioso, ya mencionado antes. También muchas danzas y otras ceremonias practicadas hoy en las fiestas de los pueblos y que suelen considerarse indígenas son realmente fusiones producidas en la época colonial.

Una manifestación sobresaliente del arte colonial se encuentra en numerosos edificios religiosos y civiles. El estilo de estas construcciones se originó en las formas europeas pero tuvo un desarrollo propio. Muchos autores hablan de fuertes influencias indígenas, consideradas de poca o ninguna importancia por otros. Al principio se dieron visibles elementos de gótico tardío y de tipo renacentista, para dar lugar después al gran arte barroco, significado por su rica ornamentación y pasar hacia el final del periodo colonial al neoclásico, de líneas rectas y espacios abiertos.

Fueron características del siglo XVI las "capillas abiertas", donde se oficiaba misa para los indios que se encontraban en los atrios, mientras los españoles asistían a los servicios religiosos en el interior de las iglesias. Destacaron las cúpulas (siglo XVIII), en muchas partes los azulejos, y las "capillas posas" situadas en las esquinas de los atrios en las que hacían un alto las procesiones que se efectuaban dentro de estos recintos. La pintura y la escultura, de gran belleza, expre-

Tonantzintla, Puebla

El rico barroco mexicano rechaza los espacios vacíos.

Palacio de Minería (ciudad de México)

Este hermoso edificio, construido a fines del siglo XVIII bajo la dirección de Manuel Tolsá, fue un importante centro educativo y científico. Sus líneas severas corresponden al estilo neoclásico.

saban las diferentes influencias culturales que concurrían en la Nueva España, al igual de lo que sucedía en las demás manifestaciones culturales.

A principios del siglo XVII empezó a desarrollarse una nueva literatura. En ella destacó Juan Ruiz de Alarcón, importante autor de obras de teatro, nacido en la Nueva España pero cuya vida se desarrolló en la metrópoli. Cabe señalar a Bernardo de Balbuena, quien en su *Grandeza Mexicana* alababa a la ciudad de México.

En la segunda mitad de ese siglo se dio un extraordinario florecimiento cultural y científico. Entre las personalidades más importantes se cuenta Carlos de Sigüenza y Góngora, sabio de corte renacentista, entre cuyos múltiples intereses se encontraban la astronomía, las matemáticas y la literatura.

Los distintos colegios y la Real y Pontificia Universidad atendían a un pequeño sector privilegiado de la población, y también la carrera eclesiástica ofrecía una oportunidad para acercarse al estudio. Las mujeres, en su mayoría, no tenían acceso a la educación escolar, con excepción de las adineradas quienes recibían instrucción en sus casas, mientras otras acudían a establecimientos atendidos por maestras provenientes de la Península.

Quien más destacó en la vida cultural de la Nueva España fue Juana de Asbaje (1651-1695) quien por razones que no se han llegado a conocer con certeza profesó como religiosa y adoptó el nombre de Sor Juana Inés de la Cruz. En su extensa y hermosa obra poética trató, entre otros, problemas filosóficos y de la mujer, revelando gran conocimiento y una extraordinaria inteligencia. Al igual que distintos intelectuales de la época, como su amigo Carlos de Sigüenza y Góngora, se interesó por la vida y los sentimientos de los pueblos aborígenes.

La actividad filosófica y poética de Sor Juana entraba en conflicto con el sentir de gran parte de la sociedad, situación agravada por la discriminación a que estaban sometidas las mujeres. Este rechazo tuvo una expresión en la misiva que le envió Sor Filotea de la Cruz, seudónimo usado por el obispo de Puebla, Manuel Fernández de Santa Cruz, tachando su labor intelectual de vanidosa. Tal recriminación contribuyó a que la poetisa renunciara a sus actividades culturales.

> **Reflexiones de Sor Juana**
>
> La sensibilidad y la preocupación por las contradicciones entre el deber religioso y la razón que sentía la poetisa se expresan en sus escritos.
>
> "Baste ya de rigores, mi bien, baste;
> no te atormenten más celos tiranos,
> ni el vil recelo de quietud contraste
> con sombras necias, con indicios vanos,
> pues ya en líquido humor viste y tocaste
> mi corazón deshecho entre tus manos".[1]
>
> "En dos partes divididas
> tengo el alma en confusión:
> una, esclava de la pasión
> y otra, a la razón medida ...".[2]
>
> [1] Octavio Paz, Sor *Juana Inés de la Cruz o las trampas de la fe*, México, Fondo de Cultura Económica, 1983, p. 292.
> [2] Irving A. Leonard, *La época barroca en el México colonial*, México, Fondo de Cultura Económica, 1990 (Col. Popular, núm. 129), p. 259.

Rebeliones populares

Establecido firmemente el orden colonial a fines del siglo XVI, no dejaron de producirse múltiples manifestaciones de descontento popular, muchas de ellas debidas a excesos cometidos por autoridades, dueños de minas u otros empresarios. La supresión de derechos reconocidos o la imposición de nuevas obligaciones a la población provocaron protestas en las que algunos españoles fueron muertos y otros huyeron o se refugiaron en edificios que les ofrecían protección (frecuentemente se trataba de iglesias o de conventos). En general, estos movimientos, de carácter local, fueron reprimidos rápidamente y con gran dureza y no ponían en peligro al gobierno.

Desde mediados del siglo XVI se produjeron varias rebeliones de negros, los que constituían una población aproximadamente igual a la de los blancos, en muchos casos estaban concentrados en grupos compactos y carecían de toda protección. Sus movimientos más fuertes se dieron en la sierra entre Puebla y Veracruz y en la costa del Pacífico. El gobierno impuso severas medidas de represión, incluyendo la ejecución de esclavos rebeldes, pero no logró acabar por completo con las manifestaciones de descontento.

En el Norte hubo múltiples movimientos indígenas, en que se unían con frecuencia los trabajadores de las minas o de las haciendas con grupos nómadas no sujetos al dominio español. Una de las luchas más memorables fue la realizada por tepehuanos y tarahumaras, a principios del siglo XVII.

Otro levantamiento, en que participaron decenas de miles de indios, tuvo lugar en Oaxaca, a mediados del siglo XVII. Las autoridades, con la eficaz ayuda del obispo de la región, prometieron mejorar la situación de los sublevados, logrando dividirlos para someterlos después. Pocas de las promesas fueron cumplidas y se ejerció una cruel represión.

En la ciudad de México fue especialmente notorio el gran motín de 1692, provocado por la escasez y carestía de alimentos. La multitud, sobre todo de indios pero también de mestizos, mulatos y criollos pobres, incendió el palacio virreinal.

Entre mediados del siglo XVII y principios del XVIII se produjeron varias luchas de los lacandones, itzaes, tzeltales y otros pueblos mayas, que fueron sometidos violentamente.

Más tarde se dieron otros movimientos, que constituían ya, en cierta forma, un antecedente de la lucha por la independencia.

Yanga

Entre Veracruz y Puebla se establecieron grupos de esclavos "cimarrones" (escapados de las haciendas y refugiados en la sierra), que asaltaban a quienes viajaban entre México y el puerto. El principal dirigente del movimiento fue Yanga, quien había sido jefe en África antes de ser esclavizado. El gobierno trató de someter a los alzados en 1606, enviando en su contra a doscientos españoles apoyados por otros tantos tlaxcaltecas. Estas fuerzas no pudieron acabar con los cimarrones y se pactó respetar su aldea, a cambio de que dejaran de asaltar a los viajeros.

Motín de negros en la ciudad de México

En 1609 hubo un fuerte motín de negros y mulatos en la capital, en respuesta a que una esclava negra había sido flagelada a muerte por su dueño. El movimiento continuó con varias manifestaciones y, tres años más tarde, el gobierno mandó ejecutar a 36 supuestos conspiradores negros, entre ellos varias mujeres.

7. La Colonia (3). De las Reformas Borbónicas a la Independencia (1760-1810)

La política predominante en Europa, durante casi todo el siglo XVIII, fue la del llamado Despotismo Ilustrado, que pretendía gobernar para el pueblo, pero sin dar voz a éste. En lo fundamental, trataba de fortalecer la unidad nacional de sus países, debilitar o incluso abolir lo que quedaba de derechos y privilegios específicos de diversas provincias y ciudades, e implantar una fuerte administración central. Se aplicaba el mercantilismo, consistente en el control de la economía por el Estado, el cual otorgaba monopolios comerciales a particulares y procuraba fomentar la producción. Esta política fue un apoyo importante para el desarrollo de la burguesía, sobre todo en Francia, Holanda e Inglaterra.

En España, al morir sin descendencia Carlos II (de la dinastía de los Habsburgo), ascendió al trono en 1700 Felipe V, nieto del borbón Luis XIV, rey de Francia. Después de una prolongada guerra por la sucesión se consolidó Felipe en el poder y la Península se vio sujeta a fuerte influencia francesa en aspectos políticos, económicos y culturales.

Durante el último tercio del siglo XVIII, los reyes borbones de España implantaron una serie de medidas propias del despotismo ilustrado, conocidas como "Reformas Borbónicas". Su principal impulsor fue Carlos III, quien envió a América al visitador José de Gálvez, hombre muy eficiente. El propósito, logrado en gran parte, era acabar con la desorganización y corrupción existentes, reforzar el dominio español y extraer más recursos de las colonias.

Una innovación importante fue la creación de las intendencias, decretada en 1786. Los intendentes, con amplios poderes, restaban fuerza al virrey y a la Audiencia, permitiendo así un dominio más efectivo por la Corona española. También se descentralizó el cobro de impuestos, lo que quitó otra fuente

LA COLONIA (3). DE LAS REFORMAS BORBÓNICAS ... 113

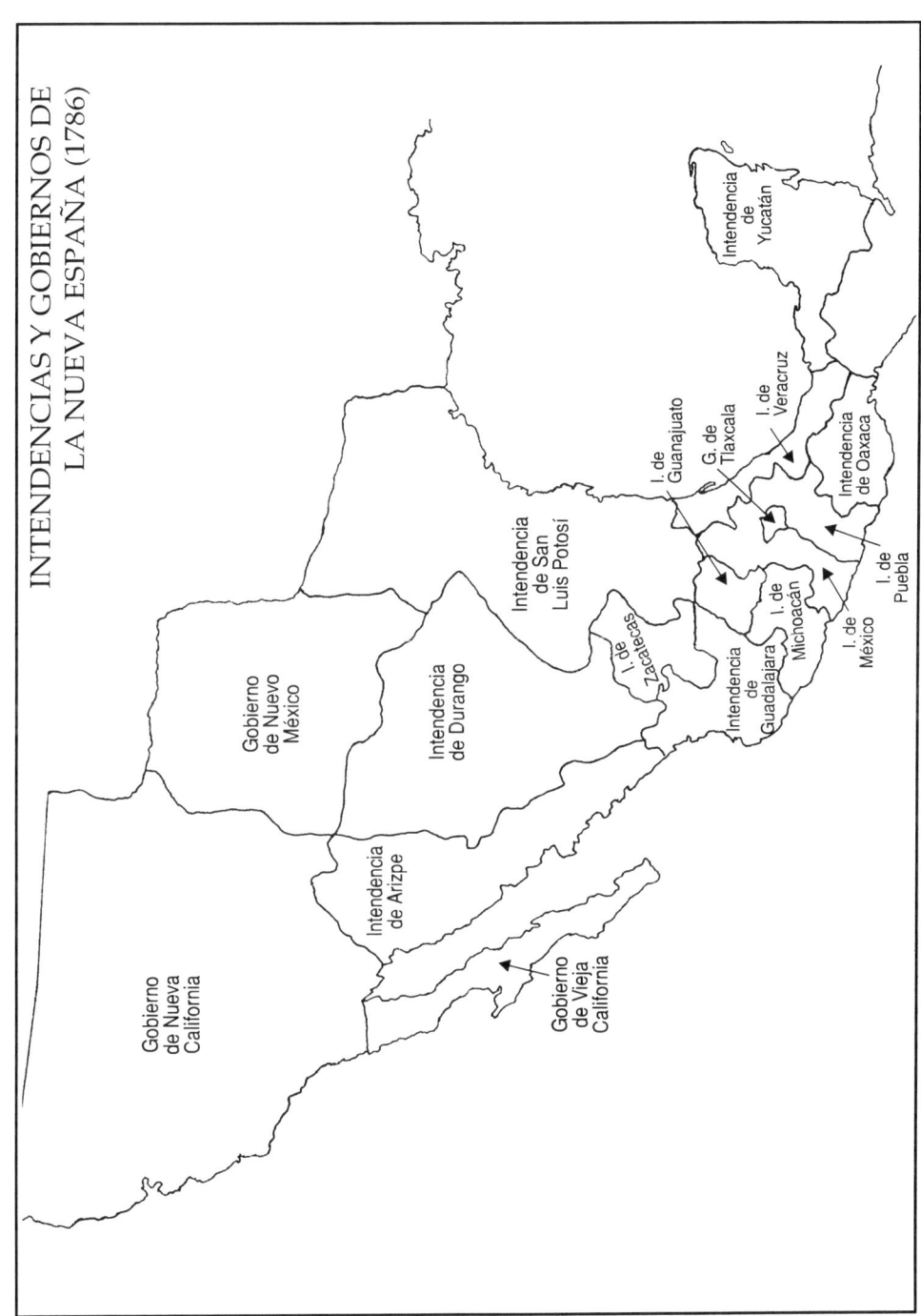

de poder al virrey y a la Audiencia, y se combatió enérgicamente la corrupción de los alcaldes mayores y de otras autoridades locales.

Otra medida que se aplicó fue la abolición del monopolio comercial de que gozaban, en España, la ciudad de Sevilla y, en la Nueva España, la de México; se crearon varios nuevos Consulados de Comercio en la colonia.

La Iglesia católica, que concentraba un inmenso poder económico además del religioso-cultural, sufrió también los embates de las reformas. Desde las primeras décadas del siglo XVIII se había prohibido la fundación de nuevos conventos y se habían tomado otras medidas para reducir su fuerza.

En 1767 fue expulsada de todas las colonias españolas la Compañía de Jesús, considerada peligrosa por su gran riqueza, su predominio en la enseñanza superior, su influencia entre los indios y su independencia frente al Estado. La expulsión, realizada con gran habilidad y con el apoyo de tropas enviadas desde España, causó varias sublevaciones, la más importante de ellas en la ciudad de Guanajuato. La represión fue dura; como castigo, Guanajuato tuvo que pagar un tributo que subsistió hasta el estallido del movimiento de independencia. La expulsión de los jesuitas y las represiones que se aplicaron para reforzarla hicieron crecer el disgusto que ya existía contra el gobierno español. Al mismo tiempo, se acentuó la diferencia entre el bajo clero, criollo, y la alta jerarquía eclesiástica, integrada por peninsulares.

> **La "Real Cédula de Consolidación de Vales"**
>
> Esta orden, expedida en 1804, disponía que la Iglesia cobrara en un plazo de diez años los préstamos que había otorgado. La medida sólo se aplicó parcialmente, pero afectó a toda la vida económica: muchísimas haciendas, minas, predios urbanos y negocios estaban hipotecados, y pagaban un interés anual del 5% por los préstamos recibidos. Normalmente renovaban los créditos a su vencimiento. Al no poder pagar el capital, se veían obligados a vender sus propiedades porque de no hacerlo éstas eran rematadas por el gobierno, bajando así catastróficamente el valor de sus bienes; muchas empresas quebraron, dejando en la desocupación a sus trabajadores.

El gobierno español exigió, en 1804, que la Iglesia cobrara los préstamos que había otorgado y remitiera esos fondos a España, cuyas autoridades pagarían los intereses correspondientes. La medida perseguía dos propósitos: por una parte se trataba de disminuir la fuerza económica de la Iglesia y, por otra, la metrópoli deseaba obtener recursos para sostener sus guerras. La consecuencia fue una aguda escasez de capitales, que no sólo afectó a la Iglesia sino también a muchas actividades económicas financiadas por ésta y provocó el disgusto de los adinerados de la Colonia y también de muchos obreros que perdieron su trabajo.

En el mismo periodo, el gobierno real dio nuevas facilidades a la minería, que dieron lugar a un gran auge de esta actividad. Se creó un banco para fomentarla y se fundó la Escuela de Minería, cuyo palacio todavía destaca en la ciudad de México.

En el comercio, la metrópoli aplicó una política de apertura parcial. Se levantó en lo general la prohibición de que las colonias españolas en América comerciaran entre sí, pero se reservaron para España varios ramos que le permitían obtener altas ganancias, como el tráfico de ciertas telas, vinos, aguardientes y de otros artículos. También se prohibió el cultivo en Nueva España de olivos y viñedos, para obligar a comprar sus productos a la metrópoli. Se estableció el estanco (monopolio) del tabaco, en manos del gobierno.

Los comerciantes novohispanos y españoles fueron autorizados a utilizar barcos por su cuenta, en vez de tener que hacer sus envíos en las flotas reales. Se abolió el monopolio del comercio con España disfrutado por los comerciantes de la ciudad de México, se autorizaron nuevos consulados (muy importante fue el de Veracruz) y se permitió un mayor intercambio con las demás posesiones españolas. El desarrollo de nuevos sectores de comerciantes dio lugar a la rivalidad entre éstos y sus poderosos colegas del Consulado de la capital, cuyos integrantes empezaron a ser tachados de "gachupines monopolistas". Al mismo tiempo que se producía esta apertura comercial en el imperio español, se mantenían las prohibiciones de negociar con las naciones ajenas a éste, lo que dio lugar a un importante contrabando, sobre todo de mercancías inglesas y norteamericanas.

También se produjeron importantes innovaciones en la vida cultural y científica, que contribuyeron a la formación de la conciencia "americana" de grandes sectores criollos, y se fundó la Academia de San Carlos para el cultivo sistemático de las artes.

Como resultado general de las Reformas Borbónicas se fortaleció el dominio de España sobre sus colonias y se incrementaron los recursos que obtenía de ellas. Algunos sectores sociales, como los

> **Grandes científicos**
>
> La "Ilustración criolla" unió el cultivo de las ciencias con el pensamiento social. Destacó en ese aspecto José Antonio Alzate y Ramírez (1737-1799), sacerdote, que cultivó con profundidad la astronomía, la física, la química, la medicina y la historia natural, y fundó el *Diario Literario de México* y la *Gaceta de Literatura*. Otro científico importante fue José Ignacio Bartolache (1739-1790), médico, matemático, astrónomo y filósofo, quien se manifestó orgulloso de ser mexicano y postuló la igualdad entre el hombre y la mujer.

dueños de minas y ciertos grupos de comerciantes, se enriquecieron; deseaban obtener mayores libertades y beneficios, y se sentían frustrados por las limitaciones a que seguían sujetos. Al mismo tiempo se incrementó la inseguridad y empeoraron las condiciones de vida de amplias capas populares, de muchos pueblos de indios y de otros sectores trabajadores, y aumentó la población pobre de las ciudades, la que frecuentemente no contaba con ocupación fija.

El ambiente popular y su evolución

Durante todo el periodo colonial, y también después de éste, la vida social reflejaba la división entre los españoles ricos y la población pobre de las ciudades (los indios que vivían en sus pueblos deben ser considerados aparte en este aspecto). En el siglo XVII, las autoridades eclesiásticas trataban de combatir la corrupción de funcionarios, el abuso de los clérigos, el libertinaje sexual, las aventuras amorosas en los conventos, pero ponían poca atención a las costumbres populares. A partir del motín de 1692, en que indígenas y castas quemaron el Palacio virreinal, se empezó a considerar que las "costumbres relajadas" del pueblo eran fuente de subversión y se intentó corregirlas, con poco éxito.

En el siglo XVIII, sobre todo en su último tercio y hasta el estallido de la lucha por la Independencia, las fiestas y diversiones se veían influidas por el espíritu de la Ilustración, que trataba de sustituir los aspectos místico-religiosos por otros, de tipo racionalista. Esta tendencia formaba parte del cambio en la manera de pensar que influiría, en su momento, en el pensamiento independentista.

Hacia la Independencia

Hacia finales del siglo XVIII, debido a causas internas y externas se desarrolló en la América española un nuevo ambiente social que habría de trastocar el orden aparentemente estable formado en más de dos siglos de colonia. Al presentarse condiciones propicias para el cambio, en la primera década del siglo XIX, esta situación se tradujo en los movimientos que culminaron en la independencia de casi todas las colonias españolas, así como de Haití y Brasil.

El descontento interno. El descontento indígena y de otros sectores populares, que se había manifestado en diferentes formas durante todo el periodo colonial, constituyó un elemento en la creación de las condiciones que dieron lugar a las luchas por la independencia de América Latina. En el

---

La Ilustración

La Ilustración, movimiento del siglo XVIII, veía en la razón el instrumento para mejorar la vida humana. Se expresó en un vigoroso avance de las ciencias y de la filosofía, y consideraba que el individuo debía gozar de mayor libertad de la admitida anteriormente. Aunque algunos de sus postulados fueron recogidos por los "déspotas ilustrados", su rechazo de la autoridad tradicional y el ateísmo de muchos de sus pensadores más destacados hicieron que se enfrentara a los gobiernos absolutistas y a la Iglesia.

En cuanto al régimen político, los exponentes de la Ilustración exigían que las leyes fueran discutidas y aprobadas por cuerpos colegiados (parlamentos), electos por los ciudadanos varones que tuvieran determinado mínimo de bienes o pagaran impuestos de cierto nivel. Este planteamiento atacaba el poder absoluto de los reyes y excluía al mismo tiempo la participación de la masa popular pobre. Planteaba así la participación en el gobierno de la burguesía, que ya se había impuesto en Inglaterra desde sus revoluciones en 1640-60 y en 1688.

Estas reivindicaciones políticas fueron formuladas de manera sobresaliente por los pensadores franceses, entre quienes destacaron el barón de Montesquieu, Voltaire y Rousseau, este último partidario de sustituir el gobierno monárquico por la república. La Ilustración tuvo su desarrollo más destacado en Francia, pero también fue importante en Inglaterra, Alemania y otros países. En México su presencia fue notoria, al grado de que se habla de "Ilustración criolla", influida por Francia y con características propias. Las autoridades trataron de evitar la propagación de sus ideas, por considerarlas subversivas, pero no lo lograron.

medio siglo que precedió al estallido de los movimientos independentistas se dieron varios conflictos, que fueron dominados pero no dejaron de socavar el régimen colonial.

En muchas ocasiones, los dirigentes rebeldes se referían a la vida anterior a la Conquista afirmando que en aquellos tiempos los pueblos habían vivido en libertad y bajo un gobierno justo. Olvidaban o menospreciaban las violentas luchas y contradicciones de la época prehispánica, entre ellas las que se habían dado en el territorio sujeto en su momento a la dominación azteca. Esta idealización del pasado fue una manera de afirmar la identidad propia, semejante a las que se pueden observar en las luchas libertarias de muchas naciones.

Los pueblos indígenas no eran el único sector reprimido y pobre en vísperas de la lucha por la independencia. Formaban también parte de éste los negros, esclavos o libres, y los mestizos o castas, todos los cuales sufrían distintos grados de discriminación y explotación.

De gran importancia fue el cambio en la forma de pensar de los criollos. Durante casi tres siglos se habían considerado orgullosamente españoles, aunque resentían la discriminación a que los sujetaban los nacidos en la Península. Ahora se sentían cada vez más "americanos" y menos "españoles", y empezaron a reivindicar la pasada grandeza de los indígenas,

Tres diversiones

Las *fiestas de toros*, desde sus orígenes en España, reflejaban el dominio de los nobles sobre los siervos. En México se celebraban para conmemorar la caída de Tenochtitlan, la llegada de un virrey o el ascenso de un rey en España, y las presidían las autoridades civiles y religiosas. Bajo los Borbones se empezó a considerarlas bárbaras, los nobles dejaron de participar y las corridas se convirtieron en fiestas plebeyas, amenizadas además por bailes, peleas de gallos y el reto del palo encebado. En 1805 fueron suprimidas, y sólo más tarde se les restauró con el fin de recaudar fondos para los ejércitos que combatían a los insurgentes.

El teatro. Las representaciones teatrales se habían utilizado desde el principio de la colonización para el adoctrinamiento y en las fiestas religiosas. En el siglo XVIII se transformaron en divulgadoras de las ideas racionalistas de la Ilustración. La asistencia popular impulsó las comedias y los sainetes e introdujo otras diversiones de gusto popular, como bailes y presentaciones de maromeros en los intermedios. El gobierno no dejó de imponer vigilancia, censura y restricciones a estas actividades.

Diversiones callejeras. Como todavía sucede hoy, en las calles y vecindades se realizaban muchas actividades comerciales y sociales, así como fiestas religiosas. Los ricos se paseaban en la Alameda, y los pobres lo hacían sobre todo en La Viga. El frontón era una diversión de los españoles. También se presentaban funciones de títeres para los niños.

Túpac Amaru

En Perú, una de las colonias más ricas de España, destacó hacia 1781 la sublevación encabezada por Túpac Amaru II, influido por las ideas de la Ilustración. Este jefe local, descendiente del último inca del mismo nombre, se opuso a los incrementos de impuestos decretados en el curso de las Reformas Borbónicas y a diversos abusos de los españoles; encabezó una sublevación, apresó a un corregidor especialmente explotador y represor y lo hizo ejecutar. Se proclamó legítimo titular del trono de Perú y formó un ejército que llegó a agrupar 40 mil combatientes. El movimiento decretó por primera vez en América la abolición de la esclavitud. Finalmente, fue sangrientamente aplastado.

> ### La "rebelión de los comuneros"
>
> En 1781 estalló un importante movimiento de rebeldía en Nueva Granada (hoy Ecuador, Colombia y Venezuela), en protesta contra los nuevos impuestos exigidos al aplicar las Reformas Borbónicas. Los criollos que encabezaron esta lucha defendían sus intereses contra España y se oponían, al mismo tiempo, a toda organización independiente de los indígenas y de los pobres de la ciudad.

> ### Canek y otros
>
> En Yucatán, que abarcaba también a los actuales estados de Campeche y de Quintana Roo, tuvo lugar en 1761 una amplia revuelta maya, con fuertes implicaciones religiosas autóctonas. La encabezó Jacinto Canek, quien había estudiado en un convento franciscano y conocía las glorias de la antigua cultura de su pueblo. Canek se hizo coronar en un rito que mezclaba prácticas cristianas y autóctonas. Aplastada la rebelión, el gobierno prohibió el uso de instrumentos musicales y los bailes populares, con el fin de eliminar las reminiscencias del pasado prehispánico.
>
> La "rebelión de los machetes", en la ciudad de México (1799), pretendía matar a los gachupines, abrir las cárceles y reunir al pueblo bajo la imagen de la Virgen de Guadalupe. En 1801, el indio Mariano, en la sierra de Tepic, buscó restablecer el reino de Moctezuma.
>
> También en otras partes de la Nueva España se produjeron revueltas populares, sobre todo en la península de Baja California y en Sonora.

manteniendo al mismo tiempo su dominio y desprecio sobre los descendientes de éstos.

Entre las expresiones de este "americanismo" fue notoria la obra de los jesuitas novohispanos exilados en Italia, que ensalzaron en varios libros la excelencia de América, su naturaleza, riqueza y belleza, y los logros de sus habitantes prehispánicos. Sobresalieron en este grupo autores como Rafael Landívar, quien compuso en latín el poema *Rusticatio Mexicana*, Francisco Javier Clavijero, con su *Historia Antigua de México*, y Francisco Javier Alegre.

Este ambiente social se combinaba con el resentimiento de los criollos por los privilegios de los peninsulares en cuanto a altos puestos gubernamentales y en la Iglesia, y por el control que éstos ejercían en las principales actividades económicas. A la situación de descontento general se añadieron las malas cosechas, frecuentes en las décadas en cuestión, que provocaron carestía y hambre, propiciando el desarrollo de muchas enfermedades.

Fueron los criollos los que pudieron articular en un conjunto los deseos de cambio ampliamente difundidos, gracias a las relaciones que mantenían entre las diferentes regiones del país y al espíritu que habían desarrollado. Se produjo así la confluencia de sectores que, durante la misma lucha y en el periodo posterior, mostrarían también sus múltiples contradicciones.

Elementos externos. Dos grandes corrientes de ideas políticas provenientes de Europa incidieron en debilitar la autoridad absoluta del rey y adquirieron gran fuerza debido a la situación interna de la Nueva España. Una de ellas fue la Ilustración Francesa con sus aplicaciones en la independencia de las colonias inglesas de Norteamérica. La otra era la del *Derecho Natural* ("jusnaturalismo"), de antigua tradición en España, según el cual la soberanía radica en el pueblo, el cual tiene el derecho de destituir a un rey que atenta contra el orden natural deseado por dios.

Contribuyeron al nuevo ambiente los grandes acontecimientos internacionales de finales del siglo XVIII y principios del XIX. En la "Guerra de siete años" (1756-1763), España estuvo aliada con Francia; su adversaria Inglaterra ocupó temporalmente La Habana y Filipinas, y se apoderó de Canadá, colonia francesa. En 1776, las colonias inglesas de Norteamérica declararon su independencia; triunfaron en una prolongada guerra, en la que contaron con el apoyo de Francia y de España. Estos conflictos dislocaron el comercio marítimo de la Nueva España, además de que la metrópoli exigió fuertes contribuciones económicas a la colonia para sostener su esfuerzo bélico. La situación causó graves inquietudes en toda la América española, y condujo a muchos criollos a considerar el movimiento realizado por los colonos norteamericanos como un ejemplo para ellos.

En la última década del siglo, la Revolución Francesa sacudió a Europa. El intento de poner en práctica los ideales de la Ilustración, el hermoso lema "¡Libertad, Igualdad, Fraternidad!", la "Declaración de los Derechos del Hombre y del Ciudadano" y la masiva actuación popular no dejaron de impresionar a las colonias españolas. Los criollos se sintieron animados, pero también se atemo-

---

Rebeliones mineras

En 1766 se rebelaron los mineros en Guanajuato contra las exigencias económicas gubernamentales, pero fueron reprimidos rápidamente. En el mismo año, los trabajadores de Real del Monte (cerca de Pachuca, actual estado de Hidalgo) suspendieron sus labores en protesta por rebajas de sus ingresos y medidas de mayor control impuestas por el dueño, Pedro Romero de Terreros (fundador del Monte de Piedad, que todavía existe). Aunque el virrey consideró legítimas las principales demandas de los obreros y las aprobó, no se aplicó en forma completa su acuerdo. Se produjeron actos violentos y los trabajadores fueron reprimidos.

Fray Servando Teresa de Mier (1765-1827)

En la capital de la Nueva España, este joven dominico, en su sermón del 12 de diciembre de 1794 dedicado a la Virgen de Guadalupe, retomó la afirmación de que Quetzalcoatl había sido, en realidad, el apóstol Santo Tomás. Con ello negaba la legitimidad de la Conquista, al decir que desde remotos tiempos los indios ya eran cristianos, aunque en forma distinta a la europea.

La audaz afirmación causó tremendo revuelo en el gobierno y el alto clero. Fray Servando fue condenado a reclusión y deportado a España. Ahí se escapó y llevó una vida de andanzas y aventuras por varios países europeos. Posteriormente volvió a México donde participó activamente en las luchas por la independencia del país y por su organización, una vez alcanzada ésta.

Humboldt, viajero ilustrado

Alejandro de Humboldt (1769-1859), imbuido en el ambiente científico avanzado de la Europa de la época, participó en el pensamiento ilustrado de la Nueva España. Durante un viaje por la América española estudió la región en 1803 y 1804 y posteriormente publicó su *Ensayo político sobre el reino de la Nueva España* en el que describió muchos aspectos de la vida natural y social del país y de sus riquezas. Se le ha llamado "el segundo descubridor de la Nueva España".

rizaron y temieron por sus propios privilegios, al enterarse de los aspectos radicales de la Revolución, que canceló con violencia las supervivencias feudales.

La primera independencia obtenida en América Latina, la de Haití, tuvo una importante repercusión en la región. En esta isla, rico dominio francés, los colonos franceses lograron la igualdad respecto a sus conciudadanos en Francia y, lo que fue más importante aún, los esclavos negros se sublevaron, triunfaron y abolieron la esclavitud. Ante los intentos de Francia de reafirmar su dominio efectivo sobre el país, proclamaron la independencia (1804) y la defendieron exitosamente contra los intentos de reconquista. La consecuencia de lo sucedido fue doble: por una parte, animó las ideas partidarias de la independencia y, por otra, causó un profundo temor en los criollos.

Este conjunto de movimientos políticos y de ideas creó el ambiente que, en el momento en que se presentó una ocasión propicia, dio lugar a la lucha por la independencia, con sus dos vertientes: la de la separación de España, y la de la búsqueda de una profunda transformación interna.

Una reflexión sobre el periodo colonial

El periodo colonial, de trescientos años, sucedió a los milenios en que se formó en Mesoamérica un conjunto de culturas vigorosas, de transfondo común. En su apreciación se enfrentan consideraciones opuestas, influidas, sin duda, por las opiniones políticas de quienes las sustentan, y su debate no carece de interés hoy en día.

Para unos, los llamados hispanistas, el periodo prehispánico fue de barbarie, y los conquistadores trajeron "la" religión (según algunos, también "el" idioma), y realizaron una gran obra civilizadora. Hablan de un periodo de paz, progreso y tranquilidad, destruido violentamente por la subversión que condujo a la Independencia. La *Breve historia de México*, por José Vasconcelos, es un ejemplo destacado de esta opinión.

Otros, de tendencia "indigenista", fuerte durante algún tiempo, sólo ven en los trescientos años de Colonia una negra noche de opresión, estancamiento y explotación que aniquiló prósperas y desarrolladas culturas.

La posición predominante durante gran parte del presente si-

La repercusión sobre Europa

Aunque parezca paradójico, las riquezas que España obtuvo de sus colonias no ayudaron al desarrollo del país ibérico sino al fomento del parasitismo de la alta nobleza y al fortalecimiento del absolutismo. Los grupos dirigentes reforzaron los controles que les permitían aprovechar los recursos que obtenían, pero impidieron el crecimiento de una industria propia. En cambio, estos mismo bienes constituyeron un apoyo importante para la economía de Inglaterra y también, en menor medida, para la de Francia, Holanda y otros países. En el periodo borbónico, el gobierno español trató de revertir esta tendencia, pero sólo lo logró en escasa medida.

glo, expresada también en los textos de historia oficiales, consiste en que la Colonia fue un tiempo de fusión, que dio lugar a la formación de un nuevo pueblo. Esta idea se expresa claramente en una placa que se encuentra en la Plaza de las Tres Culturas, en Tlatelolco, ciudad de México, cuyo texto reza: "No fue triunfo ni derrota. Fue el doloroso nacimiento del pueblo mestizo que es el México de hoy". Lo firma Adolfo López Mateos, quien ordenó la elaboración y colocación del mensaje siendo presidente de la República.

Los hechos históricos refutan las tres interpretaciones; algunas son falsas, basadas en prejuicios de uno u otro tipo, y otras presentan una visión unilateral, excesivamente simplificada.

La afirmación de que los españoles trajeron "la" religión no es admisible; impusieron una religión, practicada oficialmente hoy por la mayoría de nuestro pueblo, pero no es la única, ni para México ni para la humanidad. Desde luego, es la mejor para sus fieles, como lo es cada una para sus adeptos. Tampoco se puede decir que trajeron "el" idioma: los aborígenes tenían idiomas (y escrituras) tan ricos como el castellano, aunque éste permite hoy una comunicación entre grandes grupos humanos, que no está ni estaba al alcance de las lenguas anteriores.

En el periodo colonial ciertamente se incrementó la producción, gracias a nuevos elementos y técnicas, y se formó una capa adinerada; templos y palacios, de gran belleza, dan testimonio de ello. Pero esto no puede hacer olvidar la brutal explotación a que se vieron sometidos los pueblos nativos, la destrucción casi total de su cultura y la disminución en más del 90% de su población. Se introdujo además un elemento nuevo, que no había podido existir antes: la discriminación racial contra los indios, los negros y los distintos grupos de mestizaje.

> **Discriminación aborigen**
>
> No se debe olvidar que el término "chichimeca", aplicado por los mexicas y otros pueblos a los grupos de escasa cultura, era una forma peyorativa, parecida a la utilizada por los griegos al llamar "bárbaros" a quienes no hablaban su idioma. La discriminación existía en la América prehispánica; lo novedoso fue que se basara en diferencias raciales.

La Colonia no fue un periodo de paz y de prosperidad. Hubo progresos, pero también una despiadada explotación y la respuesta combativa, legal o no, de amplios sectores populares, que buscaban vivir en libertad y dignidad.

Tampoco se justifica idealizar la vida anterior a la llegada de los europeos. En el momento histórico de la Independencia, era lógico que se ensalzara el pasado indígena, como un elemento aglutinador de voluntades y entusiasmos. Pero no se podía recuperar lo que nunca había existido: una nación mexicana. También es falsa la idea de un pasado prehispánico de felicidad y armonía: olvida la explotación y opresión que ejercían los mexicas y otros pueblos, y las múltiples luchas, muchas veces muy sangrientas, entre distintos señoríos.

Por último, hay que examinar la idea mencionada de la "dolorosa formación de una nueva nación". Se expresa con ella que se formó un pueblo, mestizo de indio y español, en lo físico y, sobre todo, en lo cultural. Sin duda, hay mucho de cierto en esta afirmación, y sin duda la formación fue muy dolorosa. Pero la idea peca de incompleta.

La imagen que se desprende del estudio de la Colonia y de los antecedentes de los pueblos que participaron en ella, es mucho más compleja de la presentada por las interpretaciones citadas. Al terminar el periodo colonial había un idioma predominante, el español o castellano, pero gran parte de la población indígena mantenía sus propias lenguas; se practicaba un culto religioso, matizado por múltiples y diversas influencias de los pueblos autóctonos, muchos de los cuales conservaban formas fundamentales de sus creencias antiguas. Por otra parte, no se puede hablar de *una* cultura, sino de un mosaico de culturas, con rasgos comunes y otros, diferentes.

Al hablar de la integración, parcial, de los pueblos que concurrieron a la formación del México que logró su independencia a principios del siglo XIX, no se debe olvidar la aportación de los negros, menor que en otros países americanos pero no por ello sin importancia. Además, hay significativas influencias culturales de muchos países del mundo.

Apareció así un pueblo que podría designarse como "multipueblo", que muestra una gran dignidad y capacidad de superación.

Resumen (1492-1810)

En 1492, una pequeña flota encabezada por Cristóbal Colón llegó a América. Empezó entonces el doloroso contacto entre las culturas autóctonas y las del "Viejo Continente" (Europa, Asia y África), que habría de transformar pronto la vida en ambos "mundos".

En Europa central y occidental se había producido, en las centurias anteriores al Descubrimiento, un importante desarrollo de las ciudades, las técnicas de producción y el comercio. En los siglos XIV a XVI floreció ahí el Renacimiento, que ponía en el centro de la atención al ser humano, la observación de la naturaleza y la razón. También apareció el protestantismo, que separó a un amplio sector cristiano de la obediencia al Papa.

La península ibérica participaba de las inquietudes del resto de Europa pero desarrolló características propias, debidas fundamentalmente al dominio árabe que había florecido en su territorio. En 1492 terminó victoriosamente la "Reconquista", la lucha de siete siglos por expulsar a los reinos árabes.

Portugal y España buscaron nuevas rutas para llegar al este asiático, de donde llegaban a Europa las especias y otras mercancías valiosas. Cristóbal Colón, con la autorización y el apoyo de los reyes de España, realizó una expedición al oeste con la idea de llegar al Oriente, y encontró el continente americano.

De inmediato empezó la colonización española de la tierras recién descubiertas, primero en las Antillas para extenderse después a lo que hoy es México, más tarde a Perú y finalmente a casi todo el continente. El Papa dividió las zonas a conquistar y evangelizar entre España y Portugal, por lo que la primera se apoderó de la mayor parte de éstas, y Portugal ocupó lo que hoy es Brasil. Casi cien años después se establecieron colonias holandesas, francesas e inglesas.

Los españoles sometieron al llamado imperio mexica en una campaña favorecida por su superioridad técnica y en armamento, así como por los temores de los indígenas, pero sobre todo debido a que lograron aprovechar el descontento de los pueblos sometidos y explotados por los aztecas.

Con la caída de Tenochtitlan (1521) empezaron los trescientos años de la "Nueva España", en lo que hoy es México y una amplia parte del sur y oeste de los actuales Estados Unidos.

Los españoles desarrollaron la minería de metales preciosos, oro y plata, y se apropiaron de grandes extensiones de tierra con fines agrícolas y ganaderos. Muchos indígenas y esclavos negros traídos por los conquistadores tuvieron que trabajar en estas propiedades.

Los europeos introdujeron nuevos cultivos, técnicas de trabajo y animales domésticos desconocidos en América; asimismo aprendieron a utilizar las plantas cultivadas por los indígenas. Se produjo una influencia mutua entre los españoles y la población autóctona en la alimentación, el idioma y otros aspectos de la vida.

Las matanzas en las guerras, el desánimo de los sometidos, los maltratos que sufrían y, en medida importante, las enfermedades traídas por los europeos, causaron la disminución de la población autóctona en más del 90%.

El grupo dominante estaba integrado por los españoles, entre los que gozaban de la mejor posición los originarios de la Península y ocupaban un segundo lugar los criollos, los nacidos en la colonia. La población dominada y discriminada estaba integrada por indios, negros y mestizos o castas, éstos resultado de la mezcla de los tres grupos "originarios".

El gobierno de la Nueva España estaba en manos del rey de España representado por un virrey dotado de amplios poderes, asistido por la Audiencia. Las provincias, por su parte, estaban a cargo de gobernadores, alcaldes mayores y corregidores. Hacia fines del siglo XVIII se reorganizó la estructura de dominio, estableciéndose las intendencias, para fortalecer el dominio de la metrópoli. Los altos funcionarios, nombrados por el rey de España, casi sin excepción fueron españoles peninsulares durante los trescientos años de vida colonial.

Las unidades básicas de gobierno eran los municipios, regidos generalmente por criollos adinerados.

Los indígenas fueron agrupados, en gran parte, en las "Repúblicas de Indios", regidas por autoridades propias, lo que les permitió mantenerse unidos y defender sus intereses, aunque el control efectivo estaba en manos de los funcionarios españoles.

Un notable grupo de eclesiásticos se dedicó a la evangelización de los indios y se edificaron gran cantidad de iglesias, muchas de ellas en los mismos lugares de los santuarios indígenas. Con frecuencia, los aborígenes incorporaron símbolos de sus religiones en el culto cristiano y también seguían venerando en secreto a sus antiguas deidades. Hasta cierto grado se fusionaron elementos anteriores a los españoles con los cristianos, en un sincretismo religioso. A fines del siglo XVI se estableció la Inquisición en la Nueva España, para reprimir cualquier manifestación que atentara contra la religión católica.

En el siglo XVI, muchos eclesiásticos defendieron a los indígenas contra los abusos de los españoles, pero más tarde las autoridades de la Iglesia se identificaron casi totalmente con el grupo dominante. Se produjo una notoria diferencia entre el alto y el bajo clero, peninsular el primero y predominantemente criollo el segundo.

Se fundaron diversas instituciones para la educación de los sectores privilegiados. En las primeras décadas, los españoles dedicaron grandes esfuerzos a preparar jóvenes de la nobleza indígena, pero posteriormente los indios quedaron excluidos de las escuelas.

La vida cultural tuvo una expresión en grandes obras artísticas, en las que se nota una búsqueda por encontrar una identidad propia, "americana", y la influencia de la cosmovisión indígena. Brillaron destacados científicos, dedicados a temas universales como las matemáticas, la física y la astronomía, y a específicos de la Colonia, entre ellas la medicina y la geografía.

En el último tercio del siglo XVIII se aplicaron en la América española las "Reformas Borbónicas", que correspondían al despotismo ilustrado europeo de la época. Mediante estas reformas, el gobierno de la Península buscaba obener más recursos de la colonia, facilitar el comercio, reducir la fuerza y la riqueza de la Iglesia, reorganizar y sanear la administración pública. Algunos sectores se vieron beneficiados, mientras que otros resintieron una mayor imposición de la metrópoli y también aumentó la miseria popular.

Los recursos que España extrajo de sus colonias enriquecieron más a Inglaterra y a otros países europeos que a la propia metrópoli, en parte debido a la acción de los piratas y sobre todo porque la industria se desarrolló sólo escasamente en la península ibérica.

Durante todo el periodo colonial, los indígenas pugnaron por mantener sus costumbres, sus formas de gobierno y sus propiedades, mediante acciones legales o violentas. También hubo múltiples luchas de otros sectores populares. Los criollos, por su parte, se oponían al predominio de los peninsulares, lo que dio lugar a conflictos que se recrudecieron al aplicarse las Reformas Borbónicas.

A principios del siglo XIX se había formado una nueva sociedad, con grandes diferencias y múltiples contradicciones internas, que iniciaría pronto la lucha por su independencia.

Tercera parte

Formación y consolidación del
México independiente (1810-1876)

8. La Nueva España se transforma en México (1810-1821)

Al principiar el siglo XIX, en las colonias españolas, portuguesa y francesas de América se habían desarrollado condiciones históricas que, al presentarse una ocasión propicia, dieron lugar a que casi todas se independizaran de sus metrópolis. Hubo muchos parecidos pero también grandes diferencias entre las luchas de las naciones que emergían, así como en el seno de ellas.

En lo fundamental, la situación se puede resumir en dos confrontaciones. La primera consistía en que las masas populares, integradas sobre todo por indios, negros y mestizos, se oponían a los dueños y gobernantes españoles (criollos y peninsulares). La segunda era el enfrentamiento entre los propietarios nacidos en las colonias y los peninsulares que gozaban de privilegios económicos y monopolizaban los altos puestos del gobierno. Ambas contradicciones exigían un cambio en la política colonial y, al no lograrlo, confluyeron en la lucha por la independencia, aunque con objetivos diferentes.

No dejaba de haber elementos que tendían a mantener la situación colonial. Entre éstos hay que mencionar el temor de los sectores privilegiados a los cambios violentos, el miedo de muchos grupos a las luchas armadas, la organización y capacidad de represión del gobierno español, así como el respeto a la autoridad tradicional.

Las condiciones para la insurrección en la Nueva España

La crisis española. Toda Europa estaba convulsionada profundamente por la Revolución Francesa de 1789, durante la cual la acción violenta del pueblo había abolido el gobierno de los reyes y liquidado los privilegios de la nobleza. Las monarquías europeas, entre ellas la de España, trataron de acabar con el "mal ejemplo" de esta revolución, organizaron alianzas y llevaron a

> **La confianza en la autoridad**
>
> En las sociedades, desde que éstas se estructuran con gobernantes y gobernados, suele darse una aceptación de la autoridad del dirigente, llámese rey, emperador, presidente u ostente otro título. Participan de este espíritu factores de distinta naturaleza, como el respeto al anciano o anciana, la idea de que su poder proviene de la divinidad, la convicción de que la única forma de establecer un orden se da por medio del régimen instituido, y también el temor a la represión. Esto puede explicar, en parte, que con frecuencia los movimientos rebeldes no se dirijan desde un principio contra una autoridad específica sino contra el "mal gobierno", o también que sean encabezados por una persona que se proclama "rey legítimo". Serían ejemplos de ello Túpac Amaru II en Perú, el "indio Mariano" en Tepic, Canek en Yucatán, y otros.

> **Napoleón**
>
> Napoleón Bonaparte fue producto de la Revolución Francesa, pero liquidó muchos aspectos de ésta, aunque en su régimen se mantuvieron y consolidaron normas principales del sistema burgués, como la igualdad ante la ley y la libertad de las empresas. Se restableció la nobleza, integrada por supervivientes o descendientes de la existente antes de la Revolución y por personas nombradas por el propio Napoleón. Esta nueva aristocracia disfrutaba de la vida cortesana, sin recuperar nunca los antiguos privilegios nobiliarios.
>
> Bonaparte canceló muchas de las libertades establecidas por la Revolución, se hizo coronar emperador (1804) y conquistó casi todo el continente europeo, basado en la fuerza de Francia, en el prestigio de su Revolución y en su habilidad militar y política. Finalmente, fue derrotado en 1815.

cabo varias guerras, pero no pudieron lograr su propósito. Al mismo tiempo peleaban también entre sí para dirimir viejas rivalidades.

En 1799, cuando ya parecía consolidado el régimen republicano en el país galo y la burguesía había liquidado el empuje popular, el general Napoleón Bonaparte se apoderó del gobierno de Francia y sometió a casi toda Europa a su dominio. Su gran adversario, al que nunca logró vencer, fue la Gran Bretaña (Inglaterrra).

Con el fin de destruir la economía de ese país, Napoleón decretó el "bloqueo continental", que consistía en prohibir todo comercio de los países europeos con él, medida en la que incluyó a la península ibérica. El gobierno británico decretó un bloqueo semejante contra Francia, con el que impidió el tráfico de mercancías entre España y las colonias ibéricas, perjudicando así a éstas y a su metrópoli.

El bloqueo continental fue roto por Inglaterra a través de su aliada Portugal. Con el objetivo de imponer la obediencia a sus disposicones, Napoleón ocupó ese país (1807), para lo cual atravesó España y la incorporó plenamente a sus dominios. El rey portugués, Juan VI, huyó a su colonia Brasil.

Carlos IV, rey de España, no supo resistir la invasión francesa y renunció (1808) a favor de su hijo, Fernando VII, aunque después buscó el apoyo de Napoleón para volver al trono. El emperador francés convocó a los dos monarcas españoles a la ciudad de Bayona, donde los hizo renunciar a la corona para confiarla a su hermano, José Bonaparte.

A raíz de estos acontecimientos estalló en España una sublevación con el fin de restaurar la independencia, devolver el trono a Fernando VII y establecer una monarquía constitucional de tipo liberal. Se constituyeron varias juntas, cuya fuerza residía en las guerrillas, grupos populares que realizaban acciones armadas que debilitaron seriamente al régimen napoleónico. Su lucha fue una aportación importante a la caída final del emperador de Francia.

Las diferentes juntas y el propio José Bonaparte afirmaban ser el gobierno legítimo de España y pidieron la obediencia de las colonias americanas, con lo que incrementaron los conflictos en éstas.

La América española ve la oportunidad de su emancipación. La ausencia de un gobierno legítimo en España, que gozara del reconocimiento general, facilitó la cristalización de los deseos de independencia que se habían venido desarrollando con intensidad en las décadas anteriores. Su denominador común fue la aspiración al gobierno propio de las colonias españolas de América, que culminaría, entre 1821 y 1825, con la independencia de casi todas ellas.

La inquietud se manifestaba en toda la América española. Francisco de Miranda, venezolano, había conocido en Europa el pensamiento de los filósofos franceses y pronto se hizo partidario de la independencia. Sus luchas por separar a Venezuela de España constituyeron el principio de los movimientos abiertamente encaminados a la liberación de América del Sur.

A mediados de 1808 llegó a México la noticia de la prisión de Fernando VII en Francia y de la constitución de diversas juntas nacionalistas en España, que pre-

---

Verso rebelde

La noticia del nombramiento de José I (Bonaparte), llamado popularmente "Pepe Botella", como rey de España, fue recibida en América como una oportunidad para liberarse. Lo dice un verso alusivo:

"Abre los ojos, pueblo americano
y aprovecha oportunidad tan oportuna.
Amados compatriotas, en la mano
las libertades ha dispuesto la fortuna;
si ahora no sacudís el yugo hispano
miserables seréis sin duda alguna."

Josefina Zoraida Vázquez, *El primer liberalismo mexicano: 1808-1855*, México, Museo Nacional de Historia y Miguel Ángel Porrúa, librero-editor, 1995, pp. 15-16.

El "caballito"

La estatua realizada por Manuel Tolsá, representa al rey Carlos IV de España; fue erigido por iniciativa del virrey Iturrigaray, para seguir gozando del favor del monarca. Actualmente ostenta una inscripción que reza: "México lo conserva como un monumento de arte", para decir que nuestro país no lo mantiene como homenaje a un rey de poca monta, sino por la belleza de la escultura.

> **Las independencias en América del Sur**
>
> Entre 1808 y 1810, simultáneamente con los movimientos similares en la Nueva España, se crearon varias juntas en América del Sur, entre ellas las de Caracas y Montevideo, en 1808, y las de Buenos Aires y Alto Perú (Bolivia) en 1809. Declaraban que su principal propósito consistía en evitar la conquista por Napoleón de sus países, la que en realidad no era probable. De hecho, buscaban impedir que cundiera en América el radicalismo de la Revolución francesa e impedir una rebelión como la realizada por los esclavos haitianos. En el fondo, deseaban conservar los privilegios de las clases dominantes y de la Iglesia.
>
> Algunos de estos movimientos fracasaron, y otros, como el del cabildo de Buenos Aires (mayo de 1810 "Revolución de Mayo") se transformaron en acciones armadas para conquistar la Independencia. En varias de ellas se manifestaron los intereses populares, pero también hubo campesinos y esclavos que, para combatir a sus amos, lucharon a favor del rey de España. Había fuertes diferencias entre las diversas colonias y conflictos por los intereses específicos de los distintos grupos sociales, lo que dificultó en mucho la lucha común por la independencia.
>
> El principal dirigente político y militar de la rebelión independentista en la América del Sur española fue el venezolano Simón Bolívar, rico plantador de cacao, quien encabezó la guerra no sólo en su país sino en amplia parte del subcontinente.
>
> Junto y en ocasiones en pugna con otros insurgentes como José de San Martín (Argentina), O'Higgins (Chile), y Sucre (Venezuela), Bolívar logró derrotar a los gobiernos leales a España. La victoria de los independentistas en la batalla de Ayacucho, Perú (1824), con la que se derrotó este último bastión de la metrópoli, constituyó el acto final en la guerra de independencia de esos países.

> **La población**
>
> A principios del siglo XIX, la Nueva España contaba con aproximadamente 6 millones de habitantes. Se calcula que el 60% eran indios, 22% castas y 18% españoles; sólo había unos 15 mil peninsulares, el 0.2% del total.

tendían ser reconocidas como gobierno provisional legítimo de la Península. El Cabildo de la ciudad de México, encabezado por Francisco Primo de Verdad y Juan Francisco Azcárate, influido también por el fraile peruano Melchor de Talamantes, quiso aprovechar la oportunidad y planteó que los novohispanos asumieran provisionalmente el gobierno.

Parecía que el movimiento iba a tener éxito. Prominentes miembros de la aristocracia criolla lo apoyaban. El propio virrey, José de Iturrigaray, a quien se ofreció la regencia "mientras vuelva Fernando VII al trono", se mostraba de acuerdo, aunque siempre tuvo una actitud vacilante.

Los peninsulares, por su parte, consideraban que las pretensiones del Ayuntamiento amenazaban sus privilegios. Gabriel de Yermo, rico terrateniente y comerciante español, encabezó su respuesta, organizó un grupo armado, sobornó a la guardia del palacio virreinal y apresó al virrey. Los dirigentes del Ayuntamiento fueron muertos en prisión. La Audiencia de México, dominada por los peninsulares, nombró virrey a Pedro de Garibay. Con este golpe, realizado el 15 de septiembre de 1808, y con la dura represión contra los partidarios del poder novohispano, aparentemente terminó el intento independentista.

Sin embargo, los movimientos que responden a necesidades sociales no pueden ser eliminados con la simple represión y encuentran cauces, pacíficos o violentos, para luchar por sus demandas. En la Nueva España, muchos criollos se dieron cuenta que sólo podrían lograr sus reivindicaciones por medio de la fuerza y que necesitaban mayor apoyo para tener éxito. Algunos de ellos se encaminaron a buscar la alianza con el pueblo explotado y empezaron a plantear medidas serias en beneficio de las mayorías populares.

El virrey Pedro de Garibay, ante la grave inquietud, canceló la Cédula de Consolidación de Vales (véase recuadro "Real Cédula de

> **Los virreyes de Nueva España, de 1808 a 1821**
>
> José de *Iturrigaray* y Aróstegui (1803-15/IX/1808).
> Pedro de *Garibay* (1808-19/VII/1809). Jefe militar, nombrado virrey por la Audiencia.
> Francisco Javier de *Lizana* y Beaumont (1809-8/V/1810). Arzobispo de México; conservó el cargo eclesiástico al ser nombrado virrey por la Junta de Aranjuez, España.
> Francisco Javier *Venegas* de Saavedra (1810-4/III/1813).
> Félix María *Calleja* del Rey (1813-20/IX/1816).
> Juan *Ruiz de Apodaca* (1816-5/VII/1821).
> Juan *O'Donojú* (Capitán General con atribuciones de Virrey). Último gobernante enviado por España; no llegó a ejercer el gobierno.

Consolidación de Vales", p. 114), pero no logró impedir que siguiera cundiendo el descontento.

El centro de la agitación independentista se desplazó de la capital al Bajío y a la ciudad de Querétaro. No fue casual: se trataba de una zona con importante desarrollo minero, industrial, agrícola y comercial, perjudicada por la política española y los acontecimientos internacionales. Además, los años de 1808 a 1810 habían sido de malas cosechas que acentuaron los sufrimientos del pueblo.

Con la participación de oficiales y comerciantes criollos, así como de miembros del bajo clero, se organizó en 1809 una conjura en la ciudad de Valladolid (hoy Morelia). Ahí se plantearon las mismas reivindicaciones hechas por el ayuntamiento de México, pero se les añadió la abolición del impuesto *per cápita* que debían pagar los indios. Esta conspiración, a pesar de que fue decubierta y reprimida, constituyó un antecedente directo de la que se organizaría un año más tarde en Querétaro.

La Guerra de Independencia

Estalla la lucha armada. En Querétaro, importante centro político y comercial, se formó en 1810 una nueva conspiración, cuyos proyectos no iban más allá de los del ayuntamiento de México dos años atrás. Sin embargo, algunos de sus participantes plantearon ideas tan revolucionarias como el reparto de haciendas a los campesinos.

El grupo estaba formado por varios criollos de la región, sobresaliendo entre ellos Ignacio Allende, Juan Aldama (ambos oficiales del ejército colonial) y Mariano Abasolo, todos ellos vecinos acomodados de la ciudad de San

Miguel Hidalgo

Miguel Hidalgo y Costilla Gallaga (1753-1811) nació en la hacienda de Corralejo, Pénjamo (Intendencia de Guanajuato), de la que su padre era administrador. Estudió en el Colegio de San Nicolás Obispo, de Valladolid, donde fue conocido como estudiante rebelde. Se recibió en el mismo año (1770) como bachiller en Letras y en Artes en la institución citada y tres años más tarde obtuvo el bachillerato en Teología en la Universidad de México. Impartió clases en el Colegio donde se formó y fue funcionario y después su rector. Ordenado sacerdote (1778), fue cura de Colima, de San Felipe y de Dolores, los dos últimos en Guanajuato.

Además de sus ideas innovadoras en la enseñanza de la Teología, que fueron aceptadas, Hidalgo destacó por su dominio de idiomas indígenas y europeos. Conocía, como muchas personas cultas de la Colonia, los planteamientos de la Ilustración Francesa, y varias veces fue acusado de simpatizar con ésta ante la Inquisición, pero los procesos iniciados en su momento no tuvieron consecuencias antes de que encabezara el movimiento de la Independencia.

En sus curatos de San Felipe y de Dolores fue empresario e impulsor de artesanías y de actividades culturales, que reportaron a su casa la designación de "Pequeña Francia". Tenía gran prestigio intelectual, amplias conexiones políticas y era muy apreciado por sus feligreses.

Miguel el Grande (hoy "de Allende", en el estado de Guanajuato). Las reuniones, disfrazadas de tertulias literarias, se celebraban en distintos domicilios, incluyendo la residencia del Corregidor de la ciudad, Miguel Domínguez, simpatizante del movimiento en el que participaba activamente su esposa Josefa, conocida como la Corregidora. El popular padre Hidalgo, párroco de la cercana población de Dolores, aceptó encabezar el movimiento.

La conspiración fue descubierta por traición en septiembre de 1810. No hubiera sido difícil para sus integrantes obtener el perdón del gobierno, como lo habían logrado, el año anterior, los miembros de la Conjura de Valladolid, quienes sólo habían sufrido castigos leves. Sin embargo, los conjurados decidieron lanzarse a la lucha.

En la madrugada del 16 de septiembre, Hidalgo reunió a sus feligreses frente a la iglesia de Dolores, los exhortó a sublevarse contra el régimen virreinal, denunció el mal gobierno y llamó a apoyar al rey Fernado VII. Los conspiradores pensaban ya en la independencia del país, pero no consideraban adecuado manifestar abiertamente su aspiración en ese momento.

Hidalgo apeló al pueblo desde los primeros momentos de la sublevación, lo que sería trascendental para el desarrollo posterior del movimiento. Con ello, la lucha ya no fue sólo la

La Corregidora

Debajo de la figura de doña Josefa Ortiz de Domínguez se encuentra una reproducción del ojo de la cerradura a través de la cual la Corregidora comunicó que la conspiración había sido delatada. El monumento se encuentra en la ciudad de Querétaro.

La conspiración descubierta

La conjura fue traicionada. El corregidor tuvo que apresar a algunos de los conspiradores que se hallaban en Querétaro y a ordenar el encarcelamiento de los demás. Para evitar que su combativa esposa se opusiera a sus actos, comprometiéndose a sí misma y a él, la encerró con llave en su recámara, pero doña Josefa, que había previsto tal eventualidad, llamó mediante unos golpes en el piso de su habitación a Ignacio Pérez, alcaide de la prisión cuyo aposento estaba debajo del ocupado por la dama, le informó de lo que sucedía y le pidió, a través del ojo de la cerradura, que avisara a Allende de los acontecimientos.

Pérez, hombre de confianza de doña Josefa de Domínguez, partidario él mismo del movimiento, partió a San Miguel y siguió a Dolores, donde estaban reunidos los conspiradores, que ya tenían alguna información de la situación.

Ante las vacilaciones de sus compañeros, el cura Hidalgo exclamó "aquí no hay más recurso que ir a coger gachupines". Con algunos partidarios liberó a los presos de la cárcel y encerró en ella a la docena y media de funcionarios españoles que residían en la población. En la madrugada del 16 de septiembre pronunció la arenga que conocemos como el "Grito de Dolores".

---

de los criollos ilustrados sino que contaba con la participación de grandes masas populares; en cambio, suscitaría temores y repulsa entre los grupos de hacendados, dueños de minas y dirigentes militares y de la Iglesia.

De Dolores, el pequeño núcleo que crecía rápidamente por la afluencia de indios y otros grupos pobres, se encaminó hacia San Miguel el Grande, donde se le incorporó el Regimiento de "los Dragones de la Reina", al mando de Allende.

Al pasar por Atotonilco, cercano a San Miguel, Hidalgo tomó un estandarte con la imagen de la Virgen de Guadalupe, que habría de transformarse en el símbolo de los insurgentes. Esta decisión reforzó el carácter popular del naciente movimiento. El culto guadalupano, practicado en su origen sobre todo por los indígenas, se había extendido, desde el siglo XVII, a amplios sectores y, en las décadas anteriores a la Independencia, se identificaban con él grandes masas populares, incluyendo a un importante sector de los criollos.

Los partidarios del gobierno español, a su vez, adoptaron como emblema y generala a la Virgen de Los Remedios, venerada en un convento cercano a la ciudad de México.

Desde San Miguel, el ejército insurgente siguió en una marcha triunfal por Celaya, para llegar a la rica ciudad minera de Guanajuato. Al llegar ahí ya estaba integrado por una multitud, entusiasta y, en general, carente de disciplina, de preparación y de armamento adecuado.

Los españoles de la ciudad decidieron resistir y se encerraron en la Alhóndiga de Granaditas, almacén de granos que parecía inexpugnable para los atacantes. Sin embargo, los insurgentes, a pesar de sufrir cuantiosas bajas, tomaron el edificio y saquearon la ciudad, cometiendo grandes excesos en lo que se puede considerar el desahogo del odio engendrado por siglos de sufrimiento y de explotación.

> **El Pípila**
>
> Se relata que un minero, conocido como "Pípila", usando una pesada losa por escudo, logró incendiar la puerta de la Alhóndiga y permitir así su toma por los insurgentes. También hay la afirmación de que fueron varios atacantes quienes realizaron la hazaña. Este episodio constituyó para el pueblo un símbolo de su fuerza, su ingenio y su rebeldía.

De Guanajuato, el ejército de Hidalgo se dirigió a Valladolid para luego tomar rumbo a la capital del Virreinato. En Charo se le acercó el cura José María Morelos, quien se ofreció para participar como capellán en la tropa de Hidalgo pero éste, juzgando con acierto las capacidades del solicitante, le encomendó extender la rebelión en el sur del país.

El ejército insurgente, en su camino a la capital, tomó Toluca y prosiguió la marcha. La reducida guarnición española de la ciudad de México trató de detenerlo en el Monte de las Cruces, entrada al Valle de México. Los insurgentes vencieron, a costa de tremendos sacrificios; se narra que se arrojaban materialmente sobre los cañones españoles hasta inmovilizarlos.

Los rebeldes avanzaron hasta el pequeño pueblo de Cuajimalpa (hoy parte de la ciudad de México), donde Hidalgo resolvió emprender la retirada. No se conocen bien las causas de esta decisión: hay quien opina que Hidalgo no quería exponer a la capital del país a un saqueo incontrolable, mientras otros afirman que temía quedar a merced de un ejército virreinal que, al mando de Calleja, se acercaba desde San Luis Potosí.

La rebelión encabezada por Hidalgo había encontrado eco en muchas regiones del país. En San Luis Potosí, en Zacatecas, en Guadalajara, entre otras partes, se produjeron sublevaciones en apoyo al movimiento iniciado en Dolores.

El carácter popular de la insurrección se afirmó con varias medidas decretadas por Hidalgo. Entre ellas destacaron la supresión de las castas, la abolición de la esclavitud, la cancelación de los tributos que debían pagar los indios y la restitución a éstos de sus tierras.

Las medidas que señalaban el rumbo que estaba tomando la insurrección y el impacto causado por la toma y saqueo de Guanajuato, hicieron que el alto clero y los grupos propietarios se transformaran en enemigos decididos de la insurrección. Estos grupos pretendían tomar en sus manos el gobierno del país, pero sin perder sus privilegios.

En las filas de los insurgentes también se manifestaron las contradicciones entre quienes buscaban una transformación social, encabezados por Hidalgo, y los que deseaban la autonomía o la independencia, sin perder sus privilegios. Allende fue el exponente de estos últimos. Aunque durante un tiempo no dejó de colaborar con Hidalgo, expresó en distintas formas su disgusto por la política que seguía éste, y llegó al conflicto abierto con él.

Las tropas de Hidalgo sufrieron una seria derrota militar en Aculco a manos de Félix María Calleja, hábil militar peninsular avecindado en San Luis Potosí, cuya aristocracia local, criolla, se oponía a la rebelión.

El dirigente insurgente se retiró a Guadalajara donde estableció su gobierno, publicó varios de los decretos citados y mandó editar un periódico, *El Despertador Americano*. Desde ahí envió emisarios a distintas regiones del país para extender la rebelión y trató de entrar en contacto con Estados Unidos con el fin de obtener su reconocimiento y ayuda, pero los enviados fueron apresados en el camino al norte por el gobierno virreinal.

Al acercarse las tropas de Calleja a Guadalajara, Hidalgo trató de detenerlas en Puente de Calderón

---

La excomunión de Hidalgo

Manuel Abad y Queipo, quien había sido amigo personal de Hidalgo, decretó en septiembre de 1810 la excomunión del dirigente insurgente. Del extenso documento se reproducen algunos párrafos, reveladores de las causas religiosas, políticas y sociales que motivaron la condena.

"Como la religión condena la rebelión, el asesinato, la opresión de los inocentes; y la madre de Dios no puede proteger los crímenes; es evidente que el cura de Dolores, pintando en su estandarte de sedición la imagen de Nuestra Señora, (...) cometió dos sacrilegios gravísimos, insultando a la religión, y a Nuestra Señora. Insulta igualmente a nuestro soberano, despreciando y atacando el gobierno que le representa, oprimiendo sus vasallos, perturbando el orden público ..."

"En este concepto, y usando de la autoridad que ejerzo como obispo electo y gobernador de esta mitra (Michoacán), declaro que el referido don Miguel Hidalgo, cura de Dolores, y sus secuaces los tres citados capitanes (Allende, Aldama y Abasolo), son perturbadores del orden público, (...) y que han incurrido en la excomunión ..."

"... declaro que el dicho cura Hidalgo y sus secuaces son unos seductores del pueblo y calumniadores de los europeos. (...) Los europeos no tienen ni pueden tener otros intereses que los mismos que tenéis vosotros los naturales del país, es a saber, auxiliar la madre patria en cuanto se pueda ..."

El arzobispo de México, Francisco de Lizana y Beaumont, ratificó el edicto de Abad y Queipo.

Hidalgo, a su vez, publicó una declaración en que insistía en su fe católica y justificaba el movimiento que encabezaba.

Ernesto de la Torre Villar; Moisés González Navarro; Stanley Ross. *Historia documental de México*, vol. II; México, UNAM, 1964, p. 36.

> **Félix Calleja**
>
> Félix María Calleja del Rey, Conde de Calderón (1755-1828), se estableció en 1797 en San Luis Potosí donde adquirió vastas propiedades y se casó con una dama de la aristocracia local.
>
> Excelente organizador y militar, formó rápidamente un ejército al estallar la sublevación encabezada por Hidalgo y desempeñó un papel fundamental en la lucha contra la insurgencia, a pesar de considerar inevitable la independencia de la Nueva España. Al igual que la mayoría de los criollos adinerados deseaba mantener la estructura económica y social de ésta.
>
> Calleja fue cruel y hábil en la lucha. Además de las medidas militares aplicó una especie de "guerra psicológica", difundiendo la idea de que los insurgentes deseaban entregar el reino a Napoleón y acabar con la religión. Jactancioso al referir sus éxitos, llegó a afirmar haber acabado con 10 mil enemigos sufriendo solamente dos bajas, pero en cartas privadas dirigidas al virrey reconoció sus derrotas.
>
> En 1813 fue nombrado virrey de la Nueva España (el único casado con criolla), puesto que desempeñó con gran severidad. Tres años más tarde, al procurar la Península la reconciliación con la población de su colonia, fue relevado del cargo y regresó a España.

(enero de 1811), donde sufrió una derrota que destruyó al ejército insurgente.

Los jefes de la rebelión se dirigieron al norte, para buscar el apoyo de Estados Unidos y revitalizar el movimiento. En el camino, Allende despojó a Hidalgo del mando. Ignacio Elizondo, caudillo local que primero se había declarado partidario del movimiento insurgente pero se había pasado nuevamente al bando virreinal, apresó al grupo en Acatita de Baján. Miguel Hidalgo, Ignacio Allende, Mariano Jiménez y Juan Aldama fueron conducidos a Chihuahua, juzgados, condenados a muerte y ejecutados. Los españoles colocaron sus cabezas en jaulas que fueron colgadas en las esquinas de la Alhóndiga de Granaditas, en Guanajuato, donde permanecieron hasta 1821. Otros insurgentes también fueron fusilados.

La continuación de la lucha insurgente. La muerte de Hidalgo y de otros dirigentes de la sublevación no significó el fin del movimiento. Durante su marcha al Norte, Hidalgo había encargado a su secretario Ignacio López Rayón organizar la continuación de la insurgencia, mientras se buscaban nuevos apoyos. López Rayón, después de librar algunas batallas, estableció su cuartel en Zituácaro, Michoacán. Para dar institucionalidad al movimiento, organizó ahí la "Suprema Junta Nacional de América" (agosto de 1811).

La Junta de Zitácuaro planteó continuar la guerra y defender los derechos del rey de España, Fernando VII. Morelos repudió este objetivo, opuesto al acordado en secreto por varios de los primeros dirigentes de la sublevación, de buscar la Independencia.

En enero de 1812, Calleja logró tomar Zitácuaro, pero la Junta continuó sesionando en diferentes sedes.

En el periodo siguiente, de 1811 a 1815, el movimiento fue encabezado por Morelos, quien se desarrolló como el dirigente de mayor visión de la insurgencia. Continuó y profundizó la defensa de las reivindicaciones populares que ya había sostenido el iniciador de la lucha. Organizó un ejército disciplinado, menos numeroso pero de mayor capacidad de lucha que los grandes contingentes que siguieron al cura de Dolores.

Su base política era similar a la de éste, enriquecida por el apoyo de muchos letrados (intelectuales) criollos. Entre éstos destacaban fray Servando Teresa de Mier, que se encontraba en Londres, José María Cos y Quintana Roo, quienes habían participado en la Junta de Zitácuaro y el escritor Joaquín Fernández de Lizardi.

La campaña militar que encabezó Morelos fue coronada pronto con grandes éxitos, aunque fracasó en un primer intento de tomar Acapulco. Calleja, al frente del ejército virreinal, lo sitió en Cuautla (febrero a abril de 1812), tratando de aniquilarlo, pero los insurgentes resistieron y finalmente rompieron el asedio. Después, las tropas de Morelos tomaron el puerto de Acapulco, abriendo una salida al mar y a la posibilidad de obtener mayores recursos.

En varias campañas, a partir de junio de 1812, los insurgentes lograron dominar gran parte del centro y sur del país. La única ciudad importante que estuvo en sus manos por un lapso prolongado (noviembre de 1812 a marzo de 1814) fue Oaxaca.

En diciembre de 1813, los insurgentes fracasaron en el intento de tomar Valladolid. En esta batalla y en otra poco posterior fueron apresados los dos principales oficiales de Morelos, Mariano Matamoros y Hermenegildo Galeana, lo que hizo exclamar al dirigente que le habían quitado "sus dos brazos". A partir de ese momento, perdió la iniciativa militar para quedar finalmente derrotado en 1815.

José María Morelos

José María Morelos y Pavón (1765-1815) nació en Valladolid. Huérfano de padre y escaso de recursos, trabajó durante años en las cercanías de Apatzingán. De 1790 a 1795 estudió en el Colegio de San Nicolás Obispo de su ciudad natal, donde seguramente trató a Hidalgo. Se recibió como Bachiller en Artes, en la Real y Pontificia Universidad de México.

Ya ordenado sacerdote (1797) tuvo a su cargo curatos modestos en la Tierra Caliente de Michoacán (Churumuco y Huacana, y después Carácuaro y Necupétaro) y realizó además exitosas actividades comerciales entre su sede y Valladolid.

En 1810, al enterarse del levantamiento encabezado por Hidalgo, fue al encuentro de éste para ayudar a combatir el peligro de que los franceses ateos dominaran la Nueva España. Ya durante el desempeño de la misión que le encomendó el iniciador de la Independencia, demostró no sólo grandes dotes de organizador y de militar, sino también una extraordinaria capacidad para comprender los problemas políticos profundos del país y buscar las vías para resolverlos.

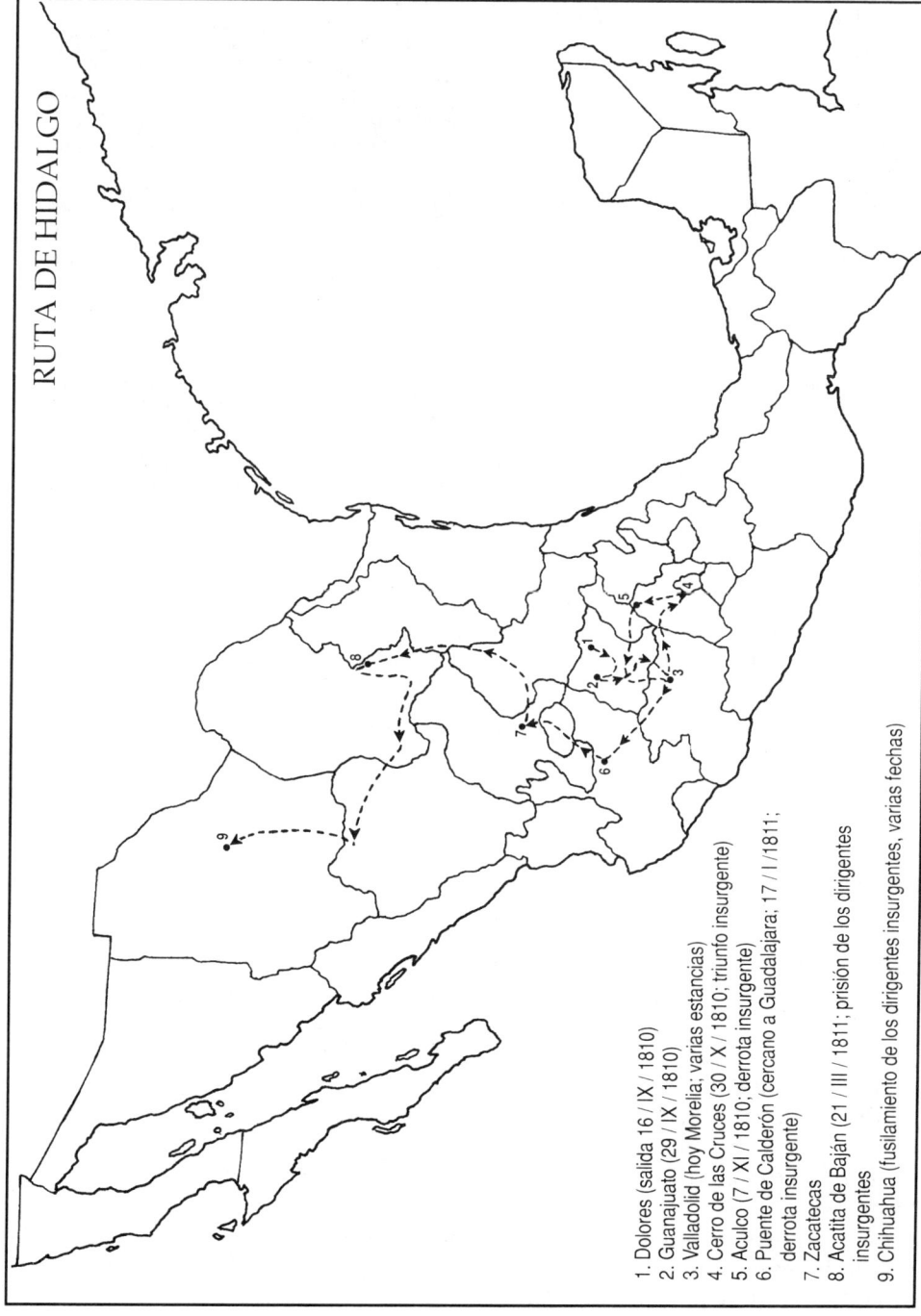

RUTA DE HIDALGO

1. Dolores (salida 16/IX/1810)
2. Guanajuato (29/IX/1810)
3. Valladolid (hoy Morelia; varias estancias)
4. Cerro de las Cruces (30/X/1810; triunfo insurgente)
5. Aculco (7/XI/1810; derrota insurgente)
6. Puente de Calderón (cercano a Guadalajara; 17/I/1811; derrota insurgente)
7. Zacatecas
8. Acatita de Baján (21/III/1811; prisión de los dirigentes insurgentes
9. Chihuahua (fusilamiento de los dirigentes insurgentes, varias fechas)

Combatientes insurgentes

El apogeo del movimiento. En 1813 y 1814, Morelos, una vez establecido firmemente en amplia parte del país y como dirigente indiscutible del movimiento, promovió la creación de instituciones para dar estabilidad a la Nación. Con este fin organizó un Congreso que inició sus sesiones en Chilpancingo, para trasladarse después a otras poblaciones.

La labor de esta asamblea fue de la mayor importancia. El 6 de noviembre de 1813 proclamó la Independencia, y un año después aprobó la primera Constitución del país. Morelos se proclamó "Siervo de la Nación" y delegó la conducción del movimiento en el Congreso, quien a su vez lo nombró generalísimo, encargado del poder ejecutivo, pero limitó su autoridad militar y política.

Al pasar la dirección del movimiento al Congreso, se alejaron las masas que habían seguido a Hidalgo y después a Morelos. Éstos, y otros dirigentes de la sublevación armada, gracias a su contacto directo, personal, con los indios y otros sectores pobres, se habían identificado con las demandas populares, mientras que los integrantes del Congreso, de origen citadino

---

El "Pensador Mexicano"

José Joaquín Fernández de Lizardi fue un periodista liberal, partidario de los insurgentes. Aprovechó un breve periodo de libertad de prensa decretada por las Cortes de Cádiz para exponer sus ideas y fue encarcelado al ser impuesta nuevamente la censura, en 1812. A su pluma se deben ágiles descripciones de la vida y la corrupción de la sociedad; la más conocida se encuentra en su libro *El periquillo sarniento*, la primera novela que, en forma picaresca, habla del mestizo mexicano. Editó un periódico, *El pensador Mexicano*, y tomó ese título como sobrenombre. Más tarde, ya lograda la independencia, siguió denunciando la actitud antinacional de la jerarquía eclesiástica.

El Congreso de Chilpancingo

Esta asamblea, oficialmente "Primer Congreso de Anáhuac", inició sus sesiones en septiembre de 1813. Lo integraban representantes de las provincias liberadas, electos por los clérigos, militares insurgentes y vecinos de las poblaciones; Morelos nombró a los delegados de las regiones donde no se pudieron efectuar elecciones. En su mayoría eran abogados y miembros del bajo clero.

Los integrantes de la Junta gobernante que había estado en Zitácuaro, después de muchas comunicaciones y vacilaciones, se incorporaron a las labores de la reunión de Chilpancingo.

142 ESBOZO DE HISTORIA DE MÉXICO

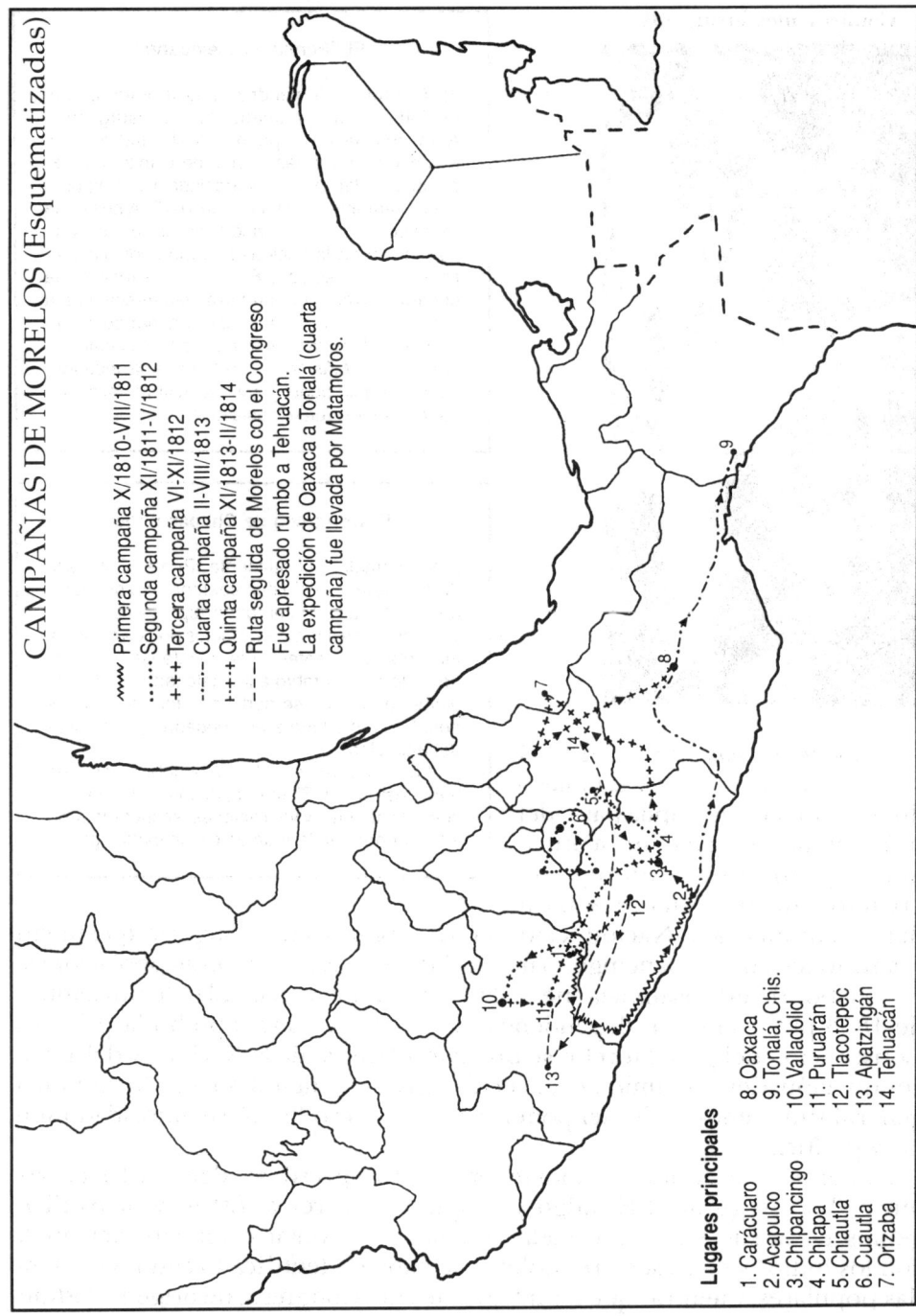

y, en su mayoría, con poco o ningún contacto con el pueblo, no correspondían a los anhelos de aquellos amplios grupos.

La evolución en España. Mientras estallaba en la Nueva España la rebelión encabezada por el cura Hidalgo, en la metrópoli tuvieron lugar acontecimientos políticos de gran importancia. Se reunió ahí una asamblea, conocida como "las Cortes de Cádiz", que representaba la resistencia nacional contra la ocupación francesa y que fue evolucionando hacia la aceptación de los postulados liberales de la Revolución Francesa. La integraban algo más de 200 delegados, 53 de ellos (en su mayoría criollos) designados por las colonias americanas de España, entre los que se encontraban 16 representantes de la Nueva España, siendo Miguel Ramos Arizpe el más destacado de éstos. Los miembros americanos de las Cortes, en general, propugnaban medidas como la ciudadanía de indios, negros y castas y la abolición de la esclavitud, a lo que se oponían los diputados españoles.

A principios de 1812, las Cortes de Cádiz aprobaron una Constitución liberal, que recogía muchas de las demandas de los americanos. Algunos meses después fue jurada en la Nueva España. Una de sus disposiciones establecía la libertad de prensa, pero ésta sólo rigió poco tiempo. La Constitución de Cádiz, liberal, inspirada en las constituciones francesas de 1793 y 1795, influyó notoriamente sobre la promulgada por el Congreso mexicano en Apatzingán, así como en las subsecuentes, del México independiente.

Fernando VII volvió al trono de España en marzo de 1814, al debilitarse el imperio napoleónico por sus guerras en la Península y, sobre todo, por su

---

Los "Sentimientos de la Nación"

En la sesión de apertura del Congreso de Chilpancingo se dio lectura a este documento redactado por Morelos, que constituye la principal expresión de sus ideas políticas. Destacan entre sus postulados fundamentales: América (todavía no se usaba el nombre de México) es independiente; la religión católica será la única tolerada; la soberanía dimana del pueblo; las leyes deben obligar a constancia y patriotismo, moderar la opulencia y la indigencia; no deberá haber privilegios; se proscribe la esclavitud y la diferencia de castas y se prohíbe la tortura.

Con esta declaración, Morelos proponía una estructura muy avanzada para su tiempo, que buscaba mejorar la vida del pueblo y establecer una forma de democracia. Su ideal parece haber sido formar un país de pequeños propietarios.

La Constitución de Apatzingán

El documento (oficialmente *Decreto constitucional para la libertad de la América mexicana*), fue proclamad el 22 de octubre de 1814 por el Congreso de Chilpancingo, trasladado a Apatzingán. Sus disposiciones fundamentales consistían en que la nación fuera soberana, republicana y que tuviera por autoridad suprema al Congreso, del cual dependerían los demás poderes.

A diferencia de los planteamientos de 1808, ya no basaba la representación del pueblo en las autoridades de los municipios sino en delegados de los ciudadanos. Se proponía como uno de sus objetivos la "felicidad común", basada "en el goce de la igualdad, seguridad, propiedad y libertad"; sin embargo, no previó medidas para un reparto más equitativo de la propiedad. Una de sus principales preocupaciones fue evitar el establecimiento de una dictadura, por lo que decretó que el poder ejecutivo debería estar a cargo de un triunvirato.

Muerte de Morelos

El Congreso de Apatzingán se había tenido que desplazar continuamente. Al tratar de trasladarse a Tehuacán, protegido por Morelos, éste cayó prisionero en Tesmalaca, fue conducido a México, enjuiciado por la Inquisición, degradado como eclesiástico y condenado a muerte por traidor a dios y al rey. El 22 de diciembre de 1815 fue fusilado en San Cristóbal Ecatepec (actual Estado de México). Su ciudad natal, Valladolid, en homenaje al héroe recibió posteriormente el nombre de Morelia.

derrota en Rusia. El monarca español disolvió las Cortes, abolió la Constitución, restableció el absolutismo y persiguió a los liberales que habían luchado por reponerlo en el mando de la nación.

Entre la Insurgencia y la Independencia. En el mismo periodo del apogeo militar y, sobre todo, político del movimiento, se inició su decadencia. Félix María Calleja, nombrado virrey en marzo de 1813, derrotó a los insurgentes frente a Valladolid y triunfó en una serie de batallas sucesivas, hasta lograr finalmente la aprehensión, el juicio y la ejecución de Morelos.

Esta victoria de las tropas gubernamentales constituyó la derrota del movimiento popular insurgente y, aparentemente, la liquidación del intento de alcanzar la independencia de México.

Las causas de la derrota de Morelos no fueron solamente militares, sino en gran medida políticas. La Constitución de Cádiz, liberal, había inducido a un amplio sector criollo, moderado, a pensar que podría lograr sus objetivos como parte integrante de una comunidad hispánica y ya no como colonia. Pronto se vería que esta apreciación constituía una ilusión, pero de momento hizo disminuir la lucha. Contribuyó a ello la política seguida por el grupo dirigente del Congreso, que nunca se compenetró con las masas populares como lo habían hecho Hidalgo y Morelos. En estas condiciones, pudo imponerse la superioridad militar y la hábil dirección de las tropas de Calleja.

Muerto Morelos, se disolvió el Congreso y muchos de sus miembros aceptaron el indulto ofrecido por el virrey. La lucha por la Independencia decayó; sólo continuaron combatiendo algunos grupos, el más importante de los cuales fue el encabezado por Vicente Guerrero, en lo que hoy es el estado que lleva su nombre.

Aparentemente las fuerzas que seguían combatiendo a la autoridad colonial sólo significaban una molestia pero no una verdadera amenaza para ésta. El gobierno, sin dejar de combatir, trató de restablecer la paz mediante la amplia concesión de perdón a quienes dejaran las armas.

En 1817 tuvo lugar la incursión del liberal español Francisco Javier Mina, quien llegó a la Nueva España para luchar por la libertad de ésta y combatir así a la dictadura que asolaba a la metrópoli, pero su acción no produjo mayores consecuencias.

A pesar de la aparente pacificación de la Nueva España no se había resuelto el conflicto. No sólo seguían sublevados los grupos encabezados por Vicente Guerrero y otros dirigentes, sino que subsistían los mismos problemas que habían motivado los intentos del Ayuntamiento de México y de las conspiradores posteriores, hasta dar lugar al movimiento iniciado con el Grito de Dolores. También se habían desarrollado nuevas situaciones.

> **Francisco Javier Mina**
>
> Mina fue un liberal español, combatiente contra la ocupación francesa de España, perseguido después por la reacción absolutista del restaurado rey Fernando VII. Consideraba que la lucha por la independencia de las colonias españolas coincidía con los anhelos de los liberales ibéricos. Animado por fray Servando Teresa de Mier, a quien conoció en el exilio de ambos en Inglaterra, organizó una expedición para apoyar los movimientos independentistas, para la que contó con apoyo inglés y de algunos grupos estadounidenses. Desembarcó en la costa de lo que hoy es Tamaulipas y se adentró en el país en una breve campaña militar, pero fue apresado y fusilado en 1817.

La economía de la Nueva España estaba en decadencia. El bloqueo impuesto por Inglaterra contra el comercio de los países dominados por Napoleón frenó por largas temporadas la relación entre España y América. La Nueva España, por orden de la metrópoli, tuvo que remitir fuertes cantidades de dinero (los "situados") a las colonias españolas del Caribe y a la propia España. Las luchas militares habían desorganizado la economía. La minería, una de las principales fuentes de riqueza, había decaído en forma notoria. Todo esto acentuó el descontento popular y el de los grupos adinerados.

Además, el gobierno español no confiaba en las tropas dirigidas por los criollos, cuya fuerza crecía en la lucha contra los insurgentes. Desde 1812, la metrópoli envió soldados peninsulares a los que privilegiaba sobre los criollos, causando fuerte disgusto en los ejércitos locales.

Estaban dadas así las condiciones para que en 1820 se produjera un nuevo viraje en la lucha.

Inglaterra y Estados Unidos frente a la rebelión hispanoamericana. Además de España, las potencias más interesadas en los acontecimientos de la colonias españolas eran Estados Unidos e Inglaterra. Esta última se encontraba en rápida expansión industrial y comercial al empezar el siglo XIX. Le convenía que las posesiones ibéricas se independizaran y se abrieran al comercio británico, que hasta el momento se había tenido que realizar a través de España o mediante el contrabando. Tal interés, además de las ideas democráticas existentes en Gran Bretaña, explica también el apoyo inglés a acciones como la de Mina.

Los Estados Unidos, independientes desde hacía pocas décadas, seguían una política de expansión territorial y comercial. En 1803, Napoleón les había cedido la Luisiana, que abarcaba el valle del Mississippi con el importante puerto de Nueva Orléans sobre el Golfo de México.

Nueve años más tarde estalló una guerra entre Inglaterra, aliada con España, y los Estados Unidos. Éstos ocuparon la Florida, colonia española, y entraron en negociaciones con el gobierno peninsular para formalizar su conquista. Fernando VII exigió que la potencia norteamericana no apoyara la independencia de las colonias ibéricas, pero finalmente tuvo que acceder a la "venta", sin condiciones, de la Florida, en 1820.

Obtenida la Luisiana, los Estados Unidos empezaron a explorar las condiciones existentes en la Nueva España. Al iniciarse los movimientos independentistas, adoptaron una posición ambigua; se manifestaron de acuerdo en que España conservara sus colonias, pero prometieron a éstas su apoyo si se declaraban independientes. Aparentaron impedir la adquisición de armas por los hispanoamericanos, pero al mismo tiempo toleraban su venta a éstos y también permitieron la participación de aventureros norteamericanos al lado de los insurgentes. Deseaban evitar un choque serio con España, sin dejar de aprovechar las ventajas que les podría brindar la independencia de las colonias, ya que podrían comerciar directamente con los nuevos países y también tendrían más facilidades para extender sus territorios a costa de las naciones que se liberaran del dominio europeo.

Los insurgentes mexicanos pensaban que la joven potencia del norte sería un amigo que los apoyaría, además de considerarla un ejemplo a seguir. Enviaron algunas embajadas, varias de las cuales fueron interceptadas en el camino y no pudieron llegar. Las que arribaron fueron recibidas amistosamente pero no obtuvieron un apoyo real.

El logro de la Independencia legal

El periodo de 1800 a 1815 se vio dominado, en Europa, por Napoleón Bonaparte, gobernante de Francia durante este lapso. A su caída se proclamó el "principio de la legitimidad": la vuelta al poder absoluto de los monarcas y su dominio sobre sus antiguas posesiones. Este principio no se aplicó en forma completa, pero dio lugar a la confirmación de Fernando VII en el trono de España. Las potencias europeas, Rusia, Prusia, Austria e Inglaterra, a las que se adhirió Francia, formaron la "Santa Alianza", para sostener el "orden" y la "legitimidad" contra las tendencias democráticas de los pueblos.

Ya reafirmado Fernando VII en el gobierno, buscó reconquistar sus colonias para lo cual pensaba contar con el apoyo de la Santa Alianza. Aparentemente, sólo tenía dos enemigos a vencer: las propias naciones que se habían proclamado independientes, e Inglaterra, interesada en que no se restableciera el dominio español; la flota británica dominaba el mar, con lo cual sería casi imposible una expedición española.

España preparó un ejército que debería desplazarse a América. Sin embargo, en 1820 los liberales españoles se sublevaron, con el apoyo de éste, encabezado por el coronel Rafael de Riego. La rebelión se extendió y obligó al Rey a poner nuevamente en vigor la Constitución de Cádiz, estableciendo así la monarquía constitucional. Este ordenamiento entró en vigor en México el 31 de mayo de 1820.

Las reacciones en la Nueva España fueron encontradas. En algunos sectores, la Constitución despertó entusiasmo por sus principios de igualdad y libertad. A su vez, los grupos privilegiados deseaban evitar su aplicación y conservar su posición ventajosa, por lo que prefirieron separarse de España. Sobre todo el alto clero se opuso a la Constitución, porque ésta ordenaba nuevamente la supresión de la Inquisición y amenazaba las propiedades eclesiásticas, entre otros privilegios. Tampoco faltaron quienes sentían lealtad hacia España, o temían que la separación perjudicaría sus monopolios comerciales.

En La Profesa, iglesia frecuentada por la aristocracia criolla de la ciudad de México, hubo prolongadas reuniones, conocidas como las "Juntas de La Profesa", en las que se manifestaron las distintas opiniones de los grupos privilegiados. El gobierno de la Colonia estuvo enterado de los debates, supuestamente clandestinos. Finalmente, los reunidos lograron que el virrey Juan Ruiz de Apodaca nombrara a Agustín de Iturbide comandante del ejército encargado de acabar con la sublevación.

> **Agustín de Iturbide**
>
> Iturbide provenía de una rica familia criolla de Valladolid. Era de gran facilidad de trato, hábil político y buen militar. Como tal, desempeñó un papel relevante en la derrota de Morelos frente a la ciudad natal de ambos. Más tarde, Calleja lo expulsó del ejército por apoderarse de fondos pertenecientes a éste. Los conspiradores de La Profesa confiaron en él, por saberlo partidario del mantenimiento de sus privilegios.

Fue muy importante la actitud de Guerrero, principal jefe insurgente que seguía sublevado y dominaba una extensa zona del sur del país. Era evidente que no podía vencer con las armas, pero el gobierno tampoco lo podía eliminar. Guerrero, quien había rechazado el indulto ofrecido a él como a otros sublevados por el virrey, al darse cuenta de la nueva situación exhortó a los jefes militares que lo combatían a luchar juntos en bien del país.

Iturbide fracasó en el intento de derrotar a las tropas de Guerrero y optó por ofrecer una alianza a su adversario. Después de un intercambio de cartas, los dos dirigentes se encontraron y pactaron una alianza, conocida como el "Abrazo de Acatempan", concretizada en el "Plan de Iguala", según el cual se establecería el "Imperio Mexicano" encabezado por Fernando VII o un príncipe de la familia real española, designado por éste. Postulaba asimismo la independencia, la monarquía constitucional, la igualdad ante la ley de todos los habitantes de América y el mantenimiento de las propiedades vigentes.

Las fuerzas armadas pronto se adhirieron a este acuerdo, con excepción de los expedicionarios españoles que se mantuvieron fieles a la metrópoli.

En agosto de 1821 llegó a Veracruz el liberal Juan O'Donojú, nombrado "Jefe Político Superior" de la Nueva España. Se encontró con que todo el país, con excepción de la capital, los puertos de Veracruz y de Acapulco y algunas otras ciudades, habían aceptado el Plan de Iguala. En Córdoba, Veracruz, Iturbide y el enviado de España convinieron en la Independencia.

Encabezado por Iturbide entró a la ciudad de México, el 27 de septiembre de 1821, el "Ejército Trigarante", llamado así por postular la Independencia, la religión católica como única y el Imperio. Iturbide, O'Donojú y los representantes de los grupos criollos dominantes firmaron el Acta de Independencia. Se constituyó con ello de manera legal la nueva nación, que sólo años más tarde sería reconocida por su antigua metrópoli.

En esta forma se realizó uno de los anhelos de los insurgentes de 1810, pero no se materializaron los planteamientos sociales de ellos.

Una reflexión sobre la Guerra de Independencia

Desde el Grito de Dolores en 1810, se enfrentaron diversas concepciones acerca del movimiento, cuya discusión continúa hasta hoy. Casi nadie cuestiona la legitimidad del deseo de separarse de la metrópoli, pero hay importantes diferencias acerca del contenido y los métodos de la lucha.

Unos sostienen que fue un grave error, o un crimen de Hidalgo y Morelos haber apelado a las masas populares, o inclusive haber incluido las reivindicaciones de éstas en sus objetivos. Consideran que la Independencia se hubiera podido lograr con mucho mayor facilidad y menos sufrimientos si el único planteamiento hubiera consistido en obtener la libertad del país, sin provocar convulsiones sociales. El héroe venerado por esta tendencia es Agustín de Iturbide, que encabezó la culminación de la lucha armada sin admitir una reestructuración social profunda.

Para otros, la grandeza de los primeros dirigentes y de sus continuadores está precisamente en no haberse limitado a buscar la modificación del poder político, sino en haber intentado un cambio profundo, aboliendo la esclavitud y las diferencias entre indios, blancos, negros y castas, así como haber planteado moderar la "indigencia y la opulencia", como dijera Morelos. Para ellos, que constituyen la opinión predominante en México, los personajes más dignos de admiración son precisamente Hidalgo, Morelos, Guerrero y quienes lucharon a su lado.

En el fondo, se trata de la diferencia entre quienes opinan que las contradicciones sociales sólo pueden resolverse mediante el acuerdo, en este caso, entre privilegiados y oprimidos, mientras que sus opositores sostienen que una mayoría reprimida, si no encuentra otro camino, tiene el legítimo derecho de hacer valer por la fuerza sus aspiraciones.

En este contexto, hay que recordar nuevamente los principales hechos históricos. Los criollos, representados sobre todo por el Ayuntamiento de la ciudad de México, habían intentado la modificación pacífica del país y habían sido derrotados por el golpe de Estado de los peninsulares. Esta situación los había convencido que no podrían lograr avances sin el apoyo del pueblo. A su vez, la resistencia popular a la explotación y opresión sufridas, se había manifestado en múltiples formas, pacíficas y violentas. Durante siglos, el régimen colonial había aplicado formas violentas de represión, y en la lucha por la independencia se peleó con gran crueldad.

En menor escala se da otra discusión, referente a Guerrero. ¿Debería éste haber continuado la lucha armada, en lugar de pactar con Iturbide? ¿Traicionó con el Plan de Iguala las ideas de Hidalgo y de Morelos? Al respecto, debe tomarse en cuenta que la inmensa mayoría de la población, cansada de la guerra, buscaba una solución pacífica, y que, por otra parte, no había posibilidad de triunfo militar para Guerrero y sus escasas tropas.

En resumen, es indudable que la Independencia no logró resolver los graves problemas sociales existentes. Es más, de hecho no los atacó. Por otra parte, abrió el camino para la continuación de las luchas sociales que ahora se librarían entre mexicanos, como efectivamente sucedió, ya sin el freno constituido por el gobierno español.

9. En busca de una nueva estructura (1821-1855)

Del entusiasmo a la desesperación

La entrada del Ejército Trigarante, encabezado por Iturbide, tuvo lugar en medio de un enorme entusiasmo. ¡Se había obtenido por fin la Independencia! Parecía que todos estaban contentos: el poder seguía en manos de los grupos privilegiados, constituidos por los hacendados, dueños de minas, grandes comerciantes, jefes de la Iglesia y mandos militares. La religión católica continuaba como la única fe permitida, los bienes y empleos de peninsulares, criollos y demás propietarios no iban a ser cuestionados. Había que dar forma al país, y pronto reinarían la paz, el orden y el bienestar general.

Por otra parte, apenas se expresaban los deseos de las capas medias y los sectores populares que habían dado fuerza al movimiento encabezado por Hidalgo y Morelos.

Sin embargo, los problemas sociales y económicos no se habían resuelto y se expresarían en nuevas luchas que, a mediados del siglo, darían lugar a una sangrienta guerra civil. En este proceso de treinta años se combinarían los movimientos internos con diversas influencias ideológicas, políticas y financieras del exterior y con intervenciones militares.

Los primeros treinta años de vida independiente de México fueron un periodo conflictivo, doloroso, de búsqueda de la forma que habría de tomar el nuevo país. La misma situación se presentó en las demás colonias españolas que se habían separado de la metrópoli. Ahí también se dieron pugnas por las estructuras de gobierno, las reformas sociales, la relación entre la Iglesia católica y el poder estatal, el papel y la fuerza del ejército, entre otros aspectos. En muchos casos fue difícil la delimitación de las fronteras, y también se produjeron fusiones y separaciones entre los Estados recién formados.

La situación en el mundo estaba adquiriendo nuevas características. Las antiguas colonias inglesas de Norteamérica habían proclamado su independencia en 1776, empezaban a desarrollarse industrialmente y practicaban una activa política de expansión territorial, económica, militar y política, con fuerte repercusión sobre la América Latina.

Desde el último tercio del siglo XVIII había comenzado en Inglaterra la Revolución Industrial, la sustitución del trabajo manual por el realizado mediante el uso de máquinas, que se extendió a Francia, Bélgica, Alemania y más tarde a casi todo el mundo. Crecía con ella el interés de los fabricantes y comerciantes por el comercio internacional y el deseo de contar con el apoyo de sus gobiernos. La mayor parte de las colonias europeas se habían independizado, pero las potencias de ese continente iniciaron en el siglo XIX una nueva expansión sobre África y Asia, creando un sistema colonial que abarcaría, hacia fines del siglo, a casi todos los que hoy conocemos como "países en desarrollo", es decir, pobres. La riqueza de México en recursos naturales y la posibilidad de que constituyera un importante mercado para la producción europea y estadounidense atrajeron poderosamente el interés y las ambiciones de las potencias de la época.

En Europa habían recuperado el poder las antiguas monarquías, destronadas o sometidas en las décadas anteriores por la Revolución Francesa y las fuerzas napoleónicas. Se enfrentaban ahí los partidarios de fuertes autoridades tradicionales con quienes preconizaban el dominio de la razón y de formas democráticas. Nuevas ideas revolucionarias, entre ellas las socialistas, llegaron a constituir movimientos que adquirieron fuerza desde mediados del siglo XIX. En 1830 estallaron varias revoluciones de tendencia democrática; 18 años más tarde hubo otros movimientos, más fuertes, con la misma intención. Se expandían los parlamentos y las ideas republicanas.

El reconocimiento internacional. Las colonias españolas, desde su lucha por la independencia, buscaron el reconocimiento internacional. Éste les habría de dar la posibilidad de celebrar convenios comerciales, de migración y de establecimiento de empresas extranjeras. También consideraban que les daría cierta seguridad, frente al temido intento de España por recuperar sus colonias y ante otras posibles agresiones.

Los primeros reconocimientos del México independiente, como es lógico, provinieron, en 1822, de países en situación semejante: Chile, Colombia y Perú.

Más difícil resultó el establecimiento de relaciones normales con la antigua metrópoli y con las potencias mundiales de la época, Estados Unidos, Inglaterra y Francia. Las negociaciones con estos países se veían siempre sujetas a los cambios en los intereses y en las concepciones ideológicas predominantes en ellos. Lo mismo sucedió con el Papado, de gran importancia dada la fuerza de la Iglesia en la América española.

Estados Unidos mandó en 1822 a Joel R. Poinsett, enviado con carácter no oficial, para explorar la situación, y un año después reconoció a México. En 1825 se inició la relación diplomática con Inglaterra, la principal potencia económica del momento.

Con Francia se establecieron pronto relaciones informales, pero la situación tardó en regularizarse. El país europeo exigía indemnizaciones por los daños que habían sufrido sus súbditos durante los movimientos violentos en México. La disputa culminó, en 1838, en la burlonamente llamada "Guerra de los Pasteles". México se vio obligado a ceder y a pagar los 600 mil pesos que exigía Francia.

España se negó durante décadas a reconocer la independencia de su antigua colonia. Mantuvo hasta 1827 la ocupación del fuerte de San Juan de Ulúa, isla cercana a Veracruz (hoy integrada a la ciudad), desde donde perjudicaba el comercio mexicano.

Dos años después se produjo un intento español por recuperar la antigua Nueva España, que fracasó. La permanencia peninsular en Ulúa, algunas conspiraciones de poca importancia, así como la expedición de reconquista avivaron el odio contra los hispanos y condujeron a la expulsión de casi todos los que habían quedado en el país.

Finalmente, en 1836, ya muerto Fernando VII, que se opuso siempre al reconocimiento de México, se firmó el acuerdo de paz con España, y tres años después arribó el primer embajador enviado por la corte de Madrid.

Para el gobierno mexicano, que permitía únicamente la religión católica, era de gran importancia ser reconocido por el Vaticano, pero éste apoyó en un primer periodo la política de la Santa Alianza y las pretensiones de reconquista de España, lo

---

Joel R. Poinsett

Este emisario norteamericano, al llegar a México, actuó a favor de que el país se organizara como república, lo que lo hizo entrar en conflicto con el emperador Iturbide. Una preocupación constante del enviado era la cuestión de las fronteras entre México y Estados Unidos. Texas formaba parte de Nueva España, situación reconocida por la Unión norteamericana, pero ésta ahora alegaba que era integrante de la Luisiana que Francia le había vendido. Iturbide expulsó al enviado estadounidense. Éste, al regresar como embajador en 1825, nuevamente se entrometió en la política nacional y siguió planteando las mismas pretensiones territoriales.

La "Doctrina Monroe", Inglaterra y la Santa Alianza

En 1815 se formó la Santa Alianza, encabezada por Francia, Austria, Rusia, Inglaterra y Prusia, para impedir nuevos movimientos revolucionarios en Europa. Siete años más tarde restituyó el poder absoluto de Fernando VII en España. Éste, una vez abolida la Constitución liberal de su país, buscó recuperar sus colonias americanas. La Santa Alianza lo apoyó, pero Inglaterra, interesada en las posibilidades que ofrecían los nuevos estados americanos, se opuso.

George Canning, ministro de Relaciones Exteriores de Gran Bretaña, propuso a Estados Unidos una declaración conjunta contra el restablecimiento de las colonias europeas en América. James Monroe, entonces presidente de Estados Unidos, declaró en un mensaje al Congreso de su país que Estados Unidos no se entrometería en la política europea y que consideraría una acción inamistosa cualquier intento por establecer o restablecer situaciones coloniales en el continente americano.

La declaración es conocida como "Doctrina Monroe", aunque nunca fue adoptada como resolución por el Congreso de Estados Unidos ni por América Latina. Durante largos periodos quedó en el olvido y en otros se usó como una "justificación" de la política hegemónica norteamericana sobre el continente.

que influyó para que ésta y Francia retrasaran el reconocimiento de México. Fue hasta 1836 cuando se establecieron relaciones diplomáticas entre el Vaticano y la nueva nación.

Al lograrse la independencia de las antiguas colonias españolas, se realizaron intentos para establecer una firme unión de todas ellas. A iniciativa de Simón Bolívar, el principal dirigente independentista en América del Sur, se reunió un congreso en Panamá, pero los intentos de unificación fracasaron aunque nunca se perdió por completo el sentimiento de unión entre todos los países hispanoamericanos.

La difícil situación interna

En la lucha por la Independencia se habían expresado dos grandes objetivos, que corespondían a diferentes sectores sociales: desembarazarse del predominio español y, por otra parte, liberarse de la explotación y de la opresión. La derrota de los primeros insurgentes había eliminado del escenario político la segunda aspiración, pero se manifestaban activamente las contradicciones entre los grupos vencedores. Los dueños de minas, haciendas y comercios, y también letrados (bajo clero —muchas veces en conflicto con la alta jerarquía eclesiástica—, abogados, escritores y otros), habían obtenido mucho de lo que habían deseado, pero estaban divididos entre los más ricos y poderosos, y quienes constituían las capas medias de la sociedad.

La población, constituida por 6 a 7 millones de personas, estaba distribuida en forma muy desigual; en su 90% vivía dispersa en el campo. La ciudad de México tenía unos 200 mil habitantes, Puebla, Guanajuato, Guadalajara y Querétaro contaban aproximadamente 50 mil cada una, mientras que las demás eran menores. La mayor parte se concentraba en el centro del país, mientras el Norte estaba poco habitado. En el Sur había fuertes núcleos indígenas. El territorio, en 1821, abarcaba algo más de 4 millones de kilómetros cuadrados, sin contar a América Central que se adhirió durante algunos años a México.

En el aspecto legal, todos los pobladores eran ciudadanos iguales en derechos, al haber quedado abolidas la esclavitud y las leyes que discriminaban a indios, negros y mestizos. Sin embargo, en realidad las condiciones en que vivían éstos, la gran mayoría de la población, no habían mejorado. Es más: los indios se vieron privados de la escasa protección que les habían proporcionado las leyes españolas.

La economía estaba en situación desastrosa. El comercio internacional, que durante todo el periodo colonial se llevaba a cabo casi exculsivamente con España, había decaído gravemente. El intercambio en el interior del nuevo país se veía seriamente obstaculizado por la destrucción de los caminos y por la inseguridad reinante. Esto afectaba también a la agricultura; en muchos casos, haciendas y comunidades indígenas se veían obligadas a una economía dedicada casi totalmente a satisfacer sus propias necesidades. El abandono o la destrucción de los sistemas de riego, entre otras causas, también habían producido graves quebrantos.

Muchas minas estaban inutilizadas y se requerían fuertes capitales para reanudar su actividad. A partir de 1821 se registraron importantes inversiones en ese renglón, sobre todo por empresarios ingleses, pero su rendimiento fue escaso, debido a la desorganización general del país. También era muy difícil aplicar técnicas modernas a las minas, ya que éstas carecían de la estructura necesaria.

Se intentó impulsar la creación de fábricas, mediante créditos estatales, el fomento de la inversión extranjera y facilidades para la importación de materias primas. Algunas empresas textiles lograron estabilizarse, pero en general el progreso fue lento.

Entre 1850 y 1854 se introdujeron innovaciones de importancia: se tendieron las primeras líneas telegráficas, de México a Veracruz y al Bajío; también se inició la construcción de ferrocarriles, que sólo llegarían a ser importantes décadas más tarde, y se inauguró la navegación a vapor en el lago de Texcoco.

A principios del siglo, España había intensificado la extracción de recursos, provocando una grave escasez de capitales, la cual se acentuó por las destrucciones causadas durante la lucha armada. Ya en el México independiente, los propietarios hispanos, al emigrar, se llevaron sus caudales. Una parte importante del capital existente estaba dedicada a la especulación y a la usura en lugar de ser invertida en la producción.

Contribuían a las dificultades económicas la corrupción gubernamental y las gabelas (impuestos sobre el tráfico interno). Los productos nacionales, en gran parte, no podían competir en precio ni en calidad con los llegados desde fuera y, cuando se restringía la importación de éstas, florecía el contrabando proveniente de Inglaterra y de los Estados Unidos.

La mayoría de la población vivía en el campo, donde tenían gran peso las haciendas cuyos dueños ejercían un dominio absoluto en sus propiedades, a pesar de no residir en ellas y dejar su administración en manos de encargados. Los peones generalmente eran "acasillados", es decir, estaban endeudados y no podían abandonar sus lugares de trabajo, lo que les impedía buscar oportunidades en otras partes; como sus salarios eran muy bajos, no estaban en posibilidad de liquidar sus compromisos y éstos pasaban a sus hijos. De hecho, más que trabajadores libres eran esclavos. Sin embargo, algunos de ellos se consideraban afortunados por tener asegurados el sustento y la vivienda, mientras que los "libres", en épocas de escasez de trabajo o de malas cosechas, tenían mayores dificultades para subsistir.

Iglesia y Estado. En este periodo se produjeron continuas luchas entre el Estado y la Iglesia, a pesar de que se reconocía a la religión católica como la única permitida.

El gobierno mexicano, al considerarse heredero de la Corona española, reclamaba ser el titular del Patronato sobre la Iglesia (véase recuadro "Real Patronato ..." p. 105), lo que daría derecho a las autoridades nacionales a acordar con el Papado el nombramiento de los dignatarios eclesiásticos. La jerarquía religiosa, en cambio, afirmaba que esta función sólo correspondía a los reyes de España y por lo tanto no era aplicable en la nueva situación (el mismo conflicto se dio en todas las antiguas colonias españolas).

La Iglesia seguía disponiendo de gran peso económico, gracias a sus propiedades y a los préstamos con que financiaba muchas actividades. Algunos sectores de letrados, entre ellos miembros del clero, plantearon que estos bienes debían quedar sujetos a las reglas normales de la vida económica; también exigían reducir o anular los fueros (derechos exclusivos) de los eclesiásticos. Ante este cuestionamiento de su papel en la sociedad, los dirigentes religiosos se aliaron con los mandos del ejército para defender sus privilegios.

La educación y la vida cultural. El México independiente heredó una población carente de instrucción, aunque el gobierno español, en la últimas décadas de la Colonia, había ordenado crear en cada pueblo una escuela primaria gratuita, medida que surtió poco efecto. Lograda la Independencia se dio libertad de enseñanza a quien quisiera impartir instrucción básica, incluyendo elementos religiosos. Se crearon escuelas para niños y las llamadas "amigas", para niñas, atendidas por particulares, pero continuaba siendo restringido el acceso a la instrucción, misma que permanecía sujeta a las normas conservadoras provenientes de la época colonial, sostenidas por la Iglesia.

En 1822 se fundó la Compañía Lancasteriana para difundir las primeras letras. Su método consistía en que muchachos avanzados enseñaran a niños menores bajo la orientación de un maestro, quien así atendía un grupo numeroso de alumnos. Se enseñaba lectura, escritura y cálculo elemental, a los que más tarde se añadieron otras materias. Al principio, la Iglesia se oponía al sistema, originado en Inglaterra, país protestante, pero al darse cuenta que no se atacaba a la religión católica lo aceptó. El sistema subsistió durante varias décadas.

En cuanto a la enseñanza superior, seguían funcionando las instituciones provenientes de la Colonia, que conservaban en general su espíritu aristocrático. En 1833, el gobierno de Gómez Farías clausuró la Universidad, por "inútil, irreformable y perniciosa" y creó la Dirección General de Instrucción Pública. Santa Anna, al volver al poder, canceló la medida y restauró la

---

Clausura de la Universidad

El dictamen acerca de la Universidad, elaborado por una comisión presidida por el Dr. José María Luis Mora, decía que ésta era "inútil, porque en ella nada se enseñaba, nada se aprendía; porque los exámenes para los grados menores eran de pura forma, y los de los grados mayores muy costosos y difíciles, capaces de matar a un hombre y no de calificarlo; irreformable, porque toda reforma supone las bases del antiguo establecimiento ..."

José María Luis Mora, *El clero, la educación y la libertad*, México, Empresas Editoriales, 1949, p. 79.

Universidad, que sería clausurada en definitiva por el emperador Maximiliano.

A partir de finales de la década de 1820 se crearon Institutos Literarios y Científicos en varias ciudades. Los académicos del Colegio de San Juan de Letrán fundaron la Academia de Letrán, que llegó a ser un gran centro de renovación intelectual, inspirado en las tendencias más avanzadas de la época y en la cultura clásica grecorromana. En el mismo periodo se inauguró la Escuela de Medicina, en la cual se empezó a practicar la medicina experimental. Subsistía el Colegio de Minería, que seguía realizando una importante labor científica y de enseñanza.

En la ciudad de México se desarrolló una actividad cultural intensa, reducida a un pequeño sector de la población. Se reanimó la Academia de San Carlos (artes plásticas), se trajeron cantantes y compañías de teatro. Aparecieron las primeras novelas mexicanas, entre cuyos autores destacaron el "Pensador Mexicano" (véase recuadro "Fernández de Lizardi", pág. 141), Manuel Payno y Guillermo Prieto. La historia de la Independencia y del pasado reciente del país fue relatada y examinada por Lorenzo de Zavala, Lucas Alamán y Carlos María de Bustamante, entre otros. El interés por la organización de la nación se expresaba también en periódicos y folletines, entre los que sobresalían *El Siglo XIX* y *El Águila Mexicana*.

Había un intenso debate, expresado en libros y en publicaciones periódicas, entre quienes estaban a favor del "orden" y los que deseaban el "cambio o progreso"; los primeros ensalzaban a Iturbide y los segundos a Hidalgo y Morelos. Los intelectuales no se recluían en sus estudios sino que participaban activamente en la vida política, desempeñando puestos públicos o militando en la oposición. Era frecuente que sufrieran represiones por su actuación o debido a las opiniones que defendían.

Durante este periodo se formó una intelectualidad liberal que buscaba conocer y renovar el país, influida por las ideas de José María Luis Mora y de otros pensadores, así como por las ideas de la Ilustración y del incipiente romanticismo. Muchos de sus integran-

---

José María Luis Mora

Mora (1794-1859), de familia acomodada de la Intendencia de Guanajuato, sacerdote y doctor en teología, fue el ideólogo más importante del grupo liberal de su tiempo.

En un documento expuso las aspiraciones de lo que llamaba el partido del progreso: libertad de opinión y de prensa; abolición de los privilegios del clero y del ejército; reorganización de la hacienda pública; fomento de las actividades económicas en beneficio de los pobres, sin lesionar los derechos de los particulares; mejoramiento del "estado moral" de las clases populares, mediante la educación pública y la destrucción del monopolio que ejercía el clero en ésta, entre otras medidas.

Mora hacía una clara distinción entre la religión, a la que siempre se mantuvo fiel, y el clero, al que consideraba una organización de ciudadanos que debía tener las mismas obligaciones y derechos de todos. Al igual que los dirigentes de la Reforma que se produciría décadas después, fue adversario de la Iglesia pero no dejó de ser fiel a la religión católica. El único ateo notable de la generación fue Ignacio Ramírez, "el Nigromante".

tes desempeñarían un importante papel en la Reforma que se iniciaría a mediados del siglo.

La vida cotidiana. Desde las Reformas Borbónicas, en el último periodo de la Colonia, había disminuido pero no desaparecido el dominio ejercido por la Iglesia y las costumbres y formas de vida se iban transformando.

Las ciudades, sobre todo la de México, centro de la vida nacional, recibían nuevas influencias desde Europa, al mismo tiempo que subsistían las diferencias sociales anteriores. Los poderosos habitaban en barrios ricos y se paseaban en sus carrozas o a caballo en la Plaza de Armas (hoy el Zócalo) y en la Alameda. Ahí se veían damas y caballeros ataviados al estilo "moderno", muchas veces con gran lujo. A su vez subsistían las viviendas miserables donde vivían indios y otros grupos pobres, hacinados y vistiendo como en la época colonial.

El pueblo se divertía con bailes en las calles y en sus viviendas, con juegos de pelota, billar, gallos y, especialmente, en las corridas de toros. En éstas, los ricos se aislaban en lugares exclusivos mediante altos precios de acceso y en sus mansiones solían organizar tertulias y fiestas. Grandes almacenes, en su mayoría propiedad de ingleses, alemanes y sobre todo franceses, les ofre-

El Zócalo

En 1843 se inició en la Plaza de Armas la construcción de un monumento a la Independencia, del que sólo se erigió el basamento ("zócalo"). De ahí proviene el nombre actual de la plaza central de la ciudad de México.

cían artículos antes inaccesibles o muy escasos. San Ángel y San Agustín de las Cuevas (hoy Tlalpan) eran los lugares de paseo campestre preferidos, principalmente en sus fiestas religiosas, acompañadas de juegos de gallos, de apuestas y de otras diversiones.

En las poblaciones pequeñas casi no cambió la vida. La monotonía se interrumpía por la fiesta del santo del pueblo, acompañada de ferias, juegos y borracheras, y también de la llegada de comerciantes ambulantes. Las nuevas celebraciones patrias ofrecían asimismo distracciones y diversiones.

Las condiciones de salubridad eran deficientes, lo que facilitó el estallido y la propagación de una tremenda epidemia de cólera en 1833; la superstición popular, impulsada por la Iglesia, la vio como castigo divino por los intentos reformistas del gobierno de Gómez Farías.

La organización del Estado

La población no estaba acostumbrada a participar en la gestión de los asuntos nacionales, ya que España siempre había determinado la organización de sus colonias. En consecuencia, se tuvo que dar un doloroso proceso de aprendizaje para estructurar las formas de gobierno.

En el periodo inicial de la vida de México empezaron a chocar dos concepciones de Estado, debatidas sólo entre las capas acomodadas y ricas de la población.

Por una parte, un sector, que se agruparía más tarde como partido conservador, consideraba que para la estabilidad del país era necesario un gobierno firme, encabezado por un monarca europeo (de no conseguirlo, mexicano), o por un presidente poderoso. Deseaba un régimen centralizado, parecido al de la Colonia, pero olvidaba que, en la práctica, muchas fuerzas locales nunca habían podido ser controladas con eficacia por el gobierno virreinal. Tampoco tomaba en cuenta los poderes regionales, armados, que se habían desarrollado durante la lucha independentista. Los intentos realizados para imponer un verdadero control central, en vez de dar lugar a la estabilidad buscada solían desembocar en rebeliones locales.

El sector opuesto, que vendría a ser el partido liberal, se mostraba más interesado en un gobierno que respondiera a la voluntad de los ciudadanos; pugnaba por una república federal, con amplios poderes para los estados, inspirado en la organización de los Estados Unidos. La aplicación de su política dio lugar a una mayor participación de las fuerzas de las regiones, pero también condujo, en varios momentos, a que éstas no colaboraran en la atención de los problemas nacionales y al fortalecimiento de los cacicazgos locales.

Los conservadores, partidarios del centralismo, en general provenían de quienes habían apoyado al gobierno virreinal y deseaban mantener la estructura no sólo política sino también social de la época colonial. Muchos de los liberales, federalistas, habían luchado por la Independencia, y entre ellos se encontraban desde moderados hasta partidarios de modificaciones profundas, que serían llamados "puros".

En muchos aspectos coincidían liberales y conservadores: ambos grupos deseaban darle estabilidad al país y había partidarios de la libertad de comercio o de la reglamentación económica por el Estado entre unos y otros. En los primeros treinta años de vida independiente, se fueron aclarando las diferencias que separaban los dos grupos, hasta quedar claramente establecidas en el periodo de la Reforma. Muchas personas pasaban de un bando a otro, al modificar sus opiniones debido a las cambiantes condiciones, por la paulatina definición de los objetivos y programas de cada tendencia o también por conveniencias personales.

Un problema grave estaba constituido por el ejército, que contaba con unos 75 mil efectivos en 1821. Aunque se logró reducirlo considerablemente, siguió absorbiendo durante décadas la mayor parte de los escasos recursos del gobierno. Los soldados solían ser reclutados mediante la leva, es decir, por la fuerza; generalmente eran indisciplinados y había frecuentes deserciones. En muchas ocasiones, los oficiales usaban el poder de que disponían para sublevarse y apoderarse del gobierno. La situación se complicaba más cuando éste no disponía de fondos para remunerar a los militares.

El gobierno estaba desesperadamente necesitado de recursos para atender la administración pública

---

Los cambios en América Latina

Los demás países de América Latina, que en su mayoría lograron la independencia simultáneamente con México, se enfrentaban a problemas similares. En todos ellos se debatía sobre la forma de gobierno y se pensaba que pronto gozarían de bienestar.

Sin excepción, sufrían graves problemas económicos, causados en parte por las mismas guerras de independencia y por la ruptura de las formas tradicionales de comercio. La recuperación de la producción fue lenta. Inglaterra, Francia, en menor escala Estados Unidos y otros países penetraron económicamente en la región.

Se decretó la igualdad de todos los habitantes ante la ley, aunque en la práctica siguió la situación de opresión y explotación de indios, mestizos y negros. La esclavitud fue abolida pronto en México, en Chile y en América Central, y a mediados del siglo en los demás países de la región, salvo en Cuba y Brasil donde se decretó la liberación de los esclavos hacia fines del siglo XIX. En las regiones en que constituían núcleos fuertes y compactos, sobre todo en Perú, Colombia, Bolivia y Guatemala, los indios mantuvieron su propia organización, a pesar de los intentos por incorporarlos a las nuevas sociedades y hacerlos perder su identidad.

Creció la gran propiedad en el campo, aunque frenada durante mucho tiempo por la dificultad de comerciar sus productos.

Brasil, colonia portuguesa desde la llegada de los europeos, pasó por un proceso distinto. El rey de Portugal se refugió ahí durante la invasión napoleónica a su país. Al volver a Europa dejó como regente a su hijo, quien en 1822 declaró la independencia y se proclamó emperador como Pedro I, sin que se produjeran cambios sociales de importancia. Apenas en 1888, su hijo Pedro II abolió la esclavitud. Un año más tarde, Brasil se transformó en república.

y la seguridad interna, fomentar la economía y defender la soberanía contra las agresiones extranjeras. La insuficiencia de ingresos propios lo llevó a contratar deudas, generalmente en condiciones muy onerosas, cuyo pago agravaba la situación. En 1824 obtuvo de Inglaterra el primer empréstito extranjero, pero sólo recibió la mitad del monto contratado, debido a descuentos anticipados y a que el representante mexicano cometió un cuantioso desfalco. Se inició ahí la deuda internacional, que más adelante también se contrataría con otros países y produciría consecuencias funestas.

10. Gobiernos, conflictos internos e internacionales (1821-1855)

Principales gobiernos

El periodo de Iturbide. El primer gobierno del México independiente fue la "Junta Provisional Gubernativa", nombrada por Iturbide el 28 de septiembre de 1821, un día después de su entrada a la ciudad de México. Esta Junta eligió a su vez la "Regencia Provisional", integrada inicialmente por Iturbide, quien la presidió, así como algunos terratenientes y miembros del alto clero. También formaba parte de ella O'Donojú, el último gobernante enviado por España. Éste nunca ejerció el poder, aceptó la Independencia y murió a los pocos días de haberse integrado el nuevo gobierno.

> **La Junta Provisional Gubernativa**
>
> Este primer cuerpo gubernamental estuvo integrado por partidarios del Plan de Iguala, pero no incluía a ninguno de los caudillos insurgentes sobrevivientes. En ella predominaban abogados y miembros del bajo clero, apoyados principalmente en los ayuntamientos. Algunos habían participado en el movimiento del Ayuntamiento de México, de 1808, o también en las Cortes de Cádiz. Sus aspiraciones iban más allá de la simple sustitución del gobierno virreinal sin llegar a expresar los deseos de las masas que habían apoyado a Hidalgo y a Morelos.

La Regencia tomó varias medidas que dieron lugar a importantes cambios. El cuerpo expedicionario militar español fue repatriado; así, la única fuerza armada organizada a escala nacional quedaba constituida por el ejército cuyo jefe era Iturbide. También la mayor parte de los antiguos funcionarios españoles abandonó el país. Se decretó la libertad de comercio. Asimismo se reafirmó la abolición de las castas, ya proclamada por los insurgentes y por la Constitución de Cádiz, y se declaró la igualdad de los ciudadanos para todas las funciones. Con estas medidas, que facilitaron las actividades económicas, culturales y políticas de las capas medias, los grupos dirigentes buscaban obtener el apoyo de esos sectores. La situación del pueblo no mejoró con ellas.

A su vez se redujeron las actividades de los exportadores y mineros, por lo que perdieron importancia política.

Pronto chocaron la Junta Gubernativa y la Regencia; la primera pugnaba por la reducción de los privilegios existentes mientras la segunda los defendía. Para organizar en forma estable al país, Iturbide presentó a la Junta la iniciativa de convocar a un Congreso Nacional, el cual, una vez electo inició sus sesiones el 24 de febrero de 1822. De inmediato se declaró titular de la soberanía; ratificó la religión católica como única permitida y la adopción de la monarquía constitucional, con separación de los poderes Legislativo, Ejecutivo y Judicial. El trono imperial, que se establecería de acuerdo con el Plan de Iguala y los Tratados de Córdoba, sería ofrecido a Fernando VII o, en caso de que éste así lo dispusiera, a un príncipe nombrado por él. En su defecto, las autoridades del Imperio Mexicano designarían al emperador. El Congreso, para impedir que se volviera a concentrar el poder en manos de un gobernante, decidió limitar el poder ejecutivo, subordinándolo al legislativo.

> **El Congreso Nacional**
>
> La elección del Congreso mostraba ya claramente las nuevas pugnas. Iturbide, con el apoyo de la Regencia, propugnaba que se integrara con representantes electos por los distintos grupos sociales: clero, terratenientes, dirigentes del ejército, letrados y otros. Así se eliminaría la fuerza de los ayuntamientos y se facilitaría el predominio de los sectores más ricos y del poder militar. La mayoría de la Junta, en cambio, deseaba la designación de los diputados por los municipios.
>
> En lo fundamental, se impuso la voluntad de la Junta. El predominio en el Congreso quedó en manos de las capas medias.

Apenas iniciadas sus sesiones, el Congreso fue informado que las cortes españolas rechazaban los Tratados de Córdoba. Este hecho reforzó la autoridad de los gobernantes mexicanos y reavivó el sentimiento antiespañol, porque presagiaba un intento de reconquista de parte de la metrópoli, que efectivamente se daría años más tarde.

El conflicto entre Iturbide y el Congreso se acentuó; estalló un motín militar, que pidió a Iturbide que se proclamase emperador. Éste aceptó y el Congreso lo ratificó; en julio de 1822, fue coronado como Agustín I.

Sin embargo, continuó la pugna con el Congreso, en el que se manifestaba ya una fuerte tendencia a favor de organizar el país en república (uno de los dirigentes de esta aspiración era fray Servando

> **Adhesión y separación de Centroamérica**
>
> América Central, al conocer la situación de México, declaró su independencia (15/IX/1821); en enero siguiente se adhirió a México, para separarse nuevamente un año más tarde y constituirse con el nombre de "Provincias Unidas de Centroamérica". Chiapas decidió incorporarse a México en 1824. En 1838 se disolvió la Unión Centroamericana y se crearon los estados actuales.

Teresa de Mier, viejo luchador por la independencia). Iturbide mandó apresar a varios miembros del Congreso y acabó por disolverlo.

Esta acción impositiva tampoco devolvió la calma al país. A fines del mismo año de 1822, se sublevó en Veracruz el joven oficial Antonio López de Santa Anna quien, al igual que Iturbide, había luchado contra los insurgentes. El movimiento se propagó rápidamente; en el Plan de Casamata exigió la convocatoria de un nuevo Congreso. Iturbide volvió a reunir el Congreso que antes había disuelto, pero no pudo resolver la situación y se vio obligado a presentar su renuncia. El Congreso lo desterró y poco después lo declaró fuera de la ley; al volver al país en julio de 1824, fue apresado y fusilado.

El imperio de Iturbide y su fracaso dieron lugar al repudio, por décadas, a toda idea de buscar un monarca para el país.

La Primera República Federal (1824-1835). Caído Iturbide, se eligió el nuevo Congreso Constituyente, en el que se desarrolló un intenso debate entre los centralista, partidarios de un poder fuerte que mantuviera lo esencial de la estructura colonial, y los federalistas, quienes pugnaban por una mayor participación de los ciudadanos. Estos últimos triunfaron, y en 1824 el México independiente proclamó su primera Constitución. En ella se reafirmaba la independencia de la Nación, la cual se constituía como república re-

---

Gobernantes de 1821 a 1855

Agustín de *Iturbide*. Presidente de la Junta Provisional Gubernativa y de la Regencia, 1821-1822. Emperador, 1822-1823.

Nicolás *Bravo*. Colaborador de Morelos. Miembro de la Regencia, 1822-1823; del Triunvirato, 1823-1824. 1839 (breve interinato); X/42-II/43; una semana en 1846.

Guadalupe Victoria. Manuel Félix Fernández; adoptó el nombre que llevó por su sentir guadalupano, independentista y su deseo de triunfo. Miembro del Triunvirato. Presidente de 1824 a 1829.

Vicente *Guerrero*. Presidente I-XII/1829. Apresado a traición, fue fusilado en enero de 1831.

Anastasio *Bustamante*. Oficial realista. Presidente I/1830 - VIII/1832; IV/1837-IX/1841 (con una breve interrupción).

Manuel *Gómez Pedraza*. XII/1832-IV/1833.

Valentín *Gómez Farías*. Vicepresidente. Ejerció la presidencia 1/IV-16/V, 3-8/VI, 5-27/X de 1833; 16/XII/33-24/IV/34; 23/XII/46-21/III/47, siempre en sustitución del presidente Antonio López de Santa Anna.

Antonio *López de Santa Anna*. Personaje predominante en la política mexicana, desde mediados de la década de 1820 hasta 1855. Ejerció la presidencia en 1833, 1834, 1835, 1839, 1841, 1842, 1844, 1847, 1853-1855.

José Joaquín *Herrera*. 12-21/IX/1844; 7/XII/44-30/XII/45; 3/VI/48-15/I/51.

Pedro María *Anaya*. 2/IV-20/V/1847 y 13/XI/47-18/I/48.

Manuel *de la Peña y Peña*. Asumió la presidencia de la República en su condición de presidente de la Suprema Corte, 26/IX-13/XI/47 y 8/I-3/VI/48.

Mariano *Arista*. 15/I/1851-5/I/1853.

Ocuparon la presidencia o fueron miembros de juntas gobernantes, por breves periodos o bajo el total predominio de Antonio López de Santa Anna: Pedro Celestino *Negrete*, miembro del Supremo Poder Ejecutivo, 31/III/23-10/X/24, junto con Nicolás Bravo y Guadalupe Victoria. José María *Bocanegra*, interino, 18-23/XII/29. Pedro *Vélez*, triunvirato con Lucas Alamán y Luis Quintanar, 23-31/XII/29. Melchor *Múzquiz*, 14/VIII-24/XII/32. José Justo *Corro*, 27/II/36-19/IV/37. Francisco Javier *Echeverría*, 22/IX-10/X/41. Valentín *Canalizo*, 4/X/43-4/VI/44 y 21/IX-6/XII/44. José Joaquín de *Herrera*, 6/XII/30-XII/1845. Mariano *Paredes y Arrillaga*, 4/I-28/VII/46. José Mariano *Salas*, 5/VIII-23/XII/46. Juan Bautista *Ceballos*, 6/I-8/II/53. Manuel María *Lombardini*, 8/II-20/IV/53.

Formas constitucionales democráticas

Desde fines del siglo XVIII, los estados considerados democráticos se rigen por constituciones, llamadas a veces Carta Magna o Ley Suprema, en cuyo articulado se señalan las normas básicas de sus estructuras. En sus disposiciones se encuentran principios comunes y también diferentes formas de organización.

Actualmente, se aceptan como características de un régimen democrático la soberanía del pueblo, es decir, su autoridad para darse el régimen que considere conveniente, la vigencia de "garantías individuales", hoy llamadas muchas veces "derechos humanos", la igualdad entre los ciudadanos y el derecho de éstos de elegir periódicamente sus gobernantes.

El poder se divide en Legislativo, órgano colegiado generalmente llamado Parlamento, encargado de elaborar las leyes; Ejecutivo, generalmente depositado en una sola persona que debe aplicarlas, y Judicial, colegiado, responsable de castigar a los infractores de ellas.

En los sistemas conocidos como presidencialistas, predominantes en el continente americano, los dos primeros poderes son electos por los ciudadanos. En los regímenes parlamentarios, a su vez, corresponde al Legislativo la designación del Ejecutivo, lo que sucede en Gran Bretaña o en España, donde el rey, que no proviene del sufragio, debe nombrar jefe del Ejecutivo a quien goce de la confianza del Parlamento. En algunos países republicanos, como Alemania, el presidente desempeña el mismo papel que el rey español. También existen sistemas mixtos, con un presidente electo popularmente y un gabinete dependiente del Parlamento.

El poder legislativo está compuesto por los llamados diputados o representantes, designados en votaciones por los ciudadanos. El judicial, por su parte, suele provenir de un acuerdo entre los otros dos poderes y debe gozar de autonomía en su actuación, es decir, no puede ser destituido arbitrariamente.

Las elecciones se realizan de acuerdo con un censo en el que están registrados los ciudadanos con derecho a sufragar. En el siglo pasado, estos censos solían abarcar solamente a los varones que gozaban de un mínimo de bienestar y excluían a los jóvenes, las mujeres y, desde luego, a los esclavos. Actualmente, los padrones electorales normalmente incluyen a todos los ciudadanos, mujeres y hombres, mayores de edad.

Las elecciones pueden ser directas, en que los sufragios se emiten a favor de determinado candidato o de una lista presentada por un partido político, o indirectas, cuando se eligen "electores" quienes a su vez designan a los diputados o también al presidente, como sucede actualmente en los Estados Unidos.

En los países de organización federal, es decir, compuestos de estados con libertad para decidir su estructura interna en el marco del régimen general del que forman parte, generalmente existe un sistema bicameral, integrado por una Cámara de Diputados, cuyos integrantes representan aproximadamente el mismo número de ciudadanos cada uno, y un Senado, compuesto por una representación igual para cada estado integrante de la Federación. Este sistema se estableció con el fin de evitar la imposición de los estados de numerosa población sobre los de pocos habitantes.

Muchas veces se llama "Cámara alta" al senado y "baja" a la de diputados. Esta designación proviene del sistema inglés, en que existe la "Cámara de los Lores", compuesta por miembros de la nobleza, la de los "Comunes", designada "baja". No es correcto usar estos términos en el caso de los sistemas bicamerales en que ambas cámaras son iguales en origen y en responsabilidades. Las leyes deben pasar normalmente a la aprobación de los dos cuerpos integrantes del Legislativo, con algunas excepciones establecidas en las respectivas constituciones.

La división de poderes y los demás ordenamientos señalados permiten en teoría el gobierno por el pueblo, aunque en la práctica pueden darse diferentes limitaciones y no son escasas las violaciones a sus normas.

presentativa, popular y federal, con división entre los poderes Legislativo, Ejecutivo y Judicial. De hecho, el Ejecutivo Federal predominaba sobre los otros dos, pero no tenía gran autoridad sobre los gobiernos de los estados.

El primer presidente de la República fue Guadalupe Victoria, quien gobernó los cuatro años que preveía la Constitución y logró establecer cierta calma. Fue importante en esos años la capitulación de la guarnición española del fuerte de Ulúa, con lo que México quedó libre de tropas extranjeras.

Las luchas políticas se expresaban en gran parte en pugnas entre las logias masónicas, que desempeñaban cierta función de partidos. En la escocesa, fundada en 1815 bajo la influencia de españoles liberales y con simpatías hacia Inglaterra, se agrupaban sobre todo los centralistas, que formarían más adelante el partido conservador, mientras la yorkina, inspirada originalmente por el enviado de Estados Unidos, Poinsett, reunía a los federalistas que darían lugar al llamado partido liberal o del progreso.

Al acentuarse el disgusto contra los españoles, se les prohibió primero ocupar puestos dependientes del gobierno federal y finalmente fueron expulsados casi todos (1828). Su salida acentuó la escasez de capitales en el país.

En las elecciones para suceder a Guadalupe Victoria contendieron Vicente Guerrero y el antiguo realista Gómez Pedraza, quien obtuvo el triunfo. Los partidarios del primero se sublevaron, alegando que se habían cometido irregularidades en el proceso electoral, y el Congreso lo declaró presidente. A partir de ese momento serían frecuentes los golpes militares en las sucesiones de los gobernantes, situación que se siguió dando hasta el siglo actual.

El gobierno de Guerrero duró menos de un año; el acontecimiento más importante fue el desembarco de Isidro Barradas, capitán español que intentó la reconquista de México para su gobierno. En vista de la desorganiza-

---

¿Todos ciudadanos?

Los integrantes del Congreso Constituyente de 1823/24 consideraron en su mayoría que sólo debían participar en la vida política los "ciudadanos responsables", es decir, quienes tuvieran propiedades. Sin embargo, no faltaron quienes, como Joaquín Fernández de Lizardi, pugnaban por la participación de todo mundo, condicionada sólo a su capacidad, sus méritos y su espíritu de servicio.

Partidos y logias

Los partidos políticos no estaban organizados como los actuales, con una membresía determinada, cierta disciplina interna y comités dirigentes, sino más bien eran grupos de personas que compartían determinados puntos de vista y seguían a dirigentes prestigiados.

En muchos aspectos, durante varias décadas las funciones que hoy desempeñan los partidos se realizaron por las logias, asociaciones de personas con ideas afines y una estructura jerárquica, que creen en un ser supremo como lo hacen las religiones pero rechazan la autoridad de las iglesias. Durante muchas décadas, y hasta avanzado el siglo XX, las logias jugaron un papel importante en la vida política de México.

> **Lucas Alamán**
>
> Alamán fue durante décadas el dirigente político de los conservadores. Hijo de ricos mineros de Guanajuato, vivió en su juventud la llegada de los insurgentes a su ciudad natal y quedó profundamente impresionado por la violencia del movimiento popular. Su aversión contra las acciones plebeyas, compartida en general por los miembros de su clase social, evolucionó hacia una coherente visión conservadora de la sociedad.
>
> Alamán, hombre de gran cultura, desempeñó distintos cargos en los gobiernos conservadores; tuvo siempre una actitud nacionalista y en contra de la influencia de Estados Unidos. Realizó importantes esfuerzos para lograr la modernización del país.

> **Antonio López de Santa Anna**
>
> Santa Anna, nacido en Veracruz, se integró al ejército virreinal desde la sublevación de Hidalgo. Hombre rico, ambicioso, buen organizador y de una extraordinaria facilidad para las relaciones humanas, siempre supo aprovechar sus posiciones políticas para incrementar su fortuna.
>
> La situación caótica de México y la debilidad de las instituciones lo hicieron aparecer como personaje central del país durante varias décadas, en las que ascendió once veces a la presidencia de la República. En algunas ocasiones se vio obligado a renunciar, y en otras se retiró para no comprometerse y poder aparecer después como "salvador de la patria".
>
> Liberales y conservadores impulsaron en distintos momentos el ascenso al poder de Santa Anna para aprovechar su popularidad, habilidad, ambición y falta de ideas políticas, con el fin de llevar adelante los proyectos de uno u otro partido.
>
> El último periodo presidencial del personaje, de 1853 a 1855, constituyó una dictadura violenta y conservadora.

ción y el descontento existentes, esperaba que los mexicanos lo recibieran como libertador, pero el rechazo fue general y Barradas, también derrotado militarmente, tuvo que retirarse.

Debido a nuevas sublevaciones llegó a asumir la presidencia el vicepresidente Anastasio Bustamante. Su principal colaborador fue Lucas Alamán, secretario de Relaciones Interiores y Exteriores. Éste fundó el Banco de Avío, para impulsar la creación de industrias, con éxitos parciales.

Nuevas rebeliones impidieron a Bustamante terminar su periodo. En las elecciones triunfaron Antonio López de Santa Anna, para presidente, y Valentín Gómez Farías, antiguo diputado a las cortes de Cádiz, como vicepresidente.

El gobierno de Valentín Gómez Farías (1833/34), en cuyas manos había dejado Santa Anna el poder, realizó los primeros intentos serios para una reforma profunda del país. Decretó que el pago del diezmo a la Iglesia y el cumplimiento de los votos religiosos quedaban sujetos a la conciencia de los fieles y no debían ser impuestos por el Estado. Planteó la abolición de los fueros del ejército, que sustraían a éste de la autoridad civil. Suprimió la Universidad de México al considerar que esta institución frenaba el desarrollo del país por su carácter conservador. La educación quedó a cargo de la Dirección de Instrucción Pública, que creó para impulsarla y moderni-zarla, sustraída del control del clero.

Las medidas del gobierno de Gómez Farías produjeron grave inquietud en el país. Algunos estados apoyaron las reformas, mientras que en muchas partes estallaban sublevaciones con el lema de "Religión y fueros", a favor de los privilegios de la Iglesia y del ejército. Las fuerzas opuestas a las medidas de Gómez Farías llevaron a Santa Anna a volver a tomar en sus manos la presidencia de la República y a cancelar la mayor parte de las medidas reformistas. Empezó a plantearse la exigencia de sustituir el sistema federal por el centralista, para imponer un orden firme.

La República Centralista (1835-1846). Los constantes desórdenes que se habían sucedido desde el fin de la presidencia de Guadalupe Victoria y los choques producidos en relación con los intentos de reforma de 1833 hicieron crecer el deseo de que el país estuviera dirigido por un gobierno fuerte. Santa Anna, al volver a la presidencia en 1834, no logró imponerse al Congreso y convocó a elecciones. El nuevo Legislativo se declaró competente para modificar la Constitución y a fines de 1835 publicó una Carta Magna conservadora y centralista, confirmada en las "Bases Orgánicas" de 1843.

El régimen centralista no pudo proporcionar la anhelada calma al país. Hubo constantes cambios de gobierno; Antonio López de Santa Anna asumió varias veces la presidencia y se retiró otras tantas a su hacienda Manga de Clavo, en Veracruz.

Entre los principales acontecimientos del periodo hay que recordar la guerra de Texas y la "de los pasteles". En ésta, Santa Anna sufrió una herida y le fue amputada la pierna izquierda, lo que le permitió recuperar la popularidad que había perdido.

> **Oposición de Zacatecas**
>
> Zacatecas, rico estado minero, fue gobernado de 1828 a 1834 por Francisco García Salinas. En ese periodo se crearon varias instituciones educativas, se decretó la enseñanza obligatoria y se lograron importantes avances en la organización del gobierno y en la economía del estado. Cuando Santa Anna quiso reducir la fuerza de los estados (1835), García Salinas desconoció la autoridad del gobierno central pero fue derrotado y se creó el estado de Aguascalientes con parte del territorio zacatecano.

> **Las leyes centralistas**
>
> La primera constitución centralista, conocida como la "Constitución de las siete leyes", contó al principio con el apoyo de liberales moderados y de conservadores, que coincidían en el deseo de lograr la estabilidad del país. El gobierno central seguía dividido en Legislativo, Ejecutivo y Judicial, a los que se añadió el "Supremo Poder Conservador", el cual debería impedir la violación de las nuevas reglas pero que carecía de fuerza real. Se mantenía expresamente la religión católica como única permitida. El periodo presidencial sería de ocho años, lo que nunca se cumplió. Los estados fueron transformados en departamentos, cuyos gobernadores eran nombrados por el gobierno central, pero subsistieron los grupos de poder regionales.
>
> En 1843, una Junta de Notables decretó una nueva Constitución conservadora, llamada "Bases de Organización Política de la República Mexicana" ("Bases Orgánicas"), que confirmaba la de 1835. Aunque casi no tuvo aplicación, fue importante por servir de inspiración, durante bastante tiempo, a los conservadores.

Al no lograrse un gobierno estable, en una carta pública se presentó la propuesta de traer un monarca europeo. Aunque seguramente muchos privilegiados estaban de acuerdo con esa iniciativa hubo una repulsa popular violenta y su autor, José María Gutiérrez de Estrada, se vio obligado a salir del país. Sin embargo, la idea fue ganando adeptos, lo que se expresaría años más tarde en la invitación al archiduque de Austria, Maximiliano, a ser emperador de México.

La República centralista, en su último gobierno, contó con un Congreso electo según un sistema sugerido por Lucas Alamán. Lo componían 38 representantes de propietarios agrícolas; 20 del comercio: 14 por cada una de las siguientes ramas: minería, industria manufacturera, letrados, magistrados y administración pública; 20 del clero y otros tantos del ejército. Son obvias la exclusión de las mayorías populares y la intención conservadora.

La Segunda República Federal (1846-1853). Gracias a nuevos embates federalistas, se restauró la Constitución de 1824, pero sólo estuvo en vigor de 1846 a 1853. El principal problema, en 1846 y 1847, fue la guerra contra Estados Unidos. Durante toda la Segunda República Federal y la dictadura de Santa Anna que la sucedió, el país se vio sacudido por constantes golpes de Estado, varias sublevaciones indígenas y por los intentos de establecer estados independientes de la nación.

Se fueron definiendo las posiciones de los liberales, divididos entre "puros" que buscaban un cambio rápido, a fondo, y moderados, partidarios de aplicar medidas paulatinas de transformación. Frente a ellos, los conservadores insistían en la necesidad de un estado que tuviera mayor autoridad, y tomó fuerza la idea de traer un príncipe europeo. Había el temor de que el país se disgregara; haberlo evitado fue posiblemente el principal mérito de las administraciones del periodo.

Terminada la guerra con Norteamérica, los gobernantes, liberales moderados, trataron de disminuir el poder del ejército y de conciliar las diferentes fuerzas políticas, incorporando a sus dirigentes a los altos puestos del gobierno, pero sus intentos fracasaron.

El último gobierno de Santa Anna. La situación hizo crisis a principios de 1853. La rebelión conocida como el "Plan del Hospicio" en Guadalajara impuso la convocatoria a un congreso extraordinario y en las elecciones presidenciales posteriores triunfó el general Santa Anna. Su gobierno estuvo dominado por los conservadores, aunque en un principio contó también con el apoyo de los liberales moderados. Santa Anna trató de estabilizar al país mediante la represión, para lo cual organizó una fuerte policía secreta, impuso un estricto control de prensa y obligó a salir de la República a muchos destacados liberales, entre los que se encontraba Benito Juárez, quien había sido gobernador de Oaxaca.

Los gobernantes y la aristocracia llevaban una vida ostentosa. Para infundir mayor respeto popular hacia las autoridades, y para satisfacer su propia vanidad, se adoptaron formas típicas de las monarquías, incluyendo el derecho a nombrar sucesor. Se restauró la Orden de Guadalupe, fundada por Iturbide, como una especie de nobleza. Se decretaron nuevos impuestos, entre ellos

los que se determinaban según el número de ventanas exteriores, puertas y zaguanes de las casas.

Santa Anna, al asumir el poder, nombró jefe de su gobierno a Lucas Alamán, sin duda el conservador más inteligente y de mayor visión. Alamán falleció a los pocos meses, lo que constituyó una pérdida irreparable para el gobierno santannista.

> **Proclamas pomposas**
>
> Los decretos de Santa Anna se encabezaban: "Antonio López de Santa Anna, Benemérito de la Patria, General de División, Gran Maestre de la Nacional y Distinguida Orden de Guadalupe, Caballero Gran Cruz de la Real y Distinguida Orden española de Carlos III y Presidente de la República mexicana, a todos los que el presente vieren sabed: ..."

En el aspecto internacional destacó la cuestión de la Mesilla, territorio del norte de Chihuahua que interesaba a Estados Unidos para el tendido de una vía férrea. El gobierno de Santa Anna la vendió en diez millones de dólares, culminando así la pérdida de más de la mitad del territorio nacional, iniciada en 1836.

La política dictatorial de Santa Anna, el desorden y despilfarro de su gobierno y el cobro de nuevos impuestos lo llevaron pronto al desprestigio. Ante la unificación de casi todas las fuerzas políticas del país en su contra tuvo que renunciar y salir al exilio.

Guerras y sublevaciones

México se reduce a la mitad. Las colonias inglesas de Norteamérica se habían transformado en la República de Estados Unidos cuatro décadas antes de que las posesiones españolas se independizaran. El nuevo país inició pronto la expansión de su territorio, basado en una manufactura en crecimiento y un vigoroso comercio, y alimentada por una fuerte inmigración proveniente de Europa.

Muchos ciudadanos estadounidenses estaban sinceramente convencidos de haber logrado la mejor forma social y de gobierno, y deseaban hacer partícipes de ella a todos los pueblos, sobre todo a los del continente americano. En la práctica, su actitud sirvió de "justificación" para apoderarse de nuevos territorios, expulsar o aniquilar a la población indígena, y para que funcionarios gubernamentales obtuvieran grandes ganancias especulando con los terrenos de que se apropiaban y vendían a los nuevos colonos, muchos de los cuales usaban el trabajo de esclavos.

> **Una aspiración norteamericana**
>
> Tomás Jefferson, quien sería presidente de la Unión Americana de 1801 a 1809, escribió en 1786, recién independizado su país: "Nuestra Confederación debe ser vista como el nido desde el que debe poblarse toda América, el norte y el sur. (... Debemos) irlos ganando (a los países que eran colonias europeas en ese momento) pieza a pieza" (citado por Juan A. Ortega y Medina, *Destino Manifiesto*, México, Secretaría de Educación Pública, 1972, p. 130).

Estados Unidos aprovechó las guerras entre los países europeos para adquirir varias de las colonias que éstos poseían. En 1803 compró al gobierno de Napoleón la Luisiana, extenso territorio al oeste del Mississippi que incluía el importante puerto de Nueva Orléans. Más tarde (1812) ocupó la Florida (colonia española), alegando que España se había aliado a Inglaterra, con la que Estados Unidos estuvo en guerra en ese año; siete años más tarde legalizó la posesión de ese territorio, mediante una compra que hizo a España. El siguiente objetivo era el norte de México, desde Texas hasta la costa occidental, para así extender su territorio del Atlántico al Pacífico.

Texas. La población novohispana de Texas era escasa y desde fines del periodo colonial se había iniciado ahí la colonización por estadounidenses. Tanto el gobierno español como más tarde el mexicano promovieron esta inmigración, con la condición de que los inmigrantes fueran latinos y católicos, pero el propio gobierno de México toleró la violación de esta disposición y también autorizó que los colonos llevaran esclavos. Funcionarios estadounidenses y mexicanos se enriquecieron especulando con la concesión de tierras.

En varias ocasiones, las autoridades mexicanas trataron de frenar la llegada de más norteamericanos y de impulsar la de mexicanos, pero fracasaron en sus propósitos. Los habitantes de Texas pidieron que su territorio fuera erigido en estado, para gozar de cierta autonomía, pero el presidente de México, Santa Anna, rechazó la pretensión.

Las contradicciones se agudizaron y culminaron en la declaración de independencia de Texas. El gobierno estadounidense alentó este movimiento, suministrando armas y recursos a los insurrectos. El ejército mexicano, encabezado por Santa Anna, los combatió y obtuvo algunas victorias contra los rebeldes, la más importante de las cuales fue la de El Álamo, pero finalmente fue derrotado y Santa Anna cayó prisionero. Mexico retiró sus tropas (1836), sin aceptar que Texas fuera un país independiente. Un año después, Estados Unidos lo reconoció como estado soberano, y poco más tarde hicieron lo mismo Francia e Inglaterra, quienes deseaban el fortalecimiento del nuevo país entre México y Estados Unidos para frenar la expansión de la potencia norteamericana a la que consideraban una amenaza para el futuro.

La guerra con Estados Unidos. Como muchos habían previsto, Texas se incorporó a Estados Unidos una década después de haberse separado de la República mexicana. México declaró que la región estaba bajo su soberanía y su admisión por el país vecino constituiría una agresión, a lo cual el gobierno norteamericano respondió con el envío de tropas para impedir a México restablecer ahí su dominio.

En México se debatía acerca de la política a seguir. No se quería aceptar la pérdida del territorio, y se esperaba contar con el apoyo de los países europeos que habían reconocido la independencia de Texas. Al mismo tiempo, había conciencia de la falta de preparación y de recursos para enfrentarse al poderoso vecino del Norte. En vista de ello, el gobierno trató de resolver el problema mediante negociaciones.

También en Estados Unidos había una fuerte oposición a emprender la guerra contra México por considerarla injusta y debido al temor sentido por sectores importantes del Norte, de que la admisión de Téxas fortalecería el bando de los estados del sur, esclavistas.

En esta situación se produjo el primer hecho de armas. Las tropas norteamericanas se habían establecido en las orillas del Río Grande (Río Bravo), una zona que formaba parte de Tamaulipas y no de Texas (la frontera, tradicionalmente, era el Río de las Nueces, 200 kilómetros más al norte). Cuando mucho, se podía considerar que se trataba de un territorio en disputa.

Los combates, en los que murieron varios soldados norteamericanos, dieron lugar a que James Polk, presidente de Estados Unidos, pidiera al Congreso de su país que declarara la guerra a México, por haber dado muerte en territorio norteamericano a soldados de ese país. El Congreso aceptó y estallaron las hostilidades.

De inmediato, la flota de Estados Unidos bloqueó los puertos mexicanos de ambos litorales; sus tropas penetraron por el norte de México y ocuparon varias de las principales ciudades. Al mismo tiempo, se apoderaron de California, donde desde 1840 se había producido una importante inmigración estadounidense, y de Nuevo México. Ninguno de los dos formaba parte de la disputa por Texas, pero su conquista era uno de los objetivos norteamericanos.

> **Santa Anna y la guerra**
>
> Santa Anna, desprestigiado desde la campaña de Texas, se encontraba exilado en Cuba. Muchos dirigentes mexicanos lo consideraban la persona idónea para encabezar la resistencia nacional y lo invitaron a hacerse cargo nuevamente de la presidencia. La flota norteamericana le permitió volver al país; desplegando una intensa actividad, logró integrar un ejército y salió al norte para combatir al invasor. A pesar de la falta de entrenamiento de sus tropas, obtuvo una victoria en La Angostura, pero tuvo que retirarse por carecer de pertrechos, según afirmó. Volvió a la capital para enfrentar otro ataque enemigo, esta vez por Veracruz.

Estados Unidos vio pronto que la ocupación de grandes extensiones del norte de México y el bloqueo de sus puertos no resolverían con rapidez el conflicto sino que conducirían a una prolongada guerra de desgaste. Para acelerar su acción, decidió penetrar por la "ruta de Cortés", es decir, ocupar Veracruz para llegar a la capital.

El puerto del Golfo tuvo que capitular ante las tropas dirigidas por el general Winfield Scott. El ejército mexicano trató de detener al invasor en Cerro Gordo, pero fue derrotado. A mediados de agosto de 1847, las fuerzas agresoras llegaron al valle de México y amenazaban a la capital.

La resistencia de México se vio favorecida por la amplitud del territorio, por la escasez de las comunicaciones y por la voluntad de lucha de algunos sectores de la población. Por otra parte, el país agredido sufrió constantes

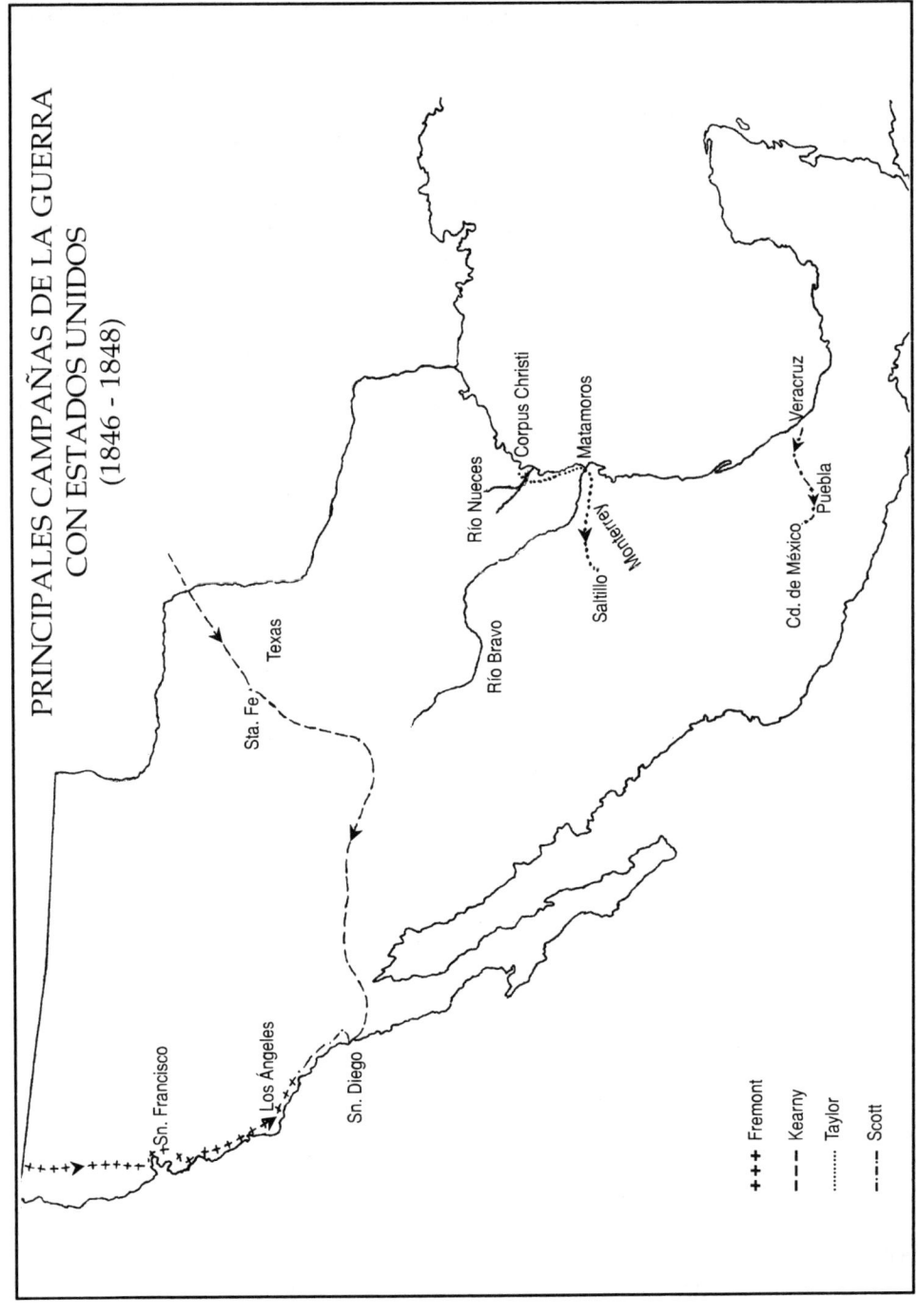

conflictos internos. El general Mariano Paredes, comandante del primer ejército enviado a combatir la invasión, se sublevó contra el presidente José Arriaga y se apoderó de la presidencia. También hubo permanentes conflictos y rivalidades entre los mandos del ejército, y éste no disponía de las armas ni de la disciplina necesarias. Además, sólo algunos gobiernos estatales colaboraron con el central, mientras otros no participaron.

Para enfrentarse a la escasez de recursos, el vicepresidente Valentín Gómez Farías, encargado del poder ejecutivo al encontrarse el presidente Santa Anna al frente del ejército, decretó que la Iglesia debía proporcionar un empréstito al gobierno para defender a la nación; la jerarquía eclesiástica se opuso y se produjo una rebelión (llamada de los "polkos", por el nombre del presidente de Estados Unidos, Polk); el decreto fue retirado y Santa Anna, al volver a la ciudad, obtuvo del clero un apoyo mucho menor del que había exigido Gómez Farías.

El ejército norteamericano superaba militarmente al mexicano, en armamento, disciplina, recursos y avituallamiento. Sin embargo, el gobierno de Estados Unidos pensaba que una guerra prolongada no le convenía; había una elevada deserción entre sus tropas, y una permanente ocupación de extensos territorios de México hubiera sido muy difícil.

Por ello, ya durante las operaciones bélicas envió a un emisario, Nicholas P. Trist, con el encargo de ofrecer la "compra" —de hecho, la legalización del despojo— de California y Nuevo México y, a cambio de un pago mayor, también de Baja California y del derecho de tránsito por el Istmo de Tehuantepec. Por otra parte, no sujetaría a negociación el ingreso de Texas a la Unión Americana, ya que consideraba a ese estado parte de su territorio. México alegaba que los derechos sobre el Istmo de Tehuantepec no estaban en sus manos, porque los había concesionado a una empresa privada, de ciudadanos ingleses, concesión cuya validez estaba en discusión.

Al no llegar a un acuerdo, Scott ordenó el avance y sus tropas llegaron a las cercanías de la ciudad de México a mediados de agosto

El Batallón de San Patricio

Entre 300 y 400 soldados norteamericanos se incorporaron a las tropas de México. Casi todos eran irlandeses, recién llegados a América o hijos de inmigrantes. Las tradiciones comunitarias de su pueblo los acercaban a la forma de vida de los mexicanos y de los indios, y los diferenciaban de los norteamericanos. Eran católicos, lo que también los identificaba con los naturales del país. Ellos o sus ancestros habían sido oprimidos y humillados por los ingleses, protestantes, y veían la misma actitud de desprecio de parte de los "anglos" de Estados Unidos.

Impulsados por esta situación, e invitados por el mando mexicano a unirse al pueblo agredido, no solamente desertaron sino reforzaron las fuerzas mexicanas. Algunos de ellos combatieron desde las primeras batallas, y el Batallón ya constituido formalmente participó de manera importante en la defensa de la ciudad de México, especialmente en el convento de Churubusco.

Estos combatientes fueron considerados traidores y mercenarios por el ejército norteamericano. Una tercera parte de ellos murió en combate, alrededor de 70 fueron apresados por los invasores y ejecutados, algunos padecieron cárcel y los restantes se dispersaron entre la población mexicana.

Su acción fue reconocida por México como una defensa conjunta de pueblos agredidos.

> **Los Niños Héroes**
>
> El Colegio Militar, localizado en el castillo de Chapultepec, fue defendido heroicamente por sus cadetes. Cayeron en combate Juan de la Barrera, Juan Escutia, Francisco Márquez, Agustín Melgar, Fernando Montes de Oca y Vicente Suárez. Se les conoce como los Niños Héroes de Chapultepec.

> **La resistencia popular**
>
> Además de la acción del ejército mexicano, muchas veces heroica pero generalmente desorganizada, fue importante la lucha popular. Habitantes de Los Ángeles en California se rebelaron contra la ocupación yanqui y reconquistaron su ciudad por algún tiempo. Las tropas que habían invadido el país por Veracruz se vieron atacadas por guerrillas que operaban entre el puerto y la ciudad de Puebla. Al entrar a la capital, los invasores se enfrentaron a la lucha popular en las garitas, y la hostilidad contra ellos los llevó a decretar el estado de sitio en la ciudad de México.
>
> Melchor Ocampo, en ese momento gobernador de Michoacán, propuso organizar una guerra de guerrillas contra el invasor. También hubo otros planteamientos de armar al pueblo, como el hecho por campesinos de la Huasteca quienes pedían al mismo tiempo un programa agrario, pero los grupos gobernantes temían un nuevo movimiento como el de 1810. La resistencia popular, por ello, no pasó de ser una molestia y una amenaza potencial para el invasor.

de 1847. El ejército mexicano fue derrotado en los Llanos de Padierna, al sur de la capital; más tarde cayó el convento de Churubusco, por carecer de parque para sus cañones. Los invasores triunfaron días después en la batalla del Molino del Rey (Chapultepec). El 13 de septiembre los yanquis tomaron el Castillo de Chapultepec y las garitas de San Cosme y de Belén y el 14 izaron su bandera en Palacio Nacional.

La paz. Santa Anna evacuó la ciudad de México; los poderes se trasladaron a Querétaro mientras su jefe, viendo que había perdido todo apoyo, renunció a la presidencia. Se reanudaron las negociaciones para la paz, que culminaron, en febrero de 1848, con la firma del Tratado de Guadalupe Hidalgo. México, bajo la presidencia de Manuel de la Peña y Peña, tuvo que ceder los territorios en disputa, a cambio de quince millones de dólares. Lo perdido constituía aproximadamente la mitad de su territorio.

¿A qué se debió la derrota? Aparentemente, México estaba en condiciones de triunfar en esta guerra. Sus soldados eran valientes, habían adquirido experiencia de combate en las constantes luchas anteriores y cada uno de ellos tenía la misma o mayor capacidad militar que los combatientes norteamericanos. Las potencias europeas, por su parte, no deseaban el fortalecimiento de Estados Unidos y no los apoyarían en su aventura. La enorme extensión del país y sus escasas y malas vías de comunicación constituían un grave obstáculo para el invasor.

La causa principal residía en la situación interna. Las rivalidades entre los jefes militares dificultaron y llegaron a impedir su necesaria colaboración; además, con frecuencia las tropas carecían del abastecimiento requerido en armas y alimentos. A esto deben añadirse las pugnas entre la Iglesia y el poder civil, así como la actitud de muchos gobernadores, que no colaboraron a la lucha nacional. En resumen, el país carecía de la unidad y de la organización indispensables para una defensa eficaz.

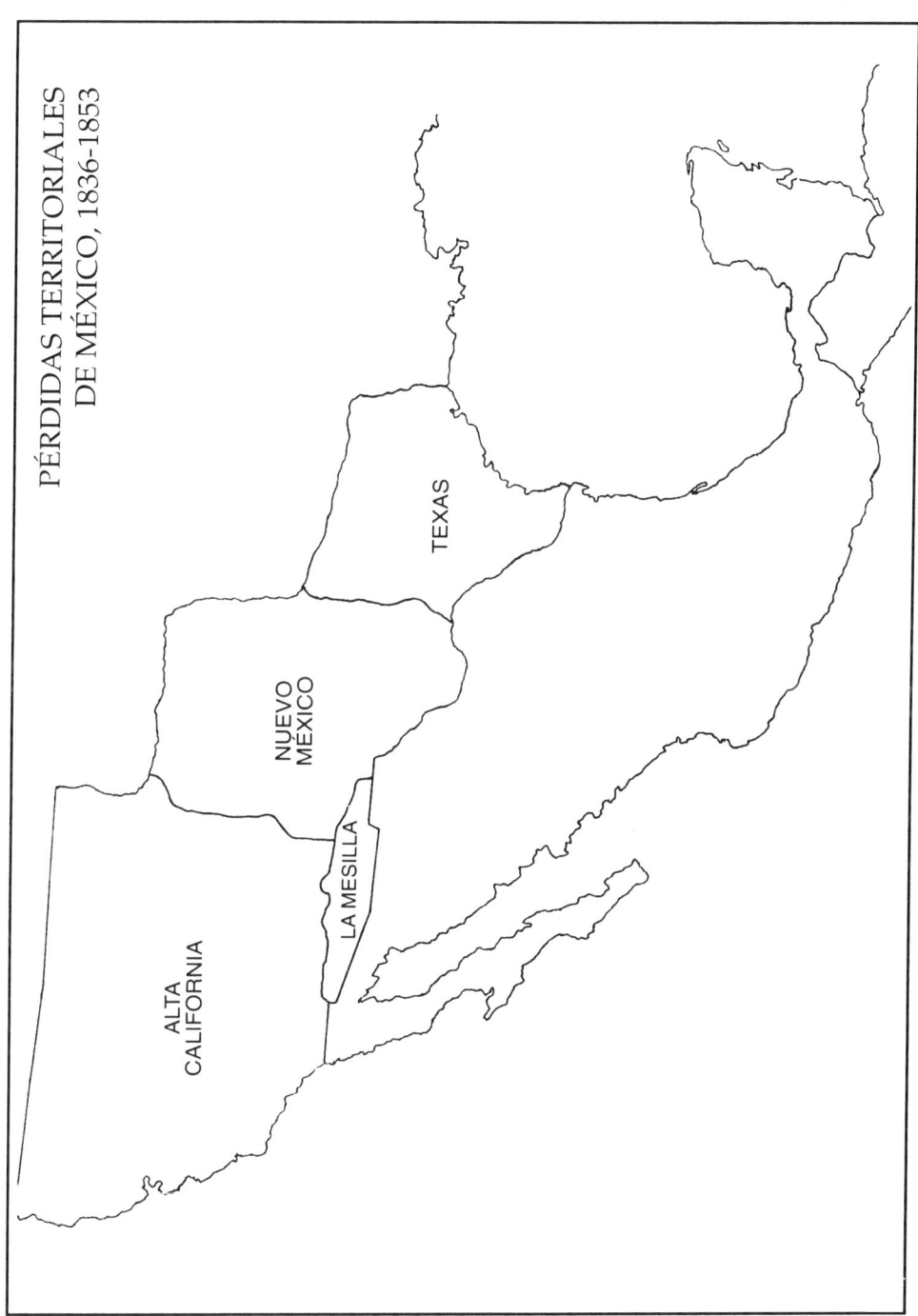

Las rebeliones populares

La independencia no había resuelto los problemas que afectaban a los sectores pobres. Estallaron nuevos movimientos, que coincidieron con los demás problemas internos y con los conflictos internacionales.

Yucatán. De 1839 a 1843, como reacción al centralismo y a la falta de atención a sus problemas, el entonces estado de Yucatán (hoy Quintana Roo, Yucatán y Campeche) trató de separarse de la República, pero sólo logró la recuperación de cierta autonomía. Los indígenas, que habían apoyado el movimiento animados por la promesa de entrega de tierra y de exención de impuestos, vieron burladas sus esperanzas por los poderes locales y varios de sus dirigentes fueron ejecutados.

El resultado fue una nueva rebelión de los mayas, conocida como la "guerra de castas". Los sublevados, la gran mayoría de la población, dominaron en 1847 el estado, con excepción de las ciudades de Mérida y de Campeche. Inglaterra, a través de su colonia Belice, apoyó a la sublevación con armas y recursos, con el fin de ampliar su influencia en la zona, importante por formar parte de la región ístmica de América Central y como fuente de maderas preciosas.

En la cruenta guerra que se desató, la "casta divina", el grupo criollo dominante que se había formado desde la época colonial, logró el apoyo de una parte de los mayas. También pidió ayuda a varios países, sobre todo a Estados Unidos, ofreciendo la península como colonia. El gobierno norteamericano rechazó la oferta, porque hubiera complicado el logro de sus aspiraciones en la guerra contra México.

La rebelión fue derrotada en 1848. Aunque se pactaron algunas mejoras para la población, se recrudeció la represión contra los indios. Se llegó a la venta de naturales al extranjero como esclavos, en castigo y para atemorizar a la población.

En las selvas del actual estado de Quintana Roo se mantuvo hasta fines del siglo pasado el dominio de los sublevados, quienes siguieron teniendo relaciones amistosas con el régimen de Belice.

Otros movimientos. Poco después del estallido de la guerra de castas, se produjo una rebelión en la Sierra Gorda (partes de Querétaro, Guanajuato y San Luis Potosí). La causa era el despojo que, desde el siglo XVIII, habían sufrido los indígenas que fueron arrojados a las zonas más pobres por los dueños de haciendas agrícolas y ganaderas. El dirigente más importante de la sublevación de Sierra Gorda fue Tomás Mejía, quien posteriormente apoyaría a Maximiliano de Habsburgo, proclamado emperador de México.

También estallaron movimientos del mismo tipo en otras regiones, como en Juchitán (Oaxaca), la Huasteca, Guerrero, Tlaxcala y Chiapas. Todos ellos fueron reprimidos sangrientamente.

En los límites con Estados Unidos se presentaba continuamente el problema de los "indios bárbaros" de varias tribus, como apaches y comanches, quienes asaltaban y robaban ganado en México para venderlo del otro lado de la frontera, muchas veces en complicidad con los ganaderos norteamericanos. En parte, los "indios bárbaros" eran pueblos despojados de sus tierras por los colonos yanquis o por otros "pieles rojas" desplazados por los inmigrantes blancos. Según el Tratado de Guadalupe Hidalgo, los Estados Unidos eran los encargados de atender esta situación, que fue una constante fuente de conflictos entre las dos naciones.

En Chihuahua se aprobaron las llamadas "contratas de sangre" para remunerar a quien matara indígenas y presentara el cuero cabelludo de éstos. Se pagaba un mejor precio por la muerte de jefes que por la de simples guerreros. También se crearon ahí milicias con el fin de combatir a los indios, las que después fueron un importante factor en la constitución de los latifundios en el estado; uno de sus oficiales fue Luis Terrazas, que llegó a ser el principal terrateniente en la entidad.

Otras amenazas a la integridad del país

En el periodo posterior a la guerra con Estados Unidos, varios aventureros intentaron apoderarse de extensas regiones. El conde Gastón Raousset de Boulbon, de origen francés, trató de erigir a Sonora en estado independiente bajo su dirección (1852). Un año después, William Walker, norteamericano apoyado por fuerzas del Sur de su país, quiso hacer lo mismo en Sonora y Baja California; ese personaje intentaría más tarde apoderarse de América Central, pero fue vencido y fusilado en aquella región. Estos intentos fueron derrotados, pero no dejaron de incrementar la inquietud y el caos general reinantes.

Las esperanzas fallidas

En las tres primeras décadas de su vida independiente, México pasó de un gran entusiasmo a una situación de desastre. Las distintas estructuras políticas ensayadas, el imperio, las repúblicas federal y centralista no habían logrado darle paz ni prosperidad y habían desembocado en la dictadura santannista, que tampoco pudo remediar la situación. En guerras extranjeras sólo se había podido rechazar el intento de reconquista hecho por España, pero se había perdido más de la mitad del territorio a manos del vecino del norte.

El país parecía estar a punto de desmembrarse, pero también se habían formado nuevas condiciones que le darían un rumbo distinto, de consolidación y progreso, en el periodo siguiente.

11. Rompimiento con el pasado colonial: la Reforma

La herencia a superar

En tres décadas de vida independiente, México pasó de un gran optimismo a una crisis profunda, perdió más de la mitad de su territorio y sufrió constantes turbulencias internas y agresiones de fuera. Muchos opinaban que no podría subsistir como nación.

En el aspecto político, se habían ensayado diferentes formas de organización: el imperio, con Iturbide; la República federal, con la intención de establecer un régimen democrático y la República central, para imponer "la paz y el orden", sin lograr la estabilidad.

En el fondo del problema se encontraba la situación de la mayoría de la población, que lejos de conseguir mejorías se encontraba, en gran parte, en peores condiciones que antes. Algunos grupos se habían enriquecido, sobre todo la Iglesia, hacendados y especuladores, y existían poderosos cacicazgos en todo el país. Los pueblos de indios sufrían despojos de sus tierras; sus integrantes, así como los peones de las haciendas y los pobres de la ciudad, no disfrutaban de los derechos que legalmente les pertenecían y continuaban en la miseria.

Sin embargo, esta situación de desastre no era la única realidad de México. En los años de conflictos y de desorientación se había fortalecido la conciencia nacional, y en la nueva generación se vio afianzada la decisión de superar los problemas y transformar profundamente la estructura del país, a pesar de que las dificultades a remontar eran tremendas.

Los liberales conquistan el poder

Para destituir a Santa Anna, cuya política había unificado a casi toda la nación en su contra, se proclamó en marzo de 1854 el Plan de Ayutla y estalló una sublevación que también se proponía convocar un nuevo Congreso constituyente para reorganizar al país.

El movimiento estuvo encabezado por Juan Álvarez, antiguo compañero de armas de Morelos, luchador liberal y "hombre fuerte" del sur (estado de Guerrero). A diferencia de las luchas anteriores que solían caracterizarse por las ambiciones personalistas de sus participantes, la Revolución de Ayutla buscaba una renovación política y social profunda del país, con la participación de amplios sectores del pueblo. En su dirección destacaron Ignacio Comonfort y Benito Juárez, quien volvió del exilio al que lo había condenado Santa Anna.

Después de año y medio de lucha, el presidente se vio obligado a renunciar y a salir del país; ya nunca recuperaría el poder.

Con este movimiento empezó el periodo conocido como la Reforma, que en tres años rompió en lo fundamental la estructura heredada de la Colonia y se consolidó en 1867 con la derrota del Imperio de Maximiliano de Habsburgo, impuesto desde Francia.

Los revolucionarios triunfantes nombraron presidente provisional al general Juan Álvarez, quien integró en su equipo de gobierno a un grupo brillante de jóvenes liberales, entre los cuales sobresalían Benito Juárez, Melchor Ocampo y otros.

El gobierno de Álvarez duró poco. Sus medidas principales fueron la convocatoria al Congreso Constituyente, la ley que privaba del voto a los miembros del clero y la supresión de los fueros religiosos y militares en los asuntos civiles. Estas medidas fueron acordadas respectivamente por Melchor Ocampo y Benito Juárez, liberales puros; como es lógico, causaron tremendo disgusto entre los sectores afectados.

Melchor Ocampo

Melchor Ocampo (1814-1861), liberal radical, fue uno de los dirigentes más activos de la Reforma. Como gobernador de Michoacán envió tropas para combatir a los invasores norteamericanos en 1847 y propuso impulsar la guerra de guerrillas contra éstos. Más tarde ocupó algunos cargos en el gobierno federal y fue desterrado bajo la dictadura de Santa Anna. Se incorporó a la Revolución de Ayutla y participó en el Congreso Constituyente de 1856/57.

Durante la Guerra que se desató a raíz de la promulgación de la Constitución de 1857, Ocampo fue secretario de Relaciones, puesto en el que negoció el Tratado Mc Lane-Ocampo. Después del triunfo del gobierno liberal lo capturó una guerrilla conservadora que, por órdenes del jefe conservador Leonardo Márquez lo fusiló en Tepeji del Río, Querétaro, en junio de 1861.

La Reforma

La Constitución de 1857. Álvarez, instalado en Cuernavaca, renunció al poco tiempo a la presidencia, por motivos de salud y por haber entrado en conflicto con los liberales moderados de su movimiento. Lo sucedió como presidente interino Ignacio Comonfort, bajo cuyo gobierno se reunió el Congreso Constituyente y se aprobó la nueva Constitución, que entró en vigor el 5 de febrero de 1857.

El gobierno de Comonfort trató de realizar las reformas liberales y de evitar, al mismo tiempo, que el país sufriera un conflicto violento. No fue posible. Los jefes militares y la jerarquía eclesiástica no estaban dispuestos a admitir medidas que, a la larga, les harían perder sus privilegios.

Grupos dirigidos por sacerdotes o militares se levantaron en armas en varias regiones, al grito de "religión y fueros"; uno de los más importantes fue el de Zacapoaxtla, encabezado por el cura del lugar, que llegó a apoderarse de la ciudad de Puebla. El gobierno lo reprimió y, en castigo por el apoyo que el clero había dado a los rebeldes, puso bajo control del Estado los bienes de la diócesis de Puebla. Otra sublevación de gran importancia fue la encabezada por Manuel Lozada, en Tepic.

A pesar de los problemas a que se tuvo que enfrentar, el gobierno de Comonfort pudo realizar importantes obras; inició la construcción del ferrocarril de México a Veracruz, que llegó en ese momento hasta la Villa de Guadalupe; mejoró la administración de la ciudad de México; creó varias escuelas y logró otros avances.

El hecho más importante en el periodo de Comonfort fue la acción del Congreso constituyente, que culminó con la proclamación de la nueva Constitución, el 5 de febrero de 1857. Los liberales moderados busca-

---

Ignacio Ramírez

Ignacio Ramírez, "el Nigromante" (1818-1879), destacó como uno de los pensa-dores más audaces entre los intelectuales de la época. Fue militante del liberalismo radical, partidario de los derechos de los indios, maestro y periodista. El seudónimo que adoptó, "El Nigromante" (hechicero), proclamaba su espíritu rebelde.

Ateo, a los 19 años proclamó y argumentó en su discurso de ingreso a la Academia de Letrán: "No hay Dios; los seres de la Naturaleza se sostienen por sí mismos", provocando un tremendo escándalo.

En muchos artículos y en su actuación como miembro del Congreso Constituyente de 1856/57, sostuvo la soberanía popular y la necesidad de liberar al trabajador de la opresión y explotación que sufría. Para ello, yendo más allá de las ideas liberales, propugnaba la asociación de los obreros, es decir, la formación de sindicatos. En 1868 pidió el cese de la parcelación de las tierras comunales decretada por las Leyes de Reforma.

El Nigromante colaboró con Juárez, pero le reprochó no llevar adelante con suficiente energía el combate de la Reforma y se manifestó contra sus reelecciones. Apoyó la candidatura de Porfirio Díaz a la presidencia, por la promesa de éste de no perpetuarse en el poder.

Al morir, siendo magistrado de la Suprema Corte, el gobierno de Díaz tuvo que sufragar los costos del sepelio, ya que la familia de Ignacio Ramírez no disponía de recursos; los magistrados tenían meses de no cobrar sus emolumentos.

Manuel Lozada

Este dirigente inició sus actuaciones como bandolero, pero se transformó en exponente de las demandas de los indios coras. Se alió con los conservadores y se adhirió después al imperio de Maximiliano. Gobernó el distrito de Tepic y, ya derrotado el Imperio, firmó la paz con el gobierno de Juárez. Siguió al frente de Tepic, donde realizó una reforma agraria a favor de los coras. Muerto Juárez fue destituido; se levantó nuevamente en armas, pero fue derrotado y fusilado en 1873.

> **El Congreso Constituyente**
>
> El Congreso estuvo integrado por diputados electos en un sistema de tres pasos: juntas primarias, secundarias y por estado. A cada 50 mil ciudadanos correspondía un congresista. Las sesiones se extendieron del 14 de febrero de 1856 al 5 de febrero de 1857, de intensos debates entre liberales moderados y radicales.

ron restablecer, con escasas modificaciones, la Constitución de 1824 (con lo que se habría mantenido la religión católica como única permitida); los radicales o puros, por su parte, pugnaron por una transformación más a fondo.

La Constitución estableció principios básicos que iban mucho más allá de los ordenamientos anteriores. En su Sección Primera proclamaba los "derechos del hombre", que incluían entre otras las libertades de enseñanza, de profesión y de expresión. Al no señalar una religión única o de Estado, establecía de hecho la libertad religiosa. Abolió las leyes privativas (fueros) y sólo admitía el fuero de guerra para delitos y faltas estrictamente relacionados con asuntos militares.

Los miembros del Poder Legislativo, el presidente de la República y los integrantes de la Suprema Corte se elegían popularmente, con diferentes duraciones en sus cargos.

Es de notar que los constituyentes, al anular los fueros que daban derechos especiales al clero, no se expresaron contra las creencias religiosas. Solían apelar a dios, planteaban que los eclesiásticos debían recuperar su misión espiritual y abandonar la militancia política. Sostenían que la libertad religiosa constituye una base indispensable para que la vida se rija por principios éticos.

Su fe se expresaba claramente al decretar el Congreso la Constitución Política de la República "En el nombre de Dios y con la autoridad del pueblo mexicano ...".

En las sesiones del Congreso se discutió asimismo el problema de la propiedad, de las desigualdades y de la miseria en que se debatía la mayoría de la población. El tema no era nuevo; ya se había hablado de él en las décadas finales del régimen colonial. Algunos diputados al Congreso, entre los que destacaban Ponciano Arriaga e Ignacio Ramírez, consideraron que la propiedad es una función social. Plantearon la necesidad de dotar de ella a los indígenas, en parte expropiando a las haciendas las tierras no cultivadas para venderlas en parcelas, pero no lograron la aprobación de medidas en este sentido.

Las primeras "Leyes de Reforma", expedidas en 1856 simultáneamente con la elaboración de la nueva Constitución, fueron las ya mencionadas que cancelaban el derecho de voto al clero y suprimían los fueros que privilegiaban a militares y religiosos, sujetándolos ahora a las leyes vigentes para toda la población.

De máxima importancia fue la disposición que, en 1856, ordenó la desamortización de las fincas de corporaciones civiles o eclesiásticas. Por ella se obligaba a sus dueños a vender estas propiedades a sus arrendatarios, considerando que la renta anual constituía el 6% de su valor. De no ser enajenadas en esta forma, se les remataría en subasta pública. Esta disposición se presentó como destinada a impulsar la propiedad privada y el desarrollo de la economía, pero también tenía el propósito de reducir la fuerza económica y política de la Iglesia. Uno de sus resultados fue el gran crecimiento de las haciendas, en perjuicio de las comunidades indígenas, sobre todo en el periodo de gobierno de Porfirio Díaz iniciado en 1876.

Las tierras comunales de los aborígenes debían ser entregadas en propiedad individual a los miembros de los pueblos, pero éstos se oponían a la medida porque debilitaba su capacidad de apoyar a sus integrantes. La medida, que llegó a aplicarse con gran fuerza décadas más tarde, facilitó también el despojo de tierras de los indígenas.

> **El liberalismo**
>
> Los constituyentes querían aplicar los postulados del liberalismo, tal como se habían formulado en Europa desde fines del siglo XVIII. Esto significaba la libertad para cada quien de usar sus bienes en la forma que considerara conveniente, mientras no violara la ley. La igualdad así establecida no era (ni es) real: un propietario tendría mucho más posibilidades de hacer su voluntad que alguien que no lo fuera; en el trato entre un obrero y un empresario, este último tendría (y tiene) más fuerza de negociación que el trabajador individual.
>
> En Europa occidental y en Estados Unidos, dicho sistema facilitó el desarrollo de grandes empresas industriales, comerciales y bancarias, que pudieron expandirse a otras partes del mundo, así como la formación del proletariado, el que logró mejorar sus condiciones de vida a través de muchas décadas de luchas sindicales y legislativas. En México, al igual que en el resto de América Latina y en los países conocidos hoy como atrasados o "en desarrollo", los resultados fueron distintos, debido a su situación interna y a las influencias extranjeras. Se expandieron ahí sobre todo las haciendas agrícolas y ganaderas y crecieron la miseria y la dependencia en el campo. La industrialización fue escasa y en gran parte benefició al capital proveniente de los países avanzados de la época.

Las Leyes de Reforma constituían un conjunto de disposiciones destinadas a crear un Estado moderno, que no estuviera sujeto a la autoridad de la Iglesia. Los sectores sociales a cuyos intereses correspondían y que les dieron fuerza fueron las capas medias urbanas, así como rancheros y hacendados liberales. Las primeras de estas medidas fueron acordadas por el Ejecutivo en virtud de lo postulado por el Plan de Ayutla, otras posteriores lo fueron por acuerdo del Congreso Constituyente, y las últimas se promulgaron durante la Guerra de Reforma ("Guerra de Tres Años"), que estalló en 1858.

La promulgación de la Constitución, en 1857, llevó la contradicción al extremo. El arzobispo de México, Lázaro de la Garza, ordenó que se negara la absolución a quienes hubieran jurado la Constitución, a menos que se retractaran públicamente. El papa Pío IX, en 1856, condenó tajantemente las leyes ya aprobadas y el proyecto de Constitución; se opuso a la tolerancia religiosa, a la supresión del fuero eclesiástico, a la no obligatoriedad de los votos monásticos y a otras de las medidas tomadas o previstas. Esta actitud, del alto clero mexicano y del Vaticano, dio lugar a que los liberales acusaran a los clérigos de actuar bajo las órdenes de un gobierno extranjero y de violar con ello la soberanía nacional.

Algunas personalidades católicas afirmaron que las decisiones del gobierno no atentaban contra las funciones religiosas del clero, pero su opinión no modificó la actitud de la jerarquía eclesiástica.

En las elecciones realizadas en aplicación de la Constitución, por sufragio universal, triunfaron Ignacio Comonfort y Benito Juárez, para presidente de la República y de la Suprema Corte de Justicia respectivamente; ambos tomaron posesión de sus cargos el primero de diciembre de 1857.

La Guerra de Tres Años

La situación hizo crisis de inmediato. Los conservadores pugnaban porque no se aplicara la nueva Constitución y por la anulación de las leyes que cancelaban los fueros y limitaban los derechos del clero, y exigían la salida del gobierno de los ministros que las habían promovido, sobre todo Juárez y Lerdo de Tejada. En muchas partes había conservadores levantados en armas. Frente a la situación, se presentaron dos actitudes de los liberales: los moderados consideraban que había que retroceder en las medidas reformistas, para conservar la paz, mientras los "puros" pensaban que la única forma de lograr la efectiva renovación del país consistía en aplicar la Constitución y las leyes. Comonfort trató nuevamente de conciliar, pero volvió a fracasar en su intento.

> **El "Plan de Tacubaya"**
>
> Este pronunciamiento cancelaba la Constitución y planteaba convocar un nuevo congreso constituyente, en un plazo de tres meses durante los cuales Comonfort gobernaría con poderes absolutos. El Plan se acompañaba de una proclama que condenaba a la Constitución, entre otros motivos, por agitar las conciencias y turbar la tranquilidad de las familias. Podría preguntarse aquí si es posible una modificación profunda de una estructura política y social sin que se produzcan tales agitaciones y perturbaciones.

El 17 de diciembre de 1857, los conservadores proclamaron el "Plan de Tacubaya", que era un verdadero golpe de Estado. El propio presidente estuvo de acuerdo con él, por considerar que sólo así era posible evitar la guerra civil. Dos días después, Félix Zuloaga, jefe conservador, se sublevó con la guarnición de Tacubaya que estaba bajo su mando y, junto con tropas de la capital, se apoderó de ésta. Comonfort continuó con el intento de conciliar sus principios liberales con las fuerzas conservadoras. Varios ministros renunciaron y otros funcionarios, entre ellos Juárez, fueron encarcelados.

Comonfort se encontró con el rechazo de los liberales radicales y de los gobiernos de varios estados, como Querétaro, Guanajuato, Michoacán y Jalisco. Los intentos de llegar a un acuerdo entre las fuerzas en pugna fracasaron y el presidente perdió rápidamente su autoridad, ya que ambos bandos dejaron de tenerle confianza. En enero de 1858, los conservadores lo desconocieron, proclamaron presidente a Zuloaga y organizaron un gobierno que existió hasta 1860, encabezado por diferentes caudillos conservadores.

Ante el golpe conservador, en el mismo enero de 1858 Comonfort puso nuevamente en vigor la Constitución de 1857, pero no le fue posible estabilizar su gobierno y tuvo que abandonar el país. En uno de sus últimos actos de gobierno liberó a Juárez de la prisión.

La Ley Suprema establecía que ante la renuncia del presidente su cargo fuera asumido por el titular de la Suprema Corte. De acuerdo con esta disposición, Benito Juárez asumió la presidencia del país y se trasladó a Guanajuato, cuyo gobierno no había aceptado la toma del poder por el conservador Zuloaga, a quien consideraba usurpador. Así empezó una cruenta guerra civil entre liberales y conservadores, los primeros encabezados por el gobierno presidido por Benito Juárez mientras los segundos nombraron diferentes titulares del Ejecutivo. La lucha, conocida como la "Guerra de Tres Años" o "de Reforma", terminó en 1860.

En los dos primeros años, los conservadores obtuvieron muchas victorias por disponer de un ejército organizado y tener el apoyo económico de la Iglesia. Sin embargo, sólo en algunas regiones disfrutaban de la simpatía de los ciudadanos. Al retirarse sus tropas de las poblaciones, éstas muchas veces volvían a reconocer como gobierno legítimo al constitucional, encabezado por Juárez.

Apareció en esta guerra una nueva forma de lucha, la de guerrillas integradas por los llamados chinacos, jinetes que combatían a favor del gobierno liberal. Más tarde, serían un elemento importante en la guerra contra el imperio de Maximiliano.

Debido a sus derrotas militares, el gobierno liberal se vio obligado a trasladarse a distintas ciudades, para establecerse a principios de 1858 en Veracruz, donde permaneció hasta su victoria

La guerra adquirió un carácter muy violento, no solamente en sus batallas sino también por el fusilamiento de prisioneros, asaltos y saqueos, bandolerismo con o sin el pretexto de luchar a favor de uno u otro bando. Un hecho que causó especial indignación, aunque no constituyó ni con mucho la única violencia injustificada, fue el fusilamiento de un grupo de médicos y otros civiles en Tacubaya, realizado por Leonardo Márquez en acatamiento de órdenes de Miguel Miramón, en ese momento presidente nombrado por los conservadores.

Al mismo tiempo, durante toda la guerra se realizaron intentos por los contendientes para detener la violencia y llegar a una solución de mutuo acuerdo, pero los planteamientos de las fuerzas en pugna resultaron irreconciliables.

Benito Juárez

Benito Juárez García es, sin duda, una de las figuras más destacadas de la historia de México y de América Latina. Nació el 21 de marzo de 1806 en San Pablo Guelatao, Oaxaca, en una familia zapoteca. Inició estudios para sacerdote, pero los abandonó e ingresó al Instituto de Ciencias y Artes de Oaxaca, donde se graduó de abogado. De 1847 a 1852, como gobernador de su estado, saneó las finanzas, creó escuelas y promovió la construcción de caminos.

Durante el último gobierno de Santa Anna fue encarcelado y después desterrado. Volvió más tarde a México para sumarse a la revolución liberal abanderada por el Plan de Ayutla y participó en los gobiernos de Juan Álvarez e Ignacio Comonfort. De acuerdo con lo previsto en la Constitución se hizo cargo de la presidencia al renunciar Comonfort a ella y la ejerció hasta su fallecimiento en 1872.

La actuación de Juárez hace ver su plena incorporación a la cultura y a las concepciones de los liberales radicales, que produjo un gran avance histórico para el país pero también, en muchos aspectos, resultó perjudicial a los indígenas. Su gobierno reprimió varias sublevaciones de campesinos que se oponían a la disolución de las tierras comunales.

La gestión de Benito Juárez fue admirada por unos y rechazada por otros; hasta hoy sigue ese debate, como sucede con todos los estadistas destacados. Se caracterizó por su firmeza, su apego a las leyes del país y su honestidad personal. Las acciones que encabezó, como la separación de la Iglesia del Estado, fueron decisivas para la modernización de México y la consolidación de la independencia nacional.

Los cambios legales. La lucha no se expresó solamente en el aspecto armado, sino también en la radicalización de las leyes por uno y otro bando. Los conservadores no sólo cancelaron la Constitución de 1857; también abolieron las leyes Juárez y Lerdo, proclamadas antes de la vigencia de esa Constitución, es decir, restituyeron los fueros militar y eclesiástico y anularon la ley de desamortización de "bienes de manos muertas" (las propiedades que no se podían vender, pertenecientes a la Iglesia y a las comunidades indígenas).

El gobierno liberal, establecido en Veracruz, a su vez dictó en 1859 y 1860 otras leyes que, junto con las anteriores y algunas posteriores, constituyen las de Reforma. Su objetivo central era la destrucción de la fuerza política y económica de la Iglesia. Destacan entre ellas la nacionalización de los bienes del clero, con la que éstos pasaban a ser propiedad de la nación en vez de ser vendidos por la institución; el establecimiento del matrimonio y del registro civiles; la administración pública de los cementerios; la libertad de cultos, implícita pero no expresa en la Constitución y la libertad de la educación, que así fue sustraída al control del clero.

El extranjero frente a la lucha. Los empresarios de muchos países, atraídos por las riquezas que buscaban obtener en México, seguían con atención el desarrollo del conflicto, y lo mismo hacían los gobiernos de las potencias en expansión que deseaban fortalecer su

ROMPIMIENTO CON EL PASADO COLONIAL: LA REFORMA 189

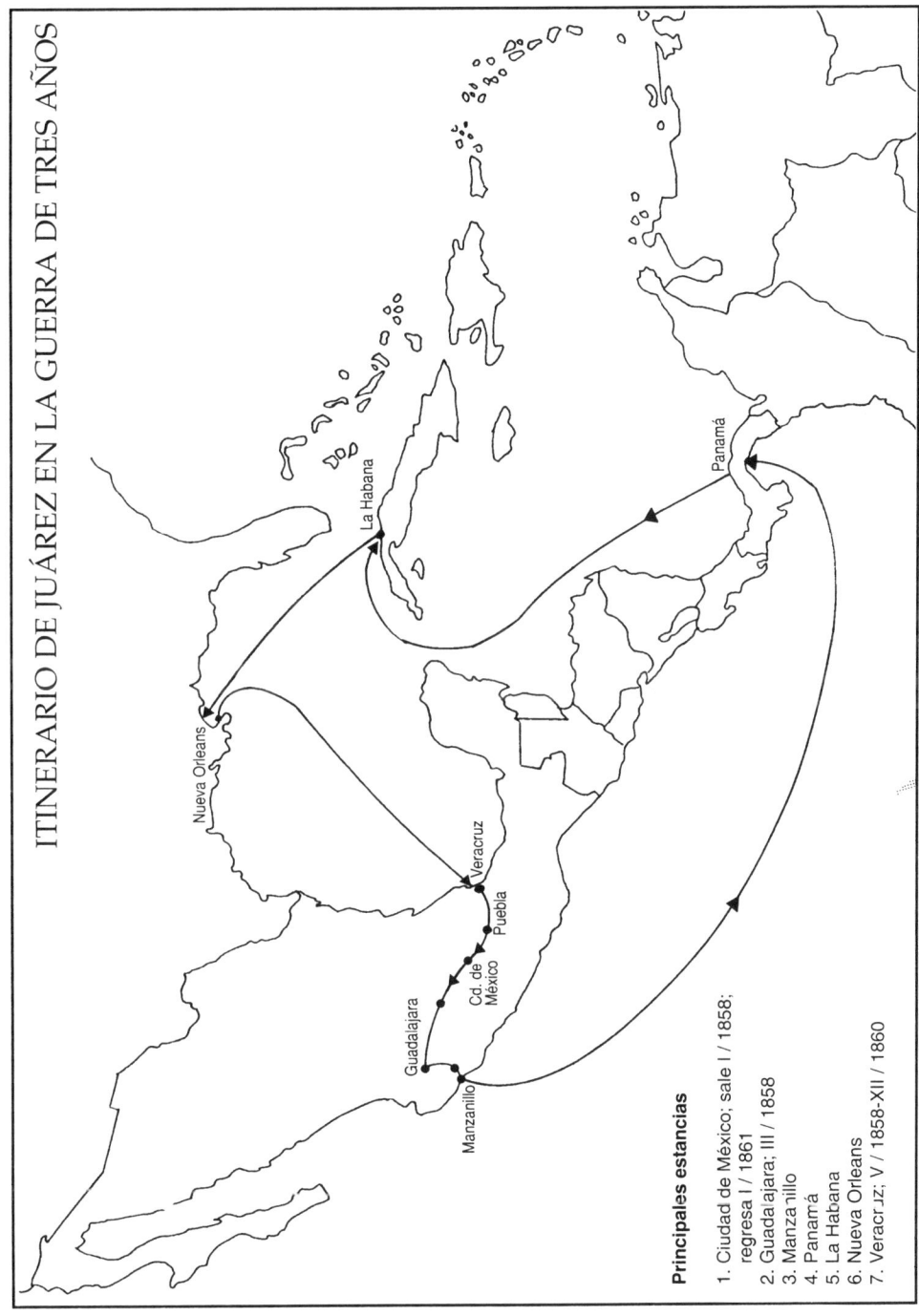

influencia en América. Los principales estados de Europa occidental, Francia, Inglaterra, España y el Vaticano, simpatizaron con los conservadores y reconocieron los sucesivos gobiernos establecidos por éstos.

Estados Unidos, a su vez, temía que el régimen conservador facilitaría la penetración europea. En un primer momento aceptó a Zuloaga como presidente, pero al poco tiempo le retiró el reconocimiento. En 1859 veía que la guerra podría prolongarse por mucho tiempo, ya que el gobierno constitucional estaba firmemente establecido en el puerto de Veracruz mientras los conservadores dominaban la mayoría de las ciudades importantes. En toda la República se peleaba, y los dos gobiernos mexicanos buscaban fortalecer sus posiciones con apoyos externos.

Se presentaron barcos británicos frente a las costas de Veracruz, amenazando con intervenir a pretexto de la deuda mexicana con Inglaterra y Francia; el gobierno juarista evitó la intervención realizando pagos a cargo de los ingresos aduanales, pero el peligro subsistía.

En esas condiciones, el gobierno norteamericano consideró ventajoso entrar en pláticas con las autoridades constitucionales. Mandó a Veracruz a Robert M. Mc Lane, con el encargo de culminar las negociaciones iniciadas por enviados anteriores. Mc Lane, reconociendo de hecho al gobierno constitucional, empezó a tratar con el representante de México, Melchor Ocampo.

Tras largas y complicadas pláticas se firmó el Tratado Mc Lane-Ocampo, entre cuyas cláusulas destacaban el derecho de paso para Estados Unidos, a perpetui-

---

El Tratado Mc Lane-Ocampo

Este tratado, firmado en diciembre de 1859, ha sido duramente criticado y ha motivado que se acusara a Juárez de traidor a la patria por haberlo autorizado. Algunos analistas lo justifican como una medida desesperada del gobierno liberal. Un estudio de los antecedentes presenta un cuadro diferente, que debe tomarse en cuenta en el análisis.

El Tratado de la Mesilla, firmado en 1853 por el gobierno de Santa Anna, ya otorgaba a Estados Unidos el derecho de libre tránsito por el Istmo de Tehuantepec, y el Mc Lane-Ocampo introdujo a este acuerdo la declaración expresa de que las vías concesionadas permanecerían bajo la soberanía mexicana. México no accedió a las exigencias estadounidenses de ceder territorio.

El derecho concedido a Estados Unidos por el Tratado de la Mesilla fue abolido en 1937, por acuerdo de los gobiernos del general Lázaro Cárdenas y de Franklin D. Roosevelt.

La diplomacia mexicana, bajo la dirección de Ocampo, preveía que el tratado difícilmente sería ratificado por el Senado de Estados Unidos. Efectivamente, algunos senadores lo rechazaron porque pensaban que el tratado no les daba todo lo que podían obtener, como la Baja California y otros territorios; también se opusieron a él representantes del Norte (antiesclavista) de Estados Unidos, al considerarlo favorable al Sur. Se avecinaba ya el choque entre ambos grupos, que estallaría pocos años más tarde en la Guerra de Secesión.

Se han hecho y se siguen sosteniendo distintas interpretaciones acerca del tratado. Una de éstas consiste en considerarlo como una grave amenaza para la soberanía nacional, por ratificar las condiciones pactadas anteriormente y añadirles el derecho de paso para Estados Unidos en dos corredores en el norte del país. La otra sostiene que ese peligro se veía atenuado por algunas de las cláusulas del acuerdo y por la previsión, acertada, de que el Senado estadounidense no lo ratificaría.

La "cintura de América"

En el siglo XIX se desarrolló una intensa pugna entre Inglaterra y Estados Unidos por el dominio de la angosta franja de tierra que une a América del Norte con la del Sur. El paso en esta región, entre los océanos Atlántico y Pacífico, evitaría el largo y peligroso rodeo por la punta sur del continente. Se veía la posibilidad de facilitar el tránsito, por ferrocarril o mediante la construcción de un canal, a través de México, de Nicaragua o de Panamá.

Gran Bretaña, la principal potencia marítima de la época, estaba interesada en la facilidad comercial que podría obtener, y los Estados Unidos, por su parte, buscaban una vía que los comunicara ventajosamente con los territorios de que se iban apoderando en el occidente de América del Norte (entre los que sobresalía California). También deseaban mejorar sus condiciones para el comercio con los países del Pacífico, principalmente China y Japón. Muchos conflictos en la zona se relacionaron con la rivalidad entre Gran Bretaña y Estados Unidos.

Este último país logró, en 1904, que Panamá se separara de Colombia y aceptara, de inmediato, un convenio mediante el cual entregaba a la potencia norteamericana una franja de 16 kilómetros de ancho y el permiso de construir ahí un canal interoceánico, mismo que fue inaugurado en 1914. La república centroamericana vio limitada su soberanía, situación que, con algunas modalidades, subsiste hasta hoy.

Por su parte, el gobierno mexicano otorgó en 1842 una concesión a un ciudadano de su país para construir un paso a través del Istmo de Tehuantepec; el concesionario, José Garay, vendió a ingleses y norteamericanos esta autorización, que fue finalmente cancelada por el gobierno de Juárez, al no haberse cumplido los requisitos establecidos.

Posteriormente se dieron otras concesiones a extranjeros sobre la región.

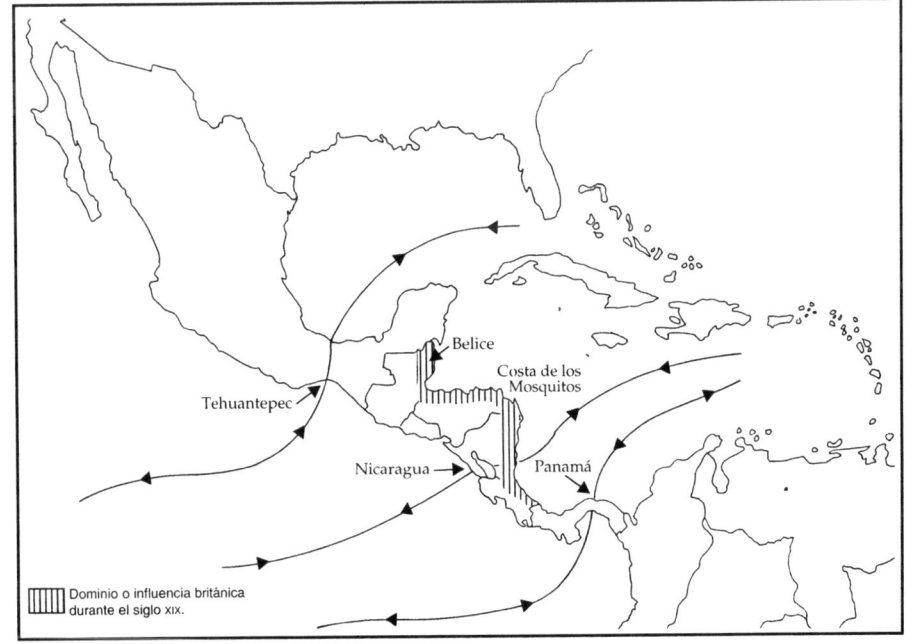

dad, por el Istmo de Tehuantepec, así como de Nogales a Guaymas y de Matamoros a Mazatlán, pasando por Monterrey; Estados Unidos podría proteger militarmente estos pasos, en caso de emergencia. Establecía facilidades de comercio entre ambos países y la obligación mutua de los gobiernos de apoyarse contra desórdenes y discordias, donde se produjeran. El Tratado nunca fue ratificado por el Senado de Estados Unidos.

Dos meses antes de que Juárez firmara ese proyecto, se celebró en París el Tratado Mon-Almonte (representantes de España y del gobierno de Miguel Miramón, respectivamente). En este convenio, el gobierno conservador aceptó deudas con España que estaban en disputa y le reconoció el derecho de juzgar problemas que afectaran a súbditos españoles en México. Juárez protestó inmediatamente contra ese Tratado, lo declaró sin valor y rechazó el pago de la deuda aceptada en él.

El triunfo del gobierno constitucional. 1859, el segundo año de la Guerra de Tres Años, se caracterizó por un equilibrio de avances y retrocesos de ambos bandos. Los conservadores fracasaron en su intento de tomar Veracruz, donde estaba asentado el gobierno constitucional, y éste a su vez no logró imponerse sobre sus adversarios.

El gobierno conservador compró y armó dos buques en Cuba (1860) para atacar por mar a Veracruz, pero los detuvo la flota estadounidense por no estar abanderados por un gobierno legalmente reconocido. A mediados de ese año, el gobierno constitucional empezó a triunfar militarmente, hasta derrotar en forma aplastante al ejército conservador en Calpulalpan (municipio de Jilotepec, estado de México), en diciembre de 1860. El primero de enero de 1861 entraron las tropas liberales a la capital, y días después Juárez proclamó la restauración de la paz y el restablecimiento de la autoridad del gobierno constitucional en toda la nación.

Se convocó a elecciones para integrar el Congreso y elegir presidente. El primero se instaló en mayo y Juárez, ya electo presidente constitucional, tomó posesión del puesto el 15 de junio. Al reanudar sus funciones en la capital de la República, el gobierno expulsó del país al arzobispo Lázaro de la Garza y a tres obispos, así como a los representantes de los gobiernos de España y de Guatemala, por haber participado en la guerra.

América Latina a mediados del siglo

En muchas de las antiguas colonias españolas de América se dieron luchas similares a las de México, entre liberales y conservadores, aunque en general con menos violencia. Se debatía la aplicación del Patronato sobre la Iglesia (véase recuadro "Real Patronato ..." p. 105) y se buscaba disminuir la preponderancia de ésta. Se expandieron las ideas liberales, y hacia mediados del siglo hubo un fortalecimiento de las tendencias federalistas. Varios de los gobiernos promovieron la inmigración europea. En algunos de los países se fortaleció el sentimiento nacional, sobre todo donde gobiernos europeos o el de Estados Unidos realizaron bloqueos de puertos para imponer sus exigencias. También se presentó la idea, en Nueva Granada (hoy Colombia), de pedir la anexión a Estados Unidos, al considerar inevitable la expansión de la potencia del Norte.

A pesar de su derrota, los conservadores proseguían con sus acciones armadas. Leonardo Márquez, que se hacía llamar jefe del Ejército Nacional, proclamó que Juárez y cualquiera que obedeciera al gobierno encabezado por éste sería pasado por las armas. Varios dirigentes reformistas, entre los que destacaron Santos Degollado y Leandro Valle, fueron muertos por los sublevados. Melchor Ocampo, quien había renunciado a su cargo en el gobierno, fue secuestrado en su finca y fusilado en Tepeji del Río en junio del mismo año por una gavilla conservadora.

La Reforma, iniciada con la sublevación de Ayutla, triunfó con la promulgación de la Constitución de 1857 y la derrota de los conservadores en la Guerra de Tres Años. Su obra principal fue la separación entre el Estado y la Iglesia, con lo que se abría el camino para que México llegara a ser un país moderno. La economía, a su vez, se encontraba gravemente deteriorada y subsistían los graves problemas de miseria y opresión de las masas populares. Durante un año, el gobierno avanzó trabajosamente en restablecer la paz y superar el caos general, pero pronto tuvo que enfrentarse a un nuevo problema: la invasión por ejércitos europeos.

Presidentes de 1855 a 1861

Antonio *López de Santa Anna* renuncia en agosto de 1855, ante el triunfo de la Revolución de Ayutla.

Martín *Carrera Sabat* (15/VIII-12/IX/1855) y Rómulo *Díaz de la Vega* (12/IX-4/X/1855), interinos a la salida de Santa Anna.

Juan *Álvarez Benítez* (4/X-8/XII/1855), presidente provisional al triunfar la Revolución de Ayutla.

Ignacio *Comonfort*, presidente sustituto 11/XII/55-30/XI/57; presidente constitucional 1°/XII/57-21/I/58.

Benito *Juárez*, presidente desde la renuncia de Comonfort hasta 1861; presidente constitucional 1861-1872.

Presidentes conservadores, en lucha contra el gobierno constitucional

Félix María *Zuloaga*, presidente interino 23/I/58-XII/58 (con interrupciones).
Manuel *Robles Pezuela*, 23/XII/58-21/I/59.
José María *Salas*, 21/I-2/II/1859.
Miguel *Miramón*, 2/II/59-4/XII/1860 (con interrupciones).
José Ignacio *Pavón*, 13-15/VIII/1860.

12. El Imperio contradictorio

La Intervención Francesa

Entre 1861 y 1867, México pasó por una de las pruebas más duras de su vida independiente, al ser ocupado por una potencia europea que trató de reestructurarlo bajo su predominio. Pero a diferencia de lo sucedido tres siglos y medio antes, el invasor se enfrentaba a una nación ya formada, capaz de una lucha que, a la postre y a costa de tremendos sacrificios, resultó victoriosa.

La resistencia no fue unánime. Los grupos derrotados pero no aniquilados en la Guerra de Reforma se identificaron con el invasor y coincidieron con núcleos indígenas que seguían las indicaciones de la jerarquía eclesiástica, pensando defender así sus tierras comunales. En la lucha se combinaron factores internacionales y el enfrentamiento entre los sectores cuyos intereses estaban en pugna.

Los antecedentes internacionales. La segunda mitad del siglo XIX se caracterizó por la expansión colonialista europea, que se realizaba apoderándose de territorios y creando zonas de influencia. En ese contexto no podía dejar de presentarse el interés por América de las potencias más expansionistas de la época, Gran Bretaña, Francia y Estados Unidos. Las dos primeras se sentían temerosas por la rápida expansión de la última, en la que veían una amenaza potencial. (Véase esquema geográfico, láminas a color 6 y 7.)

El gobierno francés era el más activo y ambicioso en la década de 1860. A principios del siglo, el sueño de Napoleón I de crear un imperio americano había fracasado por la exitosa defensa de su soberanía que hicieron los revolucionarios haitianos; posteriormente, Inglaterra y Francia trataron que Texas se consolidara como estado independiente, pero no pudiero evitar su incorporación a Estados Unidos.

Gran Bretaña veía más conveniente para sus intereses el fortalecimiento de su comercio y de sus inversiones en los países latinoamericanos que una ocupación territorial; Estados Unidos, a su vez, estuvo enfrascado de 1861 a

> **La Guerra de Secesión de Estados Unidos**
>
> Este conflicto se estuvo incubando desde la fundación de la Unión Americana. Los estados del Sur trataban de mantener y extender la esclavitud, que les proporcionaba la principal fuerza de trabajo, sobre todo en las grandes plantaciones de algodón. Se les oponían los del Norte, en proceso de industrialización, poblados por granjeros, empresarios y trabajadores asalariados. Las diferencias no se reducían al problema de la esclavitud; entre otras causas se debían también al deseo del Norte de proteger sus industrias de la competencia extranjera, mientras que el Sur era partidario del libre comercio. En lo referente a México, los estados del Norte de la Unión Americana temían que una expansión de su país hacia el sur fortalecería al sistema esclavista. Fueron gobiernos dominados por los estados sureños los que llevaron adelante la conquista de territorios mexicanos.
>
> Al subir Abraham Lincoln a la presidencia estadounidense, en 1860, prohibió la trata de esclavos y decretó que los nacidos de ahí en adelante serían libres. El Sur consideraba que esta medida violaba su libertad (la de tener esclavos), y sus estados se separaron de la Unión (de ahí el nombre de "Secesión", separación). El gobierno de Lincoln declaró indisoluble la Federación norteamericana y estalló una cruenta guerra civil que terminó cinco años más tarde con la victoria del Norte. En el transcurso de la lucha, el gobierno de la Unión abolió la esclavitud, primero en los estados sublevados y después en todo el país.

1865 en la Guerra de Secesión, lo que le impedía intervenir activamente en los problemas mundiales.

Francia se encontraba en un periodo de rápido crecimiento industrial. Gobernaba el país Napoleón III, quien había pasado de presidente, en 1848, a emperador en 1852, a través de sucesivos golpes de Estado. Su ambición era establecer, bajo hegemonía francesa, un "imperio latino" y consideraba que la situación era propicia para fincar su dominio en América: Estados Unidos no estaba en condiciones de intervenir, y los problemas internos de México, así como su endeudamiento con países europeos, facilitaban la acción francesa.

La llegada de las tropas europeas. El gobierno mexicano, al restablecerse en la capital (enero de 1861), tuvo que enfrentarse a una situación muy difícil. Durante la Guerra de Reforma había decaído considerablemente la economía y el erario carecía de recursos, por tener que solventar los gastos del crecido ejército y del sometimiento de las activas gavillas conservadoras, además de que gran parte de sus ingresos estaba dedicada a pagar la deuda internacional. La venta de los bienes de la Iglesia, nacionalizados, no aportó lo necesario para resolver los problemas, y tampoco fue suficiente la reducción de los sueldos de los funcionarios.

En junio de ese año, a propuesta de Juárez, el Congreso decretó la suspensión del pago de la deuda internacional por un lapso de dos años. La medida causó la violenta protesta de los representantes en México de los países acreedores. Ante su amenaza de usar la fuerza, en noviembre el gobierno decidió reanudar el pago de la deuda.

Los representantes de Francia, Inglaterra y España ya habían celebrado para entonces una Convención en Londres, donde acordaron que sus países actuarían juntos para cobrar los adeudos, sin tratar de apoderarse de territorios de México ni de intervenir en sus asuntos internos.

Entre diciembre de 1861 y enero de 1862, cuerpos expedicionarios de los signatarios de ese acuerdo arribaron al puerto de Veracruz. El ministro de Relaciones Exteriores de México, Manuel Doblado, les manifestó que el gobierno mexicano estaba dispuesto a negociar.

En un primer acuerdo, celebrado en La Soledad, Veracruz, las autoridades nacionales aceptaron que las tropas europeas dejaran las tierras insalubres de la costa y se acuartelaran en Córdoba, Orizaba y Tehuacán. Se convino en que, en caso de no llegar a un acuerdo y de estallar las hostilidades, estas tropas se retirarían a las posiciones que ocupaban en la costa. Aparentemente se trataba de una ingenuidad del gobierno juarista, pero implicaba que los invasores lo reconocían como la autoridad legítima, deseosa de llegar a un arreglo pacífico.

Los negociadores mexicanos lograron acuerdos con los expedicionarios ingleses y españoles, quienes declararon satisfechas sus demandas y se retiraron, en abril de 1862. El general Juan Prim, jefe de las tropas españolas, fue especialmente activo en llegar a un acuerdo con México, por su posición liberal y en defensa de los intereses comerciales que sus conciudadanos tenían en el país.

Los planes de Napoleón III eran distintos. En marzo habían arribado a las costas veracruzanas más tropas, al mando del general Lorencez, quien tenía instrucciones de llevar adelante la invasión, pretextando la deuda mexicana. A mediados de abril, los representantes de Francia, Dubois de Saligny y Julien de la Graviere, declararon la guerra y, violando el Convenio de La Soledad, emprendieron desde Córdoba la campaña militar hacia el centro de la República.

> **Juan N. Almonte**
>
> Juan Nepomuceno Almonte, hijo del insurgente José María Morelos, llegó a Veracruz junto con Lorencez, después de haber representado en Europa a los gobiernos de Zuloaga y de Miramón. Partidario de las ideas conservadoras y del establecimiento de una monarquía europea, estaba apoyando la intervención en su país natal.
>
> Desde Córdoba, bajo el amparo de las tropas francesas, lanzó una declaración a favor de la reconciliación entre los mexicanos y los llamó a confiar en el emperador de Francia. Al mismo tiempo, sus partidarios lo proclamaron "Jefe Supremo de la Nación".

La primera batalla importante tuvo lugar en Acultzingo, Veracruz (límite con Puebla) donde el ejército mexicano no logró detener al francés. El siguiente lugar en la ruta a la capital era la ciudad de Puebla. Las tropas francesas trataron de tomarla el cinco de mayo, pero sufrieron una tremenda derrota.

La batalla de Puebla tuvo gran importancia militar, al retrasar en un año el avance del invasor y permitir así al gobierno preparar más a fondo la defensa. Pero fue aún más importante el impacto moral: el pueblo vio que el extranjero no era invencible y que las armas nacionales se le podían enfrentar exitosamente.

En enero de 1862, tratando de evitar el choque armado, el gobierno mexicano había permitido el desembarco de las tropas europeas. Sin embargo,

> **El orgullo humillado**
>
> El general Charles Ferdinand Latrille, conde de Lorencez, comandante de las tropas francesas, se sentía seguro de ocupar con facilidad la ciudad de México y de dominar el país. Contaba con unos 6 mil soldados franceses, considerados los mejores del mundo, y con el auxilio de fuerzas conservadoras mexicanas. En vísperas de la batalla de Puebla escribió al ministro de Guerra de Francia: "Tenemos sobre los mexicanos tal superioridad de raza, organización, disciplina, moralidad y elevación de sentimientos, que os ruego digáis al emperador que a partir de este momento y a la cabeza de seis mil soldados, soy el amo de México".
>
> El ejército mexicano estuvo al mando del general Ignacio Zaragoza, quien muy joven había combatido contra la invasión norteamericana y después se había distinguido en la Guerra de Reforma, como miembro del ejército liberal. Supo aprovechar con habilidad la disposición de los fuertes de Loreto y Guadalupe, que defendían la ciudad de Puebla. Entre sus tropas destacaron los indios de Zacapoaxtla.

pensando en la posibilidad de que estallara la guerra, realizó preparativos militares y expidió una ley para castigar los delitos contra la nación, que preveía como medida extrema la pena de muerte. Aplicó también una política de unidad nacional, para lo cual incorporó al gobierno a personas que se habían opuesto violentamente al presidente Juárez.

El ejército francés, reforzado con cuantiosos elementos desde su país, volvió a avanzar sobre Puebla, en marzo de 1863. La ciudad cayó el 17 de mayo, después de un sitio de dos meses. Quedaba libre así el camino a la capital para el ejército invasor.

Juárez trasladó el gobierno a San Luis Potosí, y posteriormente lo tuvo que llevar más al norte, hasta establecerlo en El Paso (hoy Ciudad Juárez), donde permaneció durante casi toda la guerra. Reagrupó las tropas mexicanas en varios frentes, para continuar la lucha.

El ejército francés logró ocupar las principales ciudades del país en 1863, aunque siempre quedaron grandes zonas fuera de su control, debido a la acción de las tropas mexicanas y a la guerrilla popular llevada por los llamados chinacos.

Las tropas francesas contaban con el apoyo de la mayoría de los conservadores, y también con el de algunos liberales que veían inútil la resistencia y confiaban en la buena voluntad manifestada por los invasores. El mando francés, declarando su deseo de facilitar que el pueblo mexicano decidiera su forma de gobierno, trató de organizar un congreso pero la oposición de grandes sectores de la población lo impidió. Formó entonces un grupo de "notables", que decidió constituir a México como monarquía moderada y propuso para emperador a Maximiliano, archiduque de Austria, o a quien nombrara Napoleón III. Era lo que éste deseaba.

Los notables también designaron el "Supremo Poder Ejecutivo Provisional", que poco después tomó el nombre de "Regencia", integrado por los generales Juan Nepomuceno Almonte, José Mariano de Salas y el arzobispo de México, Pelagio Antonio de Labastida.

La principal función de la Regencia consistía en preparar la entronización del archiduque de Austria como emperador de México. Maximiliano deseaba ocupar el trono que se creaba, pero había declarado que sólo lo aceptaría por invitación del pueblo. Por ello, la Regencia organizó votaciones donde tenía el poder, con el previsible resultado de lograr los acuerdos requeridos. En octubre de 1863 envió una misión a Miramar, residencia de Maximiliano, para ofrecerle el trono de México.

La Regencia trató de cancelar las medidas tomadas por los gobiernos liberales desde la Revolución de Ayutla, es decir, anular la Reforma. Sin embargo, las instrucciones impartidas por Napoleón a los emisarios franceses, que ejercían el mando real, eran de no permitir la vuelta del clero al predominio que había tenido. Las divergencias llegaron al grado de que los franceses destituyeran al arzobispo Labastida del gobierno provisional, por oponerse a la política de éstos.

El Imperio

El gobierno imperial. Los conservadores mexicanos veían en un emperador católico, que contara con apoyo externo, el único recurso para recuperar el poder. La situación en Europa los llevó a la convicción de que el jefe de estado cuya ayuda les permitiría lograr sus objetivos era el emperador de Francia, Napoleón III, interesado en extender sus dominios en ultramar. Recibieron también el apoyo de sectores de liberales moderados, quienes veían en tal gobierno la forma para estabilizar a la nación y sacarla adelante.

En atención a la compleja política europea, Napoleón III decidió que el candidato para ocupar el trono de México fuera el archiduque de Austria, Maximiliano (de la dinastía de los Habsburgo). Consideraba mejorar así sus relaciones con ese país, además de que había afinidad entre sus concepciones políticas, liberales, y las del candidato; se sentía seguro de poderlo dominar permanentemente. Francisco José, emperador de Austria, hermano mayor de Maximiliano, manifestó su aprobación con tal de que el archiduque renunciara a sus derechos de sucesión al trono austriaco. Los conservadores mexicanos, a su vez, confiaban en que Maximiliano gobernaría de acuerdo con los propósitos de ellos.

En abril de 1864 culminaron las pláticas sostenidas durante tres años entre los monarquistas mexicanos, Napoleón y Maximiliano. Sin la participación de los primeros, se firmó la Convención de Miramar que preveía la permanencia en México del cuerpo expedicionario francés mientras se for-

> **Las finanzas del Imperio**
>
> La deuda aceptada por Maximiliano incluía 270 millones que Francia ya había gastado en la expedición, hasta julio de 1864. A éstos se añadirían mil francos anuales por cada soldado francés en México, entre otros gastos. Esto, junto con los dispendios de la Corte y la mala administración financiera, además del pago de otras obligaciones internacionales reconocidas, obligó a solicitar continuamente nuevos empréstitos. Nunca se pudieron equilibrar los ingresos y los gastos del régimen.

mara un ejército imperial capaz de dominar el país. El imperio mexicano reintegraría los gastos que esto ocasionaría, más los ya erogados por Francia en la campaña. De esta manera, el nuevo régimen "mexicano" nacía dependiente y endeudado.

Maximiliano aceptó el "trono de Moctezuma", como se le decía al que se establecería en México, el 10 de abril de 1864. Visitó al papa Pío IX, quien le recomendó respetar los derechos del pueblo y de la Iglesia, y reconocer la supremacía de los mandatos religiosos sobre los civiles. En su viaje a México, Maximiliano envió una carta a Juárez invitándolo a formar parte de su gobierno, pero el presidente le contestó que no podría colaborar con quien violaba la soberanía del país. El 28 de mayo, Maximiliano arribó a Veracruz, donde la recepción fue fría; en cambio, en el trayecto a la ciudad de México y en esta misma, fue saludado con entusiasmo.

Durante los primeros tres años de su régimen, el emperador ratificó las leyes y medidas de la Reforma, provocando que los conservadores, decepcionados, se distanciaran del gobernante del que habían esperado una actuación diferente.

El Imperio se basó entonces en dos fuerzas principales: el cuerpo expedicionario francés y los liberales moderados. Éstos se sentían alentados por la política liberal de Maximiliano y pensaban que su gobierno daría la anhelada paz al país y garantizaría su independencia, como lo prometía el príncipe austriaco. Además había extensos sectores sociales despreocupados de los problemas políticos y que no actuaban en sentido alguno.

La política inicial de Maximiliano no puede atribuirse simplemente a sus inclinaciones personales y a las de Napoleón, aunque ambos estaban formados en el espíritu liberal que predominaba en Francia. Seguramente veían imposible la consolidación del imperio mexicano si éste se basaba en las estructuras sociales y económicas anteriores a la Reforma, que fueron precisamente las causantes de la situación en que se encontraba el país.

Las contradicciones entre los conservadores que creían haber decidido el nombramiento de Maximiliano y la política liberal aplicada por éste hacían imposible que el régimen se afianzara. A esto se añadían los conflictos entre los asesores extranjeros del emperador y los funcionarios mexicanos nombrados por él. Nada se resolvía sin la intervención de los asesores, quienes integraban el gabinete personal del emperador. El problema se complicaba más porque el mariscal Aquiles Bazaine, jefe de las tropas enviadas por Napoleón, ejercía autoridad en todos los asuntos de importancia, aplicando las instrucciones que recibía desde Francia.

Al llegar Maximiliano a México dejó de existir la Regencia. El emperador despidió a los ministros conservadores y los sustituyó casi en su totalidad por liberales moderados; envió a Miguel Miramón a estudiar ciencia militar a Prusia y, como diplomático, a Leonardo Márquez a Turquía, para impedirles tomar parte activa en los acontecimientos. Aplicaba de esta manera sus convicciones políticas, además de que daba por descontado el compromiso de los conservadores con el Imperio, y procuraba el apoyo del otro gran sector de la población, el liberal, que sólo pudo obtener parcialmente.

Uno de los principales problemas a resolver era el de la relación entre el gobierno y la Iglesia. Maximiliano pidió al Vaticano que aceptara las leyes de Reforma y le propuso un concordato (acuerdo), consistente en el establecimiento del patronato imperial sobre la Iglesia, parecido al existente durante el periodo colonial (véase recuadro "Real Patronato", p. 105). El Papa, a su vez, exigía la revocación de toda la legislación juarista y la devolución de los bienes a la Iglesia, así como una indemnización por los daños que había sufrido ésta. Por supuesto, el clero mexicano se adhirió a la política del Vaticano. Las posiciones eran irreconciliables y las contradicciones se agudizaron.

Maximiliano había proclamado, desde antes de llegar a México, su intención de convocar un congreso para dotar al país de una nueva Constitución, pero su gobierno nunca llegó a tener el dominio suficiente para realizar esa promesa. Sólo pudo elaborar el *Estatuto provisional del Imperio Mexicano* (expedido en abril de 1865), que ratificaba en lo esencial los principios de la Reforma, la separación entre el Estado y la Iglesia, la nacionalización de los bienes de ésta y la libertad de opinión y de cultos, en el marco de una monarquía católica.

En el aspecto social, el gobierno imperial dictó leyes para mejorar la situación de los indígenas, entre ellas la abolición del acasillamiento, con lo que daba libertad a los peones para abandonar su trabajo aunque tuvieran deudas con el hacendado, así como la supresión de las tiendas de raya y del pago en especie. También legisló la dotación de tierras baldías a los indígenas.

La vida social y cultural. La vida cotidiana de la población civil cambió poco en ese tiempo. Entre los sectores mexicanos allegados a la corte imperial se acentuó la imitación de las costumbres de la aristocracia europea, practicadas por los funcionarios imperiales y los mandos de las tropas de intervención. Se trajeron grupos de teatro de Europa, hubo una intensa actividad musical y también en pintura y grabado.

El Imperio fomentó la investigación científica, sobre todo en lo referente a la flora y fauna naciona-

Lujo y austeridad

Los gastos de la Corte imperial constituían un verdadero insulto para la situación del país y del propio gobierno. Maximiliano se asignó un sueldo anual de un millón y medio de pesos, y 200 mil a su esposa Carlota. Además de estar acostumbrados a vivir en la abundancia, los gobernantes posiblemente pensaban que el boato de la Corte acrecentaría la admiración popular. Se celebraban frecuentes fiestas de gran lujo, en que se lucía la aristocracia mexicana.

Por su parte, en 1861 el sueldo del presidente Juárez había sido reducido de 36 mil a 30 mil pesos anuales. Durante su estancia en el Norte, muchas veces no pudo percibir ni ese modesto ingreso, y sólo contaba con el escaso apoyo económico que le proporcionaban algunos partidarios de la República.

les y en cuanto a monumentos arqueológicos e históricos, colaborando científicos mexicanos y europeos en estas actividades. Una medida, que formaba parte de la política liberal aplicada por el gobierno de Maximilino, fue la clausura definitiva de la Universidad, que había sido restaurada antes por los gobiernos conservadores (véase recuadro "Clausura de la Universidad", p. 156).

La ciudad de México vivió la realización de algunas obras, entre las que destaca el Paseo del Emperador (hoy Paseo de la Reforma), que unía la residencia imperial (el Castillo de Chapultepec, que fue reconstruido) con el centro de la ciudad.

La política internacional. Las potencias de la época, desde luego Francia pero también Inglaterra, el Vaticano y Estados Unidos, siempre estuvieron muy interesadas en lo relacionado con el imperio de Maximiliano. Actuaban para defender sus inversiones y sus intereses comerciales, y también con el fin de fortelecer su posición política en la región.

Estados Unidos no podía dejar de tener una gran influencia en los acontecimientos mexicanos, por su vecindad con el país y su política de hegemonía sobre el continente americano. De acuerdo con sus normas, proclamadas en la llamada Doctrina Monroe (véase recuadro "La Doctrina Monroe...", p. 153) se oponía a todo nuevo establecimiento europeo en América y a la imposición de gobiernos monárquicos, pero la Guerra de Secesión (1861-1865) le impidió participar activamente en el conflicto, en sus primeros años. En esta situación, Napoleón pensaba que le sería posible consolidar su imperio americano antes de terminar la guerra civil en Norteamérica.

El gobierno de Lincoln se declaró neutral en la lucha que tenía lugar en México. Sin embargo, aunque nunca desconoció la presidencia de Juárez, en una primera etapa le impidió adquirir armas y reclutar voluntarios, y le negó un préstamo. En cambio, autorizó a los franceses la adquisición de carros y mulas en Texas, requeridos para el sitio de Puebla en 1863.

Los Confederados (estados esclavistas, sublevados, del Sur de Estados Unidos) mantuvieron buenas relaciones con los estados del norte de México, adheridos al Imperio. Comerciaron con ellos, exportaban algodón y adquirían armas a través del puerto de Matamoros. Tenían el deseo de continuar su expansión a costa de México sobre los estados de Sonora, Chihuahua y Baja California, pero no podían actuar en ese sentido mientras luchaban contra las fuerzas antiesclavistas.

Cuando Juárez se estableció en Paso del Norte (hoy Ciudad Juárez), cambió la política del gobierno antiesclavista de los Estados Unidos y éstos exigieron que las tropas francesas no penetraran en la zona fronteriza, facilitando así la labor del régimen mexicano. Vencedor el bando antiesclavista de Estados Unidos, demandó el retiro de las tropas europeas, otorgó un préstamo al gobierno juarista y permitió a éste adquirir armamento.

Francia, a su vez, tuvo que enfrentarse a problemas graves en Europa. Prusia, el estado alemán que encabezaba la lucha por unificar su país, triunfó en 1866 en una guerra contra su rival Austria. Era previsible un conflicto entre Francia y los estados alemanes, acaudillados por Prusia. Ante esta situación, el emperador francés no podía sostener los gastos que ocasionaba su aventura mexicana y vio necesario repatriar su ejército.

> **Respaldo francés a México**
>
> Víctor Hugo, posiblemente el escritor francés más destacado en esa época, se solidarizó en varios mensajes con la lucha del pueblo mexicano por su libertad y su independencia. También condenaron duramente la intervención los diputados al Parlamento de Francia, Jules Favre y Edgar Quinet.

Las ambiciones imperialista de Napoleón III también se enfrentaban a la oposición de sectores importantes de la población francesa. Las denuncias contra la política de conquista de Napoleón fueron aumentando conforme se manifestaba la lucha del pueblo mexicano.

Chile, Perú, Venezuela y El Salvador expresaron su apoyo a la resistencia contra la ocupación francesa y el imperio. También hubo personalidades y organizaciones populares que se pronunciaron a favor de México, como el dirigente progresista italiano Giuseppe Mazzini y una asociación flamenca (belga) que se declaró contra el apoyo de su país al gobierno de Maximiliano (la esposa de éste, Carlota, era hija del rey de Bélgica).

Maximiliano, invocando una cláusula secreta de la Convención de Miramar, exigió y después rogó a Napoleón que lo apoyara hasta consolidar el Imperio, pero su insistencia no tuvo éxito. Tampoco lo logró su esposa Carlota, quien se entrevistó con el emperador de Francia y con el Papa, sin obtener siquiera una promesa de ayuda.

El triunfo de la República. A mediados de 1865 parecía victorioso el Imperio. Su ejército estaba integrado por 63,800 soldados, 20 mil de los cuales eran mexicanos, despreciados por sus colegas venidos de ultramar. Casi todo el país estaba ocupado, aunque nunca cesó la lucha de los diferentes cuerpos del ejército republicano de México, ni dejó de actuar la guerrilla de los chinacos. El propio Maximiliano conocía su debilidad, como lo demuestra su insistencia de que no se retiraran las tropas extranjeras.

En 1865 se produjo una crisis política en el gobierno republicano refugiado en el norte del país. El primero de diciembre terminaría el periodo presidencial, y no había posibilidad de celebrar elecciones. El general Jesús González Ortega, quien se había destacado como jefe liberal en la guerra de Reforma, alegaba que como presidente de la Suprema Corte de Justicia le correspondía sustituir en el mando a Juárez. Éste consideró que un cambio de dirección en ese momento sería perjudicial y prorrogó su mandato, basándose en la autoridad recibida del Congreso de la Unión. Lo apoyaron los principales jefes militares republicanos.

A fines de ese año, Maximiliano publicó una ley amenazando con la pena de muerte a toda persona que hiciera armas contra el Imperio o que apoyara a la República. La aplicación de esta medida provocó que se ahondara y se hiciera aún más violento y sangriento el conflicto.

En esta situación de aparente estabilización del Imperio, se produjo en marzo de 1866 la resolución del gobierno de París de retirar sus tropas en tres etapas a culminar en noviembre de 1867. Maximiliano, deprimido, pensó en renunciar al trono en agosto de 1866, pero su esposa lo convenció de que no lo hiciera.

Las tropas mexicanas fueron reconquistando el país en 1866. Destacaron entre sus jefes Mariano Escobedo en el Norte y Porfirio Díaz en el Sur, sobre todo en Oaxaca, junto a otros militares.

La nueva situación hacía ver que la continuación del régimen imperial no daría paz ni independencia al país. Los liberales moderados se alejaron del emperador y éste se entregó a los conservadores, que habían promovido su invitación a México. Maximiliano pidió a Leonardo Márquez y Miguel Miramón, dirigentes de ese bando, que regresaran a México, y nombró al primero general en jefe de las fuerzas imperiales, divididas en tres cuerpos, al mando de Márquez, Miramón y Tomás Mejía respectivamente. Los dos últimos lucharon a su lado y murieron con él, mientras que su colega Márquez logró salvar su vida.

Canciones de burla

Adiós mamá Carlota

Adiós mamá Carlota es una canción de burla contra la Intervención, compuesta por el general republicano Vicente Riva Palacio. A continuación, algunas estrofas.

> Alegre el marinero
> con voz pausada canta
> y el ancla ya levanta
> con extraño rumor.
> La nave va en los mares
> botando cual pelota:
> adiós, mamá Carlota,
> adiós, mi tierno amor.
> De la remota playa
> te mira con tristeza
> la estúpida nobleza
> del mocho y el traidor.
> Acábanse en Palacio
> tertulias, juegos, bailes;
> agítanse los frailes
> en fuerza de dolor.

La Chinaca

El repudio al invasor se expresaba también en canciones populares. Un ejemplo es *La Chinaca*, un diálogo entre una muchacha y un francés que la corteja, en mal español. Se presentan algunas estrofas. Entre comillas lo que contesta la pretendida.

> Te quiere mi Mariquita,
> e trovaremos un *hico*.
> "Quién le dio tan grande pico,
> ¡si soy chinaquita yo!
> Y antes que a un extranjero
> darle mi mano resuelva,
> le diré: ve a que te envuelva
> la madre que te parió."
> . . .
> ¡Mariquita! "El extranjero
> es un plato desabrido ...
> ven chinacate querido,
> a espantar a ese francés!"

Todavía en febrero de 1867, sin darse cuenta aparentemente de la gravedad de su situación, Maximiliano decretó el fusilamiento de Juárez y de sus ministros, disposición que no tenía ninguna posibilidad de aplicar.

En marzo de 1867 se retiraron las últimas tropas europeas, y en manos de Maximiliano se encontraba poco más que Querétaro, México y Puebla. El ejército imperial se preparó para resistir en la primera de estas ciudades, donde fue sitiado por las tropas republicanas. Esperaba recibir refuerzos desde la capital, que se hallaba en manos de Márquez, pero el general Porfirio Díaz logró ocupar Puebla y México.

> **La ley represiva del 3 de octubre de 1865**
>
> Pretextando que Juárez hubiera abandonado el territorio nacional (lo que no había sucedido), el gobierno imperial declaró terminada la guerra y que quienes participaran en grupos armados, "proclamen o no algún pretexto político", serían juzgados militarmente y, en su caso, fusilados en un plazo no mayor de 24 horas. Lo mismo se aplicaría a quienes auxiliaran en alguna forma a los guerrilleros y a quienes hicieren cualquier género de demostración que pudiera alterar el orden público. Esta última disposición sometía a toda persona al arbitrio de las fuerzas armadas.

Después de un sitio de 71 días, las tropas del general Mariano Escobedo tomaron Querétaro. Maximiliano fue apresado y sometido a juicio, junto con varios de sus colaboradores más cercanos.

El proceso contra el caído emperador se basó en la ley emitida por el gobierno mexicano en enero de 1862, que establecía castigos para quien atentara contra la soberanía nacional. En la fundamentación del fallo que lo condenó a muerte, se especificó la usurpación de un poder que la nación no le había conferido y, entre otros cargos, el haber traído tropas extranjeras y dictado y aplicado la ley del 3 de octubre.

Hubo muchas peticiones a Juárez en solicitud del indulto al derrotado Habsburgo, entre las que fueron notorias las presentadas por destacados progresistas como Víctor Hugo y el revolucionario italiano Giuseppe Garibaldi, los que se habían pronunciado a favor de la República. Participaron en las solicitudes representantes de casas reinantes de Europa, a quienes parecía inconcebible la aplicacion de la pena capital a un miembro de la alta nobleza, aunque nunca se habían preocupado por la muerte de millares de mexicanos sencillos o de personas de cualquier otro pueblo.

El gobierno de Estados Unidos había exigido, desde antes de la caída de Querétaro, que de apresar a Maximiliano se le aplicara el tratamiento respetuoso acostumbrado en los "países civilizados" a los prisioneros de guerra. Sebastián Lerdo de Tejada, secretario de Relaciones Exteriores de México, contestó señalando las violaciones al propio derecho de guerra cometidas por el archiduque de Austria y la autoridad de México para someterlo a juicio.

El 19 de julio de 1867 fueron fusilados en el Cerro de las Campanas, en Querétaro, Maximiliano, Miramón y Mejía. Muchos de sus seguidores menores fueron amnistiados más tarde.

Con esta acción terminó el segundo imperio que se trató de establecer en México y se estableció una clara advertencia contra posibles futuras intervenciones.

La importancia de la Reforma y de la lucha contra el Imperio

El periodo iniciado con la Revolución de Ayutla y culminado al ser derrotado el imperio importado desde Europa, fue de una enorme trascendencia para México, ya que consolidó su existencia como nación. No se dio en un vacío: no se podría haber logrado la "Segunda Independencia", como se ha llamado la victoria sobre la intervención francesa, sin el movimiento de 1810 y el desarrollo que le siguió. Como todo acontecimiento histórico, tuvo raíces y, a su vez, influyó en los desarrollos posteriores.

La gran trascendencia de los acontecimientos de 1854 a 1867 estriba en que, con ellos, se arraigó en la inmensa mayoría del pueblo mexicano un sentimiento de dignidad y de identificación nacional, basado ahora en el espíritu republicano, en el rechazo a la intervención extranjera y en el respeto a las convicciones personales.

Intervinieron en esta definicion nacional diferentes elementos. En primer lugar debe considerarse la amplia participación popular que sacudió a toda la nación. Se superó en buena medida la actuación de pequeños sectores que no se identificaban con los grandes grupos populares, y dejó de predominar el particularismo de las fuerzas locales y de los estados.

En estos trece años se rompieron en lo fundamental muchas de las estructuras provenientes de la Colonia. En el sentir nacional se identificó México con el derecho popular y soberano de decidir el destino de la nación, en vez de hacerlo depender de la voluntad de grupos privilegiados o de guías extranjeros. También el hecho de que Benito Juárez, el principal dirigente del país, fuera de origen indígena, asestó un fuerte golpe a la discriminación. La libertad de cultos, a su vez, no impidió a la mayoría de la población seguir practicando la religión católica pero permitió que la adhesión a una creencia religiosa, o a ninguna, fuera una decisión personal y dejara de ser el resultado de una imposición.

No es posible desligar entre sí ambos aspectos, que fueron el resultado y, al mismo tiempo, los impulsores de cambios sociales. No tiene sentido pensar en Juárez solamente como el defensor de la Independencia y olvidar que promovió la separación entre el Estado y la Iglesia, además de impulsar otras medidas modernizadoras del país, aunque algunas de éstas perjudicaron a las mayorías como fue el caso de la legislación que cancelaba la propiedad comunal indígena. La acción de la generación que hizo la Reforma y luchó contra el Imperio forma una unidad histórica.

La Reforma y la derrota del Imperio no resolvieron los problemas de México. Ningún movimiento histórico lo puede lograr; siempre permanecen problemas anteriores y aparecen otros nuevos. En el México del último tercio del siglo pasado siguió y se incrementó la distribución injusta de la riqueza y la miseria de amplios sectores. No se acabó con la discriminación contra los indígenas o con la intolerancia religiosa, ni desaparecieron los deseos de algunos grupos por recuperar sus privilegios perdidos o reducidos. Nuevas luchas se desarrollaron, y se seguirán dando. El pueblo mexicano no ha olvidado ni olvidará las lecciones que le dio la victoria al luchar por defender su dignidad, ni la capacidad de enfrentar y superar sus problemas.

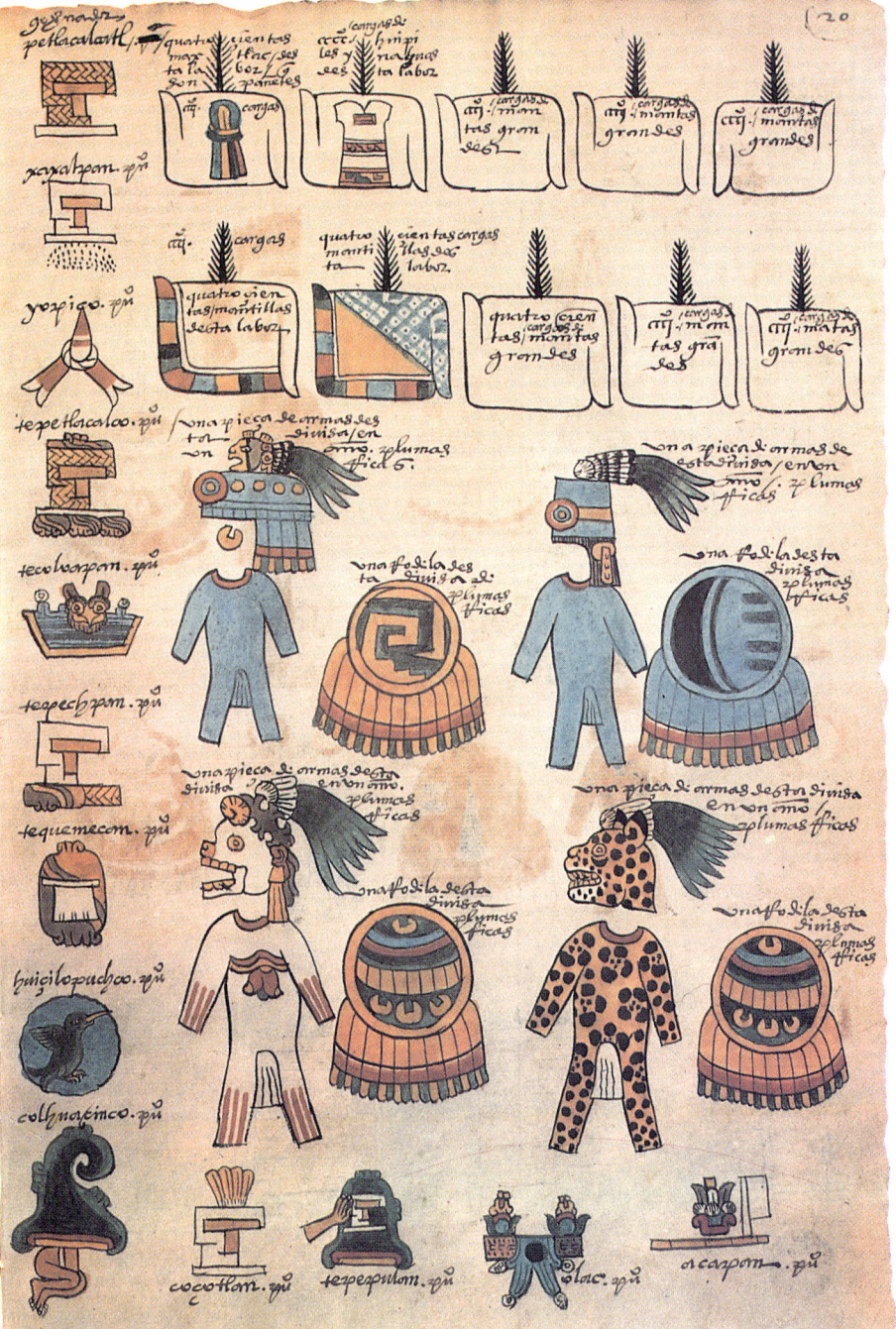

10. Yndio, y Negro, Sambaigo.

11. Yndio, y Mulato, Lobo.

12. Yndio, y Lobo, Cambujo.

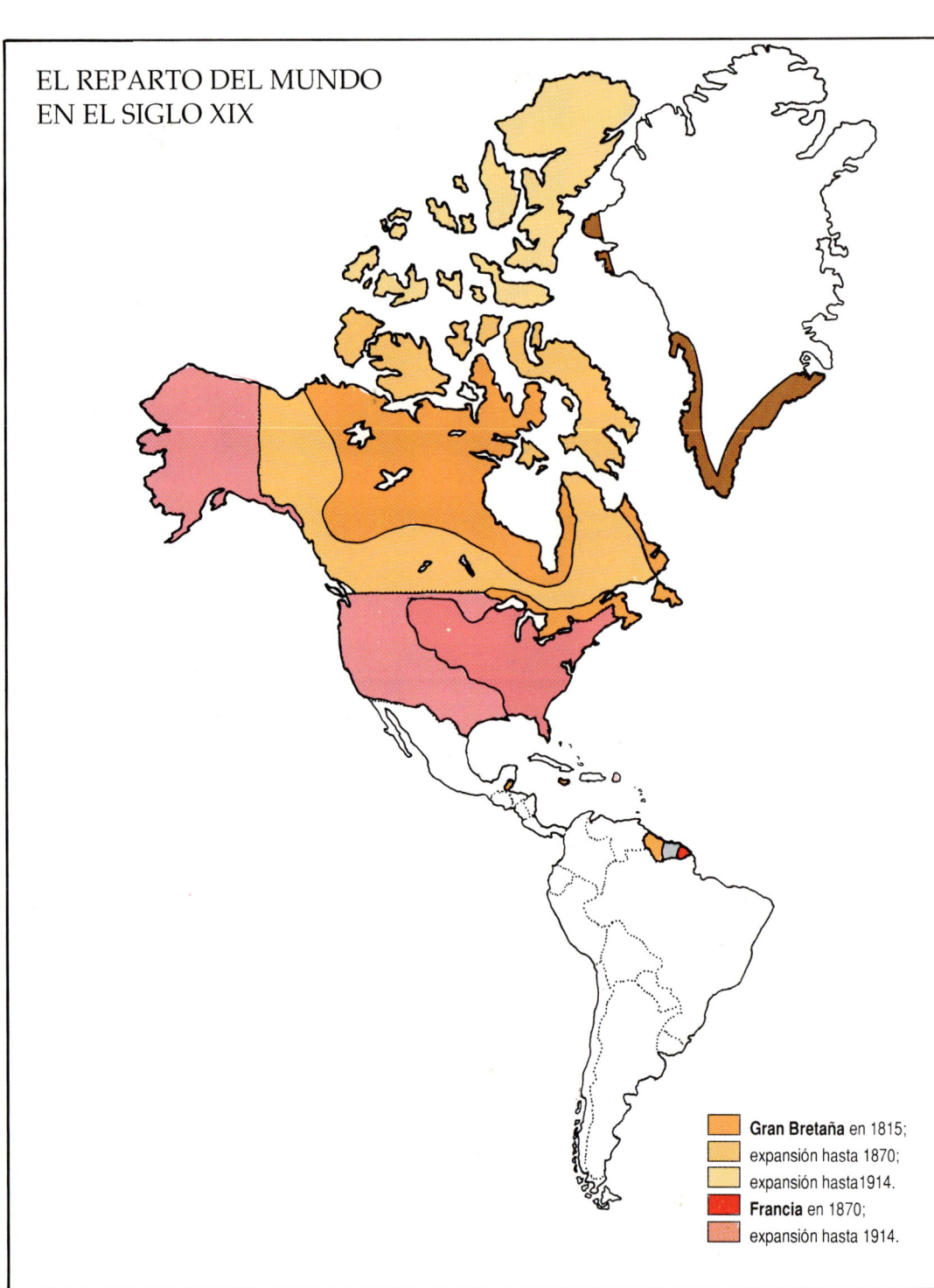

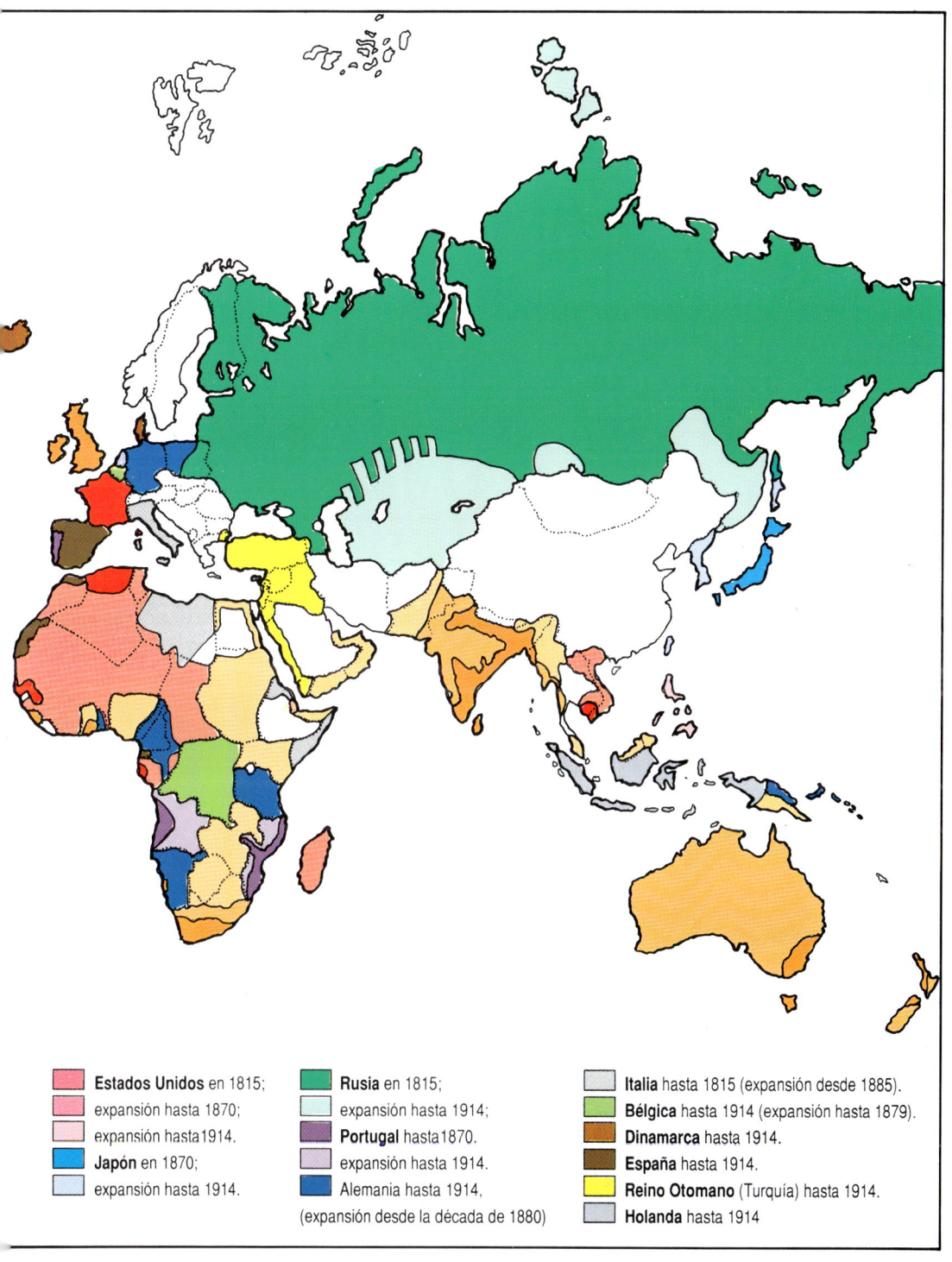

13. La República Restaurada (1867-1876)

En busca de la consolidación

Al restaurarse la República, estaban sentadas las bases para la reorganización del país. La Reforma y la victoria sobre el imperio traído desde fuera no sólo habían roto en gran parte las estructuras provenientes de la Colonia, sino también habían sustituido el sentimiento de derrota imperante en 1854 por un nuevo optimismo y por la confianza del pueblo mexicano en su capacidad de decidir su propio destino. Sin embargo, la tarea no era fácil: las furzas enfrentadas durante las décadas anteriores seguían defendiendo sus objetivos, y también continuaban las sublevaciones militares. Sin embargo, en los diez años que transcurrieron entre el fin del Imperio y la subida al poder de Porfirio Díaz el país avanzó en su consolidación, aunque muchos problemas de fondo quedaron sin resolver.

En lo inmediato, se presentaba la pugna entre los mandos del ejército y los civiles. Ambos grupos habían desempeñado un papel decisivo en la Guerra de Reforma y en la lucha contra la Intervención y el Imperio, y los dos contaban con dirigentes de gran popularidad.

También se dio un enfrentamiento entre el Congreso y el poder presidencial. Ante el avance de las fuerzas invasoras, aquél había dotado de plenos poderes al Ejecutivo para tomar las decisiones requeridas por la situación. Terminada la lucha, volvió a reunirse el Congreso, que se consideraba la máxima autoridad nacional y depositario de la soberanía. Juárez, por su parte, pensaba que era necesario un gobierno fuerte, capaz de responder a las necesidades que se presentaran. En varias ocasiones siguió aplicando los poderes recibidos en 1861, alegando que todavía no estaba firmada la paz. Era un pretexto legal para realizar lo que creía indispensable, pasando por encima del Legislativo, con respeto formal a la Constitución.

Los gobiernos

Benito Juárez. Durante la Intervención y el Imperio no se habían podido efectuar elecciones para la renovación del Congreso y elegir al presidente. Restablecido en la capital, el gobierno las convocó de inmediato y, simultáneamente, planteó modificaciones constitucionales que restarían fuerza al Legislativo y darían al jefe del Ejecutivo la libertad de acción que consideraba indispensable. De los dos candidatos a la presidencia que se presentaron, Porfirio Díaz y Benito Juárez, triunfó este último pero no logró que los electores aprobaron las modificaciones a la Constitución que había propuesto su gobierno.

Al integrar su gabinete, Juárez se basó sobre todo en los "inmaculados", como se llamaba a quienes siempre se habían mantenido fieles a la República, y también incorporó al gobierno a otras personas destacadas. La mayoría del Congreso estaba compuesta por diputados que sostenían sus propios puntos de vista y con frecuencia se oponían abiertamente al presidente, aunque en lo fundamental eran partidarios de éste.

La política seguida por Juárez después de la derrota del Imperio fue moderada, manteniendo la soberanía y los principios básicos de la Reforma, la nacionalización de los bienes del clero y la libertad de cultos. No se justifica su fama de inflexible; lo fue en lo esencial, pero procuró no herir a sus adversarios con medidas que no consideraba indispensables.

En las elecciones para el siguiente periodo, en 1871, se presentaron tres candidatos: el propio Juárez, su colaborador de largo tiempo Sebastián Lerdo de Tejada y el general Porfirio Díaz. El primero triunfó por escasa mayoría y el general Díaz se sublevó, acusando a Juárez de ser reeleccionista y de violar el espíritu de la Constitución, pero su rebelión fracasó rápidamente.

Juárez falleció el 18 de julio de 1872, a los pocos meses de haber iniciado su nuevo periodo de gobierno, y fue sustituido por Sebastián Lerdo de Tejada, presidente de la Suprema Corte de Justicia.

El intento para fortalecer el poder presidencial

Las reformas propugnadas por Juárez consistían en crear el Senado para hacer más lenta y más débil la acción del Legislativo, dar al presidente el derecho de vetar temporalmente las leyes acordadas por las Cámaras y algunas otras medidas que reforzarían los poderes presidenciales. En la misma propuesta se planteaba devolver a los sacerdotes el derecho al voto y amnistiar a casi todos los colaboradores del Imperio.

Para modificar la Constitución se requería la aprobación por las dos terceras partes del Congreso de la Unión y por la mayoría de las legislaturas de los estados (la Ley Suprema actual mantiene esta norma), pero el gobierno trató de hacer caso omiso de la disposicion y pretendió realizar los cambios mediante un plebiscito, es decir, a través de su aprobación por el voto popular. Invocaba para ello el artículo constitucional según el cual la soberanía nacional reside en el pueblo, que puede modificar en cualquier momento la forma de gobierno.

La propuesta de modificación fue rechazada en la votación, porque los grupos dominantes en los estados temían perder fuerza al aumentar el poder del gobierno central, y por el rechazo general a lo que podría significar una dictadura.

Sebastián Lerdo de Tejada. El nuevo gobernante concedió de inmediato una amplia amnistía, que calmó al país, y convocó a elecciones, en las que resultó presidente constitucional para el periodo 1872-1876. Gracias a su amplia mayoría en el Congreso pudo realizar dos medidas importantes: la creación del Senado, que Juárez no había logrado, y la incorporación de las Leyes de Reforma a la Constitución.

Esto último, junto con la prohibición del culto religioso público y otras medidas, le acarreó la enemistad del clero. Estalló una revuelta de bandera religiosa, que tuvo su centro en Michoacán; si bien no puso en peligro al gobierno, éste tampoco la pudo aplastar.

Al acercarse las elecciones de 1876, el presidente Lerdo de Tejada había perdido la gran popularidad de que había gozado al ascender al poder. Se presentaron tres candidatos: Lerdo, para su reelección, José María Iglesias, presidente de la Suprema Corte de Justicia, y el general Porfirio Díaz. Sin esperar las elecciones, Díaz se levantó en armas proclamando el "Plan de Tuxtepec", en el que denunciaba múltiples abusos del presidente Lerdo y, sobre todo, condenaba duramente la continuación de una persona en el poder. Díaz gozaba de gran popularidad y tenía fuerte ascendente en el ejército, gracias a su lucha contra los franceses y el imperio de Maximiliano, y a su habilidad política y militar.

A pesar de la sublevación de Tuxtepec, en julio de 1876 se realizaron las elecciones, pero Iglesias afirmó que el triunfo de Lerdo no sería legal, debido a las irregularidades cometidas en los comicios. En virtud de esto, el propio Iglesias, como presidente de la Suprema Corte, asumiría la presidencia el 30 de noviembre, al terminar el mandato de Lerdo. Éste, declarado vencedor por el Congreso, renunció al poder al darse cuenta que no le era posible mantener su autoridad. Sus dos contrincantes no llegaron a un acuerdo sobre la sucesión y Porfirio Díaz se autonombró jefe del poder Ejecutivo. Convocó a nuevas elecciones para legalizar su situación y quedó electo presidente constitucional para el periodo que habría de terminar el 30 de noviembre de 1880.

Situaciones, avances y problemas

La población, de unos 9 millones de habitantes, en su mayoría vivía dispersa en el campo, aunque las ciudades habían empezado a crecer.

Un problema que requería pronta atención era el constituido por el ejército, que contaba con 80 mil integrantes. En julio de 1867 se decretó su reducción a 20 mil miembros y se le reorganizó para evitar las sublevaciones que habían sido tan frecuentes.

Esta medida constituyó también un alivio para el presupuesto nacional. Se logró que los gastos sólo excedieran en muy poco a los ingresos del gobierno federal, cuyo monto apenas ascendía a 20 millones de pesos. La deuda nacional, a su vez, sumaba en 1867 más de 454 millones, de los cuales 375 se debían al extranjero. Con habilidad, el gobierno de Juárez logró reducir la carga total a aproximadamente 87 millones.

La economía. El gobierno, para fomentar la integración del país y el progreso industrial y comercial, desarrolló ampliamente las comunicaciones, sobre todo el telégrafo y la red de caminos. Al empezar 1873 se inauguró la primera línea ferrocarrilera importante, de México a Veracruz, iniciada décadas antes.

Más allá de los problemas financieros del gobierno estaba la pobreza de las mayorías. Desde las últimas décadas de la Colonia se había planteado la necesidad de aliviar la miseria de indios, campesinos y otros grupos, y esta cuestión se siguió debatiendo continuamente. Sin embargo, en la práctica predominaron los hacendados y los caciques (que muchas veces eran los mismos), y su interés por una economía de mercado en lugar de la de autoconsumo de las comunidades indígenas. También se trataba de lograr el respeto absoluto a la propiedad individual, por encima de los intereses colectivos.

El gobierno, durante la República Restaurada y, con mayor razón, en el largo régimen porfirista que la sucedió, no modificó esta política sino que la aplicó con creciente vigor. Las haciendas se extendieron, los indígenas perdieron gran parte de sus tierras y los campesinos seguían oprimidos y sujetos a explotación, muchos de ellos a través de las tiendas de raya y del acasillamiento.

La política de desamortización de las tierras de la Iglesia y de las comunidades rurales tuvo también otro resultado: expulsó a extensos grupos de población del campo y los transformó en mano de obra para la industria. Lo mismo había sucedido en Europa en los siglos XVII a XIX, antes y durante la Revolución Industrial.

La cultura. Otro de los grandes problemas era el educativo. En el mismo año del restablecimiento de la República se declaró obligatoria y gratuita la enseñanza primaria, pero hacia 1873 sólo asistían a ella 30% de los niños. Se establecieron o reorganizaron diferentes escue-

---

El positivismo

El positivismo era la filosofía que orientaba el sistema educativo. La había formulado Augusto Comte, en Francia, a mediados del siglo XIX, y la introdujo en México su discípulo Gabino Barreda.

Esta concepción considera que estudiando científicamente la realidad es posible conocerla y predecirla. En el aspecto social, piensa que la organización humana, como la natural, se rige por leyes fijas, susceptibles de ser conocidas pero invariables en sus aspectos fundamentales. De esta manera niega que el orden social se rija por mandamientos religiosos, y afirma que los pueblos avanzados de su momento han llegado a lo que llama el "estadio positivo", que corresponde a las leyes naturales y sociales y no puede ser modificado en lo esencial por la voluntad humana.

La Escuela Nacional Preparatoria, dirigida en sus primeros años por Gabino Barreda, la principal institución positivista en México, desempeñó un gran papel en la formación de la nueva intelectualidad. Su tendencia se expresa claramente en su lema: "orden y progreso", es decir, avances dentro de los cauces establecidos.

las, como las superiores (Jurisprudencia, Medicina, Agricultura y Veterinaria, Ingeniería y otras); la Normal, para formar profesores; la de ciegos y la de sordomudos, e instituciones como la Biblioteca Nacional y el Observatorio Astronómico. De especial importancia fue la creación de la Escuela Nacional Preparatoria (1868) que, en 1910, habría de ser la base para la fundación de la Universidad Nacional.

En la educación, como en general en la vida cultural, el predominio de la Iglesia católica se vio sustituido por el del positivismo.

En la capital de la República y en muchos centros de los estados continuaba la activa vida cultural desarrollada desde las décadas anteriores, que se prolongaría durante el periodo siguiente. Se publicaban periódicos, revistas y obras de historia nacional, en que se manifestaban las encontradas opiniones de liberales y conservadores, y había una importante producción artística.

Sublevaciones populares. Durante la República Restaurada se multiplicaron las sublevaciones de grupos indígenas y de otros campesinos. Un movimiento de gran importancia fue el encabezado en la sierra de Nayarit por Manuel Lozada, quien, al defender las tierras de los indígenas, entró en conflicto con el gobierno central y se levantó en armas contra Lerdo. Después de una dura lucha fue derrotado y fusilado en 1873.

Hubo una amplia sublevación indígena en Chiapas, en la zona montañosa cercana a la ciudad de San Cristóbal. En Yucatán estalló en 1872 una nueva rebelión maya, que fue propiamente una continuación de la Guerra de Castas. En el norte seguían las incursiones de indios comanches y apaches, expulsados de Estados Unidos por el avance de los colonizadores yanquis.

En los diez años posteriores a la caída de Maximiliano estallaron numerosas huelgas, en su mayoría en las minas y las fábricas textiles. También aparecieron en México movimientos de tipo socialista, los cuales empezaban a plantear que la propiedad de los medios de producción (las fábricas y la tierra) no debía ser de los capitalistas sino de la sociedad.

En 1871 existió, durante pocos meses, la Comuna de París, el primer gobierno que se declaraba de las clases trabajadores. En México no pasó desapercibida; muchos la condenaron por atentar contra el orden establecido, mientras que otros, como Ignacio Ramírez, "El Nigromante", la aplaudieron como un esfuerzo para mejorar la vida de los obreros.

Los periódicos *La Comuna*, *El Socialista* y otros publicaron materiales del naciente movimiento socialista internacional, además de denunciar la situación de los trabajadores mexicanos. Se formó el "Gran Círculo de Obreros", con grupos de obreros y de artesanos en diferentes estados de la República.

Una sublevación, la primera mexicana en designarse socialista, inquietó la zona de Chalco, cercana a la capital, en 1868. Se manifestaba por la

> **Los movimientos socialistas**
>
> Estas tendencias que se formaron en Europa durante el siglo XIX, consideraban que la miseria de los trabajadores se debe a que éstos, los productores de la riqueza, no se benefician de ella por no ser dueños de los medios de producción. Por lo tanto, exigían que tales medios no siguieran siendo de propiedad privada sino que pasaran a pertenecer a la sociedad en conjunto. En el siglo XX, varias tendencias socialistas abandonaron este objetivo y pusieron el énfasis en el reparto más equitativo de los bienes producidos, a través de seguros sociales, mejoras salariales y otras garantías al trabajador.
>
> El socialismo se expresó en dos grandes tendencias. La primera de ellas, el anarquismo, opina que el enemigo principal del pueblo es la existencia del poder, sobre todo del poder estatal. En consecuencia, plantea abolir el Estado y que los trabajadores tomen en sus manos la organización de la sociedad en todos sus aspectos. El anarquismo rechaza participar en la lucha política y, con pocas excepciones, no acepta organizarse en partido. Una de las ramas del anarquismo es el anarco-sindicalismo, que considera a los sindicatos los organismos más idóneos para organizar la producción, presuponiendo que se trata de organizaciones democráticamente regidas por los trabajadores.
>
> Entre los movimientos propiamente socialistas llegó a ser predominante, a partir de la segunda mitad del siglo pasado, el marxismo. Éste plantea que la clase obrera industrial (el proletariado), cuyo interés histórico sería el establecimiento del socialismo, debe conquistar el poder estatal y, con base en él, socializar la propiedad. Con ello se crearían las condiciones para la extinción del Estado, que ya no tendría función que cumplir.
>
> En la "Asociación Internacional de Trabajadores" ("Primera Internacional"), fundada en 1864, chocaron violentamente las concepciones anarquistas y las marxistas.

liberación de los trabajadores y contra los clérigos, a quienes acusaba de distorsionar las enseñanzas de la religión. La rebelión fue reprimida por el ejército y su dirigente, Julio López, fue fusilado junto con algunos de sus partidarios.

Una consideración general

Se puede decir que en el periodo de la República Restaurada el país no había resuelto sus conflictos, pero se había consolidado en gran medida. El caos reinante en periodos anteriores y las tendencias que podrían haber llevado a la disolución de la República se habían superado en lo fundamental. El nuevo periodo que se iniciaba con el ascenso de Porfirio Díaz al poder habría de significarse por la industrialización, y también por una nueva agudización de las contradicciones sociales.

Resumen (1821-1876)

En las tres primeras décadas del siglo XIX casi todas las colonias españolas en América así como Brasil y Haití se independizaron de sus metrópolis. Confluyeron en ese movimiento el deseo de las masas populares por mejorar su situación y acabar con la discriminación que sufrían, el anhelo de los criollos propietarios por librarse del dominio europeo, así como la influencia de la Ilustración, la Independencia de Estados Unidos, la Revolución Francesa y la situación en España. Cuando este país careció de un gobierno considerado legítimo, debido a la ocupación francesa y al movimiento revolucionario que se le opuso, los ayuntamientos de varias ciudades coloniales tomaron el gobierno local en sus manos (1808/9), iniciando la lucha por la independencia de sus naciones.

El intento realizado con ese objetivo por el Ayuntamiento de la ciudad de México fracasó (1808), pero le siguieron varias conspiraciones que culminaron en el "Grito de Dolores" (16 de septiembre de 1810), inicio de la lucha armada en la Nueva España, encabezada por el cura Miguel Hidalgo.

Este movimiento reunió en su primera fase las aspiraciones populares de cambio social y el deseo de un fuerte sector de los privilegiados por lograr la independencia sin perder sus posiciones y propiedades. Hidalgo abolió la esclavitud, las castas así como el tributo que debían pagar los indios y decretó la devolución de las tierras que pertenecían a éstos, todo lo cual produjo la violenta oposición no sólo de los peninsulares sino también de los privilegiados de la Nueva España, entre ellos algunos de los propios insurgentes.

La Insurgencia se extendió rápidamente, pero Hidalgo fue derrotado y fusilado a fines de 1811. Bajo el mando de Morelos, el sucesor en la dirección de la lucha, se liberó una zona importante del país, se eligió el "Congreso de Chilpancingo", se proclamó la Independencia y se aprobó una Constitución nacional. En 1814, sus fuerzas fueron derrotadas, quedaron aniquiladas un año más tarde y Morelos fue aprehendido y ejecutado.

Derrotadas las tropas de Hidalgo y Morelos parecía consolidado el régimen colonial y sólo proseguían la lucha algunos núcleos, entre los que sobresalió, años después, el dirigido por Vicente Guerrero.

Al triunfar en España una revolución liberal (1820), los grupos privilegiados de la Colonia decidieron separarse de la metrópoli. Lograron que se nombrara comandante del ejército virreinal a un militar que compartía sus propósitos, Agustín de Iturbide. Éste entró en negociaciones con Guerrero quien, desgastado por la lucha, pactó en el "Plan de Iguala" las condiciones para la Independencia. El Plan establecía el respeto a las propiedades, empleos y privilegios existentes, preveía una monarquía moderada y mantenía la prohibición de toda religión que no fuera la católica. En 1821 se obtuvo así la independencia legal de México. Las demandas de los primeros insurgentes, de mejorar las condiciones económicas y sociales del pueblo, quedaron sin atención.

Liberado el país, Iturbide se hizo coronar emperador pero sólo conservó el poder por poco tiempo. Fue electo entonces un Congreso que elaboró la Constitución de 1824, instituyendo la República federal organizada con poderes Legislativo, Ejecutivo y Judicial, y con amplia autonomía para los estados. Sólo un presidente, Guadalupe Victoria, pudo cumplir el periodo de cuatro años señalado en dicha Constitución (1824-1829); todos los demás fueron derrocados antes de cumplir su mandato.

En el periodo de 1833 a 1855 destacó Antonio López de Santa Anna, hábil en agrupar distintas tendencias y carente de ideas políticas definidas.

Ascendió once veces a la presidencia de la República, modificando con frecuencia las medidas adoptadas por él mismo o por las personas que había dejado en su cargo.

En 1833, siendo presidente Valentín Gómez Farías, se hicieron intentos para dar una estructura más democrática al país, pero las medidas tomadas con este propósito fueron anuladas casi totalmente al año siguiente por Antonio López de Santa Anna.

La economía se encontraba seriamente deteriorada, debido a la escasez de capitales, las destrucciones causadas por la Guerra de Independencia y el desorden reinante. La situación de las masas populares había empeorado en muchos aspectos, aunque se habían abolido las diferencias legales entre los ciudadanos.

Ante la inquietud reinante, nuevos movimientos impusieron una Constitución que centralizaba el poder en manos del presidente y abolía la autonomía de los estados, pero no se logró la paz del país.

En las primeras décadas de su existencia, México tuvo que enfrentarse a la separación de Texas (1836), territorio que una década después pasó a formar parte de Estados Unidos. La oposición mexicana a esta anexión sirvió de pretexto para que la Unión norteamericana hiciera la guerra a México. Los invasores triunfaron y se apoderaron de una extensa parte del Norte de la República. Un quinquenio más tarde, el gobierno de Washington obligó a Santa Anna, presidente de México en ese momento, a venderle la "Mesilla", completándose así la pérdida de más de la mitad del territorio mexicano. Los Estados Unidos obtuvieron también el derecho de paso por el Istmo de Tehuantepec.

El gobierno que dio fin al periodo 1821-1855 fue una dictadura conservadora, encabezada por Santa Anna. Lo derrocó la Revolución de Ayutla, dando principio al periodo conocido como la Reforma, que cambió en lo fundamental la estructura social, económica y política proveniente de la Colonia.

Las modificaciones esenciales realizadas entre 1855 y 1861 consistieron en la cancelación de los fueros (leyes especiales) de la Iglesia y el ejército, el establecimiento de la libertad religiosa y de enseñanza y del registro civil, así como la desamortización de los bienes de corporaciones: la Iglesia debía vender sus propiedades y las de las comunidades serían repartidas entre los integrantes de cada población. El Congreso electo en 1855 decidió estas medidas y aprobó su marco legal, la Constitución de 1857.

La Iglesia, los jefes militares y otros sectores conservadores se rebelaron y estalló la cruenta "Guerra de Reforma" (1858-1860), en la que triunfaron los liberales encabezados por Benito Juárez. En vista de que el clero financiaba a los sublevados, el gobierno decretó la nacionalización de los bienes de la Iglesia.

El presidente Juárez celebró con Estados Unidos el Tratado Mc Lane-Ocampo que confirmaba el derecho de paso del país del Norte por el Istmo de Tehuantepec, incrementado con una concesión similar para dos corredores en el norte de México, además de incluir algunas cláusulas comerciales. Juárez esperaba que las contradicciones internas en Estados Unidos, cercanas a estallar en guerra civil, impidieran la ratificación del Tratado por la Unión Americana. Su previsión resultó acertada.

El gobierno constitucional triunfante se vio enfrentado a graves dificultades, por la falta de recursos y la existencia de grupos conservadores armados que continuaban en la lucha.

Con el pretexto de la suspensión del pago de la deuda internacional por el gobierno de Juárez, medida cancelada a los pocos meses, Inglaterra, España y Francia ocuparon Veracruz. Se llegó a un acuerdo con las dos primeras potencias y éstas se retiraron, pero el ejército francés tenía instrucciones para conquistar México. El invasor sufrió una importante derrota en la batalla de Puebla (5 de mayo de 1862), y sólo un año más tarde logró ocupar la mayor parte de la República; el gobierno nacional se vio obligado a retirarse hasta Paso del Norte (hoy Ciudad Juárez).

Napoleón III, emperador de Francia, deseaba fundar en México un imperio que dependiera de él, y aprovechó para ello el deseo de los conservadores, vencidos en la Guerra de Reforma, de volver al poder con un emperador apoyado por la potencia europea. El candidato escogido fue Maximiliano de Habsburgo, archiduque de Austria, quien fue coronado emperador de México en 1863.

Maximiliano mantuvo las leyes de Reforma, aplicando las indicaciones de Napoleón y siguiendo sus convicciones personales. Seguramente veía también la imposibilidad de consolidar su régimen si intentaba restaurar la estructura anterior a 1855. Perdido así el apoyo de los conservadores, basó su gobierno principalmente en los liberales moderados y en el ejército francés, que era quien de hecho ejercía la autoridad.

Estados Unidos temía perder influencia en América si se consolidaba el Imperio creado por Francia. Una vez terminada la guerra civil norteamericana con el triunfo de los antiesclavistas dirigidos por Lincoln, presionó para que se retiraran las tropas europeas, al mismo tiempo que la situación en Europa obligaba a Napoleón III a cancelar su aventura mexicana. Maximiliano llamó en su apoyo a los conservadores, pero el ejército republicano mexicano y la guerrilla popular lo derrotaron. El emperador importado cayó preso, fue sometido a juicio y ejecutado en 1867.

Durante el periodo conocido como la "República Restaurada" (1867-1876) siguió gobernando Juárez, reelecto, y a su muerte (1872) lo sucedió Sebastián Lerdo de Tejada. Hubo múltiples rebeliones menores pero se logró reducir el ejército y sanear en gran parte las finanzas. La vida económica empezó a recuperarse y también se inauguró el primer ferrocarril, de la ciudad de México al puerto de Veracruz.

Para lograr la reconciliación nacional, el gobierno juarista amnistió a la mayoría de los antiguos colaboradores del Imperio y aplicó moderadamente las leyes de Reforma. Bajo la administración de Lerdo de Tejada se cambió esta actitud por un mayor rigor, provocando la renovada oposición de la Iglesia. También en el periodo de Lerdo se impulsó el reparto de las tierras comunales, facilitando el despojo de éstas por los hacendados y causando el descontento de muchos campesinos.

En los primeros cincuenta y cinco años de vida independiente de México hubo constantes gestiones y varias sublevaciones de los indígenas en defensa de sus tierras. Entre estos movimientos sobresalieron la "Guerra de Castas" en Yucatán, las de los Altos de Chiapas, la encabezada por Manuel Lozada en Nayarit y las llevadas a cabo por indígenas y otros campesinos en diferentes regiones del país. Hubo además continuos conflictos con los indios "bárbaros" en la frontera con Estados Unidos. En los últimos años del periodo se produjeron las primeras reivindicaciones de tipo socialista. Todos estos movimientos fueron reprimidos sangrientamente.

La vida política en el primer medio siglo del México independiente fue extraordinariamente compleja. Se enfrentaron los grupos privilegiados (hacendados, mandos militares y jerarquía eclesiástica) con las capas medias (comerciantes, intelectuales, bajo clero, entre otros). Los primeros deseaban conservar las estructuras heredadas de la Colonia, generalmente eran centralistas, partidarios de la concentración del poder en manos de un presidente fuerte y llegaron a conformar el Partido Conservador. Los segundos propugnaban la república federal, buscaban una mayor participación ciudadana en el poder y mayores posibilidades de desarrollo. Se agruparon en el Partido Liberal, dividido entre "puros" (radicales) y moderados.

En las primeras décadas fueron confusos los límites entre unos y otros grupos políticos. Durante treinta años se sucedieron gobiernos débiles, revueltas y golpes de Estado, y fue hasta el periodo de la Reforma, a mediados del siglo XIX, cuando se definieron con claridad los grupos políticos, se constituyó el poder estable de los liberales en la lucha contra los conservadores y, después, contra la Intervención Francesa.

Las masas populares no tenían posibilidad de plantear más que sus reivindicaciones inmediatas, de mejores condiciones de vida y, sobre todo, de defensa de sus tierras, pero desempeñaron un importante papel en la Reforma y en la defensa de la Independencia.

En estos cincuenta y cinco años se formó una conciencia nacional republicana, que tuvo su expresión en la gran autoridad de que llegó a gozar el gobierno juarista, aunque no se resolvieron los problemas sociales de la concentración de riqueza en un pequeño sector y de la miseria sufrida por la mayoría de la población.

Cuarta parte

¡Paz, Orden y Progreso! (1876-1910)

14. El poder político y la economía bajo Porfirio Díaz (1876-1910)

La victoria sobre el Imperio de Maximiliano y la estabilización del país lograda durante la "República Restaurada" (1867-1876) parecían haber puesto fin a la sucesión de asonadas militares, de guerras extranjeras y civiles vivida por México desde el Grito de Dolores en 1810. En las fiestas populares, en la música y en muchas otras expresiones se manifestaba una consolidada conciencia nacional, formada en los acontecimientos de más de siete décadas.

Durante los treinta y cinco años conocidos como el porfiriato (1876-1910) se produjeron importantes cambios en la estructura económica del país, se centralizó el poder político y evolucionó la vida cultural. Al mismo tiempo se agudizaron las contradicciones entre los sectores adinerados y poderosos por una parte y los dominados y explotados por la otra.

La situación internacional ejercía una profunda influencia sobre México. Se estaban ampliando los imperios coloniales inglés y francés, subsistían los de Portugal, España y Holanda y se les añadían los conquistados por Alemania e Italia, una vez que éstas habían logrado su unificación en sendos estados nacionales en los setenta del siglo XIX. El periodo se caracterizó por

---

El imperialismo

A partir de 1860/70, las potencias se repartieron el mundo en colonias y esferas de influencia. En América Latina, este movimiento se manifestó principalmente mediante la inversión de capitales ingleses, enfrentados a empresas norteamericanas, francesas, alemanas y de otros países.

Los Estados Unidos, una vez culminada su expansión territorial en tierra firme, empezaron a participar activamente en la política mundial y realizaron importantes inversiones en el Caribe y en México. En 1898 triunfaron sobre España, se apoderaron de Puerto Rico y de Filipinas y sujetaron a Cuba a su hegemonía. En 1904 provocaron que Panamá se independizara de Colombia, para construir en aquel país un canal interoceánico que se inauguró diez años más tarde, sujeto al dominio norteamericano.

Las potencias en expansión proclamaban su "misión de extender la civilización y la cultura", pretendiendo así justificar sus conquistas al mismo tiempo que extraían importantes ganancias de sus colonias y zonas de influencia.

> **América Latina entre 1876 y 1910**
>
> El subcontinente se incorporó plenamente al mercado mundial. No obstante las grandes diferencias entre los diversos países, en todos ellos se crearon redes ferroviarias, se modernizaron los puertos y aumentó la producción de bienes para la exportación, más allá de la tradicional minería de metales preciosos y la venta de determinados productos agrícolas. La deuda pública se incrementó fuertemente.
>
> Uno de los problemas de América Latina fue el despojo generalizado de las tierras sufrido por los campesinos, sobre todo de las de propiedad comunal, lo que incrementó la miseria de grandes sectores de la población.
>
> Muchos estados de la región establecieron regímenes laicos, enfrentándose a la oposición de la Iglesia católica. También se fomentó la inmigración europea, principalmente en América del Sur, para incrementar la población, frecuentemente con el propósito declarado de "mejorar la raza".
>
> En la región predominaban regímenes dictatoriales que reprimían duramente los movimientos populares.

la inversión masiva de capitales, tanto en las colonias como en países legalmente independientes pero sujetos, en gran medida, a las metrópolis económicas. Los Estados Unidos incrementaban su expansión comercial y política en el continente americano y empezaban a actuar en otras regiones del mundo.

La economía universal quedó sometida a las grandes empresas, apoyadas por los gobiernos de sus países, en el fenómeno conocido como imperialismo. La dura competencia para lograr el control de territorios y mercados que se desarrolló entre las potencias fue la causa principal de las dos guerras mundiales del siglo XX.

En los países sujetos al dominio imperialista se dio una modernización parcial de la vida y también se agudizaron las contradicciones sociales y nacionales. En muchas partes se formaron los llamados enclaves, zonas más ligadas a las metrópolis económicas y políticas que a los países de que eran parte, como sucedía en regiones mineras, productoras de café, henequén, plátanos y otras.

La consolidación del poder (1876-1888)

Las últimas décadas del siglo XIX trajeron consigo cambios fundamentales que primero afectaron los aspectos políticos. Porfirio Díaz había proclamado en su fracasada rebelión de 1871 contra Benito Juárez que "nadie se perpetúe en el ejercio del poder, y ésta será la última revolución". Cinco años más tarde se volvió a sublevar, esta vez contra la reelección de Sebastián Lerdo de Tejada, enarbolando el mismo principio de la no reelección.

A fines de 1876 logró tomar el poder, convocó a elecciones y quedó confirmado como presidente para el periodo que terminaría en 1880. De inmediato hizo que el Congreso incluyera en la Constitución la prohibición para el presidente de continuar sin interrupción en su cargo.

Díaz ya era el "primer magistrado", pero estaba lejos de dominar al país. Su poder se veía limitado por la fuerza de los partidarios del ex presidente

Lerdo de Tejada y de los de José María Iglesias, entre los cuales se encontraban prestigiosos jefes militares. Algunos de éstos encabezaron varias rebeliones. Además, en la lucha contra el Imperio se habían consolidado autoridades locales, que prestaban escasa obediencia al presidente de la República.

> **Un rebelde destacado**
>
> El general Mariano Escobedo, lerdista, destacado luchador contra el Imperio, comandante del ejército mexicano que acabó con el imperio de Maximiliano al tomar Querétaro, se sublevó dos veces contra Porfirio Díaz y sólo se salvó de ser fusilado gracias a sus antecedentes patrióticos.

Maniobrando con gran habilidad, Díaz enfrentó entre sí a algunos de sus adversarios, reprimió a otros o les dio nombramientos y ventajas económicas y logró afianzar su autoridad personal, en un proceso que culminó en 1888. Para obtener el apoyo de los conservadores sin entrar en conflicto violento con los liberales mantuvo las Leyes de Reforma, pero toleró su violación por la Iglesia católica y facilitó a ésta volver a adquirir fuerza económica y política. También integró connotados adversarios al gobierno, entre ellos a Manuel Dublán, antiguo colaborador de Maximiliano, y a Manuel Romero Rubio, dirigente del grupo lerdista, con cuya hija, Carmen, se casó en 1881.

Díaz debilitó a los caciques locales mediante el nombramiento de "jefes políticos", dotados de amplia autoridad en sus regiones. La existencia de tales funcionarios no tenía base legal, pero su acción constituyó un eficaz modo de control en manos del presidente. Otro instrumento de gran importancia, destinado a sujetar a los campesinos y caracterizado por su actuación violenta y arbitraria, estaba constituido por los "rurales", que no dependían del ejército sino de la Secretaría de Gobernación y servían también para reducir la fuerza y las ambiciones de los jefes militares. Había asimismo fuerzas armadas locales, sujetas a la autoridad de los rurales.

Al mismo tiempo que Porfirio Díaz buscaba y lograba la conciliación con sus adversarios, reprimía severamente las sublevaciones que no pudo evitar. Un caso especialmente escandaloso se dio con la orden de "mátalos en caliente" girada al gobernador de Veracruz, Luis Mier y Terán, contra una conspiración lerdista en ese estado (1879).

La relación con Estados Unidos fue una constante preocupación de Porfirio Díaz, interesado en la imagen del país ante las naciones del mundo, en obtener inversiones y en que el vecino del norte no permitiera conspiraciones en su territorio contra el régimen mexicano. Varios problemas tuvieron que ser superados para obtener el reconocimiento norteamericano.

En primer lugar, el gobierno estadounidense exigía la satisfacción de las reclamaciones presentadas por sus ciudadanos después de 1848, y también buscaba facilidades y garantías para las actividades industriales y comerciales a realizar en México. Díaz inició la negociación de las demandas económicas presentadas por el vecino, pero éste recurrió a ejercer nueva presión con base en las dificultades existentes en la frontera entre ambos países.

Estas últimas consistían en el intenso contrabando practicado a través del límite internacional y en el presentado por grupos indígenas nómadas y aguerridos, comúnmente llamados "apaches", que se refugiaban frecuentemente en territorio mexicano. El gobierno de Washington ordenó a sus tropas perseguir a estos indios sin respetar la frontera y en respuesta México dispuso que el ejército impidiera tales intervenciones, pero las fuerzas de ambas partes recibieron la indicación de evitar choques armados.

Los dos conflictos quedaron casi en el olvido cuando el presidente Díaz ofreció amplias facilidades a los inversionistas yanquis y cumplió con los compromisos económicos contraídos. El gobierno mexicano recibió en 1878 el anhelado reconocimiento diplomático de Washington y poco después otorgó la concesión para la construcción de vías férreas de Estados Unidos al centro del país.

Al terminar en 1880 el periodo presidencial, quedó electo el general Manuel ("el Manco") González, compadre de Díaz. ¡Por primera vez en la historia de México se había logrado el cambio pacífico de presidente!

Durante el gobierno de González se incrementó la inversión extranjera y aumentó la dependencia económica respecto a Estados Unidos. La minería creció y dejó de estar dedicada casi exclusivamente a la obtención de la plata para iniciar la de metales industriales, hubo una modernización de la agricultura dedicada a cultivos de exportación, destacando los de henequén y café, al mismo tiempo que se estancó la producción de maíz y frijol. Se construyeron 5 mil kilómetros de vías férreas y se fundó el Banco de México como único autorizado a emitir moneda. Este desarrollo fortaleció el poder del gobierno central y disminuyó la fuerza de los estados. Al mismo tiempo, se aceleró el despojo de tierras a los indígenas y crecieron las haciendas.

Manuel González trató de independizarse de su antecesor, incorporando algunos generales adversarios de Díaz a los mandos del ejército, pero no tuvo éxito en su intento. Para desprestigiarlo, se dio amplia publicidad al robo y despilfarro de recursos públicos cometidos por el presidente y por altos funcionarios.

En las elecciones de 1884 triunfó sin problemas el general Díaz, en buena parte gracias a su fama de honesto y austero. En los cuatro años siguientes acabó de afianzar su poder, para no abandonarlo hasta verse obligado a ello por la Revolucion de 1910.

Las principales causas que permitieron a Porfirio Díaz afianzar su régimen fueron su gran habilidad política, el deseo general de paz y, en forma muy importante, los progresos materiales.

En los primeros doce años del porfiriato empezó a crecer la industria nacional, al mismo tiempo que la construcción de ferrocarriles facilitó el ingreso de fuertes capitales extranjeros y permitió un mayor control militar; se desarrollaron la minería y algunos cultivos tropicales, así como el comercio. Esta situación proporcionó ventajas económicas a empresarios, en su mayoría nacionales en ese periodo, y también ofreció mejores perspectivas de vida a profesionistas, empleados, pequeños industriales o comerciantes y otros grupos de sectores medios. Al mismo tiempo, se reprimía con fuerza cualquier intento de oposición.

El "gobierno tranquilo" (1888-1900/1910)

Antes de que en 1888 terminara el segundo mandato de Porfirio Díaz se modificó la Constitución para permitir una reelección inmediata del presidente y, posteriormente, se abolió todo límite a su permanencia en el poder. El jefe del Ejecutivo federal conservó sin interrupción el mando, y lo mismo sucedió con la mayoría de los secretarios de Estado y de los gobernadores. En 1910, el gobierno estaba integrado por ancianos; el propio Porfirio Díaz tenía 80 años cuando se vio obligado a salir al exilio.

En sus veintiséis años de gobierno ininterrumpido, el presidente consolidó un equipo leal a su persona. Aplicando su lema de "Mucha administración y poca política" presentaba las medidas que tomaba como las únicas posibles, y alentaba simultáneamente las rivalidades entre sus colaboradores, para evitar que éstos formaran un bloque capaz de imponerle su voluntad.

Los militares y los "científicos" eran los principales grupos en disputarse el poder, sin cuestionar el mando de Porfirio Díaz. Los "científicos" recibían esta designación por afirmar que su política se regía según las exigencias de la ciencia y, por lo tanto, era la única capaz de propiciar el progreso de la República. Muchos miembros de su grupo colaboraron con los inversionistas extranjeros, gestionando para éstos autorizaciones gubernamentales y en no pocos casos formaron empresas conjuntas con ellos. A su poder político sumaron gran fuerza económica.

Los militares, a su vez, justificaban sus aspiraciones por el papel desempeñado en la lucha contra la intervención francesa y en su poder armado. El gobierno, a pesar de reducir los gastos destinados al ejército, logró la lealtad de los jefes de éste, otorgándoles facilidades para enriquecerse mediante su alianza con los hacendados y otros grupos económicamente poderosos. Al mismo tiempo, procuraba dividir entre sí a los mandos de las fuerzas armadas para evitar que alguno de ellos adquiriera un poder que le permitiera desafiar la autoridad presidencial.

Como lo suelen hacer los grupos económica y políticamente privilegiados, "científicos", militares y demás sectores dominantes identificaban su propio bienestar con el de todo el país; no tomaban en cuenta la situación

> **Las "águilas unidas"**
>
> En 1899, Ignacio Mariscal, secretario de Relaciones Exteriores, afirmó en un discurso en Chicago que México sólo había podido triunfar en su lucha contra la intervención francesa gracias al apoyo recibido del vecino del norte. Terminó diciendo que ambas repúblicas tienen como símbolo el águila ("el ave de Júpiter", dijo, olvidando el origen indígena del escudo mexicano) y pidió que "ambas águilas remonten juntas el vuelo para siempre (...): la americana guiando y la mexicana siguiendo..."
> El discurso provocó tremendo escándalo y avivó el sentimiento antiyanqui. Se pidió en esa ocasión la renuncia de Mariscal, pero éste se mantuvo en su cargo.

cada vez más precaria de las mayorías ni la creciente dependencia económica y política respecto a las grandes potencias del momento.

Los problemas internacionales no se reducían a los referentes al trato con Estados Unidos. En el periodo porfirista, los gobiernos de México y Guatemala precisaron los límites entre ambos países, cuya definición no se había llevado a cabo al separarse América Central del Imperio de Iturbide. También se negoció el adeudo de México con Inglaterra y se reconoció la soberanía de ésta sobre Belice, con lo que el país europeo dejó de apoyar a los mayas que mantenían, desde la Guerra de Castas, su independencia en una amplia zona del actual estado de Quintana Roo.

El gobierno porfirista favoreció ampliamente las inversiones norteamericanas y al mismo tiempo impulsó las de origen europeo, para evitar la dependencia unilateral de aquéllas. Esta política se reforzó al empezar el siglo XX y condujo a nuevas contradicciones con Estados Unidos.

El apogeo aparente (1900-1910)

La primera década del siglo XX fue la del triunfo, aparentemente sólido, del régimen porfirista. El propio presidente afirmó repetidamente que su gobierno de "mano firme" había creado las condiciones para establecer un régimen democrático.

El país gozaba de alto prestigio internacional y los empréstitos e inversiones extranjeras crecían a un ritmo nunca antes conocido: entre 1876 y 1900, estas últimas habían sumado unos mil doscientos millones de dólares, pero se incrementaron en casi tres mil millones en los diez años siguientes, es decir, a un ritmo seis veces superior.

El manejo del erario también era motivo de satisfacción. En 1895, por primera vez en México, se equilibró el presupuesto y se obtuvo un superávit, gracias a la reducción de los gastos militares iniciada desde los gobiernos de Juárez y Lerdo de Tejada y al eficiente manejo de los recursos oficiales. El servicio de la deuda extranjera, es decir, el pago del capital y de los intereses, se cubría puntualmente, pero el endeudamiento se incrementó, entre 1890 y 1911, de 52 a 600 millones de pesos, cantidad exorbitante en relación con la economía nacional y con los recursos manejados por el gobierno en esos años.

La celebración del Centenario del Grito de Dolores marcó la culminación del triunfo: asistieron a ella delegaciones de muchos países, se inauguraron obras públicas, hubo desfiles y alegría popular. Sin embargo, ya eran perceptibles las inconformidades provocadas por los crecientes problemas sociales y políticos, denunciados por observadores nacionales y extranjeros.

La estructura del país había cambiado en muchos aspectos. Un pequeño sector concentraba cada vez más la riqueza y el poder político. Las actividades agrícolas y ganaderas, a las que seguía dedicada la gran mayoría de la población, se integraban crecientemente al mercado nacional y exterior, superando el anterior regionalismo. Los ferrocarriles unían grandes zonas del país. Existían centros fabriles importantes, y junto a los empresarios capitalistas habían hecho su aparición los obreros industriales.

Homenaje extranjero

El señor Doremberg entrega una corona de laurel al presidente Díaz, a nombre de las colonias alemana y suiza.

La integración cada vez mayor del país a la economía mundial, al mismo tiempo que significó una modernización, creó también una mayor dependencia respecto al exterior. Por ello, la crisis sufrida por Estados Unidos en 1907 y 1908 tuvo gran impacto en México, causando desocupación, disminuyendo sus exportaciones y deteriorando las condiciones de vida de amplios sectores.

Durante la última década del gobierno porfirista se redujeron las posibilidades de las capas medias de mejorar su situación. Los puestos de dirección y de trabajo especializado eran encargados por las empresas importantes, extranjeras, a sus connacionales. Las altas funciones gubernamentales, por su parte, estaban en manos de unas cuantas personas que envejecían en sus cargos, sin dar oportunidad a las nuevas generaciones a participar en la dirección del país y a lograr mejores condiciones para el desarrollo de las empresas fundadas por algunos de sus integrantes.

Los campesinos vivían, en su mayoría, en una situación de servidumbre, la tierra se había concentrado en las haciendas y tanto ellos como los trabajadores industriales se encontraban en la miseria, careciendo casi totalmente de derechos y de posibilidad de superación.

Con el principio del siglo empezaron a aflorar las contradicciones. Se había gastado la política de conciliación y de aprovechamiento de las diferencias entre los distintos núcleos de poder, aplicada exitosamente durante

La represión

El grabador José Guadalupe Posada observa indignado, en esta alegoría de Leopoldo Méndez.

Devorando la República

Un gran tragón, y roedores menores.

varias décadas por el gobierno del general Díaz. La causa de ello se encontraba en la centralización del mando en manos del presidente y simultáneamente, opuesta a ésta, en el fortalecimiento de las oligarquías locales desarrolladas a pesar de los esfuerzos de Díaz por impedir que adquirieran fuerza propia. Su crecimiento se había visto favorecido por la colaboración entre empresarios, hacendados y mandos militares con los gobernadores que ocupaban por sucesivos periodos sus puestos, gracias a la voluntad de Porfirio Díaz, avalada a través de elecciones sin competidores reales.

Ante la avanzada edad del presidente, los diferentes grupos de poder deseaban asegurar una sucesión favorable a sus intereses y los inversionistas exigían garantías de que, a la desaparición del caudillo, no cambiaría la política económica. Otro motivo de tensiones políticas se encontraba en las objeciones de algunos dignatarios de la Iglesia católica contra las Leyes de Reforma, mientras los sectores liberales protestaban porque el gobierno toleraba la violación de éstas. La prensa de oposición, a pesar de la represión ejercida por el poder público, arreciaba sus críticas.

Los partidarios de aplicar estrictamente la Constitución de 1857 fundaron clubes y círculos en varias ciudades, destacando entre ellos el "Club Liberal 'Ponciano Arriaga'", creado en 1900 en San Luis Potosí. Un año más tarde se celebró en esa ciudad un congreso, entre cuyos miembros destacaron Camilo Arriaga, Antonio Díaz Soto y Gama y los hermanos Flores Magón. El propósito era participar en las elecciones presidenciales de 1904, buscando la plena vigencia de la Constitución y actuando con pleno apego a las leyes, no obstante lo cual el gobierno impidió mediante una dura represión la continuación de esas labores políticas.

Pronto se hicieron evidentes las diferencias entre los liberales que buscaban fundamentalmente la aplicación de las leyes promulgadas en el periodo juarista y los partidarios de cambios de mayor profundidad en beneficio de obreros, campesinos y otros sectores pobres, así como de las capas medias deseosas de oportunidades para su desarrollo.

En los primeros años del siglo XX, el gobierno y los poderosos grupos empresariales no consideraban de mayor importancia las críticas expresadas por los grupos de oposición y pensaban que los brotes rebeldes podrían ser controlados con bastante facilidad. Sin embargo, fue suficiente una década para que el régimen perdiera el control del país y sucumbiera ante una nueva revolución.

> **Los Flores Magón**
>
> Los hermanos Flores Magón, partícipes del Club Liberal de San Luis Potosí fundado por Camilo Arriaga, realizaron siempre, junto con otros opositores, una lucha decidida contra el régimen de Porfirio Díaz. Desde 1900, Jesús Flores Magón editó el periódico *Regeneración*, dedicado en una primera etapa a denunciar las violaciones a las leyes cometidas por el gobierno, para pasar más tarde a exigir una modificación radical de la vida económica y social, además de la política.
>
> Estando exiliados en San Luis Missouri, Estados Unidos, los Flores Magón y otros opositores decididos fundaron en 1906 el Partido Liberal Mexicano, cuyo programa exigía la implantación de la jornada de trabajo de ocho horas, la confiscación por el Estado de las tierras ociosas y su entrega a los campesinos dispuestos a trabajarlas, la enseñanza laica general y obligatoria y la supresión de las escuelas del clero, entre otras medidas.
>
> Varios miembros del grupo, especialmente Ricardo Flores Magón, yendo más allá en sus planteamientos adoptaron posiciones anarquistas (véase recuadro "Los movimientos socialistas", p. 214) y organizaron diversas acciones contra el régimen de Porfirio Díaz. El mencionado Ricardo Flores Magón fue encarcelado repetidas veces por su posición radical, vivió perseguido por el gobierno mexicano en su patria México y en el exilio estadounidense, donde murió en prisión.
>
> Las opiniones de este grupo tuvieron gran influencia en la elaboración de la Constitución de 1917, aunque sus planteamientos más radicales no quedaron incluidos en ella.

La economía

Al iniciarse el periodo porfirista, en 1876, México seguía siendo predominantemente agrícola, la minería no había recuperado el nivel alcanzado al principio del siglo y las escasas fábricas textiles competían con dificultad contra las telas de importación; en la producción manufacturera predominaban los talleres artesanales. Las vías de comunicación estaban poco desarrolladas y había una sola vía de ferrocarril, que unía a Veracruz con la ciudad de México. Las finanzas gubernamentales, no obstante que su organización había mejorado considerablemente durante la República Restaurada, no podían satisfacer las necesidades de la administración y con frecuencia hubo necesidad de recurrir a empréstitos, agravando a la larga la situación.

Uno de los objetivos principales de los sectores gobernantes consistía en la creación de una industria moderna, integrada al mercado mundial. Este propósito se logró parcialmente, en un movimiento que fue lento al principio para acelerarse a partir de la última década del siglo XIX. Una parte de la población, sobre todo en las ciudades, pudo disfrutar de muchos adelantos de la época.

Se formaron una clase de empresarios, muchos de ellos sujetos o estrechamente ligados a inversionistas extranjeros, una capa media más numerosa que antes, y un proletariado industrial.

La industria. El principal detonador del desarrollo industrial fue la construcción de los ferrocarriles, que pasaron de menos de 500 kilómetros en 1873 a casi 20 mil en 1910. Estas vías facilitaron el crecimiento de la industria y del comercio, tanto del internacional como del interno, y permitieron una mayor integración del país.

La minería se benefició grandemente con el mejoramiento y abaratamiento de los transportes y debido a una modificación constitucional, aprobada en 1884, mediante la cual el dueño de un terreno se transformaba en propietario del subsuelo, el que hasta ese momento pertenecía a la Nación. La medida favorecía a los terratenientes, rancheros y propietarios de minas. La producción de oro aumentó, entre 1877/78 y 1910/11, de 1,105 a 37,112 kilos y la de plata de 607 toneladas a 2,330. Fue muy importante la obtención de carbón, hierro, cobre, plomo y otros metales industriales, que antes había tenido escasa importancia. El rendimiento de las minas mejoró considerablemente, gracias al uso de técnicas modernas.

El centro del país recibía energía eléctrica de la "Mexican Light and Power Co.", que construyó la presa de Necaxa, en su momento la más grande del mundo.

Los ferrocarriles

Los ferrocarriles fueron impulsados por el régimen porfirista, mediante inversiones propias y, sobre todo, con subsidios y entregas de tierra a concesionarios extranjeros. En 1884 se inauguró el Ferrocarril Central (Ciudad Juárez - México) y cuatro años más tarde el Nacional (Nuevo Laredo - México), ambos propiedad de inversionistas norteamericanos. En 1894 entró en servicio la vía de Coatzacoalcos a Salina Cruz, a través del Istmo de Tehuantepec, de capital británico. El trazo de estas líneas estaba orientado sobre todo por las conveniencias del capital internacional, pero también facilitó el comercio interior.

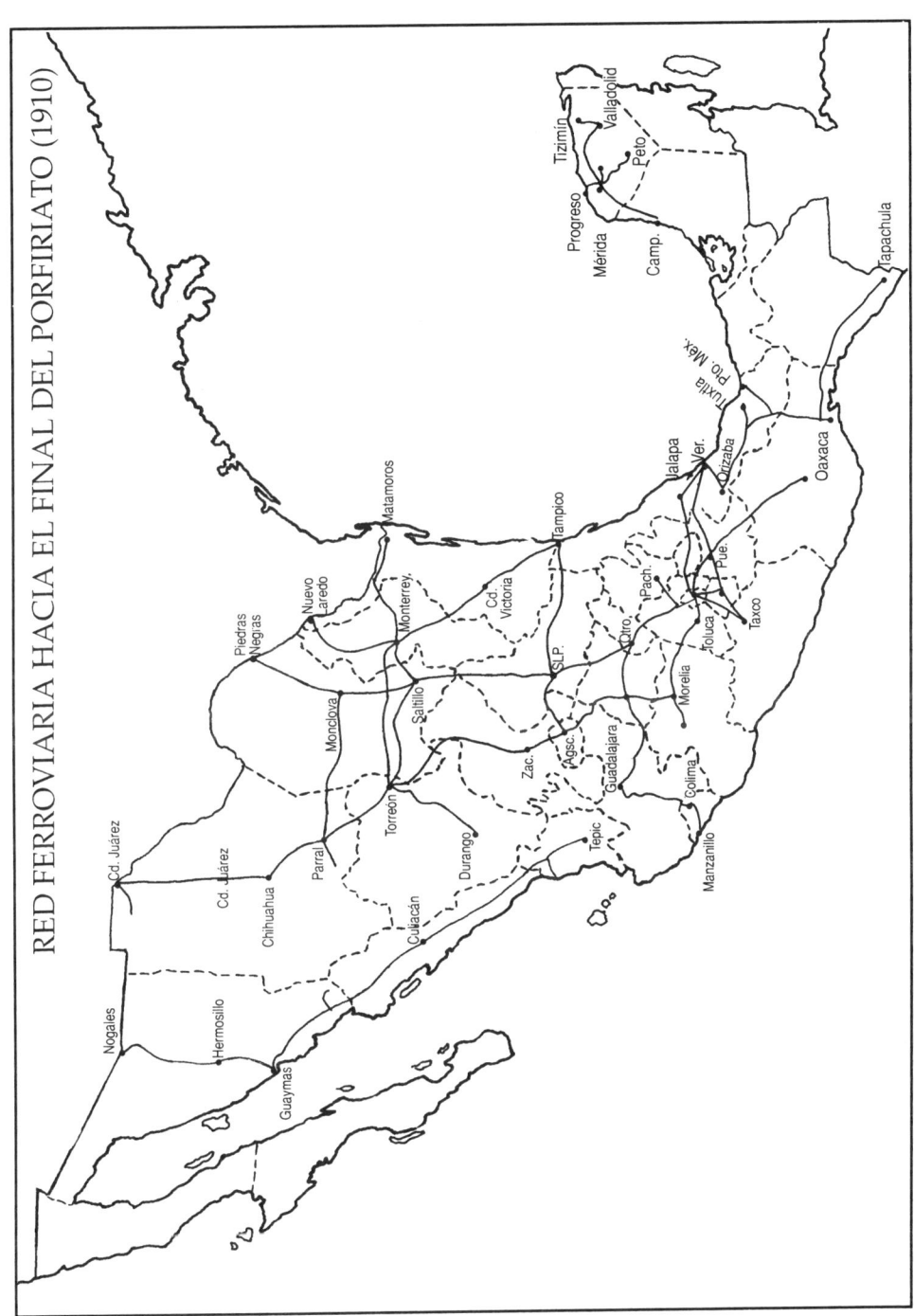
RED FERROVIARIA HACIA EL FINAL DEL PORFIRIATO (1910)

A principios del siglo XX empezó la extracción de petróleo, que pronto llegó a adquirir gran importancia.

También se incrementó la producción de artículos de consumo. Se fundaron fábricas textiles, sobre todo en los estados de Veracruz, Puebla y Tlaxcala, y en la zona sur del Distrito Federal. El número de husos para hilar se triplicó entre 1877 y 1911. Se desarrolló la producción de cerveza, vidrio y papel, entre otras. Las nuevas empresas aplicaban técnicas avanzadas, por lo que el incremento en la producción sólo se vio acompañado de un aumento mucho menor en el número de obreros empleados en la manufactura. En 1910, éstos eran 606 mil, 53 mil más que 15 años antes y apenas constituían el 11% de la población económicamente activa.

El desarrollo industrial, a partir de la década de los noventa, se basó fundamentalmente en la inversión extranjera. Hacia el final del porfiriato predominaba el capital norteamericano, seguido por el inglés, invertidos sobre todo en ferrocarriles, minería y explotación del petróleo. Las grandes casas comerciales y parte de la industria textil eran propiedad de franceses, como la importante fábrica de Río Blanco, Veracruz. También había capital de nacionales de otros países, como Alemania, España y Holanda. Los múltiples pequeños talleres eran de mexicanos.

Una fábrica textil

Para reducir el predominio norteamericano en la economía, el gobierno favoreció las inversiones europeas. Una importante empresa beneficiada por esta política fue el consorcio petrolero anglo-holandés "Shell", de cuya sucursal mexicana, la Compañía "El Águila", era accionista el hijo de Porfirio Díaz. Mediante una fuerte erogación, el Estado adquirió en 1908 los ferrocarriles que comunicaban a la capital con Nuevo Laredo y Ciudad Juárez y creó con ellos la empresa "Ferrocarriles Nacionales".

La agricultura intensificó su producción, dirigida al mercado constituido por los crecientes centros industriales o destinada al comercio internacional, pero no pudo satisfacer la demanda de productos de consumo popular como maíz, frijol y trigo. Esto se debió en ocasiones a condiciones climáticas adversas, pero la causa principal radicaba en la dedicación de las haciendas a mercancías de exportación, que arrojaban mayores ganancias.

Entre los cultivos que experimentaron gran desarrollo estuvieron la caña de azúcar, el henequén, el café y el algodón. En todos los casos, los beneficiados fueron los terratenientes, mientras los campesinos de Morelos sufrieron un amplio despojo de sus tierras, tanto para extender el cultivo de la caña como para obligarlos a trabajar en ranchos y haciendas; en Yucatán, los campos de cultivo, arrebatados a los indios, fueron transformados en henequenales, en las fincas cafetaleras de Chiapas se impusieron condiciones cercanas a la esclavitud y el cultivo del algodón en el Norte ocupaba gran número de peones, remunerados durante los periodos de trabajo y sin ingresos en los "tiempos muertos".

El proceso de concentración de la tierra en manos de los hacendados, iniciado desde la Conquista, se aceleró en el siglo XIX con la expropiación de los bienes de la Iglesia católica y llegó a ser vertiginoso bajo el gobierno de Díaz, al aplicarse con rigor las leyes que suprimían la propiedad comunal de los indígenas. El secretario de Gobernación, Carlos Pacheco, ordenó en 1888 promover el reparto de los ejidos y de las tierras comunales entre los vecinos de los pueblos, lo que facilitó a los hacendados apoderarse de ellas. Estas tierras, que abarcaban al principio de la vida independiente de México aproximadamente el 40% de las laborables del centro y sur del país, hacia 1911 ya sólo ocupaban el 5%. En cambio, 11 mil latifundistas, que disponían de un promedio de 8 mil hectáreas cada uno, eran dueños de más de la mitad de las tierras nacionales, destacando entre ellos algunos poseedores de decenas o cientos de miles de hectáreas.

Uno de los métodos empleados para la concentración de la propiedad rural fue el deslinde de las tierras sin dueño (baldías), para lo cual se crearon empresas deslindadoras que recibían como pago la tercera parte de los terrenos delimitados. Muchas poblaciones indígenas, por no disponer de títulos de propiedad o porque éstos no les eran reconocidos, fueron despojadas de sus campos. Hacia 1889, las compañías deslindadoras estaban formadas por 29 personas, varias de ellas altos funcionarios gubernamentales como Manuel Romero Rubio, suegro del presidente y secretario de Gobernación, y José Yves Limantour, quien pocos años más tarde llegaría a ser

---

Interés nacional y extranjero

El henequén es un maguey propio de Yucatán, del que se obtiene materia prima utilizada sobre todo para la elaboración de cuerdas. Ante el incremento en el uso de éstas, los terratenientes de la Península, en cuyas haciendas se cultivaba la planta, dedicaron prácticamente todo el Estado a ella, apoderándose también de las propiedades que conservaban los campesinos.

La empresa norteamericana International Harvester, compradora casi única del producto, maniobró para bajar el precio de éste. Los hacendados respondieron entregando la cosecha al Banco Nacional de México, con el fin de retenerla hasta incrementar su importe. Cuando éste había alcanzado 4.5 centavos por libra, el banco, según parece por indicaciones de Olegario Molina, secretario de Fomento del gobierno federal, lanzó las mercancías acumuladas al mercado y el precio bajó al mínimo histórico de 2 centavos. El propio Molina era miembro de la "casta divina", el grupo de los hacendados que dominaba la Península desde la época colonial.

Este caso es posiblemente el más relevante pero no el único de los apoyos proporcionados por el gobierno porfirista a los inversionistas extranjeros, en detrimento de grupos mexicanos, algunos de ellos poderosos.

nombrado secretario de Hacienda; también se contaba entre sus dueños Luis Terrazas, gran hacendado de Chihuahua y varias veces gobernador de ese estado.

En algunas ramas productivas, entre ellas la elaboración de azúcar, algodón, café y henequén, se combinaba la agricultura con el procesamiento moderno de los productos. El trabajo en el campo propiamente dicho se vio escasamente modificado, porque la mano de obra era más barata que el uso de maquinaria.

La situación de los campesinos, en general, empeoró durante el periodo porfirista. En su mayoría dependían de las haciendas, como peones que recibían un escaso salario, pagado frecuentemente con bonos sólo utilizables en la "tienda de raya" propiedad de su patrón, donde los precios podían ser superiores a los del mercado. En muchos casos estaban atados a sus lugares de trabajo por deudas imposibles de pagar, que pasaban de padres a hijos. También había trabajadores "libres", contratados en periodos de intensa actividad; sus condiciones solían ser peores que las de quienes vivían en las haciendas, los "acasillados": a diferencia de éstos, no tenían asegurada ni siquiera una pobre alimentación y vivienda.

> **Servidumbre en el campo**
>
> El régimen que ataba a los peones endeudados a sus lugares de trabajo transformó, de hecho, el trabajo libre en un sistema de auténtica servidumbre. Las haciendas se llegaban a vender con todo y trabajadores, al hacerse cargo el comprador de las deudas contraídas por éstos.
>
> En ocasiones, el precio no se determinaba por el monto de las deudas, sino por la ganancia que el adquiriente esperaba obtener. Por ejemplo, en las haciendas henequeneras de Yucatán se pagaba por peón de 200 a 300 pesos en 1895; en 1900, debido al incremento en el precio del producto, ascendió hasta 3 mil pesos, para volver a bajar después al desplomarse el precio de la fibra.

Otros trabajadores del campo eran arrendatarios que laboraban en las tierras de los hacendados a quienes debían entregar una proporción de las cosechas. Subsistía también un escaso número de indígenas que conservaban sus antiguas tierras comunales o ejidales, y en algunas zonas del país existían pequeñas propiedades, en manos de rancheros.

Las diferencias entre las condiciones de vida en las diversas regiones del país eran notorias. En el noroeste, fundamentalmente ganadero, abundaban las haciendas ganaderas y la escasez de mano de obra en esa zona favorecía a los trabajadores. En el centro y en el sur de México predominaba la situación del peonaje, que implicaba miseria y opresión.

Los dueños de la tierra eran mayoritariamente mexicanos. Sólo una pequeña parte de ella estaba en manos extranjeras, entre otros de españoles, de alemanes en los cafetales de Chiapas y de estadounidenses en el Norte.

Obras públicas. Durante el prolongado porfiriato se realizaron muchas obras para prestar servicios y como demostración de la fuerza del régimen. En la ciudad de México se construyeron, entre otros, el edificio de correos, el

El pueblo vivía en la miseria

hospital general, la penitenciaría y el manicomio y se inició la edificación del Palacio de las Bellas Artes, inaugurado en 1933. También quedó sin concluir el Palacio Legislativo, proyectado en forma semejante al Capitolio de Washington, terminado décadas después como Monumento a la Revolución. Se mejoró el abastecimiento de agua, el drenaje y el desagüe, y se introdujeron el alumbrado eléctrico y el sistema de tranvías, primero "de mulitas" y más tarde eléctricos. También corresponden a esa época el monumento a la Independencia ("El Ángel"), el dedicado a Cuauhtémoc y el Hemiciclo de Juárez. En los estados, sobre todo en sus capitales, se construyeron teatros como el Juárez en Guanajuato y el de la Paz en San Luis Potosí, escuelas normales y otros edificios públicos.

15. La sociedad, la cultura y los movimientos de descontento (1876-1910)

La sociedad

La población de México aumentó en el periodo porfirista de 10 a 15 millones de habitantes. Este crecimiento se dio, sobre todo, en las principales ciudades y los nuevos centros mineros, y en menor proporción se incrementó el campesinado. Las familias solían tener muchos hijos, pero pocos llegaban a la edad madura y eran escasos los ancianos.

Seguía habiendo notorias diferencias en las formas de vida entre las diversas regiones del país. En el Norte, cuya población aumentó considerablemente, predominaban los vaqueros empleados en las haciendas ganaderas y los obreros de las minas. Muchos de los nuevos habitantes habían llegado desde distintas zonas de la República y se sentían unidos a los hacendados y granjeros en la lucha contra los indios "bárbaros". No pocos habían participado en las campañas militares contra éstos. A su vez, la población aborigen de esas tierras había sido casi exterminada o desplazada a comarcas marginadas donde sobrevivían penosamente.

En esta región, durante décadas no hubo mayores choques de campesinos y trabajadores de las haciendas contra los latifundistas. Sólo hacia los primeros años del siglo XX, cuando los grandes propietarios incrementaron la explotación y el gobierno restringió las tradiciones de autogobierno de los pobladores, empezaron a producirse conflictos serios.

La vida rural del centro y sur del país estaba dominada por las haciendas, con peones y otros trabajadores que dependían de ellas. La tradición indígena y colonial permeaba toda la vida social. En las ciudades y centros mineros se mezclaban estilos urbanos de vida con los provenientes del campo.

Diferentes pueblos aborígenes mantenían su cultura, sus prácticas religiosas de formas cristianas combinadas con ritos ancestrales, y sus estructuras de gobierno. Destacaban entre ellos los yaquis, que sufrieron el despojo de la mayor parte de sus tierras, los rarámuris ("tarahumaras"), los mayas cuyo idioma predominaba en Yucatán y muchos otros, asentados generalmente en zonas poco comunicadas.

Aunque la Constitución no establecía diferencia entre los ciudadanos, subsistía la discriminación hacia los pueblos autóctonos, lo que servía de pretexto para justificar la explotación y el menosprecio en que se mantenía a la mayoría de la población, tanto indígena como mestiza.

Llegaron a México inmigrantes que se dedicaron a distintas actividades, entre ellos un número considerable de trabajadores chinos, traídos como mano de obra barata en zonas donde ésta escaseaba, primordialmente en el noroeste del país. El gobierno hizo el intento de asentar campesinos europeos, para incrementar la población y "mejorar la raza", por considerarlos más trabajadores que los mexicanos, pero esta política fracasó casi totalmente.

Las diversiones populares seguían siendo las de antes: fiestas, procesiones religiosas, ferias y bailes en vecindades y calles. Los vecinos de los barrios de la capital gustaban de pasear por el canal de la Viga, mientras la aristocracia se recreaba con la ópera, el teatro y la música, contrataba artistas nacionales o traídos desde Europa, y paseaba por la Alameda. En Palacio Nacional se organizaban fastuosos bailes. También se desarrolló el teatro frívolo, y se hacían carreras de bicicletas.

Una nueva diversión, disfrutada por aristócratas y amplios sectores urbanos, fue la cinematografía, inventada en Francia por los hermanos Lumière en 1895. En el mismo año hubo las primeras funciones de cine en México, y pronto empezó la producción nacional de películas, muchas de las cuales reseñaban las actividades del general Díaz.

Pensamiento, arte y literatura. Los intelectuales mexicanos, desde fines del siglo XVIII, participaban intensamente en las luchas políticas, alternando con frecuencia el estudio, el uso de la pluma y la conferencia con el combate armado y el desempeño de puestos públicos o la militancia en la oposición. Esta actitud participativa continuó durante el régimen porfirista en numerosas revistas, mediante debates relacionados en muchos aspectos con las diferentes tendencias de la época. Los intelectuales liberales no dejaban de criticar al gobierno por tolerar la acción política, económica y cultural de la Iglesia católica y exigían la aplicación real de las leyes de Reforma, que, en la práctica, eran letra muerta.

La libertad religiosa, consagrada por la Constitución, permitió la aparición pública de distintos cultos y la extensión del protestantismo, hostilizado frecuentemente por sacerdotes y fieles católicos que seguían constituyendo la mayoría de la población.

Desde la época de la República Restaurada tenía fuerza la visión positivista del mundo (véase recuadro "El positivismo", p. 212), que de instrumento para romper el predominio cultural de la Iglesia católica pasó a ser cada vez más la justificación ideológica del régimen, al negar la crítica profunda a la política que éste aplicaba, expresada en el lema "Orden y Progreso".

En el marco del positivismo, algunos grupos intelectuales y de dirigentes del país adoptaron las ideas del "darwinismo social" elaboradas por el filósofo británico Herbert Spencer, quien atribuía las diferencias entre pueblos y clases a causas naturales, ajenas a la voluntad humana, justificando con ello las ventajas disfrutadas por los privilegiados.

El positivismo, y también concepciones filosóficas y artísticas que lo cuestionaban, ejercieron gran influencia en toda América Latina hasta mediados del siglo XX. Se habían desarrollado principalmente en Francia, cuya cultura, en el periodo en cuestión, tenía una manifiesta inclinación romántica que hacía énfasis en los senti-

Había que acarrear el agua

Paseo popular

Santa Anita (La Viga), ciudad de México

La aristocracia

Damas en el hipódromo de La Condesa, ciudad de México.

Paseo en la Alameda

Cuadro de Diego Rivera, en que éste aparece como niño, acompañado de la muerte y del grabador José Gudalupe Posada.

mientos. Esto era muy notorio en la música, las modas y la insistencia de la literatura en temas apasionados, además de otras expresiones artísticas.

Durante dos décadas, a partir de 1869, desempeñó un importante papel en México la revista *El Renacimiento*, dirigida por Ignacio Manuel Altamirano. En esta publicación, verdadero semillero cultural, se expusieron diferentes puntos de vista orientados hacia problemas nacionales, sin dejar de buscar la relación con otras expresiones, sobre todo francesas y alemanas.

Entre los escritores mexicanos, dedicados en gran parte a temas nacionales, destacaron Emilio Rabasa, quien denunció la corrupción política y social; Rafael Delgado, que examinó la llamada clase media, y Heriberto Frías con su relato de la destrucción por el ejército de la población indígena Tomóchic. Debe mencionarse también, entre otros más, a Jesús Valenzuela, Luis G. Urbina, Manuel Payno, Juan A. Mateos, José Juan Tablada y Federico Gamboa. El revolucionario cubano José Martí vivió muchos años en México y participó activamente en su vida cultural, antes de caer en combate en 1895 en la lucha por la independencia de su país.

La poesía mexicana, de gran tradición, tuvo varios exponentes entre quienes destacaron Manuel Gutiérrez Nájera, Manuel Acuña, Amado Nervo, Salvador Díaz Mirón y otros. En general, éstos se preocupaban más de las formas de expresión que de situaciones y problemas nacionales.

Un grupo importante de autores se dedicó a estudiar la historia nacional. La gran obra de los liberales sobre ese tema fue *México a través de los siglos*, dirigida por Manuel Riva Palacio, de larga trayectoria de lucha contra los conservadores y los invasores norteamericanos y franceses. Justo Sierra Méndez, además de realizar una copiosa producción literaria y de desempeñar altos puestos en el gobierno de Porfirio Díaz, escribió el ensayo *Evolución política del pueblo mexicano* y el libro *Juárez, su obra y su tiempo*.

Entre los periódicos de la época había algunos subvencionados y protegidos por el gobierno, como *La Libertad*, *El Universal*, que desapareció más tarde y no es el actual del mismo nombre, *El Siglo XIX*, *El Partido Liberal*, *La Patria* y *El Imparcial*. Por otra parte, desafiando la represión gubernamental se editaban publicaciones de oposición como *Regeneración*, ya mencionada, *El Hijo del Ahuizote*

> **"Justificando" diferencias sociales**
>
> El "darwinismo social" se basa en la teoría de la selección natural postulada por Charles Robert Darwin, según la cual se desarrollan las especies más aptas —y dentro de éstas, los individuos mejor dotados— y sucumben las más débiles. Al aplicar esta tesis biológica a la sociedad humana, se sostenía que las desigualdades en ésta son de origen natural y no obedecen a causas sociales ni pueden ser superadas por la voluntad de los hombres.
>
> El nazismo alemán llevó estas ideas al extremo, afirmando que las "razas puras" —inexistentes en la realidad—, sobre todo la germánica, son superiores a las demás y tienen derecho a dominarlas. La aplicación más aberrante de tal interpretación fue el asesinato masivo de judíos, gitanos y eslavos durante la Segunda Guerra Mundial.
>
> El secretario de Hacienda José Y. Limantour expresó el mismo pensamiento en 1901, cuando dijo: "... los débiles, los mal preparados, los que carecen de elementos para consumar victoriosamente la evolución, tienen que sucumbir, cediendo el campo a los más vigorosos, o que por las características de su modo de ser lograron sobreponérseles y pueden transmitir a su descendencia las cualidades a las que debieron la supremacía".
>
> José C. Valadez, *El Porfirismo. Historia de un régimen*, vol. II, México, UNAM, 1977, p. 263.

que afirmaba tirar 24 mil ejemplares cuando fue destruido por la policía, *El Diario del Hogar* y otros. Los directores y redactores de esa prensa sufrían frecuentes encarcelamientos y algunos de ellos se vieron obligados a abandonar el país. También en varios estados se editaban publicaciones partidarias del gobierno y otras, opuestas a éste.

En la primera década del siglo XX aparecieron nuevas tendencias, como la del "Ateneo de la Juventud", agrupación de jóvenes intelectuales entre quienes destacaron Alfonso Reyes, José Vasconcelos, Antonio Caso y Pedro Henríquez Ureña. El "Ateneo" trató de rebasar el reducido mundo de los intelectuales para dirigirse a un público más amplio. A diferencia del positivismo, este grupo idealista hacía énfasis en la reflexión filosófica y moral.

Educación y ciencia. La enseñanza era inaccesible para la mayoría de la población. No obstante el incremento de las escuelas básicas, en 1910 sólo una cuarta parte de los niños en edad escolar asistía a las aulas, y el 70% (según algunos autores, el 84%) de los mexicanos era analfabeta, aunque hubo interesantes esfuerzos para ampliar y modernizar la enseñanza y se crearon varias escuelas normales para preparar profesores.

En el marco de las fiestas del Centenario del levantamiento de Hidalgo se inauguró la Universidad Nacional, agrupando en ella las Escuelas Nacional Preparatoria, de Medicina, Derecho, Ingeniería y algunas otras. Dedicada al nivel académico más elevado se creó, como parte de la Universidad, la "Escuela de Altos Estudios" (que dio origen más tarde a las facultades de Filosofía y Letras y de Ciencias). Justo Sierra, secretario de Instrucción Pública y Bellas Artes, en el discurso inaugural de la Universidad señaló que la institución proveniente de la Colonia se guiaba por la norma: "La verdad está definida, enseñadla" y, al contrario, "nosotros decimos a los universitarios de hoy: 'la verdad se va definiendo, buscadla'", marcando así una diferencia profunda y haciendo énfasis en el carácter creador, dinámico, del saber.

En muchos estados de la República existían institutos, posteriormente transformados en universidades, que realizaban una valiosa labor de enseñanza superior.

Se crearon varios centros dedicados a actividades científicas, entre ellas la Sociedad de Geografía y Estadística, la de Historia Natural, el Observatorio Astronómico y Meteorológico, el Instituto Médico Nacional y el Geológico, algunos de los cuales alcanzaron reconocimiento internacional.

Puede observarse así, frente a la mayoría de la población sumida en la pobreza y en la ignorancia, la existencia de un pequeño núcleo de personas que participaba en actividades culturales y científicas de alto nivel.

Movimientos y rebeliones populares

Campesinos y pueblos en lucha. Los campesinos trataron de defender sus tierras, mediante movimientos políticos, jurídicos y armados. En 1877 se produjeron rebeliones en muchos estados del centro del país. En el mismo año, se reunió el "Primer Congreso Campesino" y en 1879 el "Congreso de los Pueblos Indígenas de la República". Sus demandas no fueron escuchadas, continuando los despojos y las luchas armadas.

Algunos grupos campesinos sublevados pensaban que sus dirigentes eran santos o estaban inspirados por dios, y en ocasiones los rebeldes contaban con el apoyo o la dirección de curas. No faltaron los intelectuales que manifestaron simpatía hacia ellos, como Guillermo Prieto, destacado luchador de la Reforma y contra el Imperio, quien dijo: "Nos hemos convertido en los gachupines de los indios".

Los movimientos campesinos siguieron durante todo el periodo porfirista, en lucha contra la expansión de las haciendas y las condiciones de vida cada vez más duras. En su mayoría sólo abarcaban aldeas o regiones reducidas; el fortalecimiento del Estado así como la construcción de los ferrocarriles facilitaron su represión.

Dos pueblos indígenas presentaron una fuerte lucha armada contra el gobierno. Uno de ellos fue el yaqui, dedicado a la agricultura en el sur de Sonora, que nunca había sido dominado. La fertilidad del valle donde estaba asentado había atraído el interés de colonizadores, pero los indígenas se opusieron a la penetración de éstos. Una primera sublevación, en 1875, encabezada por José Ma. Leyva, conocido como Cajeme, les permitió mantener durante un tiempo su territorio y su organización comunal.

Diez años más tarde, el gobierno reanudó su campaña para dominar la región. Los indígenas se defendieron con gran valentía, pero el ejército se impuso. Muchas aldeas fueron destruidas y sus tierras se entregaron a hacendados mexicanos y a empresas norteamericanas. Gran cantidad de rebeldes fueron vendidos como trabajadores a los hacendados henequeneros yucatecos con el fin de alejarlos de su zona, en una operación que reportó buenas ganancias a los jefes militares.

Los indios "apaches" en Chihuahua fueron combatidos en prolongadas y sangrientas luchas por milicias de hacendados, rancheros y trabajadores agrícolas. Estas guerras facilitaron la creación de extensas haciendas, las principales de ellas pertenecientes a Luis Terrazas, cuya familia había desempeñado un importante papel en la dominación de los indios.

En la península de Yucatán, a su vez, el despojo de las parcelas de cultivo sufrido por los campesinos provocó nuevas luchas, que se fusionaron con las sostenidas por núcleos mayas establecidos en las selvas después de la Guerra de Castas de mediados del siglo XIX. Durante años, en el interior del actual estado de Quintana Roo, fuertes grupos indígenas mantuvieron un régimen propio, aniquilado sangrientamente en 1901.

Movimiento obrero. Aunque la mayoría de los trabajadores seguía laborando en pequeños talleres, con la industrialización producida durante el profiriato apareció una clase obrera industrial concentrada en fábricas, minas y ferrocarriles, que empezó a adquirir conciencia de sus intereses propios y a organizarse para luchar por sus reivindicaciones tradicionales de justicia y mejores condiciones de vida, manifestadas en forma activa desde la época colonial. Su combatividad se vio impulsada por la disminución de sus ingresos en una cuarta parte durante el periodo porfirista y por las ideas anarquistas y socialistas formuladas en Europa que les presentaban una perspectiva de transformación social revolucionaria.

En 1876 se constituyó el "Congreso Obrero Permanente", primero de una sucesión de organizaciones de trabajadores. Algunas de estas agrupaciones participaron en las luchas por el poder, adhiriéndose a la oposición lerdista contra Porfirio Díaz o apoyando al presidente, mientras que otras rechazaban toda participación en política. Estas divisiones frenaron el desarrollo del naciente movimiento obrero.

"La Social", en esa época un importante centro aglutinador de trabajadores, se afilió a la fracción anarquista de la "Asociación Internacional de Trabajadores" (la "Primera Internacional"), en la primera participación de trabajadores mexicanos en el movimiento obrero mundial. En 1900 se fundó el "Gran Círculo de Obreros Libres", influido por la organización norteamericana de los "Trabajadores Industriales del Mundo" (*Industrial Workers of the World - IWW*), también de tendencia anarquista.

Desde principios del siglo XX estallaron frecuentes huelgas, que fueron duramente reprimidas. Sus exigencias, además de las laborales tradicionales, incluían planteamientos nacionalistas como el acceso a los trabajos según su capacidad y la percepción del mismo salario que el devengado por los trabajadores extranjeros dedicados a idénticas funciones.

Como ya se ha mencionado, el movimiento obrero mexicano empezó a tomar un rumbo revolucionario hacia 1906. Los hermanos Flores Magón, Juan Sarabia y otros dirigentes del Partido Liberal Mexicano habían evolucionado de la demanda de mejorar las condiciones de vida del pueblo a considerar indispensable la transformación profunda de la sociedad. La represión gubernamental los había convencido de la necesidad de una revolución y se orientaban a promover actividades que condujeran a ella, fusionando en esa orientación a muchas de las luchas espontáneas que se producían.

El gobierno reaccionó acusando a los hermanos Flores Magón y sus partidarios de ser los causantes de la inquietud social y no reconocía como motivo de ésta la situación de las clases populares, sin la cual no hubieran tenido aceptación los llamados de los revolucionarios.

En 1906, los obreros de la mina de cobre de Cananea, Sonora, propiedad de norteamericanos situada cerca de la frontera con Estados Unidos se declararon en huelga por mejores salarios y exigiendo igualdad de condiciones con los trabajadores yanquis que laboraban en el mismo establecimiento. Su acción fue reprimida sangrientamente por el ejército, que recibió el apoyo de soldados norteamericanos, y los dirigentes del movimiento fueron encarcelados. Años después, varios de ellos participarían de manera destacada en la Revolución.

Otro movimiento, en contacto con los magonistas como el anterior, estalló entre los obreros textiles de Veracruz, Puebla, Tlaxcala y Distrito Federal, cuyas condiciones de trabajo habían empeorado por la crisis que afectaba al país y por la importación de productos extranjeros. Los industriales rechazaron las demandas y amenazaron con el despido a quienes estuvieran afiliados a organizaciones de lucha. El presidente Díaz, cuya intervención había sido solicitada por los trabajadores, emitió un fallo favorable a los empresarios.

Los obreros de Río Blanco, Veracruz, continuaron la huelga. En enero de 1907 se produjo un violento encuentro entre ellos y empleados de la fábrica; la tienda de ésta fue incendiada y el ejército realizó una dura represión, causando muchas víctimas entre los trabajadores.

Los ferrocarrileros crearon varias "sociedades", "uniones" y "hermandades", y llegaron a formar una organización nacional. Los mecánicos del Ferrocarril Central declararon una huelga, pero el control gubernamental acabó con ella y con las organizaciones de los ferroviarios.

En los años de 1906 a 1908, el Partido Liberal Mexicano promovió también varias rebeliones campesinas, sobre todo en el estado de Veracruz.

La Iglesia católica realizó acciones para mejorar la situación de los obreros, inspirada en la Encíclica Rerum Novarum, de 1891, en la que el papa León XIII había llamado a atender las necesidades de los trabajadores. Bajo su influencia, se crearon cooperativas y otras organizaciones de ayuda mutua, ajenas a las tendencias revolucionarias sostenidas por otros sectores del movimiento obrero y popular, no obstante lo cual recibieron el rechazo de sectores empresariales.

Los múltiples movimientos de rebeldía que se produjeron durante el régimen de Porfirio Díaz fueron reprimidos y aparentemente no significaron un peligro para éste. Sin embargo, desempeñaron un importante papel en la creación del ambiente social que permitió el estallido de la Revolución de 1910 y para que ésta rebasara el marco estrictamente político y enarbolara las exigencias de reformas económicas y sociales requeridas por las mayorías de la Nación.

El fin del porfiriato

Los festejos del Centenario de la Independencia, realizados con gran pompa y contando con la asistencias de delegados de muchos países, marcaron lo que parecía ser el triunfo definitivo de la política porfirista. En efecto, la economía había crecido extraordinariamente, el país recibía crédito internacional y la vida cultural estaba a la altura del mundo moderno. Sin embargo, esta prosperidad sólo era propia de un pequeño sector de la población y no podía esconder los graves problemas que se habían acumulado.

Entre los sectores beneficiados por el régimen se desarrolló una fuerte pugna para suceder al dictador. Ésta podría haberse resuelto, no así el descontento de los millones de campesinos, obreros y muchos miembros de las capas medias, cuya superación requería cambios profundos. Al presentarse una ocasión propicia tendría que hacer crisis la situación, como había sucedido cien años antes al estallar la lucha por la Independencia. La oportunidad se dio con las elecciones de 1910.

La reelección de Porfirio Díaz en 1900 no había conmovido al país, pero cuatro años más tarde se manifestaron diferencias serias entre los militares y los "científicos". El primer grupo, encabezado por el general Bernardo Reyes, tenía su base principal en los hacendados del Norte y los oficiales del ejército, mientras el segundo, cuyo jefe era el secretario de Hacienda José

Yves Limantour, correspondía principalmente a altos funcionarios del gobierno e inversionistas nacionales y extranjeros.

Para asegurar la estabilidad del país, el régimen amplió el periodo presidencial a seis años y creó el puesto de vicepresidente, cuyo titular debería sustituir sin sobresaltos al presidente cuando faltara éste. Con ello, la lucha por conquistar la vicepresidencia se transformó en el centro de las aspiraciones de los grupos de poder. Porfirio Díaz impuso como candidato a ese cargo al secretario de Gobernación, Ramón Corral, ligado a los "científicos", provocando que muchos partidarios del general Reyes, burlados en sus esperanzas, se unieran a la oposición organizada por los clubes liberales. Las selecciones hechas por el presidente para las gubernaturas de varios estados también impulsaron a importantes fuerzas locales a incorporarse a los opositores al gobierno.

Ante el interés existente en Estados Unidos por la situación de México, el presidente Díaz concedió en 1908 una entrevista al periodista norteamericano James Creelman. En ella afirmó haber preparado al país para una vida democrática y que él, Díaz, saludaría con gusto la aparición de un partido de oposición. La declaración, sincera o no, fue tomada por muchos opositores como una oportunidad para intensificar su lucha. Uno de ellos, Francisco I. Madero, miembro de una poderosa familia de hacendados de Coahuila, publicó *La sucesión presidencial de 1910*, planteando los problemas políticos del país e insistendo en la necesidad de un vicepresidente que respondiera a las nuevas exigencias.

A los problemas internos se sumó un distanciamiento con Estados Unidos, deseosos de ampliar su influencia sobre México, frente a la oposición de Díaz expresada en el otorgamiento de facilidades a las inversiones inglesas en el petróleo y en el ferrocarril del Istmo de Tehuantepec, entre otras medidas. También causó gran disgusto al vecino del norte la simpatía manifestada por el gobierno mexicano a Santos Zelaya, presidente de Nicaragua hostilizado y finalmente derribado por el gobierno de Washington.

Porfirio Díaz defraudó las esperanzas despertadas por su entrevista con Creelman y continuó obstaculizando la labor de los partidos y grupos independientes. Envió a una misión al extranjero al general Bernardo Reyes, fuerte aspirante a la vicepresidencia, impidiéndole así participar en la lucha política. Para las elecciones de 1910, nuevamente fueron postulados, para presidente y vicepresidente, el mismo mandatario y Ramón Corral.

El principal candidato de oposición, Francisco I. Madero, realizó una campaña, menospreciada al principio por el gobierno pero que rápidamente adquirió gran fuerza. Madero fue encarcelado, acusado de subversivo y conoció, estando preso, los resultados oficiales de las elecciones, favorables a la candidatura de Díaz y Corral. Apoyado por políticos locales pudo escapar y, declarando que se había producido un fraude electoral, lanzó el "Plan de San Luis" llamando al pueblo a sublevarse el 20 de noviembre de 1910. El movimiento revolucionario tuvo éxito y en mayo de 1911 Porfirio Díaz se vio obligado a renunciar y a salir del país.

Algunos estudiosos del periodo porfirista consideran que el sector gobernante, ante sus grandes logros, cometió el error de no darse cuenta de la miseria popular y del creciente descontento, o que la falla principal de Porfirio Díaz consistió en no haberse retirado en 1900 o, siquiera, en 1910. Estas afirmaciones son sumamente discutibles. Varios autores, no sólo opositores como los hermanos Flores Magón sino también el estudioso Andrés Molina Enríquez, entre otros, señalaron públicamente la situación real que existía. También es difícil aceptar que una actuación sostenida, favorecedora sólo de un grupo social, se deba a la "ignorancia" de éste; más bien, responde a sus intereses.

Los treinta y cinco años caracterizados por el dominio del general Porfirio Díaz cambiaron profundamente la vida de la nación y han merecido evaluaciones encontradas. Los revolucionarios triunfantes en la lucha contra el gobierno porfirista tendían a condenarlo en forma global, mientras que los perjudicados por la Revolución de 1910 solían considerarlo una época de grandes beneficios para la Nación.

Las múltiples investigaciones realizadas acerca del periodo han arrojado y siguen presentando nuevos datos y precisiones, pero no han variado en lo fundamental los hechos ni los problemas a debate, y los analistas, ya sean estudiosos de la materia o personas sin especialización profesional, evalúan los mismos acontecimientos y tendencias en forma diferente. No obstante que un análisis objetivo procure tomar en cuenta todo lo importante, la selección misma que haga y su apreciación no pueden ser ajenos al punto de vista del observador.

Así, unos basan su aprecio por la obra del porfiriato haciendo hincapié en la industrialización, el incremento en la producción, la actividad científica y cultural, mientras sus críticos consideran que, en lo esencial, no se trató de una época de progreso para el pueblo mexicano sino sólo para un escasa minoría, perjudicando a la mayoría de la Nación. Su juicio se fundamenta en la concentración de la riqueza en pocas manos frente al empobrecimiento de las mayorías, junto con la monoplización del poder, la represión ejercida contra el pueblo y la violación constante de la Constitución de 1857, para concluir que un progreso auténtico debería y podría haberse realizado en forma favorable al conjunto popular. El debate continúa hasta hoy.

Resumen (1876-1910)

En el aspecto político, durante el periodo porfirista se produjo una gran centralización del poder en manos del presidente de la República. Se puede simbolizar esta evolución en un cambio de lema, nunca expresado pero aplicado en la práctica: del "Sufragio efectivo, no reelección", al "Sufragio efectivo no, ¡reelección!"

Durante los últimos quince años del porfiriato tuvo gran importancia el grupo de los "científicos", llamados así porque afirmaban gobernar según las reglas de la ciencia. Su jefe era José Y. Limantour, secretario de Hacienda. Aprovechando sus altos puestos en el gobierno apoyaron a los inversionistas extranjeros y a algunos nacionales y en varios casos se asociaron con ellos.

El presidente Díaz siempre fomentó la rivalidad entre las distintas fuerzas políticas, para evitar que se formara un grupo capaz de cuestionar su autoridad. En los quince años finales del periodo fue especialmente notoria la pugna que enfrentaba a los militares con los "científicos".

La población pasó de 10 a 15 millones, con un fuerte crecimiento de las principales ciudades. En el Norte, donde este incremento fue especialmente notorio, predominaban mineros y trabajadores de las haciendas ganaderas, y se formó una considerable capa de rancheros. Entre los habitantes del Centro y el Sur se mantenían fuertes tradiciones indígenas y coloniales. También subsistían en muchas regiones de la República pueblos aborígenes que conservaban su cultura y sus formas de gobierno y mantenían una fuerte cohesión interna. En todo el país existía desde antes un reducido grupo de familias dueños de grandes propiedades, al que se añadieron nuevos dueños de fortunas.

Durante la primera mitad del prolongado régimen porfirista se desarrollaron las capas medias, pero la dificultad para seguir mejorando o acceder a puestos de mejor nivel produjo, desde fines del siglo XIX, un creciente descontento en este sector.

La economía se desarrolló con la creación de una extensa red ferroviaria y el fomento a la minería y la industria. Sólo la agricultura, la ganadería, la producción artesanal y el pequeño comercio eran predominantemente mexicanos, mientras que las grandes empresas mineras, petroleras, industriales y comerciales estaban en manos extranjeras.

La propiedad rural se concentró crecientemente en las haciendas, algunas de ellas trabajadas con métodos modernos aunque en general se seguían empleando técnicas primitivas. Los campesinos, en su mayoría, estaban sujetos a los hacendados y vivían en la miseria. Los latifundistas se apoderaron de la mayor parte de las tierras legalmente sin dueños y de otras, pertenecientes a pueblos indígenas o a pequeños propietarios. En algunas regiones del país subsistieron o aparecieron rancheros que disfrutaban de un modesto bienestar.

Entre las capas adineradas y medias de la población se difundieron estilos de vida influenciados fuertemente por la cultura francesa y su visión romántica de la vida. Hubo intensa actividad artística y científica, se crearon escuelas e institutos de investigación y se fundó la Universidad Nacional. Al mismo tiempo, continuaba el analfabetismo de la mayoría de la población.

En muchas regiones hubo levantamientos de campesinos, rápidamente aplastados, pero las sublevaciones de los yaquis en Sonora y los mayas en el actual estado de Quintana Roo dieron lugar a prolongadas y sangrientas guerras.

Con la aparición de la industria moderna se formó una nueva clase trabajadora, que pronto creó distintas organizaciones para luchar por mejores salarios y contra la discriminación que sufría frente a los obreros extranjeros y el dominio arbitrario de los patrones. Entre las muchas huelgas realizadas, reprimidas siempre con violencia, destacaron las de Cananea y de Río Blanco, en 1906 y 1907, respectivamente. Los ingresos de los trabajadores se redujeron en una cuarta parte durante el periodo.

En la primera década del siglo XX se acentuaron los problemas nacionales, dando lugar al estallido de la Revolución en 1910.

Continúa hasta hoy el debate acerca del periodo porfirista, sin duda de gran trascendencia en la historia de México. Para unos, se trata de una época de grandes beneficios para el país, refiriéndose sobre todo a los éxitos alcanzados en su modernización, al incremento de la producción y a la formación de un núcleo de personas de alta cultura. Otros, en cambio, ven sobre todo la mayor dependencia respecto al extranjero, la concentración de la riqueza frente a una creciente miseria popular y la dictadura que privaba al pueblo de toda participación en la vida pública, y consideran que los beneficios fueron para una reducida minoría a costa de la mayoría.

Quinta parte

Un proyecto nacionalista
y popular (1910-1940)

16. La Revolución armada (1910-1917)

Durante más de tres décadas, el gobierno porfirista había podido enfrentarse exitosamente a múltiples manifestaciones locales de descontento, haciéndolas chocar entre sí, pactando con ellas o reprimiéndolas. En 1910, las contradicciones habían alcanzado un nivel que ya no pudo ser controlado por el régimen, y estalló la Revolución.

Campaña y gobierno de Madero

La caída del dictador. La oposición política. La sucesión presidencial de 1910 facilitó la asociación de los diferentes adversarios de la política porfirista, entre ellos empresarios perjudicados por los privilegios que disfrutaban los inversionistas extranjeros, miembros de las capas medias y dirigentes locales descontentos por el monopolio político del grupo de los "científicos". Gran importancia había adquirido el incipiente movimiento obrero, que reclamaba mejores condiciones de trabajo e igualdad con los trabajadores extranjeros, y en cuyo seno habían arraigado ideas de tipo anarquista y socialista.

El mayor potencial revolucionario radicaba en los campesinos, la gran mayoría de la población, cuya oposición al régimen se había manifestado continuamente, mediante demandas pacíficas o a través de sublevaciones. Durante el porfiriato, los pueblos habían perdido casi todas sus tierras, y las condiciones de vida de los trabajadores de las haciendas, con escasas excepciones, eran de miseria y opresión.

Porfirio Díaz, en la entrevista concedida al periodista nortamericano Creelman a mediados de 1908, pareció ofrecer un cambio democrático a través de la elección de un vicepresidente que gozara de popularidad, pero la nueva candidatura de Ramón Corral para ese puesto arrojó a la oposición a luchar contra todo intento reeleccionista.

Francisco I. Madero

Francisco I. Madero (1873-1913), miembro de una acaudalada familia propietaria de haciendas, minas y otros negocios en Coahuila, introdujo técnicas avanzadas en las empresas familiares y participó en actividades políticas locales. A pesar de no ser partidario de las ideas anarquistas, tuvo relaciones con los magonistas y apoyó el periódico de éstos, *Regeneración*, por conducto de Emilio Vázquez Gómez. En 1908 publicó *La sucesión presidencial en 1910*, pidiendo al general Díaz que continuara en la presidencia, dando libertad para la elección del vicepresidente y de los gobernadores, diputados y senadores.

En 1909 fue postulado candidato presidencial, con Francisco Vázquez Gómez como aspirante a la vicepresidencia. Expulsado Porfirio Díaz por la Revolución, Madero fue electo presidente, puesto que desempeñó hasta su derrocamiento y asesinato en 1913.

¡Madero al poder! Francisco I. Madero fue postulado candidato para enfrentarse a Díaz en 1909, con el apoyo de las múltiples fuerzas antiporfiristas. Su campaña, iniciada en Veracruz donde poco antes se habían producido grandes huelgas obreras y sublevaciones campesinas, pronto adquirió fuerza. Ante ello, el gobierno se alarmó y en junio de 1910 encarceló al opositor, acusándolo de "conato de rebelión y ultraje a las autoridades". Madero pasó en prisión las elecciones, donde recibió la noticia de que había sido declarada triunfadora la planilla encabezada por Porfirio Díaz. Escapó a Estados Unidos y allí publicó el "Plan de San Luis", supuestamente escrito y firmado en San Luis Potosí, en el que proclamaba el principio de "Sufragio efectivo, no reelección" y prometía someter a revisión los despojos de tierra sufridos por los campesinos. La declaración culminaba con el desconocimiento de las elecciones que consideraba fraudulentas y la llamada al pueblo a alzarse en armas el 20 de noviembre de 1910.

El Plan de San Luis cayó en terreno fértil. Aunque las primeras acciones parecían ser sólo de disturbios locales y el gobierno creía poder controlarlas con facilidad, la sublevación pronto se generalizó y obligó al ejército a concentrarse en las principales ciudades, abandonando extensas zonas a los rebeldes. El país no admitía ya la continuación de Díaz en el poder.

La rebelión armada triunfó en mayo de 1911. En Chihuahua se habían formado contingentes revolucionarios importantes, encabezados por

Francisco Villa y Pascual Orozco, comandante general de las fuerzas maderistas en la región. El día 9 de dicho mes, contra la voluntad de Madero, estas tropas tomaron Ciudad Juárez, la principal ciudad fronteriza. Diez días más tarde, los campesinos sublevados del estado de Morelos, encabezados por Emiliano Zapata, ocuparon Cuautla, cercana a la capital.

Finalmente, en vista de las derrotas sufridas por el ejército federal y ante el temor de que se generalizara la sublevación campesina, representantes del gobierno firmaron con Madero y el gabinete nombrado por éste los Tratados de Ciudad Juárez, el 21 de mayo, en virtud de los cuales el presidente y el vicepresidente presentaron su renuncia el día 25, para ser sustituidos por Francisco León de la Barra, secretario de Relaciones Exteriores. Al salir al exilio, Díaz declaró "han soltado un tigre", refiriéndose al pueblo al que había hecho feroz por la represión ejercida durante su gobierno.

Regímenes vacilantes. León de la Barra, de acuerdo con Madero, designó un gabinete en que sólo había tres revolucionarios, entre quienes destacaba Emilio Vázquez Gómez en la importante secretaría de Gobernación, pero el objetivo de la mayoría era dar por terminada la Revolución sin tomar medidas que alteraran de manera importante la situación del país. Acatando lo acordado en Ciudad Juárez, León de la Barra convocó a elecciones, pero su interés fundamental consistía en "limarle las garras" al tigre y volverlo a sujetar.

La sublevación

En noviembre se produjeron aproximadamente 40 acciones, en seis estados de la República. Destacaron el asalto de la policía a la casa de la familia Serdán, partidaria de Madero, en cuyo domicilio se había hecho acopio de armas para la revolución (Puebla, día 18) y la toma por los rebeldes de Ciudad Guerrero, en Chihuahua.

Los movimientos iniciales más fuertes se dieron en los estados de Chihuahua, Durango y Coahuila, sobre todo en las zonas mineras. En los meses siguientes aparecieron núcleos rebeldes importantes en Veracruz, Morelos y Guerrero, y también hubo acciones en otros estados, como Hidalgo, Tlaxcala, Tabasco y Yucatán. En el Distrito Federal se produjeron manifestaciones que exigían la renuncia del presidente.

La situación internacional

En la primera década del siglo xx se estaban agudizando las rivalidades entre los dueños de las principales colonias y esferas de influencia, Inglaterra y Francia, que ahora se enfrentaban a la vigorosa competencia de Alemania, Japón y Estados Unidos. El conflicto condujo a la Primera Guerra Mundial (1914-1918), en la que lucharon Gran Bretaña, Francia, Rusia y, desde 1917, Estados Unidos, contra Alemania y Austro-Hungría, aliado cada bando con otros países.

Los Estados Unidos incrementaron su política de dominio en América Latina e intervinieron militarmente en Haití y la República Dominicana. También aprovecharon la situación mundial para aumentar su influencia sobre México, aunque Alemania intentó aprovechar en su beneficio los agravios históricos de éste con su vecino del norte.

Por otra parte, existía un movimiento obrero de tendencia socialista, fuerte sobre todo en Europa, agrupado en la "Segunda Internacional" (Socialdemócrata), opuesto desde principios del siglo a la posible guerra por considerar que ésta se haría sólo en interés de los grandes empresarios y perjudicaría a los pueblos. Sin embargo, al estallar el conflicto todos sus partidos integrantes apoyaron a sus respectivos gobiernos, con excepción de los bolcheviques rusos (más tarde comunistas) y de algunos otros grupos.

En el aspecto agrario "se olvidó" que el Plan de San Luis, bandera del levantamiento, había prometido revisar las disposiciones con que "abusando de la ley de terrenos baldíos, numerosos pequeños propietarios, en su mayoría indígenas, han sido despojados de sus terrenos ..." El Plan ofrecía así procedimientos judiciales que daban una esperanza a los despojados, pero el artículo mencionado fue omitido en los tratados de Ciudad Juárez.

Esta supresión no fue el único anuncio de que el nuevo gobierno estaba más interesado en la estabilidad que en la satisfacción de las demandas populares. Una de las principales medidas en ese sentido fue el mantenimiento del ejército federal y el licenciamiento de los grupos levantados en armas, que habían derrocado al dictador.

La actitud conciliatoria de Madero, correspondiente a su situación de hacendado liberal, produjo desaliento entre muchos de sus partidarios. No fueron pocos los revolucionarios que se negaron a entregar las armas, y los campesinos de Morelos condicionaron su licenciamiento a la entrega inmediata de la tierra, negada por De la Barra y Madero. Las pláticas entre éste y Zapata se vieron interrumpidas por un ataque sorpresivo del ejército y se desató una intensa sublevación popular que agitaría, durante años, el centro y sur del país.

En las elecciones celebradas en octubre de 1911, en plena libertad, Madero obtuvo un triunfo abrumador. El 6 de noviembre siguiente tomó posesión de la presidencia, acompañado por el vicepresidente José María Pino Suárez, postulado para ese cargo sustituyendo a Francisco Vázquez Gómez, quien había renunciado a su candidatura por estar en desacuerdo con el abandono de Madero a los propósitos revolucionarios que había proclamado. Desde ese momento ya se hacían evidentes las contradicciones entre el interés del nuevo presidente de dar por terminada la Revolución y las intenciones de otros sectores partidarios de llevarla más adelante, dando por resultado que Madero rápidamente perdiera la enorme popularidad conquistada anteriormente.

Al ejercer la presidencia, Madero mantuvo la política practicada durante el régimen de De la Barra. Hubo amplia libertad política, de reunión y de prensa, pero no se atacaron a fondo los problemas sociales. Los zapatistas, conscientes de ello, proclamaron el "Plan de Aya-

---

El Plan de Ayala

El Plan de Ayala, suscrito por Zapata y otros dirigentes de la sublevación campesina de Morelos encabezada por éste (25 de noviembre de 1911), no buscaba el poder para sus firmantes sino la obtención de lo que más interesaba a los campesinos: la tierra. En lugar de lo previsto en el Plan de San Luis, de reclamar ante los tribunales los terrenos, aguas y bosques usurpados, establecía que los pueblos o ciudadanos entraran inmediatamente en posesión de ellos y los defendieran con las armas. A su vez, los perjudicados por la medida podrían ocurrir a las autoridades judiciales que se crearían al triunfo de la Revolución.

El Plan estipulaba también la expropiación, previa indemnización, de la tercera parte de las haciendas, y la nacionalización de los bienes de quienes combatieran contra los revolucionarios.

El documento de los campesinos morelenses proclamaba jefe de la Revolución al general Pascual Orozco, dirigente de la sublevación de 1910 en el norte del país, y que en caso de no aceptar éste el cargo, como efectivamente sucedió, se confiriera el mando al general Emiliano Zapata.

la", el principal documento agrarista de la Revolución, y prosiguieron la lucha.

Empezaron a formarse numerosos sindicatos y muchas huelgas sacudieron al país. Varios grupos obreros lograron mejorar sus salarios, limitar la jornada de trabajo y obtener alguna defensa contra la arbitrariedad patronal, sin que se planteara la socialización de las empresas ni el derecho de sus dueños para dirigirlas.

En 1912, grupos de trabajadores fundaron la "Casa del Obrero Mundial" con la intención de agrupar al joven proletariado nacional.

Homenaje a las víctimas de Río Blanco

Acto de la Federación de Hilados y Tejidos, el 7 de enero de 1912, en el Hemiciclo a Juárez, Alameda, ciudad de México.

En esta organización se sostuvieron intensos debates entre los partidarios del anarquismo (véanse recuadros: "Los movimientos socialistas", p. 214, y "Los Flores Magón", p. 229), opuestos a toda acción política, y quienes buscaban mejorar sus condiciones de vida a través de la celebración de acuerdos con el gobierno. Madero, consciente de la importancia de este sector y deseoso de controlarlo, organizó un Departamento de Trabajo, reconociendo, por primera vez en México, al movimiento obrero como una fuerza social y política con la que el gobierno debía establecer relaciones.

Distintas fuerzas se enfrentaron al gobierno de Madero. Por un lado se encontraban quienes anhelaban restaurar el orden porfirista para acabar con las organizaciones y exigencias de campesinos y obreros. Por otra parte, seguía la lucha en Morelos, enarbolando el Plan de Ayala y animando también a otros grupos campesinos a seguir combatiendo.

En la Cámara de Diputados, electa en junio de 1912, el gobierno contaba con escasos partidarios. La prensa, mayoritariamente conservadora, hostilizaba a Madero y se burlaba de él, mientras cundía la alarma entre los hacendados ante el anuncio de que el gabinete presidencial estudiaba una reforma agraria, por demás tímida.

El gobierno norteamericano, por su parte, que había visto con cierta simpatía la lucha contra Porfirio Díaz al favorecer éste a los inversionistas europeos, también se sumó a los adversarios de Madero. Le disgustaban el modesto impuesto sobre la extracción de petróleo decretado por éste, la intención de defender la industria nacional mediante tarifas aduanales y, en general, la incapacidad de Madero para restaurar el orden anterior. El embajador yanqui, Henry Lane Wilson, ejerció constantes presiones con el fin de obtener mayores ventajas para los inversionistas norteamericanos y simultáneamente realizaba una campaña de desprestigio contra el gobierno mexicano, dentro del país y en los Estados Unidos.

Varios Estados europeos, sobre todo Alemania, que se enconcontraba en una vigorosa expansión comercial y política, coincidían con la posición estadounidense respecto a la situación en la República mexicana, al mismo tiempo que buscaban incrementar su influencia en ella, lo que los hizo entrar en choques con el gobierno de Washington.

A los pocos meses de haber llegado al poder, Madero empezó a verse debilitado por sublevaciones miitares. Las primeras, encabezadas por Bernardo Reyes y por Félix Díaz, sobrino del derrocado dictador, fracasaron rápidamente, no obstante lo cual contribuyeron a la inestabilidad del país. En cambio, el movimiento de Pascual Orozco, antiguo jefe maderista en el Norte, apoyado por un conjunto heterogéneo de fuerzas, constituyó una amenaza más seria, pero fue vencido por el ejército al mando del general Victoriano Huerta. A su vez, los magonistas triunfaron durante un breve lapso en su intento de establecer una sociedad libertaria en Baja California; fueron acusados injustificadamente de querer separar ese territorio de la República y pronto quedaron derrotados.

El gobierno de Huerta

El golpe. La situación hizo crisis el 9 de febrero de 1913, al sublevarse varios cuerpos militares de la capital, en el llamado "cuartelazo". Los alzados liberaron de la cárcel a los generales Felix Díaz y Bernardo Reyes y al mando de este último trataron infructuosamente de tomar Palacio Nacional. El general Reyes resultó muerto y sus partidarios se retiraron a la "Ciudadela" (hoy Biblioteca de México, cercana al centro de la ciudad) donde se atrincheraron.

Al haber quedado gravemente herido el general Lauro Villar, jefe de las fuerzas leales de la capital, el presidente Madero entregó el mando a Victoriano Huerta, a pesar de que éste había dado múltiples pruebas de una mayor afinidad con los porfiristas que hacia las posiciones de Madero. Del 9 al 18 de febrero, en lo que se llamó la "Decena Trágica", ambos bandos combatieron en la ciudad. Muchos datos indican que las fuerzas del gobierno hubieran podido acabar con la sublevación si el general Huerta hubiera dado las órdenes adecuadas, pero éste tomó otras decisiones.

Simultáneamente a los combates, interrumpidos por suspensiones del fuego para permitir a la población abastecerse de alimentos, se celebraban conversaciones secretas entre los jefes sublevados y el propio general Huerta, culminando en el acuerdo de destituir al presidente. Las tropas huertistas apresaron a Madero y al vicepresidente Pino Suárez y los obligaron a renunciar a sus puestos, prometiéndoles respetar sus vidas y permitirles salir del país.

Los intereses extranjeros intervinieron activamente en el conflicto. En la sede de la representación diplomática de Estados Unidos, el supuesto defensor de Madero y los dirigentes de la sublevación firmaron el "Acuerdo (o Pacto) de la Embajada", concediendo la presidencia provisional a Huerta, quien prometió convocar en un breve plazo a nuevas elecciones. El compromiso fue avalado con la presencia y actuación del embajador norteamericano y de otros diplomáticos, entre quienes desempeñó un papel importante el representante de Alemania, Paul von Hintze.

Pablo Lascuráin, secretario de Relaciones Exteriores, asumió la presidencia, para presentar su renuncia menos de una hora más tarde, una vez que había nombrado secretario de Gobernación a Huerta, quien inmediatamente rindió protesta ante el Congreso como presidente interino. Madero y Pino Suárez, a su vez, fueron asesinados al ser trasladados a la penitenciaría, a pesar de las gestiones realizadas por Manuel Márquez Sterling, embajador de Cuba, quien trató de salvarles la vida.

El nuevo gobierno recibió de inmediato el respaldo de la Suprema Corte, de los gobernadores y del cuerpo diplomático acreditado en México. En cambio, lo rechazaron los campesinos en lucha por la tierra, revolucionarios que conservaban las armas, funcionarios simpatizantes de Madero y otros adversarios de la imposición militar.

Huerta logró el apoyo de Pascual Orozco, quien gozba de fuerza y prestigio en una extensa zona fronteriza con Estados Unidos. También ofreció la paz a Zapata, pero éste sabía bien quiénes eran sus enemigos, y los campesinos morelenses prosiguieron la lucha. A los pocos días de haber asumido el poder el nuevo gobierno, se sublevó el gobernador de Coahuila, Venustiano Carranza, para restaurar la vigencia de la Constitución de 1857. La oposición armada se extendió rápidamente, enfrentándose a la violenta represión desplegada por las fuerzas huertistas.

El usurpador, con el fin de ganar la simpatía popular, planteó al inicio de su régimen la construcción de casas que serían vendidas a bajo precio a los trabajadores, la entrega de tierras nacionales a los campesinos y autorizó que, por primera vez en México, se celebrara el Primero de Mayo, jornada internacional de lucha de los trabajadores. Isidro Fabela, orador en ese acto, aludió elogiosamente a Madero (sin nombrarlo) y huyó al saber que se le iba a aprehender. Este incidente fue una muestra de que el gobierno no había logrado ganar la confianza popular.

En el Congreso se denunció la militarización de los estados y la represión desatada contra opositores pacíficos y la prensa. En octubre de 1913 fue asesinado el senador Belisario Domínguez, quien había publicado un discurso calificando al presidente de traidor a la patria, asesino y responsable de la violencia imperante en el país. La Cámara de Diputados exigió el esclarecimiento del crimen, Huerta respondió clausurándola y encarcelando a muchos de sus miembros. El Senado se disolvió en solidaridad con los diputados.

Las elecciones prometidas no se realizaron y tampoco se aplicaron las anunciadas medidas de beneficio popular. El militar apoderado del gobierno se quedaba cada vez más solo.

La derrota de Huerta. En marzo de 1913 ya existían cuatro ejércitos sublevados: el Libertador del Sur, zapatista; el del Noreste, al mando de Pablo González; el del Noroeste, dirigido por Álvaro Obregón, y la División del Norte, encabezada por Francisco Villa. Los tres ejércitos del Norte firmaron el "Plan de Guadalupe", desconociendo a Huerta y a los poderes Legislativo (disuelto posteriormente por Huerta) y Judicial de la Federación. Nombraron a Carranza "Primer Jefe del Ejército Constitucionalista" y decretaron que éste se encargaría interinamente del Poder Ejecutivo nacional al tomar la ciudad de México. Los zapatistas coincidían con la lucha constitucionalista, aunque no participaron en el Plan de Gudalaupe.

La rebelión contra Huerta avanzó rápidamente. Los constitucionalistas triunfaron en el Norte y avanzaron hacia el Centro, los zapatistas dominaron Morelos y una extensa zona del centro del país. También en otros estados iban venciendo los revolucionarios.

La actitud de Estados Unidos fue variando durante este periodo. Interesados en un régimen capaz de garantizar sus intereses, al darse cuenta de la fuerza que adquiría la reacción contra Huerta trataron de mediar entre éste y los constitucionalistas, para inclinarse después hacia el bando triunfador, el carrancista. Tomando como pretexto un incidente bala-

---

El Plan de Guadalupe

Este pronunciamiento, firmado el 26 de marzo de 1913, se limitaba a desconocer al gobierno de Huerta. El Primer Jefe rechazó la demanda de varios de sus partidarios que pedían incluir en el documento las exigencias sociales de los grupos más revolucionarios.

En un discurso pronunciado en Hermosillo, Sonora, seis meses más tarde, Carranza reiteró que consideraba necesario unificar a todas las fuerzas opuestas a Huerta. Una vez lograda la victoria, dijo, "tendrá que principiar formidable y majestuosa la lucha social, la lucha de clases, queramos o no queramos nosotros..."

Presidentes de 1910 a 1917/20

Porfirio *Díaz*; renunció el 25 de mayo de 1911.
Francisco León *de la Barra*; presidente provisional, 25/V/1910-6/XI/1911.
Francisco I. Madero; 6/XI/1911-19/II/1913.
Pedro *Lascuráin Paredes*; 19/II/1913, durante menos de una hora.
Victoriano *Huerta*; 19/II/1913-14/VII/1914.
Francisco S. *Carvajal*; 15/VII-13/VIII/1914.
Venustiano *Carranza*; Encargado del Poder Ejecutivo, 20/VIII/1914-30/IV/1917; Presidente constitucional, 1/V/1917-21/V/1920.

Durante la Revolución, enfrentados a Carranza, ocuparon la presidencia en forma interina, nombrados por la Convención de Aguascalientes:

Eulalio *Gutiérrez*; 6/XI/1914-16/I/1915, aunque declaró concluidas sus funciones hasta el 2/VI/1915.
Roque *González Garza*; 16/I-11/VI/1915.
Francisco *Lagos Cházaro*; 11/VI-10/X/1915.

LA REVOLUCIÓN ARMADA (1910-1917) 261

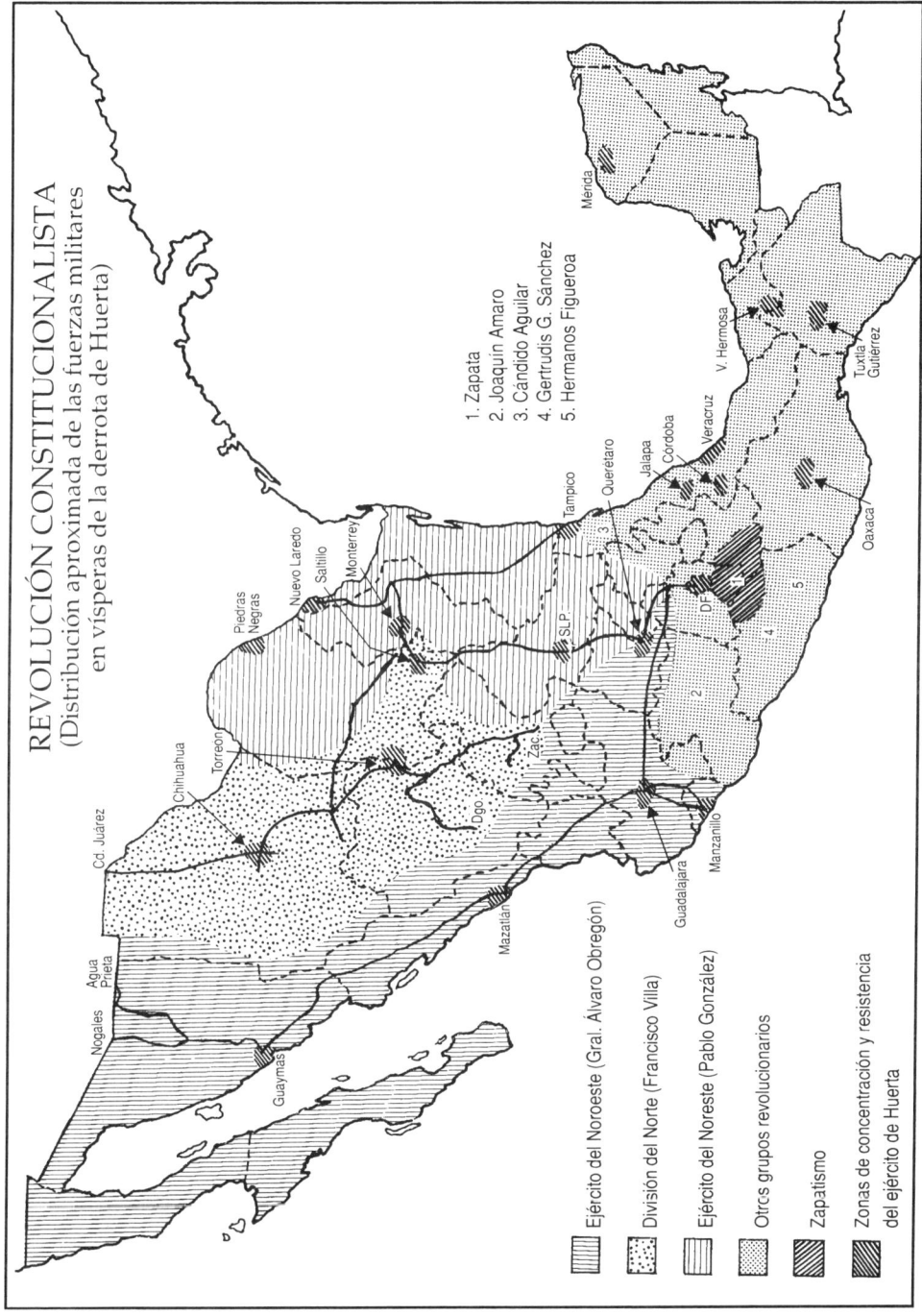

dí en Tampico, ocuparon Veracruz donde se defendieron valientemente los cadetes de la Escuela Naval y la población (21 de abril de 1914). Huerta quiso aprovechar la indignación popular por el ataque y reclutó voluntarios, supuestamente para combatir a los invasores, pero los envió contra los constitucionalistas. Muchos de ellos, indignados, se pasaron al bando de los enemigos de Huerta.

Finalmente, el usurpador reconoció su incapacidad de controlar la situación y cedió el poder a Francisco Carvajal, secretario de Relaciones, quien se vio obligado a pactar la rendición incondicional y la disolución del ejército federal ("Tratados de Teoloyucan", Estado de México, 14 de agosto de 1914). Fue el triunfo del movimiento constitucionalista y el fin de las fuerzas armadas provenientes del porfiriato.

La lucha entre los revolucionarios. La Convención de Aguascalientes y los constitucionalistas

Una vez derrotado Huerta, se enfrentaron los dirigentes carrancistas y el movimiento propio de las masas desheredadas. La contradicción se manifestó violentamente desde los acuerdos de Teoloyucan, que no incluyeron la suspensión de la lucha contra los zapatistas y excluyeron de la disolución del ejército a las tropas federales en combate contra éstos. Por su parte, la poderosa División del Norte, radicalizada y en conflicto con Carranza, coincidía con las exigencias de los campesinos de Morelos.

Se buscó la conciliación en la "Convención de Aguascalientes" (10 de octubre a 10 de noviembre de 1914), realizada con la asistencia de muchos oficiales de los ejércitos vencedores. La Convención se declaró soberana e independiente de las diferentes fuerzas, aceptó los postulados principales del Plan de Ayala, declaró destituidos a Carranza y a Villa y eligió presidente a Eulalio Gutiérrez. Sin embargo, las diferencias eran de fondo y no podían resolverse mediante una componenda. Carranza mantuvo su cargo de Primer Jefe del Ejército Constitucionalista y Villa siguió al mando de la División del Norte. La lucha se entabló entre los carrancistas y el gobierno de la Convención.

Ante la fuerza de villistas y zapatistas, Carranza se retiró de la capital a finales de 1914 y en ella se instaló el gobierno convencionista, carente de tropas propias y respaldado sólo por la División del Norte y el Ejército Libertador del Sur. Estos revolucionarios dominaban casi todo el norte, el centro y el sur del país, pero no emprendieron acciones conjuntas.

El "Primer Jefe", apoyado por los generales Álvaro Obregón y Pablo González, estableció su gobierno en Veracruz, evacuado por las tropas norteamericanas. Bajo su autoridad se encontraban Veracruz, Campeche, Yucatán y escasos puntos en el norte y en la costa del Pacífico. Su acceso al mar y el dominio de zonas cuyos productos se exportaban, como el henequén y el petróleo, le permitían disponer de cuantiosos recursos y obtener armas del extranjero.

En las luchas que tuvieron lugar en 1915 y 1916 se combinaron hechos de armas y políticos, como sucede en toda conflagración y con mayor razón en una guerra civil. Los carrancistas, para obtener una fuerte base popular, prometieron fomentar la pequeña propiedad, disolver los latifundios y devolver a los pueblos las tierras de que se les hubiera privado injustamente, además de otras medidas, en una ampliación del Plan de Guadalupe, promulgadas en diciembre de 1914. El 6 de enero de 1915 publicaron en Veracruz una ley agraria, con el fin de arrebatar la bandera agrarista a los zapatistas.

Al mismo tiempo, el carrancismo buscó la alianza del joven movimiento obrero. El general Obregón, en una breve ocupación de la ciudad de México a principios de 1915, logró un acuerdo con la "Casa del Obrero Mundial",

Los constitucionalistas

Bajo la jefatura de Carranza se unificaron diferentes sectores sociales y tendencias diversas en la lucha contra Huerta.

Los principales jefes de los ejércitos del Noroeste y del Noreste eran rancheros, pequeños empresarios, maestros o dirigentes locales. Deseaban un Estado que facilitara su desarrollo, cancelara los privilegios de los allegados al régimen porfirista y atendiera las demandas de campesinos y obreros en la medida necesaria para estabilizar al país. Por otra parte, los villistas ("División del Norte"), sin presentar un programa definido, encarnaban los anhelos de peones, trabajadores mineros y otros sectores populares, semejantes a las demandas sostenidas por los zapatistas.

Un incidente ilustra las divergencias en el campo carrancista: cuando el general Lucio Blanco entregó a los campesinos una hacienda propiedad de Félix Díaz (el primer reparto agrario fuera de la zona zapatista), el Primer Jefe lo censuró, le quitó el mando de tropas y le dio un cargo menor.

Más allá de este acto, más bien simbólico, la campaña militar también mostró las diferencias entre los norteños. Carranza, para debilitar a los villistas, obstaculizó la llegada de armas y otros elementos a la División del Norte, pero ésta creció y obtuvo importantes victorias militares. Sus acciones fueron decisivas en la derrota del ejército federal, a pesar de lo cual se le impidió participar en la ocupación de la ciudad de México a la caída de Huerta.

según el cual ésta le brindaba su apoyo y organizaba los "batallones rojos", integrados por algunos miles de trabajadores. Muchos obreros se opusieron a esta alianza, pero se impuso el sector que la consideraba ventajosa porque permitiría extender la organización proletaria a vastas zonas del país. Ayudó a esta postura la coincidencia entre el antiyanquismo obrero y el nacionalismo carrancista.

Obregón desocupó la capital, concentró sus fuerzas en la lucha contra la División del Norte y la destruyó en dos batallas cerca de Celaya y otra en Aguascalientes. Los villistas se retiraron en desbandada y hacia fines de año estaban reducidos a grupos de guerrillas en Chihuahua, donde nunca pudieron ser vencidos.

A su vez, la alianza entre villistas y zapatistas no se concretó en una acción unida para acabar con el gobierno de Carranza en Veracruz. Mientras Obregón

Villa y Zapata

Francisco Villa y Emiliano Zapata, los principales jefes de los campesinos revolucionarios, tuvieron una participación decisiva en la lucha contra Porfirio Díaz y, sobre todo, en la derrota de Victoriano Huerta. A pesar de sus coincidencias fundamentales, había importantes diferencias entre uno y otro.

Emiliano Zapata (1879-1919) encarnaba la secular pugna de los campesinos en defensa de la tierra. Al ver el incumplimiento de la promesa de Madero de obligar a los hacendados a devolver los campos y aguas de que se habían apropiado, proclamó el Plan de Ayala, la principal bandera del movimiento agrarista. Los campesinos armados que dirigía lograron dominar no sólo Morelos, sino también zonas de Puebla, Tlaxcala, Estado de México, Distrito Federal y, en una alianza temporal con los hermanos Figueroa, en Guerrero. Durante muchos años no pudieron ser vencidos en su región, pero tampoco fueron capaces de articular un movimiento nacional.

Zapata volvió a la lucha guerrillera cuando el ejército carrancista logró implantar su dominio en Morelos. Finalmente, en 1919 fue asesinado a traición por el coronel Jesús Guajardo, quien obedecía órdenes del general carrancista Pablo González.

A su vez, los campesinos, trabajadores mineros y otros rebeldes del Noroeste buscaban la dotación (no la restitución) de tierras y, en general, mejores condiciones de vida. Su gran dirigente militar fue Francisco Villa (1878-1923; su nombre auténtico era Doroteo Arango), quien antes de lanzarse a la Revolución había desempeñado diferentes trabajos y había tenido que huir y transformarse en bandido por un conflicto con su patrón cuando éste trató de raptar a su hermana.

Se unió a las fuerzas de Madero y formó más tarde la División del Norte, enfrentada a Carranza después de la derrota de Huerta. Sus tropas tuvieron capacidad para movilizarse en todo el noroeste y centro del país, pero sólo en Durango y Chihuahua gozaron de un arraigo parecido al de los zapatistas.

Pancho Villa, quien aprendió a leer y escribir de adulto, demostró una extraordinaria capacidad de dirigente militar. Al gobernar el estado de Chihuahua organizó una administración eficiente y fundó numerosas escuelas, además de lograr otros beneficios para el estado.

En 1920 aceptó la amnistía que le ofreció Adolfo de la Huerta y vivió con un grupo de partidarios en la hacienda de Canutillo, Durango. Tres años más tarde fue asesinado, junto con tres acompañantes, por el antiguo carrancista Jesús Salas.

A diferencia de muchos participantes en la Revolución que la aprovecharon en beneficio personal, es de señalar que Zapata y Villa no se enriquecieron ni huyeron del país, a pesar de haber tenido la oportunidad de hacerlo.

El general Villa sentado en la silla presidencial. Ninguno de los dos jefes revolucionarios pretendía llegar a presidente.

derrotaba a la División del Norte, los zapatistas realizaron la reforma agraria en Morelos pero no pudieron resistir a las tropas constitucionalistas cuando éstas, vencido el villismo, emprendieron la ofensiva sobre ese Estado y lo ocuparon en su mayor parte, hacia mediados de 1916. Los zapatistas quedaron reducidos a grupos guerrilleros que no pudieron ser eliminados militarmente, pero ni ellos ni los villistas constituían ya una amenaza real para el gobierno.

Carranza, al estar imponiéndose a sus adversarios, fue reconocido como gobernante de México por los Estados Unidos, en 1915.

Las fuerzas carrancistas habían logrado el dominio efectivo del país, pero las nuevas condiciones no permitían la simple restauración de la Constitución de 1857. En septiembre de 1916, el Primer Jefe lanzó la convocatoria para elegir un Congreso Constituyente del que quedarían excluidos quienes habían apoyado a Huerta o combatido contra los constitucionalistas, es decir, sólo sería integrado por éstos.

Las mujeres participaron activamente en la lucha.

Otros hechos de armas

Villa, que durante un tiempo había podido abastecerse de armas en Estados Unidos, se sintió traicionado cuando éstos apoyaron y reconocieron a Carranza. En marzo de 1916 ocupó la pequeña población de Columbus, motivando la entrada a territorio mexicano de una expedición punitiva que nunca pudo derrotar al guerrillero pero que provocó una reacción popular favorable a éste. El Primer Jefe desautorizó la intervención yanqui y envió tropas a la frontera, sin entrar en combate.

También otros movimientos causaron problemas serios, entre ellos el encabezado en la región petrolera del Golfo por el general Manuel Peláez, quien, apoyado por las empresas extranjeras establecidas ahí, mantuvo esa zona fuera de la autoridad del gobierno federal hasta 1921, cuando fue derrotado.

La Constitución de 1917 y la nueva situación del país

En el Congreso Constituyente, que inició sus sesiones el primero de diciembre de 1916, se enfrentaron dos tendencias fundamentales. El proyecto presentado por Venustiano Carranza mantenía casi sin cambios las disposiciones de la Constitución de 1857, pero dotaba de mayor fuerza al Poder Ejecutivo. El bloque radical o "jacobino", a su vez, luchaba por incorporar a la Ley Fundamental una respuesta a las exigencias sociales levantadas durante la lucha.

Las mujeres acompañaban a las tropas

El telegrama Zimmermann

En el marco de la Primera Guerra Mundial, el gobierno alemán decidió que hundiría, a partir de marzo de 1917, cualquier barco en una zona cercana a Francia e Inglaterra. Para neutralizar la probable entrada de Estados Unidos a la lucha contra los germanos, como efectivamente sucedió, el ministro del Exterior de Alemania, Alfred Zimmermann, encargó al embajador de su país en México ofrecer a Carranza "hacer la guerra juntos" y que Alemania no se opondría a la recuperación por México de los territorios perdidos ante los yanquis siete décadas atrás.

Zimmermann, al ser interpelado en el Parlamento alemán, declaró cínicamente que quería hacerle una oferta tentadora al jefe del Poder Ejecutivo mexicano con el fin de que éste se lanzara a la lucha, pero sin tomar un compromiso en firme. En otras palabras, deseaba incitar a México a entrar en guerra contra Estados Unidos, para abandonarlo después a su suerte.

Carranza no cayó en la trampa. Como no deseaba romper relaciones con Alemania, que le podrían ser útiles en caso de una intervención estadounidense, pedida por las empresas petroleras, negó todo conocimiento del ofrecimiento alemán.

En muchos aspectos decisivos triunfaron los radicales, apoyados en gran parte por el general Obregón e impulsados por nuevas victorias de zapatistas y villistas. Se mantuvo la libertad de educación (Artículo Tercero), pero se excluía de la enseñanza primaria todo elemento religioso. Se ratificaron (Artículo 130) las Leyes de Reforma, con lo que las iglesias seguían sin personalidad jurídica y no podían tener propiedades (los edificios destinados al culto religioso eran considerados bienes de la Nación).

Una innovación respecto a las constituciones existentes en todo el mundo, fue la inclusión en la Ley Suprema de los artículos 27 y 123, que establecían "garantías sociales". El Artículo 27 limitaba en forma importante el derecho de propiedad, al declarar que la tierra pertenece a la Nación y ésta tiene el derecho de darle las modalidades que considerara convenientes. Fundamentaba así la Reforma Agraria, al prever la entrega de tierras, aguas y bosques a los pueblos sin limitarla a la sola restitución, límite contenido en el Plan de San Luis. Para realizar las dotaciones, se recurriría a la expropiación de las haciendas, cuyos dueños serían indemnizados.

Este artículo restableció también el dominio imprescriptible de la Nación sobre el subsuelo, abolido durante el porfiriato. Así, los minerales, incluyendo el petróleo y demás recursos aprovechables comprendidos en este concepto, sólo podrían ser explotados mediante concesiones otorgadas por el gobierno, pero sin dejar nunca de ser propiedad nacional.

Las demandas obreras encontraron una respuesta en el Artículo 123, donde se establecían garantías básicas para los trabajadores (jornada de trabajo de ocho horas, derecho a organizar sindicatos y declarar huelgas, indemnización por despido, entre otros). El artículo señalaba expresamente la existencia y los derechos de las empresas privadas, limitados por la Constitución y las leyes expedidas de acuerdo con ésta.

En las siguientes décadas se produjeron múltiples luchas acerca de la forma de aplicar las nuevas disposiciones, por la modificación de la Constitución o por abolirla. La jerarquía católica, apoyada públicamente por el Vaticano, participó en la oposición, objetando sobre todo la limitación que se le imponía en las labores educativas. Los terratenientes, a su vez, buscaban la forma de mantener sus propiedades. Especialmente violenta fue la reacción de las empresas petroleras, que se consideraban dueñas legítimas del petróleo todavía no extraído. También fue continua la pugna acerca de la aplicación del Artículo 123, base del derecho laboral.

En sus ochenta años de vigencia, la Constitución ha sufrido muchas modificaciones, pero se conservan la propiedad de la Nación sobre el subsuelo, el postulado de que las tierras y aguas pertenecen originariamente a la Nación, la obligación estatal de impartir educación y el carácter laico (ajeno a toda religión) de ésta, así como los derechos de huelga y de asociación sindical. Posteriormente se hizo expresa la obligación del Estado de organizar en forma democrática la planeación de la economía nacional, en correspondencia con el sentido general de la Carta Magna.

Con la entrada en vigor de la Constitución empezó otro periodo de la vida nacional, en nuevas condiciones. La población había experimentado grandes cambios durante la Revolución. Los desplazamientos de los ejércitos y de personas que huían de las hostilidades condujeron a un mayor contacto entre las regiones de la República, sin impedir la conservación de muchas de las estructuras y tradiciones locales. El número de habitantes bajó de de 15.2 a 14.3 millones (1910-1921), debido a las acciones militares, la emigración y enfermedades como la influenza ("gripe española"), cuyos estragos fueron especialmente severos en los sectores debilitados por la miseria.

Las repercusiones sobre la economía fueron desiguales y las estadísticas arrojan datos inseguros, en parte debido a la dificultad de apreciar las situaciones locales. La producción en general disminuyó considerablemente en el periodo de la lucha armada, sobre todo en el norte y centro del país donde fueron especialmente duros los combates. Los ferrocarriles, el principal medio de desplazamiento de las tropas en lucha, sufrieron graves daños. Durante algunos años, cada bando emitía papel moneda ("bilimbiques"), lo que contribuyó a la desorganización del sistema financiero. Las fábricas, haciendas y comercios dedicados al mercado interno carecieron de crédito que, por otra parte, sí estuvo al alcance de las empresas relacionadas con el extranjero. El henequén y, de manera sobresaliente, el petróleo se beneficiaron de la fuerte demanda engendrada por la Primera Guerra Mundial. La minería vivió altibajos, pero las empresas importantes del ramo pudieron recuperar en poco tiempo su producción.

Una reflexión sobre el periodo

Algunos analistas consideran que en realidad no hubo revolución sino sólo una matanza inútil y perjudicial, "la bola", o varias revoluciones revueltas. Para otros, la Revolución abrió el camino del progreso social al país y piensan que, si no ha logrado pleno éxito, se debe a errores humanos o a traiciones.

Una primera revisión de los hechos hace ver, efectivamente, que la Revolución no contó con un programa seguido por todos sus participantes. El Plan de San Luis quedó rebasado y la Constitución de 1917 fue el resultado del acuerdo de las diversas tendencias del carrancismo, influidas fuertemente por las luchas zapatistas, villistas y obreras. Pero más allá de estos hechos, se impone una consideración de mayor profundidad.

La estructura de poder organizada en las tres décadas del porfiriato quedó destruida en 1914, con la derrota de Huerta. ¿Cuáles fueron las aspiraciones de los distintos triunfadores, y a qué se debió la victoria del constitucionalismo, en ese momento superado por las fuerzas villistas y zapatistas?

La visión de Carranza fue nacional, en el sentido de considerar al país en su conjunto, oponiéndose, a diferencia de la actuación seguida durante el gobierno de Porfirio Díaz, al predominio económico y político del extranjero. El Primer Jefe tuvo la habilidad de recoger muchas de las demandas del movimiento popular que habían dado fuerza a la Convención de Aguascalientes, manteniendo siempre en manos del gobierno la capacidad de decisión y excluyendo de ella a los movimientos campesino y obrero. Su visión correspondía al origen social de los jefes de su movimiento, terratenientes modernos, pequeños empresarios y otros miembros de las capas sociales medias.

Mas el carrancismo no era uniforme. En su seno se encontraba la tendencia del Primer Jefe, dispuesto sólo a dar a los movimientos de las masas pobres las concesiones indispensables para obtener la victoria y mantener el poder. Se enfrentaba en muchos aspectos a la línea encabezada por el general Obregón, quien aspiraba igualmente a estructurar un gobierno fuerte, pero aceptaba, mucho más que Carranza, entablar compromisos y alianzas con los movimientos populares. Por ello, el grupo obregonista fue capaz de celebrar el acuerdo con la Casa del Obrero Mundial y lograr la creación de los "Batallones Rojos", e impedir así el establecimiento de una alianza entre el movimiento obrero y los ejércitos campesinos. En el Congreso Constituyente de 1916-1917, este sector logró imponer muchos de sus puntos de vista.

La otra gran vertiente de la Revolución estaba encarnada en el Ejército Libertador del Sur, encabezado por Zapata, y en la División del Norte, bajo el mando de Francisco Villa, influidos por el anarquismo del Partido Liberal Mexicano. Su fuerza radicaba en que correspondía a los deseos de libertad de las grandes masas campesinas, pero no fue capaz de unirse en la acción tras un proyecto general de estructura del país, lo que permitió a los constitucionalistas arrebatarles en gran parte sus principales banderas y triunfar en la lucha.

El examen de lo acontecido durante el movimiento armado de 1910 a 1917 permite afirmar que, en medio de múltiples contradicciones y confusiones, se rompieron muchas estructuras caducas y se abrieron vías para un desarrollo nacional, con fuerte participación popular. Sin embargo, subsistieron las desigualdades económicas y sociales, dando lugar al desarrollo de nuevas luchas y problemas.

17. La consolidación del nuevo régimen (1917-1934)

En vigor la Constitución y en el poder su primer presidente constitucional, Venustiano Carranza, no sólo se "desató la lucha de clases" como lo había predicho años atrás el "Primer Jefe", sino también la pugna general por la orientación del país. Propiamente, las dos no se desataron: se habían manifestado desde mucho antes, ocultadas temporalmente, en cierta forma, por la guerra civil.

El movimiento campesino, dirigido por Villa y Zapata, estaba derrotado pero no aniquilado. Sus demandas habían encontrado expresiones parciales en la Constitución y muchos de sus núcleos seguían teniendo la fuerza suficiente para poder plantear sus exigencias y constituirse en aliados o adversarios importantes de las tendencias en pugna. La clase obrera, mucho más reducida que la campesina, ejercía una presión importante, debido a su organización y a su mayor facilidad para elaborar y sostener planteamientos más allá del ámbito local.

Existía un verdadero mosaico de situaciones y problemas. Aunque el poder nacional del gobierno federal era indiscutible, una multitud de caudillos locales disponía de fuerza armada y muchos de ellos contaban con importante respaldo popular. Subsistía la concentración de la tierra en manos de los hacendados, las relaciones internacionales eran difíciles, la vida cultural tomaba nuevos rumbos y había problemas complejos y difíciles entre el Estado y la Iglesia.

Los gobiernos

Carranza. La Constitución aprobada en 1917 prohibía en forma absoluta la reelección del presidente de la República, pero en un artículo transitorio autorizó la postulación del Primer Jefe constitucionalista para aspirar a ese

> **La situación internacional, 1917-1934**
>
> Por su victoria en la Primera Guerra Mundial (1914-1918) se afianzó el poderío de Inglaterra, Francia y Estados Unidos. Varias monarquías europeas fueron derribadas por movimientos revolucionarios, sin que se transformaran a fondo sus países.
>
> Los pueblos de muchas colonias lucharon por la independencia de sus países, en algunos casos con acciones armadas. El peruano Raúl Haya de la Torre fundó la Alianza Popular Revolucionaria Americana (APRA), y José María Mariátegui, de la misma nacionalidad, desarrolló ideas de transformación social basadas en el marxismo, haciendo énfasis en la situación de los indígenas americanos, y fundó el Partido Comunista de su país. Estados Unidos intensificó su actuación en la región, con medidas diplomáticas e intervenciones militares, sumando a las de Haití y República Dominicana otra en Nicaragua.
>
> De 1924 a 1928 la economía mundial mostró un modesto crecimiento, sucedido por una tremenda crisis a partir de 1929. Si el primero favoreció en alguna medida a México, la crisis condujo a una reducción de las exportaciones y a la expulsión de muchos trabajadores mexicanos residentes en Estados Unidos, lo que acentuó los problemas del país.
>
> A su vez, la Revolución Rusa de 1917 creó la Unión Soviética, que logró afianzarse y tomó medidas para construir el socialismo. Un sector del movimiento socialista desarrollado durante las décadas anteriores en muchos países se inspiró en la experiencia de esta revolución y de sus éxitos iniciales y formó la Internacional Comunista ("Tercera Internacional"), con el objetivo de realizar revoluciones que llevaran al poder al proletariado y abolieran la propiedad privada sobre los medios de producción.
>
> Frente a ello, los empresarios y los gobiernos de casi todos los países desarrollaron una intensa campaña ideológica y de represión, en la que frecuentemente se acusaba de comunista a cualquier tendencia de reforma social.

cargo. En virtud de ello, Carranza fue electo presidente y el primero de mayo de 1917 tomó posesión, para el periodo que debería terminar en noviembre de 1920.

La política de Carranza se encaminó a restablecer un orden que sólo por su orientación nacionalista se distinguía del existente durante el gobierno de Porfirio Díaz. Desde fines de 1915 se había enfrentado a varias huelgas, a principios del año siguiente disolvió los batallones rojos, más tarde reprimió con la fuerza militar una huelga general obrera en el Distrito Federal y suprimió la Casa del Obrero Mundial. Muchas haciendas fueron devueltas a sus antiguos propietarios o quedaron en manos de jefes carrancistas.

A pesar de la Ley Agraria del 6 de enero de 1915 y de lo establecido en el artículo 27 constitucional, de 1915 a 1920 sólo 44 mil campesinos recibieron tierra, de varios millones que la requerían, con un promedio de cuatro hectáreas por beneficiado. Se trataba de parcelas poco fértiles, por lo cual la mayoría de sus poseedores se veía obligada a continuar trabajando como peones en las haciendas.

La autoridad de Carranza en las fuerzas armadas y en las organizaciones populares fue decayendo y en cambio ascendió la de Obregón. Éste, amenazado por el presidente, se alejó de la capital, pero en 1919 inició su campaña para la sucesión presidencial de 1920. Finalmente, Obregón ascendió a la presidencia, después de una sublevación en la que Carranza fue asesinado y un breve interinato del general Adolfo de la Huerta en el gobierno.

Obregón logró imponerse gracias a que pudo aglutinar el apoyo de los múltiples "hombres fuertes" surgidos con la Revolución, pero esta misma situación implicaba la existencia de poderes locales casi autónomos. También tuvo enfrentamientos con el Poder Legislativo, que mantenía su autonomía, y con el Ayuntamiento de la ciudad de México, dominado por la oposición.

Los jefes del ejército eran, casi todos, civiles hechos militares en la lucha, acostumbrados a actuar según sus propias decisiones y sin acatar una rígida disciplina de mando. Para someterlos a las autoridades, Obregón usó su poder de reconocer o negar los grados que ostentaban y aprovechó las frecuentes rebeliones para deshacerse de muchos de ellos. También daba ventajas materiales a los jefes militares y afirmaba que "no hay general que resista un cañonazo de 50 000 pesos". En 1923, realizando otro movimiento de fortalecimiento del poder central, disolvió las fuerzas armadas locales.

> **Presidentes de 1920 a 1940**
>
> Venustiano *Carranza*, asesinado el 21 de mayo de 1920.
> Adolfo *de la Huerta*, interino, 24/V-30/XI/1920.
> Alvaro *Obregón*, 1/XII/1920-30/XI/1924.
> Plutarco *Elías Calles*, 1/XII/1924-30/XI/1928.
> Emilio *Portes Gil*, interino, 1/XII/1928-5/II/1930.
> Pascual *Ortiz Rubio*, constitucional, 5/II/1930-2/IX/1932.
> Abelardo R. *Rodríguez*, sustituto, 4/IX/1932-30/XI/1934.
>
> De ahí en adelante, todos los presidentes cumplieron los periodos sexenales acordados en 1927.
>
> Lázaro *Cárdenas* del Río, 1/XII/1934-30/XI/1940.

Con el fin de reducir el ejército y el gasto público, se fundaron colonias militares para asentar soldados desmovilizados, que constituían al mismo tiempo núcleos de apoyo al gobierno o a determinados jefes.

El trato otorgado por Obregón y su sucesor Plutarco Elías Calles a las organizaciones obreras y campesinas distaba mucho de la combinación de promesas y represión aplicada por Carranza. En los cuatro años de su gobierno, Obregón entregó un millón de hectáreas, sobre todo en el estado de Morelos, donde las tierras recuperadas por los pueblos bajo el dominio de Zapata habían sido devueltas a los hacendados por los carrancistas. Calles, a su vez, repartió otros tres millones de hectáreas. Estos movimientos, además de aliviar la tensión en el campo y despertar esperanzas entre los campesinos, dieron lugar a la formación de cuerpos armados de agraristas, leales al gobierno. Sin embargo, en la mayor parte del país continuaba la concentración de la tierra y el dominio de las haciendas.

El sector del movimiento obrero integrado por la Confederación Regional Obrera Mexicana (CROM), fundada en 1918, constituía un apoyo importante para Obregón. Su importancia no radicaba en el número de sus afiliados, mucho menor al de los campesinos, ni en un poder militar del que carecía, sino en su capacidad de movilización nacional. El gobierno facilitó frecuentemente el triunfo de las huelgas encabezadas por la CROM y que los afiliados a ésta lograran mejores condiciones de vida, impulsando así el crecimiento de la organización, sometida al régimen.

Una medida para fortalecer el gobierno federal y cumplir con uno de los objetivos de la Revolución consistió en crear la Secretaría de Educación Pública, para privar de esa función a los poderes locales donde seguían predominando las tendencias culturales del porfiriato. Su orientación laica provocó la creciente oposición de la Iglesia.

Las relaciones internacionales constituían otro problema importante. Los Estados Unidos no reconocieron al gobierno provisional de De la Huerta ni al de Obregón, supuestamente porque el primero era el resultado de una sublevación militar, pero su objetivo principal era aprovechar la situación para ejercer presión con el fin de cancelar los derechos sobre la tierra y el subsuelo, establecidos a favor de la nación mexicana por la Constitución de 1917.

El conflicto presentó características muy peligrosas en 1921, cuando los Estados Unidos amenazaron con una intervención armada para impedir la aplicación del Artículo 27 de la Constitución. Después de prolongadas negociaciones, los representantes de ambos gobiernos firmaron en 1923 los "Acuerdos de Bucareli", basados en la resolución de la Suprema Corte de que las disposiciones constitucionales no podrían aplicarse a las concesiones otorgadas con anterioridad a la vigencia de la Constitución, si se habían realizado trabajos en su aplicación. Los Acuerdos reconocían así la Carta Magna, sin la posibilidad de aplicar en forma retroactiva sus disposiciones. También establecían el arreglo de la deuda internacional y de las indemnizaciones a los extranjeros por los daños sufridos durante la lucha revolucionaria. El gobierno de Obregón logró de esa manera el reconocimiento norteamericano, pero en el Congreso mexicano se manifestó una fuerte oposición antes de ratificar el convenio, debido a las importantes concesiones otorgadas en éste.

El general Plutarco Elías Calles sucedió a Obregón en la presidencia de la República. Antes de las elecciones de 1924 fue derrotada una sublevación encabezada por el general De la Huerta, apoyada por antiguos porfiristas, católicos, izquierdistas anticallistas y una gran parte del ejército, mientras la mayoría de los agraristas y la CROM apoyaron al gobierno.

El gobierno de Calles prosiguió en lo fundamental la obra de su antecesor. Se crearon instituciones que, durante un largo periodo, serían de gran importancia para el desarrollo de la economía nacional, sobresaliendo entre ellas el Banco de México, encargado de la emisión de moneda así como del manejo de las finanzas, el de Crédito Agrícola y las comisiones nacionales de irrigación y de caminos (más tarde transformadas en secretarías). Se inició con vigor la construcción de carreteras y de obras de riego.

Calles fortaleció la relación con las organizaciones obreras y agraristas y su dominio sobre éstas. La CROM y su órgano político, el Partido Laborista, llegaron a ocupar dos gubernaturas, diputaciones, senadurías y la regencia del Distrito Federal, y su secretario general, Luis N. Morones, fue nombrado secretario de Industria, Comercio y Trabajo. Para el gobierno callista no se trataba solamente de una alianza, sino también de un importante apoyo contra sectores agraristas y sindicales independientes, así como de adquirir fuerza propia frente al gran poder que seguía teniendo Obregón.

En aplicación de la Constitución, el gobierno promulgó en diciembre de 1925 una ley reglamentaria del Artículo 27, estableciendo, entre otras medidas, la sumisión de las empresas extranjeras a los tribunales nacionales y limitando el alcance de las concesiones petroleras. El gobierno norteamericano amenazó nuevamente con realizar una intervención armada, a lo que Calles respondió ordenando al jefe de la zona militar de la Huasteca, el general Lázaro Cárdenas, incendiar los pozos de petróleo en caso de producirse tal invasión. La crisis fue resuelta años más tarde, mediante una reforma legal favorable en gran parte a las empresas yanquis, pero preservando la vigencia del artículo 27 constitucional.

Un problema grave se presentó con la llamada "rebelión cristera" o "cristiada", cuya bandera fue la defensa de la religión católica, considerada amenazada por los militantes de la sublevación. Éstos eran campesinos descontentos por no haber recibido tierras, rancheros temerosos de la reforma agraria realizada sobre todo a costa de propiedades pequeñas o medianas, y no faltaron antiguos revolucionarios sumados a los sublevados, apoyados también por fervorosos creyentes de clase media urbana. El movimiento se vio impulsado por opositores a Calles, deseosos de aprovechar la oportunidad brindada por el nuevo conflicto entre México y los Estados Unidos.

Durante su gobierno, el general Obregón no había aplicado con rigor las disposiciones constitucionales referentes a las organizaciones religiosas, que habían provocado en su momento la condenación del alto clero mexicano y del Papa, pero Calles, ante las intervenciones en la vida pública de los eclesiásticos, trató de reducir la fuerza de las iglesias, específicamente de la católica. En 1926 se dictó una ley que limitaba el número de sacerdotes y exigía a éstos registrarse ante los municipios, disolvía las órdenes monásticas, abolía la enseñanza religiosa en las escuelas públicas y reiteraba la prohibición de realizar actos políticos en los lugares destinados al culto, así como la crítica de las leyes o del gobierno por los sacerdotes.

En respuesta a esas medidas, el primero de agosto del mismo año el clero suspendió los servicios religiosos y cerró las iglesias, provocando con ello una rebelión armada que se generalizó en pocos meses. Algunos dirigentes opositores, como René Capistrán Garza, presidente de la Asociación Católica de la Juventud Mexicana (ACJM), buscaron con cierto éxito el apoyo a la sublevación por las empresas petroleras y sectores católicos norteamericanos.

Se desató una cruenta guerra civil, conocida como la Cristiada o Rebelión cristera, en gran parte del centro y del occidente del país. Muchos curas lucharon activamente en esta sublevación, a pesar de que varios altos dignatarios de la Iglesia decían estar en contra del uso de las armas. Los cristeros no triunfaron, pero el ejército, apoyado por agraristas armados, tampoco tuvo capacidad para acabar con el movimiento.

El general Obregón intervino oficiosamente en conversaciones para restablecer la paz, en las que participó el embajador de Estados Unidos, Dwight W. Morrow, ligado al importante Banco Morgan e interesado en la solución del conflicto para que México pudiera reanudar el pago de sus deudas y ofrecer adecuadas oportunidades de negocios para los inversionistas.

Finalmente, en 1929 se llegó a un acuerdo, en virtud del cual se restableció el culto en las iglesias y el clero se comprometió a respetar la Ley Suprema, pero durante años siguieron produciéndose movimientos cristeros locales.

El "Maximato". En 1927, cercano el final del mandato de Calles, se modificó la Constitución para extender a seis años el periodo presidencial y permitir una reelección en ese cargo. El candidato, como todo mundo preveía, fue el general Obregón, quien triunfó en los comicios. Debido a su gran fuerza, siendo presidente electo pudo imponer la abolición de los ayuntamientos del Distrito Federal que en su primer periodo de gobierno le habían causado muchos conflictos.

Obregón fue asesinado poco después de su triunfo electoral por el cristero León Toral, lo que causó una fuerte crisis en el sector gobernante. En amplios sectores se sospechó que el autor intelectual del crimen había sido Morones, adversario del presidente electo, o el propio Calles, quien quedaba como el hombre más poderoso de la República. Los resultados de la investigación, encargada a partidarios de Obregón, rechazaron esta acusación.

Calles, en su último informe presidencial, afirmó que había llegado el fin del caudillismo y llamó a aglutinar en una sola a las múltiples agrupaciones que se proclamaban revolucionarias. En marzo de 1929 se constituyó el Partido Nacional Revolucionario (PNR), reuniendo en su seno a casi todas las fuerzas provenientes de la Revolución. A través del PNR, posteriormente transformado en Partido de la Revolución Mexicana (PRM) y finalmente en Partido Revolucionario Institucional (PRI), las candidaturas a los puestos de elección popular se acordaban en negociaciones internas, se concentró el poder en manos del jefe del partido, quedando sujetos al gobierno federal el Congreso nacional y los poderes de los estados. A partir de 1935, y hasta hoy, la dirección del PNR-PRM-PRI ha estado de hecho en manos del presidente de la República.

En los seis años que debían corresponder al nuevo mandato de Obregón ocuparon la presidencia Emilio Portes Gil, Pascual Ortiz Rubio y Abelardo Rodríguez. El periodo es conocido como el "Maximato", porque el poder efectivo estaba en manos del general Calles, llamado "Jefe Máximo de la Revolución".

El Congreso designó presidente interino al licenciado Emilio Portes Gil, cuya función principal debía ser la organización de nuevas elecciones. En sus catorce meses de gobierno se celebró el acuerdo que dio fin a la rebelión cristera, se concedió la autonomía a la Universidad Nacional y el gobierno retiró su apoyo a la CROM, lo que aceleró la decadencia de ésta, iniciada desde antes.

El ingeniero Pascual Ortiz Rubio fue nombrado candidato a la presidencia por el PNR en marzo de 1929, gracias al predominio de Calles y contra la voluntad de los antiguos partidarios de Obregón. Al mismo tiempo estalló una breve sublevación encabezada por el general José Gonzalo Escobar. En su campaña electoral, Ortiz Rubio se enfrentó a José Vasconcelos, de gran prestigio entre los intelectuales y otros sectores, y al general agrarista Pedro Rodríguez Triana, postulado por el Partido Comunista, sujeto a violenta represión por el gobierno.

El candidato del PNR fue declarado presidente electo y tomó posesión de su cargo, aunque Vasconcelos, alegando que había habido fraude, convocó sin éxito a una sublevación. Durante su gobierno, Ortiz Rubio respaldó la propiedad privada y acentuó la represión contra los movimientos independientes, siguiendo las orientaciones de Calles. Sin embargo, al tratar de adquirir fuerza propia entró en conflicto con éste y tuvo que presentar su renuncia.

El Congreso nombró presidente sustituto al general Abelardo Rodríguez, de plena confianza del "Jefe Máximo". Durante su mandato se incrementaron los apoyos a la empresa privada del campo y de la ciudad. Por otra parte, por iniciativa de Calles y de fuertes sectores del magisterio, se modificó el artículo tercero constitucional para reforzar el carácter laico de la educación, declarando que ésta debía ser socialista, en el sentido de poner los intereses sociales por encima de los individuales. El nuevo artículo fue ratificado y puesto en vigor al empezar el siguiente periodo presidencial.

En 1934 fue electo presidente de la República el general Lázaro Cárdenas, en cuyo periodo el país se transformó en importantes aspectos.

El poder

La presidencia estaba en el Castillo de Chapultepec. Se cuenta que una mañana se desarrolló una conversación entre el general Calles, que estaba haciendo ejercicio en una lancha en el lago de Chapultepec, y el presidente Ortiz Rubio:

Ortiz Rubio: "¡Muy buenos días, señor general Calles!". Calles: "¡Muy buenos días, señor presidente! ¿Qué hace usted?" Ortiz Rubio: "¡Yo mando! ¿Y usted?" Calles: "¡Yo re-mando!"

La rebelión escobarista

En marzo de 1929 estalló la última rebelión militar del periodo, encabezada por el general Escobar, de tendencia obregonista. Contó con el apoyo de un importante sector del ejército pero fue derrotada pronto porque otra parte de las fuerzas armadas se mantuvo leal al gobierno y éste tuvo además el respaldo de agraristas y sindicatos. La derrota del movimiento escobarista afianzó el poder de Calles.

Economía, movimientos sociales y políticos

Población y economía. Al restablecerse la paz empezó a crecer la población, lentamente al principio y con características de "explosión demográfica" más adelante (14.3 millones en 1921, 16.5 en 1930, 19.6 en 1940 y aproximadamente 96 en 1997). En 1930, dos terceras partes de la población económicamente activa estaban dedicadas a labores agropecuarias, mientras más de la mitad de la producción industrial se concentraba en el Distrito Federal y en los estados de Veracruz, Nuevo León y Puebla.

La vida económica presentaba graves problemas y nuevos desarrollos. Hasta mediados de la década de los treinta seguía predominando la producción de las haciendas, la minera y la petrolera, características de la etapa porfirista. Su desarrollo se vio impulsado durante una década por el crecimiento del mercado mundial, especialmente del norteamericano, para decaer después con la crisis mundial estallada en 1929, que provocó entre este año y 1932 una reducción de 16% en la producción destinada a la exportación, causando desocupación de trabajadores mineros y de otras ramas. La extracción del petróleo disminuyó fuertemente a partir de 1920, en gran parte debido a los conflictos entre las empresas extranjeras y los gobiernos de la República.

Las comunicaciones constituían un problema especialmente severo. Las vías férreas fueron reparadas "sobre la marcha" por los contendientes en las luchas armadas, pero los vagones y locomotoras habían sufrido graves daños y no se disponía de recursos para su sustitución. El gobierno, desde la presidencia de Calles, inició un vigoroso programa de construcción de carreteras, motivado no sólo por la insuficiencia del transporte ferrocarrilero sino también para reducir la fuerza del combativo gremio de los trabajadores del riel. Al mismo tiempo se incrementaron las redes telegráficas y telefónicas.

También bajo el gobierno callista se inició la construcción de grandes sistemas de riego, principalmente en el noroeste de la República de donde eran originarios Obregón y Calles. Estas obras estaban destinadas fundamentalmente a fomentar la producción para el mercado internacional.

Los trabajos realizados para dotar al país de carreteras y presas proporcionaron ingresos a numerosos trabajadores y ofrecieron oportunidades profesionales a ingenieros y otros técnicos, constituyendo no sólo un impulso a la economía sino también a las escuelas destinadas a la formación de éstos.

El gobierno tomó medidas para restaurar el sistema financiero nacional, desquiciado durante la Revolución, con el fin de proporcionar créditos a la producción y al comercio. La dirección de los bancos, intervenidos durante la Revolución, fue devuelta a los dueños de éstos en 1921. Tres años más tarde se creó el Banco de México, como único emisor de moneda y cabeza del sector bancario; posteriormente se crearon otras instituciones de crédito.

LA CONSOLIDACIÓN DEL NUEVO RÉGIMEN (1917-1934)

La reducción de las fuerzas armadas y de los salarios devengados por los empleados públicos permitió equilibrar el presupuesto y evitar un nuevo endeudamiento.

Entre 1928 y 1982, el Estado intervino crecientemente en las actividades económicas, impulsando en gran medida la producción, el comercio y las finanzas, lo que benefició a los inversionistas privados y a un sector de funcionarios, técnicos y trabajadores al servicio del Estado, sin erradicar las diferencias sociales ni la pobreza.

Partidos y movimientos populares. Los partidos formados después de 1910 realizaron una activa vida política y parlamentaria, en luchas electorales y mediante su participación en los congresos Nacional y estatales. Sin embargo, difícilmente se puede calificar de democrática su actuación, ya que en general carecían de programas y estructuras definidas y no representaban grandes sectores populares sino sólo los intereses y puntos de vista particulares de sus caudillos.

Durante un breve periodo tuvo fuerza el Partido Católico, fundado a la caída de Porfirio Díaz, que perdió toda importancia con la derrota de Victoriano Huerta cuyo golpe había apoyado. Posteriormente, para separar claramente las iglesias de la actuación política, se prohibió que los partidos incluyeran términos religiosos en su designación.

Aprobada la Constitución de 1917 se formaron múltiples organizaciones políticas, que en su mayoría eran simples apoyos de caudillos locales. Sólo tuvieron carácter nacional el Partido Laborista, el Nacional Cooperatista y el Agrarista, usados por Obregón y Calles para lograr el apoyo de las fuerzas que representaban y con-

---

Partidos importantes fundados antes del PNR

En las postrimerías del gobierno porfirista se había fundado el Partido Liberal Mexicano (véase recuadro "Los hermanos Flores Magón", p. 267), de gran influencia entre obreros y campesinos, que desapareció durante la Revolución.

En 1919 se creó el Partido Laborista, como órgano político de la CROM, el cual enarboló reivindicaciones obreras. Además, con el fin de dirigir el movimiento campesino, planteó el reparto de la tierra, pero fracasó en su intento de adquirir fuerza en el campo. Más que instrumento de la clase obrera lo fue de Morones, dirigente de la CROM, y sirvió a éste para obtener altos puestos gubernamentales. No participó en la creación del PNR y pronto perdió toda importancia política hasta desaparecer finalmente.

El Partido Nacional Agrarista, originado en el mismo periodo, estuvo dirigido por antiguos intelectuales del zapatismo, entre quienes destacaban Aurelio Manrique y Antonio Díaz Soto y Gama. Su importancia estribaba en su prestigio y su contacto con sectores campesinos, aprovechados por Obregón. Se incorporó al PNR un año después de la creación de éste, una vez que los dirigentes anticallistas como Díaz Soto y Gama habían sido desplazados de su dirección.

El más importante de los partidos regionales fue el Socialista del Sureste, fundado en 1916 con el nombre de Partido Socialista de Yucatán, bajo los auspicios del general Salvador Alvarado y la influencia de ideas socialistas y anarquistas llegadas desde Cuba. Alvarado, nombrado gobernador de la Península por Carranza, derrotó ahí a los contrarrevolucionarios, anuló las deudas que esclavizaban a los campesinos y los castigos corporales que sufrían, fundó escuelas y bibliotecas y dictó una legislación obrerista, pero Carranza le impidió aplicar una reforma agraria. Felipe Carrillo Puerto, gobernador constitucional desde 1922, continuó su obra hasta enero de 1924, cuando fue destituido por un golpe de Estado y asesinado.

> **El Partido Comunista Mexicano (PCM)**
>
> El PCM fue el partido mexicano de más larga vida, si se exceptúa la suma del PNR-PRM-PRI. En su actuación afirmaba guiarse por el marxismo, participó en muchas luchas populares y tuvo en varios periodos fuerte influencia entre obreros, campesinos, maestros, artistas e intelectuales.
>
> El PCM, no obstante sus vacilaciones políticas y las frecuentes divisiones que sufrió, generalmente luchó contra el gobierno y se enfrentó a la represión de éste, especialmente severa durante el Maximato y bajo la presidencia de Gustavo Díaz Ordaz (1964-1970). Apoyó, con algunas críticas, al general Lázaro Cárdenas, cuyo periodo fue el único en que gozó de plena libertad.
>
> Casi siempre apoyaba a la Unión Soviética y acataba las indicaciones de la Internacional Comunista de la que formaba parte, pero tuvo algunas divergencias con ambas, que sólo llegaron a ser públicas en 1968 cuando el bloque soviético intervino en Checoslovaquia.
>
> En 1981 se fusionó con otros grupos de ideología afín en el Partido Socialista Unificado de México (PSUM), que en otro proceso similar dio lugar al Partido Mexicano Socialista (PMS), seis años más tarde. Éste se disolvió en 1989 y la mayoría de sus miembros se integraron al Partido de la Revolución Democrática (PRD), cuyo programa es democrático pero no socialista.

trolarlas, a cambio de algunas concesiones. También había algunos partidos de importancia regional, el más importante de los cuales fue el Socialista del Sureste.

El único partido fundado antes de 1929 que existió hasta la década de los ochenta fue el Partido Comunista Mexicano, basado en una ideología definida y generalmente en oposición al gobierno.

A iniciativa del general Calles se agrupó en 1929 la mayoría de los partidos y organizaciones existentes en el Partido Nacional Revolucionario (PNR), que a partir de ese momento ocupó el lugar central en la política nacional.

El campo y los campesinos. Las promesas del carrancismo que le habían proporcionado un importante apoyo campesino en la lucha armada no fueron cumplidas y sólo se entregaron tierras donde lo imponía una fuerte presión local. Al empezar la década de 1930, 668 mil ejidatarios poseían en conjunto diez veces menos que los 13,500 latifundistas, y dos millones y medio de peones agrícolas carecían de tierras. Los repartos agrarios se habían realizado sobre todo a costa de haciendas menores mientras las grandes propiedades permanecían casi intocadas.

Tres orientaciones estaban en debate acerca de la cuestión agraria. Los hacendados deseaban conservar sus propiedades y alegaban que cualquier reparto sería una aplicación retroactiva, anticonstitucional, de las leyes. Los agraristas radicales, a su vez, pugnaban por una redistribución amplia del campo. Los regímenes de Carranza, Obregón y Calles eran partidarios de la pequeña propiedad y consideraban al ejido, con parcelas de uso individual, como una forma transitoria en la que el campesino se prepararía para trabajar de manera independiente, o un apoyo para disponer de algunos productos en los tiempos en que no estuviera trabajando en una hacienda. Esta situación abatiría los gastos del hacendado al liberarlo del compromiso de atender a sus peones fuera de sus periodos de contratación. En aplicación de esta política, la tierra que se entregó fue, con pocas excepciones, de parcelas de una a cinco hectáreas, de baja calidad y sin riego. Los ejidos colectivos existentes en Veracruz, bastión del agrarismo, fueron disueltos por el ejército en 1931, durante el apogeo del Maximato.

Hacia 1930, el gobierno declaró que la reforma agraria estaba prácticamente terminada y reforzó su apoyo a los hacendados, considerados los principales creadores de riqueza. Ante la oposición campesina modificó su actitud, decretó la continuación del reparto de tierras y aprobó, en marzo de 1934, que no sólo los pueblos sino también los peones de las haciendas pudieran ser beneficiarios de las dotaciones agrarias. Sin embargo, bajo la presidencia de Abelardo L. Rodríguez no hubo aplicaciones importantes de esa disposición.

El lento ritmo de la entrega de tierras engendró fuertes tensiones en el campo y provocó múltiples movimientos agraristas, de gran fuerza especialmente en los estados de Veracruz y Michoacán. Sería hasta el siguiente régimen presidencial cuando se buscaría una solución real al problema del campo.

La clase obrera. Los obreros intensificaron sus luchas antes de la aprobación de la Constitución de 1917 y, una vez en vigor ésta, procuraban también aprovechar las disposiciones contenidas en el artículo 123 de la nueva Ley Suprema. El gobierno alternaba la represión con las alianzas y los intentos de dominar al movimiento obrero por medios políticos. La violencia estatal se manifestó en forma especialmente dura cuando Carranza amenazó a los trabajadores con la pena de muerte, invocando una ley dictada en 1862 en previsión de la intervención extranjera, que establecía tal castigo contra quien hiciera huelga en instituciones del Estado. El general Obregón, en cambio, buscó el apoyo de los trabajadores y entabló negociaciones con sus organizaciones. Los empresarios, por su parte, se oponían a la aplicación de la Constitución en lo que favorecía a los obreros.

Un instrumento importante de la política laboral estatal fue el establecimiento de las Comisiones de Conciliación y Arbitraje, integradas por la representación de capitalistas, obreros y gobierno, que permitieron a éste actuar sobre el movimiento obrero. La primera Ley Federal del Trabajo, aprobada en 1931, reforzó el poder del Estado como "árbitro" en los conflictos obrero-patronales.

El Partido Nacional Revolucionario (PNR)

En el PNR se fusionaron cientos de partidos y organizaciones nacionales, estatales y locales, con un programa que propugnaba fortalecer la Nación ideológica, cultural y económicamente, haciendo énfasis en el desarrollo industrial. En lo agrario, planteaba la entrega de tierra para ejidos, el reparto de parcelas de riego que deberían pagarse y la seguridad en la propiedad. En los hechos se regía más por las opiniones de Calles y, desde 1935, por las del presidente de la República, que por su propio programa.

Al organizarse el PNR las candidaturas y elecciones ya no se arreglaban a balazos sino mediante acuerdos entre sus grupos integrantes. Durante décadas, este partido y sus sucesores fueron prácticamente la única vía al poder. El Legislativo perdió fuerza ante la centralización del mando en manos del presidente de la República y por estar integrado casi totalmente por miembros del partido dominante, el mismo del "Primer Mandatario".

El partido Laborista, ya en decadencia, y el Comunista no se integraron al PNR.

Las tendencias de mayor permanencia entre los trabajadores eran las anarquistas, socialistas y comunistas, opuestas al gobierno, enfrentadas a las que buscaban la colaboración con éste. (Véanse recuadros "Los movimientos socialistas", p. 214, y "Los Flores Magón", p. 229.) La pugna entre unos y otros fue permanente, pero el apoyo que Obregón y Calles otorgaron a sus aliados permitió a éstos extender su organización y triunfar en muchas de sus luchas, al mismo tiempo que sus adversarios eran reprimidos.

> **El obrerismo católico**
>
> En 1891, el papa León XIII publicó la encíclica *Rerum novarum* ("De las cosas nuevas"), que planteaba humanizar y poner freno al capitalismo, llamaba a los empresarios a tratar con caridad y justicia a los trabajadores y a éstos a buscar su superación por medio de su apoyo mutuo, al mismo tiempo que se oponía a los planteamientos revolucionarios de tipo socialista. Bajo su inspiración se impulsaron o crearon movimientos obreros de orientación religiosa en varios países industrializados.
>
> En México, un sector del clero siguió esta tendencia desde fines del siglo XIX. Fomentó círculos obreros y campesinos que combatían el alcoholismo y estructuraban cajas de ahorro y cooperativas. No faltaron empresarios y dignatarios eclesiásticos opuestos al movimiento, al que consideraban perjudicial a sus intereses.
>
> Los "Círculos Obreros" católicos organizados desde 1908 se unieron en 1911 en una confederación que tuvo importancia en zonas del Centro y Occidente del país, hasta desaparecer con la derrota de la sublevación cristera.

Otro sector era el promovido por la Iglesia católica, que apelaba a la caridad religiosa de los empresarios e impulsaba la formación de cooperativas y cajas de ahorro de los trabajadores. Este movimiento perdió prestigio por su alianza con la dictadura huertista y fue casi eliminado a la caída del movimiento cristero.

En 1918 se fundó la Confederación Regional Obrera Mexicana (CROM), que un año después se alió con Obregón y creó como órgano político al Partido Laborista Mexicano, ambos encabezados por Luis N. Morones. La CROM se proclamaba antiimperialista pero tuvo estrechas relaciones con la anticomunista central sindical norteamericana *American Federation of Labor*. Su sumisión al gobierno, la represión violenta que empleaba no sólo contra los afiliados a otras agrupaciones sino también a los disidentes en sus propias filas, provocaron la oposición de sectores importantes de su organización y dieron lugar, a principios de los treinta, a la formación de la " CROM depurada", transformada después en "Confederación General de Obreros y Campesinos de México", dirigida por Vicente Lombardo Toledano.

La CROM nunca fue la única central sindical. En 1921 se fundó la Confederación General de Trabajadores (CGT), de orientación anarquista y en 1929 los comunistas organizaron la Confederación Sindical Unitaria de México (CSUM). Ambas libraron importantes luchas, apoyaron en algunas ocasiones a fuerzas políticas que consideraban favorables a los intereses obreros, pero generalmente estuvieron enfrentadas a la represión gubernamental.

Los sindicatos de las grandes empresas industriales, como las de electricidad, petróleo, minas y ferrocarriles, tenían fuerza suficiente para negociar directamente con sus patrones, aunque en ese periodo no lograron agruparse en sindicatos nacionales. Normalmente se mantenían fuera de las centrales sindicales.

En el periodo hubo fuertes luchas entre los distintos sindicatos y numerosas huelgas, que afectaron a los tranvías, empresas textiles, de electricidad y también petroleras. En ocasiones se vieron favorecidas por autoridades de orientación obrerista, como Adalberto Tejeda, gobernador de Veracruz, y también hubo algunas acciones conjuntas de la CROM y la CGT, a pesar de la pugna entre éstas. Sin embargo, pocos de los movimientos pudieron triunfar, debido a la violenta represión ejercida por el gobierno, frecuentemente apoyada por la CROM, la que en muchas ocasiones envió esquiroles para romper las huelgas. La actitud antiobrerista se acentuó en el periodo del Maximato, con lo que se incrementó la oposición obrera a los gobiernos dirigidos por el general Calles.

Un movimiento sindical de características especiales fue el del sindicato de inquilinos, encabezado por Hernán Proal, que en 1922 y 1923 organizó varias huelgas de pagos de alquileres en Veracruz, con gran participación popular.

Cultura y educación, desde la Revolución hasta 1934

El pensamiento y la vida artística. Durante y después de la Revolución, políticos, intelectuales y artistas discutieron apasionadamente las vías para el desarrollo nacional, estudiaron experiencias y tendencias de otros países y buscaron la forma de aprovecharlas según las condiciones de México. La riqueza del arte popular, la belleza del país y las inquietudes innovadoras en el medio cultural atrajeron numerosos pensadores y artistas de todo el mundo.

Muchos creadores de arte sostenían ideas revolucionarias, frecuentemente más allá de las proclamadas por el gobierno, y no fueron pocos los que militaron temporal o permanentemente en el Partido Comunista. Había una intensa búsqueda de la identidad nacional que dio lugar a la formación de arquetipos como el charro del Bajío y la "China poblana", así como del revolucionario encarnado en Villa y Zapata. El poeta Ramón López Velarde realizó una importante obra literaria de tendencia nacionalista. También se insistió en las raíces indígenas de México, en la incorporación al arte de elementos de cultura popular y en la identificación con toda América Latina. El escudo de la Universidad Nacional, creado por Vasconcelos, simboliza esta unidad con el contorno del subcontinente, el águila mexicana y el cóndor de los Andes.

La obra de los pintores muralistas, entre quienes destacaban José Clemente Orozco, David Alfaro Siqueiros, Diego Rivera, Fermín Revueltas, Xavier

Guerrero, Rufino Tamayo y otros, alcanzó reconocimiento mundial y se prolongó durante un largo periodo, con diferentes expresiones y técnicas. Muchos de sus trabajos, con los que decoraron edificios públicos como el Palacio Nacional, la Secretaría de Educación Pública, la capilla de Chapingo, el Palacio de Gobierno de Jalisco, el Anfiteatro Bolívar de la Universidad Nacional y también edificios privados, en el país y en el extranjero, enaltecían las luchas populares y expresan claramente sus ideas políticas.

Una generación importante fue la de "Los Contemporáneos", llamada así por la revista del mismo nombre, cuya actuación abarcó de 1930 a mediados de la década siguiente. Destacaron entre sus miembros Carlos Pellicer, Enrique González Rojo y Jaime Torres Bodet, cuya obra se prolongó más allá del periodo señalado e influyó poderosamente en la creación literaria y poética posterior.

En la década de los treinta aparecieron nuevas organizaciones artísticas y empezó a desarrollarse el cine sonoro, temas que se abordan en el capítulo dedicado al periodo de 1934 a 1940.

Entre los escritores, de cuyas obras sólo se mencionan algunas, sobresalían Mariano Azuela (*Los de abajo*), Martín Luis Guzmán (*El Águila y la Serpiente*, *La sombra del Caudillo*) y José Vasconcelos con sus libros autobiográficos que expresaban su decepción por la vida del país (*Ulises criollo*).

En la creación musical fueron notorios, entre otros, Julián Carrillo, Silvestre Revueltas, Manuel M. Ponce, Guti Cárdenas y Carlos Chávez, los últimos reflejando una notoria influencia de la música popular. La obra del compositor y cantante Agustín Lara gozó de gran aceptación.

En el campo filosófico hubo asimismo expresiones notables. El multifacético José Vasconcelos, en la fase optimista de su vida, planteó la fusión de todos los grupos humanos en la "raza cósmica", tesis totalmente opuesta a las ideas de discriminación racial frecuentes en su momento y que tuvieron una culminación trágica en la acción del nazismo alemán.

Otro pensador importante fue Antonio Caso, quien cuestionó severamente las verdades aceptadas en su tiempo y defendió la libertad de cátedra como principio básico de la vida universitaria.

La educación. Al caer el gobierno porfirista, más del 80% de la población era analfabeta y sólo tenían un buen nivel académico la Universidad Nacional, algunos centros de investigación y pocos institutos en los estados. Para llevar instrucción al campo, el gobierno de León de la Barra creó las "escuelas rudimentarias", llamadas después "fábricas de zapatistas" por la orientación que tomaron durante la revolución armada. Las sucedieron las "casas del pueblo", los "maestros misioneros" que recorrían los pueblos y las escuelas rurales. Además de realizar labores de enseñanza participaban en los movimientos agraristas y combatían a los caciques y la explotación, por lo que sufrieron frecuentes agresiones.

La supresión del Ministerio de Instrucción Pública en 1917 dejó las escuelas a cargo de los municipios, que las atendían escasamente y mantenían en ellas la tradición del porfirismo o de la orientación religiosa.

Bajo la presidencia de Obregón se creó en 1921 la Secretaría de Educación Pública, orientada a fortalecer la enseñanza laica y el espíritu nacional, por encima de regionalismos. Con su primer titular, José Vasconcelos, se crearon escuelas normales y de instrucción técnica para trabajadores de la industria y del campo, y se tomaron otras medidas de alfabetización y educación. Esta labor continuó durante los periodos siguientes, disminuyendo el grave retraso educativo existente.

Entre los maestros y en grandes sectores del movimiento sindical tomaba fuerza la "escuela de la acción", basada en un criterio científico ajeno a doctrinas religiosas y en la iniciativa de los maestros así como la actividad de los alumnos.

A pesar de los esfuerzos realizados, sólo una minoría de la población tuvo acceso a la enseñanza y ésta, en general, seguía atrasada en sus métodos y conceptos.

18. Grandes cambios (1934-1940)

El rompimiento del Maximato. En 1929 habían terminado las amenazas militares contra el régimen, al firmarse la paz con los cristeros y fracasar la rebelión encabezada por el general Escobar. Sin embargo, la calma era más aparente que real: las formas de control establecidas desde 1917 se habían erosionado, al perder autoridad entre sus afiliados los dirigentes sindicales oficialistas y crecer la insatisfacción de los campesinos que veían burladas sus esperanzas, así como por el descontento de dirigentes locales y de sectores del ejército. A esto se añadía el deterioro de las condiciones de vida causado por la crisis económica mundial.

Durante el Maximato, los terratenientes, los empresarios y el poder que el "Jefe Máximo" ejercía a través de los presidentes habían acentuado las medidas de represión, combinadas con la corrupción de dirigentes y la atención cada vez menor a las necesidades populares. Todo parecía indicar que esta tendencia se acentuaría en el periodo gubernamental siguiente.

El general Lázaro Cárdenas fue escogido por Calles y el PNR, obediente a éste, como candidato a

---

Lázaro Cárdenas

Lázaro Cárdenas del Río (1895-1970) dejó en 1913 su trabajo de tipógrafo para incorporarse a las tropas constitucionalistas. Participó en diferentes acciones armadas durante la Revolución, donde se incorporó a las fuerzas comandadas por el general Calles y posteriormente combatió contra varias sublevaciones, entre ellas la cristera. Muy joven ascendió al grado de general.

En 1925 fue designado jefe del Sector militar de Tampico, donde rechazó el apoyo que le ofrecieron las empresas petroleras para su comodidad personal. Ahí pudo darse cuenta en forma directa de la discriminación sufrida por los trabajadores mexicanos, mientras los especialistas extranjeros disponían de múltiples facilidades.

En septiembre de 1928 tomó posesión como gobernador de su estado natal, Michoacán, donde repartió tierras, abrió escuelas y fomentó la organización de obreros y campesinos. También desempeñó distintos cargos en el gobierno federal y durante algún tiempo presidió el PNR.

Después de haber sido presidente de la República, a pesar de su popularidad rechazó toda insinuación de establecer un nuevo maximato, pero siempre se manifestó a favor de los objetivos de la Revolución Mexicana y de mantener la paz en el país.

presidente para las elecciones de 1934. Cárdenas gozaba de prestigio en el ejército y los medios políticos y recibió el apoyo de los sindicatos de las grandes industrias, así como el de la Confederación General de Obreros y Campesinos de México (CGOCM), escindida de la CROM. Muchos pensaban que dotaría de nueva fuerza y popularidad al Maximato.

En la campaña electoral, más intensa que todas las realizadas anteriormente, Cárdenas fortaleció sus contactos con múltiples sectores sociales. Prometía aplicar durante su gobierno un "Plan Sexenal" en atención a las principales demandas populares, aunque amplios sectores pensaban que sólo se trataba de un conjunto de promesas "a olvidar después". El general Cárdenas tomó posesión de la presidencia el primero de diciembre de 1934 y demostró pronto su decisión de cumplir sus compromisos.

Las huelgas y otros conflictos laborales se incrementaron considerablemente durante la campaña electoral y en los primeros meses del régimen de Cárdenas, impulsados por la mala situación económica y por las esperanzas despertadas por las actitudes del abanderado del PNR. Se vio afectada, entre otras empresas, la principal compañía petrolera, "El Águila", de propiedad inglesa, y hubo frecuentes paros obreros de solidaridad con los trabajadores en lucha, provocando especial irritación entre los dueños de las fábricas.

El general Calles pasó a la acción pública a mediados de 1935, mediante una entrevista periodística ampliamente difundida, condenando las huelgas y la tolerancia de éstas por el presidente. Los callistas, mayoría en el Congreso, en la dirección del PNR y entre los secretarios del gobierno, apoyaron entusiastas al "Jefe Máximo".

En respuesta, las principales organizaciones obreras se movilizaron en apoyo a la política que seguía el nuevo mandatario. La CGOMC, la CSUM, los sindicatos de electricistas, ferocarrileros, telefonistas, minero-metalúrgicos y otros organizaron de inmediato el "Comité Nacional de Defensa Proletaria", que realizó importantes acciones contra las pretensiones callistas. El Partido Comunista, de considerable influencia en las organizaciones campesinas y obreras, se sumó al apoyo a Cárdenas, abandonando su anterior política expresada en el lema "con las masas cardenistas sí, con Cárdenas no".

Además de los obreros, el presidente contaba con el respaldo de los maestros, estrechamente vinculados a los campesinos, de fuertes sectores agraristas y de algunos diputados y senadores. Los gobernadores y los jefes militares, estos últimos designados por el presidente aunque provenientes del callismo, también le fueron leales. Basándose en tales fuerzas, Cárdenas exigió su renuncia a los miembros del gabinete, en su mayoría partidarios de Calles y, una semana después de las declaraciones de éste, pudo formar un nuevo gobierno.

Calles salió "de vacaciones" y poco tiempo después de regresar al país fue acusado de participar en intentos subversivos. Varios senadores y diputados fueron desaforados y algunos jefes militares y otros funcionarios sufrieron la destitución. En 1936, Calles fue expulsado del país junto con Morones y otros de sus incondicionales, terminando así el Maximato para dar lugar al poder presidencial, basado en un amplio respaldo popular.

El país se transforma

El campo y los campesinos. Entre 1915 y 1934 se habían entregado a 900 mil campesinos aproximadamente 10 millones de hectáreas, en su mayor parte de tierras pobres. La propiedad del campo seguía concentrada en las haciendas, algunas de las cuales utilizaban técnicas modernas, principalmente en cultivos destinados a la exportación, mientras otras aplicaban formas atrasadas de trabajo, basadas en la fuerza manual de los peones. Grandes extensiones, sobre todo en el Norte, eran de propiedad extranjera. El gobierno y los grupos empresariales consideraban que sólo la hacienda podía ser altamente productiva.

Durante el sexenio cardenista cambió radicalmente la situación. Los grandes centros agrícolas de La Laguna (Coahuila), la zona henequenera de Yucatán, Lombardía y Nueva Italia (Michoacán), el valle del Yaqui (Sonora) y Los Mochis (Sinaloa), además de múltiples haciendas en otras regiones, pasaron a manos de los campesinos. Hacia el final del periodo, casi la mitad de las tierras productivas era propiedad ejidal, aunque subsistían numerosas haciendas entre las que destacaban las dedicadas a la ganadería y cientos de miles de campesinos seguían esperando los beneficios de la reforma agraria.

Se repartieron aproximadamente 18 millones de hectáreas, entre más de 700 mil ejidatarios quienes podían vivir de su trabajo independiente y ya no se veían obligados a buscar un salario en las haciendas.

> **La Laguna**
>
> La Laguna, de rica producción algodonera, con centro en Torreón, Coahuila, fue la primera gran región agrícola entregada a los campesinos. En 1935 se fundó ahí el Centro Regional de Defensa Proletaria, afiliado al Comité Nacional que apoyaba al general Cárdenas. El mismo año encabezó la lucha de los 30 mil trabajadores de las haciendas, que declararon huelgas contra los empresarios del algodón. Estos manifestaron no contar con recursos para acceder a las demandas de sus asalariados, pero una comisión de expertos nombrada por el gobierno afirmó que sí tenían la capacidad necesaria.
>
> Los empresarios mantuvieron su negativa y en agosto de 1936 estalló la huelga general en la región, con la que se solidarizaron los sindicatos urbanos de la misma. Se produjeron disturbios y ante la amenaza al orden público intervino el presidente Cárdenas, quien decretó la expropiación de la mayor parte de las tierras, dejando a los antiguos propietarios el 30%, de buena calidad.
>
> Los nuevos ejidos se organizaron en forma colectiva y crearon una unión que, durante largo tiempo, fue exitosa y mejoró considerablemente las condiciones de vida de los campesinos.

Mejoró el nivel de vida de grandes sectores campesinos, al mismo tiempo que el suministro al mercado se incrementó poco o se estancó, produciendo alza de precios en las ciudades.

La reforma agraria fue frenada por algunos gobernadores, como Miguel Alemán en Veracruz y Maximino Ávila Camacho en Puebla. En muchas regiones tuvo que enfrentarse a las "guardias blancas", armadas por los hacendados. Para que los ejidatarios pudieran defender las tierras obtenidas se organizaron "defensas agrarias", subordinadas al ejército, cuyos efectivos numéricos superaron.

Los campesinos también recibían asesoría técnica y créditos, especialmente los ejidos colectivos cuya organización se fomentó con el fin de facilitar el uso de técnicas avanzadas y evitar que la producción destinada al consumo personal sustituyera a la dirigida hacia el mercado. A pesar de la insuficiencia de los recursos disponibles, la falta de experiencia de ejidatarios y funcionarios, los frecuentes errores que se cometieron y los abusos de dirigentes, autoridades locales, estatales y federales, cambió profundamente el ánimo de los campesinos. Al haber triunfado en su lucha por la tierra y disponer de medios para trabajarla, por primera vez desde la Conquista tenían la posibilidad de participar realmente en las principales decisiones acerca de sus propias vidas.

Las reformas en el campo se realizaron generalmente a petición o por exigencia de movimientos campesinos locales. En agosto de 1938, a iniciativa del presidente Cárdenas, se constituyó la Confederación Nacional Campesina que agrupó a casi todas las organizaciones del ramo y cuya dirección nacional siempre estuvo directamente subordinada a la presidencia de la República, sin lograr la estabilidad que alcanzaron las directivas sindicales.

Los obreros. A principios de 1936 se produjo un enfrentamiento nacional entre la clase obrera y la empresarial, con importantes huelgas en Monterrey y en el Distrito Federal. El gobierno declaró lícitas las huelgas y justificadas las demandas económicas, a lo que los empresarios promovieron una gran manifestación en Monterrey contra el comunismo que supuestamente se apoderaba del país a través del Comité de Defensa Proletaria. Éste, a su vez, organizó la solidaridad de los trabajadores de todo el país con sus compañeros en lucha. Los empresarios declararon no poder trabajar en estas condiciones, pero Cárdenas manifestó que el país no iba al comunismo y, si los dueños estaban cansados, podían entregar las fábricas a los obreros. Los capitalistas cedieron momentáneamente.

En el mismo año se fundó la Confederación de Trabajadores de México (CTM), constituida sobre la base del Comité Nacional de Defensa Proletaria, que agrupaba a la mayoría de los trabajadores sindicalizados. En su programa estaba la lucha por el socialismo, a largo plazo, y la alianza con el gobierno cardenista en lo inmediato. Muchas de las huelgas posteriores fueron exitosas, gracias al espíritu de lucha de los trabajadores así como a la tolerancia y, en ocasiones, el apoyo del gobierno. Se generalizaron los contratos colectivos de trabajo, lo que incrementó la fuerza de los trabajadores pero también los sometía a la voluntad de las direcciones de los grandes sindicatos.

El intento de incluir a los campesinos en la CTM fracasó, principalmente por la oposición del presidente Cárdenas quien manifestó que el gobierno tutelaría los intereses de éstos. Tampoco se permitió la sindicalización de los empleados bancarios. Asimismo, los trabajadores al servicio del Estado no pudieron integrarse al sindicalismo general.

De 1936 a 1940, la CTM estuvo encabezada por Vicente Lombardo Toledano, intelectual de larga tradición como líder obrero y fundador del Comité de Defensa Proletaria, sucedido por Fidel Velázquez, quien la dirigió hasta su muerte en 1997. La central sindical, sin dejar de tener algunas discrepancias con el gobierno cardenista, proporcionó a éste un importante apoyo para la realización de muchas de sus acciones, sobre todo en la nacionalización del petróleo.

En 1938 promovió la fundación de la Confederación de Trabajadores de América Latina (CTAL) que, bajo la presidencia de Vicente Lombardo Toledano, desempeñó un importante papel en la unificación de los obreros de la región y en su participación en la lucha contra el fascismo y el imperialismo. En la década de 1950 perdió importancia y se disolvió en 1962.

La economía llegó a ser menos dependiente del extranjero y se integró con mayor eficiencia. La producción, que había disminuido ligeramente entre 1930 y 1934, creció en un promedio de 4% anual. En el periodo fue especialmente importante el incremento en más de 50% de la actividad manufacturera. La burguesía nacional tuvo así un fuerte crecimiento y hubo también inversión extranjera a pesar de las nacionalizaciones.

La parte del gasto público destinada al aparato burocrático disminuyó y en cambio se dedicó una porción mayor al desarrollo económico, mediante la construcción de carreteras y obras de riego y el incremento del crédito para la agricultura. Esta política, junto con la ampliación del mercado nacional resultante de la reforma agraria y la mayor capacidad de compra de los

---

La Confederación de Trabajadores de México (CTM)

La CTM estaba constituida por organizaciones que realizaban asambleas frecuentes y cuyos dirigentes respondían ante sus afiliados, junto con otras dominadas por auténticos caciques. En su seno se produjeron muchas luchas y varios sindicatos industriales, como el minero-metalúrgico y el de electricistas, se separaron a los pocos años de la central.

En el Congreso de fundación de la CTM fue postulado para secretario de organización el comunista Miguel A. Velasco, sostenido por los sindicatos que contaban con la mayoría de trabajadores. Ante la amenaza de Fidel Velázquez de retirarse de la central junto con las numerosas organizaciones pequeñas que encabezaba, los comunistas, "en aras de la unidad de la clase obrera", retiraron la candidatura de su compañero y el puesto fue ocupado por Fidel Velázquez. Los sindicalistas comunistas, de importante participación en la fundación y en los primeros años de la organización, fueron desplazados de los puestos dirigentes y combatidos después violentamente.

Entre la mayoría de las directivas sindicales se extendió pronto la corrupción y éstas pasaron a depender del apoyo gubernamental y del uso de grupos de choque para reprimir a sus adversarios. La CTM siguió siendo la principal organización sindical del país, pero no pudo evitar que varios grupos importantes se escindieran de ella.

trabajadores, permitió el desarrollo industrial y comercial de las décadas siguientes.

El conflicto petrolero, iniciado tímidamente durante la presidencia de Madero y que se había manifestado con graves amenazas a México durante dos décadas, culminó dramáticamente con la nacionalización de las empresas del ramo en 1938.

La base legal para la medida se encontraba en el artículo 27 constitucional y contribuyeron de manera decisiva para ella las luchas de los trabajadores petroleros, quienes en los años veinte habían organizado sindicatos y conquistado contratos de trabajo, pero también habían sufrido repetidas derrotas a manos de las empresas que recibían el apoyo del poder público. En 1935, los obreros se unificaron en un sindicato nacional y exigieron la firma de un contrato colectivo.

Tras múltiples negociaciones, estalló la huelga general petrolera en mayo de 1937. El presidente, con el apoyo de la CTM, pidió a los trabajadores transformar el movimiento en un conflicto económico, sometiéndolo así al arbitraje gubernamental. La petición causó acaloradas discusiones en las secciones del sindicato y sólo fue aceptada por considerar que el gobierno no era incondicional de las empresas, como lo habían sido los anteriores.

La comisión de peritos nombrada por Cárdenas realizó un estudio profundo y opinó que las empresas podían satisfacer en parte las peticiones obreras, conclusión ratificada en un laudo (acuerdo) por la Junta de Conciliación y Arbitraje. Las empresas no sólo se negaron a acatar los acuerdos económicos, sino sobre todo exigieron reforzar su autoridad sobre los trabajadores.

Nacionalización del petróleo

El presidente Lázaro Cárdenas lee el decreto de expropiación de las empresas petroleras, el 18 de marzo del 1938.

La Suprema Corte de Justicia confirmó el laudo pero las compañías, confiadas en su poder nacional e internacional, rechazaron la decisión. Finalmente, el presidente Cárdenas decretó el 18 de marzo de 1938 la nacionalización de los bienes de las compañías petroleras, en vista de que la rebeldía de éstas atentaba contra la soberanía de la Nación. El país se unió en defensa de la decisión y, en una verdadera fiesta patriótica, miles de ciudadanos en todo el país entregaron dinero, alhajas y hasta cochinos y guajolotes para el pago de la indemnización a realizar.

La trascendencia de la nacionalización del petróleo es múltiple: permitió al país disponer de su enérgetico más importante y utilizarlo de acuerdo con sus necesidades, afirmó el respeto a la soberanía nacional y fortaleció la confianza del pueblo en su capacidad de acción y de decisión.

La cercanía de la guerra mundial que estallaría un año más tarde impidió a Estados Unidos intervenir militarmente en México, pero hubo graves problemas por la presión de las compañías expropiadas, las dificultades para vender el petróleo y la suspensión temporal de la compra de plata mexicana por el gobierno yanqui. A principios de 1940, México logró acordar con el grupo petrolero Sinclair la indemnización a éste, abriendo así el camino para el arreglo con las demás empresas.

Dos meses después de decretada la nacionalización se sublevó en San Luis Potosí el general Saturnino Cedillo, alentado por las empresas petroleras y otros sectores conservadores y anticardenistas, así como apoyado por asesores alemanes. El ejército, con el respaldo del movimiento obrero y de los agraristas, pudo dominar la sublevación en pocos meses. Muchos campesinos seguidores de Cedillo lo abandonaron al enterarse que no se trataba de abatir "el comunismo" sino de luchar contra el general Cárdenas, con cuya política agraria se sentían identificados.

Para manejar la industria se creó Petróleos Mexicanos (Pemex), que tuvo que superar graves obstáculos para la exportación de sus productos, la adquisición de materiales necesarios y por el retiro de los especialistas de las compañías expropiadas. Gracias al empeño de sus trabajadores y de los escasos técnicos nacionales, Pemex pudo suministrar al país los energéticos indispensables e impulsar la industrialización de la nación. Durante varios años, los trabajadores petroleros no pudieron mejorar su situación salarial.

La educación y la vida cultural. El artículo tercero constitucional en vigor de 1934 a 1945 establecía que "la educación que imparta el Estado será socialista [y permitirá] crear en la juventud un concepto racional y exacto del universo y de la vida social". Quedó confusa la interpretación del término "socialista", aunque se precisó que no se trataba de imitar el sistema soviético sino de sustraer la educación a los conceptos religiosos, extenderla a todo el pueblo, orientarla al fortalecimiento del nacionalismo y también a impulsar la conciencia clasista de obreros y campesinos.

La lucha por la educación

Manifestación de maestros contra las agresiones de "cristeros" y guardias blancas.

Se impulsó considerablemente la creación de escuelas, destinadas a la educación de los indígenas, primarias rurales y urbanas e instituciones de enseñanza media y superior. Entre éstas destacó el Instituto Politécnico Nacional, que debería arrebatar el privilegio de la cultura a la Universidad, considerada un bastión de los sectores privilegiados. Se fundaron los institutos Indigenista y de Antropología e Historia.

El magisterio, sobre todo el rural, constituyó un importante apoyo a la política cardenista, especialmente a la reforma agraria. En el campo hubo agresiones a los maestros y no pocos de ellos fueron desorejados o asesinados, tanto por las guardias blancas al servicio de los hacendados como por grupos que revivieron el movimiento cristero, al considerar atacada su religión. La jerarquía católica, a su vez, condenó duramente la orientación que la Constitución imprimía a la educación y exhortó a los padres de familia a rechazar la escuela pública.

En el sexenio cardenista continuó la gran actividad cultural y artística del periodo anterior, fuertemente impregnada por la situación política del país y del mundo. Desempeñó un importante papel la Liga de Escritores y Artistas Revolucionarios (LEAR), integrada por muchas de las personas más destacadas en la vida cultural del periodo. En 1937 se fundó el Taller de Gráfica Popular, ligado al movimiento obrero y a la lucha antifascista. Entre sus miembros destacaron Leopoldo Méndez, Pablo O'Higgins y muchos otros.

La obra de los pintores muralistas, ya destacada en los años anteriores, mantuvo su vigor que continuó durante varias décadas más.

El Estado realizó una importante labor editorial a través de los Talleres Gráficos de la Nación y de varias secretarías. En 1934, con el apoyo del gobierno, se fundó el Fondo de Cultura Económica que publicó múltiples obras, sobre todo de ciencias sociales pero también de literatura en general.

En la música continuaba la obra de los artistas que habían destacado en años anteriores, a quienes se sumaron, entre otros, Blas Galindo, Juan Pablo Moncayo y Carlos Jiménez Mabarak, quien propició la aparición de una generación de músicos ajenos a la preocupación nacionalista.

El cine, después de sus inicios a fines del siglo XIX, logró sus primeros películas sonoras importantes con *El compadre Mendoza* (1933) y *Vámonos con Pancho Villa*, acerca de la Revolución Mexicana. *Allá en el Rancho Grande* dio una visión distorsionada de la vida en el campo, *Flor Silvestre* y *Janitzio* se referían a la vida en provincia, el tema de la prostitución fue tratado en *La mujer del puerto* y *Santa*, el de los indígenas se abarcó en *La noche de los mayas* y el urbano se reflejó en la cinta *En tiempos de Porfirio Díaz*. En muchas de estas obras hubo una fuerte influencia del cineasta soviético Sergio Eisenstein, quien mostraba la belleza del paisaje mexicano, contrastándola con la pobreza y opresión del pueblo.

Samuel Ramos fue el iniciador de la "filosofía de lo mexicano", tratando de definir las características propias del pueblo de México en el que señalaba la búsqueda de identidad junto al afán de imitar otras culturas. Esta corriente de pensamiento recogió planteamientos psicológicos, sociológicos e históricos y provocó serios debates, prolongados durante varias décadas.

Organizaciones políticas y movimientos armados

Desde el triunfo del constitucionalismo, el fortalecimiento del Estado se había realizado mediante la unificación de las fuerzas provenientes de la Revolución en un solo partido (PNR) y la represión de rebeliones militares y populares. En cambio, en el periodo cardenista encontró su apoyo fundamental, además del ejército, en las organizaciones obreras y campesinas, muchas de ellas con capacidad de tomar sus propias decisiones, en algunos casos en forma democrática y en otros sujetos a dirigentes autoritarios.

La colaboración recibida por el gobierno fue política y, en algunos momentos, armada, como en el caso de las defensas rurales, ya mencionadas, y las milicias obreras organizadas en 1938 como reserva del ejército, para contrarrestar las amenazas a la nacionalización del petróleo, que fueron disueltas dos años después.

Los partidos. El entusiasmo producido por la expropiación de las empresas petroleras facilitó, en el mismo mes de marzo de 1938, la transformación del Partido Nacional Revolucionario (PNR) en Partido de la Revolución Mexicana (PRM), integrado por los sectores obrero, campesino, popular y militar. Aunque declaraba sostener los principios revolucionarios aplicados por el general Cárdenas, en la práctica siguió una política de moderación, apoyada por el propio presidente. En sus primeras medidas respaldó al gobierno contra la sublevación cedillista y pidió a los trabajadores abstenerse de realizar huelgas, para evitar mayores inquietudes.

Los empresarios estuvieron representados por las cámaras de industria o comercio, a las que tenían obligación de integrarse, y

---

El Partido de la Revolución Mexicana (PRM)

El PRM sintetizaba su programa en el lema "Por una democracia de trabajadores". En su seno se desarrollaron intensas luchas entre los partidarios de llevar más adelante las medidas adoptadas en los años anteriores y quienes pugnaban por detener las transformaciones.

La integración del PRM por organizaciones de masas le proporcionó una estrecha relación con el pueblo y le permitió pronto transformarse en un mecanismo de control sobre éste. El más dinámico de los sectores era el obrero, integrado por la CTM, la CROM ya liberada del callismo, la CGT y los sindicatos de minero-metalúrgicos y de electricistas; algunas de estas organizaciones se separaron más tarde del PRM. La Confederación Nacional Campesina, creada en agosto de 1938, constituyó el sector campesino. En diciembre del mismo año se fundó la Federación de Sindicatos de Trabajadores al Servicio del Estado (FSTSE), durante mucho tiempo el grupo predominante en el sector popular.

La incorporación al PRM de las fuerzas armadas como sector militar fue una forma de evitar que éstas hicieran política por su cuenta, como había sucedido durante mucho tiempo. En diciembre de 1940 se suprimió este sector, pero el PRM y después su sucesor, el PRI, siempre han llevado algunos jefes militares a cargos de elección.

por la Confederación Patronal de la República Mexicana (Coparmex), de afiliación voluntaria. Este sector social siempre tuvo gran peso, sin estar afiliado a algún partido.

Durante varios años, el Partido Comunista Mexicano fue el único en actuar fuera del PNR, pero aliado con éste y con el gobierno. En 1937 se fundó con antiguos militantes cristeros la Unión Nacional Sinarquista (UNS), que tuvo fuerza considerable entre los campesinos del occidente del país y fue denunciada frecuentemente como una agrupación anticardenista, potencialmente subversiva. También se formaron o reactivaron otros organismos, de escaso poder político pero que recogían la oposición a la orientación obrerista y colectivista del gobierno.

> **El Partido Acción Nacional (PAN)**
>
> El PAN fue fundado por el licenciado Manuel Gómez Morín, quien había colaborado con Calles en la formulación de las leyes bancarias. El PAN propugna la libertad de empresa, el respeto a la propiedad privada, la libertad de enseñanza y se opone a toda tendencia comunista o socialista. Aunque afirma no ser de clase ni estar ligado a la Iglesia católica, ha sido notoria la participación en sus órganos directivos de empresarios o representantes de éstos y de personas provenientes de organizaciones religiosas. Durante varias décadas sólo excepcionalmente pudo acceder a puestos de elección popular. Colaboró en muchos aspectos con el gobierno de Carlos Salinas de Gortari (1988-1994); en 1989 conquistó la gubernatura de Baja California y más adelante logró el mismo cargo en otros estados.

En 1939 se fundó el Partido Acción Nacional, de orientación semejante a la de la UNS pero que a diferencia de ésta tenía una base urbana, con influencia en las capas medias y altas de la población. Durante cinco décadas fue el partido de oposición de mayor relevancia en el país.

Movimientos armados. Durante el sexenio cardenista se produjeron diversas rebeliones, en su mayoría realizadas o apoyadas por grupos ligados a empresarios, hacendados o contrarios a la educación socialista. Estos últimos se expresaron en nuevos brotes de tipo cristero, dirigidos muchas veces contra los maestros rurales.

El gobierno combinó la represión armada de los movimientos subversivos con medidas políticas. En 1937 decretó la amnistía para todos los delitos cometidos contra las autoridades desde 1922, como una medida de pacificación nacional. Por otra parte, procuró acordar la paz con los sublevados que creían defender su religión, garantizándoles el respeto a sus bienes y su libertad personal. La política del cardenismo para lograr la calma del país estribaba sobre todo en la búsqueda de soluciones a los problemas populares.

La sublevación más importante durante el periodo fue la cedillista de 1938, apoyada por las empresas petroleras, que tampoco pudo poner en peligro real al gobierno de la República.

En los últimos dos años del sexenio cardenista se produjeron nuevos intentos de sublevación, posiblemente más con la intención de ejercer presión sobre el siguiente gobierno que de derribar al encabezado por el general Cárdenas.

La situación internacional y México, 1934-1940

El estallido de la crisis económica mundial, en 1929, había causado una tremenda miseria en todo el mundo, dando lugar al crecimiento de tendencias revolucionarias, alentadas también por la consolidación y los éxitos de la Unión Soviética.

El gobierno de Estados Unidos, encabezado por Franklin D. Roosevelt, emprendió grandes obras públicas y favoreció el incremento de los ingresos de los trabajadores lo que, junto con otras medidas, reanimó la economía. Al mismo tiempo proclamó la "política del buen vecino" para mejorar sus relaciones con América Latina y retiró las tropas yanquis que ocupaban Haití y Nicaragua, aunque no dejó de ejercer presiones diplomáticas y económicas.

En Alemania se aplicó una política distinta. Para combatir las tendencias revolucionarias, sectores conservadores entre los que destacaban los dueños de los monopolios fomentaron el ascenso al poder de Adolfo Hitler, quien llamó al organismo que creó y encabezó "Partido Obrero Nacionalsocialista Alemán" ("nazi"), como una afirmación de defensa de aspiraciones populares, cuyo carácter demagógico pronto se hizo evidente.

Una vez en el gobierno (1933), los nazis imitaron y llevaron a mayores extremos los métodos empleados por el fascismo italiano desde hacía diez años. Suprimieron los sindicatos, reprimieron toda oposición e insistieron en la "superioridad de la raza aria" y en la inferioridad de los pueblos resultantes de mezclas raciales, "ignorando" que no existen pueblos racialmente puros. Una expresión notoria de su política fue la persecución violenta contra judíos y gitanos, además de la aplicada a sus opositores políticos. Alemania pronto emprendió su rearme y preparó una guerra de expansión, como Hitler lo había anunciado desde 1920, al iniciar su carrera política.

En 1936 estalló en España una sublevación encabezada por el general Francisco Franco, inspirada en ideas fascistas, contra los intentos del gobierno de realizar una reforma agraria y reducir el poder de la Iglesia. La rebelión recibió el apoyo militar y económico de Italia y Alemania, mientras que la República, de amplia base popular, sólo contó con la ayuda de los gobiernos de México y la Unión Soviética y el concurso de sectores progresistas de todo el mundo. Acudieron también en su defensa voluntarios de muchos países, incluyendo a un grupo de mexicanos, organizados en las "Brigadas Internacionales". La República española fue vencida en tres años de sangrientas luchas.

Muchos sectores anticardenistas mexicanos, entre ellos la Unión Nacional Sinarquista y los rebeldes cedillistas, se inspiraron en los planteamientos nazis y franquistas y recibieron asesoría y apoyo de agentes de estos movimientos. Gran parte de la prensa mexicana los vio con simpatía, pero fueron repudiados por la mayoría del movimiento obrero y por las demás fuerzas progresistas.

La Unión Soviética, a su vez, realizando un tremendo esfuerzo logró grandes éxitos en la construcción de su industria y extendió el sistema escolar y de salud pública. Al mismo tiempo se concentró el poder en manos de su dirigente, José Stalin, y se desató una violenta represión contra sus adversarios, reales o supuestos.

La política internacional de México se distinguió por la defensa del principio de la soberanía nacional y de la no intervención. Miembro de la Sociedad de las Naciones desde 1931, aprovechó esta tribuna para denunciar las agresiones de Italia a Etiopía y de Alemania a Austria y protestó contra el ataque de la Unión Soviética a Finlandia, en 1939. También prestó ayuda al gobierno legítimo de España y permitió la participación de mexicanos en la defensa de éste.

En 1939, al ser derrotada la república española, Cárdenas ordenó la admisión de los vencidos. Se calcula que arribaron al país entre 15 y 20 mil personas, campesinos, obreros e intelectuales, la mayoría de los cuales optó por la nacionalidad mexicana. Fue valiosa su aportación a la vida nacional en muchos aspectos, entre ellos el cultural, sobre todo a través de la "Casa de España" que agrupó a un importante núcleo de intelectuales y fue transformada, en 1940, en "El Colegio de México".

Un refugiado político de especial importancia, admitido contra la opinión de la CTM y el PCM, fue el revolucionario ruso León Trotsky, expulsado años antes de la Unión Soviética. A mediados de 1940 fue asesinado en México por un enviado de José Stalin, en un acto severamente condenado por Cárdenas y amplios sectores nacionales y mundiales.

En septiembre de 1939, el ejército germano invadió Polonia, iniciando la Segunda Guerra Mundial que terminaría en 1945 con la derrota de Alemania y su aliado Japón.

Nueva moderación

Consumada la nacionalización del petróleo y derrotada la sublevación cedillista, y ante nuevas dificultades en la economía, el gobierno tomó una actitud moderada para evitar un conflicto interno que podría desembocar en enfrentamientos armados de gran envergadura. El presidente Cárdenas reiteró que no existía intención alguna de dirigirse hacia el comunismo y reafirmó la defensa de la soberanía nacional y del mejoramiento del nivel de vida de las masas populares.

El Código Agrario de 1937 había establecido el respeto a las propiedades agrarias con un máximo de 150 hectáreas de riego y en mayo de 1940 se disolvieron las milicias obreras. El gobierno insistió en que las expropiaciones de empresas se habían realizado solamente por motivos específicos, pero no constituían una política general. En el marco de la misma orientación, el PRM pidió a los obreros no hacer huelgas.

En los movimientos previos a la campaña electoral de 1940 se manifestaron las tensiones entre las orientaciones en pugna. Por un lado se encontraban los partidarios de llevar más adelante la Revolución, encabezados por el general Francisco Múgica, amigo de Cárdenas desde hacía mucho tiempo y sucesivamente secretario de Economía y de Comunicaciones y Obras Públicas en el gobierno de éste. A ellos se enfrentó, en el seno del PRM, el ala moderada representada por el general Manuel Ávila Camacho, secretario de Defensa. La influencia del presidente inclinó la decisión a favor del último, Múgica retiró su precandidatura y en noviembre de 1939 el PRM proclamó candidato a la presidencia a Ávila Camacho.

Su principal adversario fue el general Juan Andrew Almazán, de larga trayectoria en puestos públicos, quien agrupó amplios sectores de las capas medias urbanas y no pocos obreros y campesinos contra el candidato del PRM. Uno de sus postulados fue la defensa de la pequeña propiedad campesina. La Unión Nacional Sinarquista y el PAN, sin pronunciarse abiertamente a favor de él, lo apoyaron.

Las elecciones se realizaron el 7 de julio de 1940, después de una violenta campaña. Ávila Camacho fue declarado triunfador, a pesar de las protestas de Almazán quien declaró, junto con la mayoría de la prensa, que las elecciones habían sido fraudulentas. Algunos de sus partidarios lo incitaron a rebelarse, pero no se decidió a ello. Con el gobierno del general Ávila Camacho se iniciaría otro periodo en la historia de México.

¿Qué significó el periodo cardenista?

Las medidas aplicadas durante el gobierno encabezado por el general Cárdenas, gracias a las profundas transformaciones llevadas a cabo y los severos enfrentamientos producidos, dejaron una permanente huella en el país. Lo esencial de su actuación no fue el uso de la fuerza, aunque ésta no se dejó de emplear, sino que estriba en las consecuencias producidas por sus actos. El reparto de la tierra, el respeto a las organizaciones obreras, las ventajas logradas por los trabajadores y la nacionalización del petróleo llevaron a amplios sectores populares a sentirse ligados al Estado, a considerarlo suyo y a acatar su autoridad, sin estar sujetos a un control impositivo.

Al mismo tiempo se fortaleció el gobierno, que en periodos posteriores sometió las organizaciones populares a un control estrecho. Es más: la destrucción del Maximato y las acciones realizadas entre 1934 y 1940 no sólo impulsaron el sentido de dignidad y autoestima de grandes masas del pueblo, sino también sentaron las bases para un largo periodo de estabilidad política y para la centralización del poder en manos de los posteriores titulares del Poder Ejecutivo.

En el aspecto económico los logros inmediatos fueron considerables y, al garantizar el suministro de energéticos e incrementar el mercado nacional, permitieron el crecimiento de la industria. La expansión de la educación, desde la primaria hasta la técnica, contribuyó también al desarrollo posterior, más allá de los conflictos provocados por su pretendida orientación socialista.

En conjunto se puede concluir que el periodo cardenista consolidó la Nación y mejoró considerablemente la situación de amplios sectores populares, dejando sin resolver muchos problemas, entre ellos el de la consolidación de la vida democrática, que se reflejaron posteriormente en nuevos cambios de orientación.

Resumen (1910-1940)

En 1910 estalló la Revolución, que en pocos meses derrumbó el edificio, aparentemente sólido, del gobierno de Porfirio Díaz. El gobierno electo después de la caída de Díaz, encabezado por Francisco I. Madero, se caracterizó por su actitud democrática. Trató de resolver pacíficamente los problemas políticos, pero no se abocó a la cuestión de los despojos de tierras sufridos por los campesinos, y sucumbió ante quienes querían un "porfirismo sin Porfirio Díaz" y los que exigían un cambio profundo. En sangriento golpe de Estado fue destituido por el general Victoriano Huerta, quien trató de restablecer el mismo tipo de régimen.

Dos grandes movimientos derrotaron al gobierno huertista, para entrar después en un violento choque entre sí. El primero fue el "constitucionalista", cuyo proyecto consistía en un Estado moderno que facilitara el desarrollo de las capas medias, encabezado por Venustiano Carranza. El otro, dirigido por los generales Francisco Villa y Emiliano Zapata, enarbolaba la demanda más sentida por los campesinos, la posesión de la tierra, y las de obreros y otros sectores pobres; durante algún tiempo tuvo gran apoyo popular y dominó una extensa región de la República, incluyendo la capital, pero fue derrotado y sus principales dirigentes murieron asesinados.

Tras varios años de duras luchas se impuso un gobierno bajo la jefatura de Venustiano Carranza. En 1917 se aprobó una nueva Constitución que recogía una parte de las demandas populares planteadas en su momento por el Partido Liberal Mexicano, los hermanos Flores Magón y los generales Villa y Zapata.

Los vencedores coincidían en el deseo de organizar un país fuerte, en el que se desarrollara un empresariado moderno. Entre ellos se enfrentaban dos tendencias fundamentales: una orientada a fortalecer el Estado, dispuesta a atender en lo indispensable las exigencias populares, y otra que buscaba el mismo fin apoyándose en los movimientos de masas formados durante la lucha armada y en los años posteriores a ésta.

El Estado mexicano se empezó a consolidar en medio de fuertes luchas entre los diferentes grupos provenientes de la Revolución. Durante 17 años se realizó un escaso reparto de tierra pero no se abolió el régimen de las haciendas. Hubo múltiples luchas obreras y de otros sectores populares, pocas de ellas exitosas. La economía se reanimó parcialmente, y el gobierno logró su reconocimiento internacional.

Carranza fracasó en 1920 en su intento por imponer su sucesor y fue asesinado durante una rebelión. Lo sucedieron en la presidencia los dos principales caudillos militares sobrevivientes de la Revolución, los generales Álvaro Obregón (1920-1924) y Plutarco Elías Calles (1924-1928). De 1926 a 1929, gran parte de la República se vio agitada por la sublevación cristera, de bandera religiosa.

Obregón, reelecto para el periodo de 1928 a 1934, fue asesinado antes de tomar posesión de su cargo, y el general Calles promovió la organización del Partido Nacional Revolucionario (PNR) en el que se fusionaron casi todos los múltiples partidos existentes. Bajo el dominio de Calles, llamado "Jefe Máximo de la Revolución", gobernaron Emilio Portes Gil (1928-1930), Pascual Ortiz Rubio (1930-1932) y Abelardo Rodríguez (1932-1934).

En el periodo que transcurrió entre la aprobación de la Constitución de 1917 y el ascenso al poder del general Cárdenas, en 1934, se dio impulso a la empresa privada, en gran parte mediante inversiones estatales y el control de los movimientos obreros, y se buscó el fortalecimiento de la independencia nacional.

En 1934 asumió la presidencia el general Lázaro Cárdenas, apoyado por Calles e impulsado por el ala más revolucionaria del PNR. Sustentado en amplios sectores populares y en el ejército, logró acabar en menos de dos años con el Maximato dirigido por Calles.

Durante los seis años del régimen cardenista, el Estado, basado en los maestros, las organizaciones obreras, los campesinos y el ejército, promovió grandes cambios económicos, políticos y sociales. Las principales haciendas fueron entregadas a los campesinos, los trabajadores tuvieron libertad para luchar por sus reivindicaciones y el gobierno impulsó o fundó instituciones para promover el desarrollo industrial. La industria más importante, la petrolera, fue nacionalizada con el apoyo entusiasta del pueblo, en una acción decisiva para la soberanía y la independencia económica de México. Las masas populares llegaron a sentirse identificadas con el Estado en forma más profunda que nunca antes.

A partir de la nacionalización del petróleo, el gobierno cardenista moderó su política revolucionaria, con el fin de consolidar las transformaciones realizadas y evitar el incremento de las tensiones que sufría el país.

Las grandes transformaciones realizadas de 1934 a 1940 facilitaron un crecimiento moderado de la economía nacional, basado en obras públicas, en la nueva situación de los campesinos, especialmente de los organizados en los ejidos colectivos y en un notorio crecimiento de las empresas particulares, sobre todo en el sector industrial. Las diferencias sociales se atenuaron pero no dejaron de ser importantes.

La vida cultural fue intensa, con importantes realizaciones en la música, la literatura, la pintura, especialmente la mural, y la cinematografía. Hubo importantes debates sobre la "esencia del mexicano" y se formaron estereotipos, representados fundamentalmente por el charro del Bajío y la "China poblana". El sistema escolar fue impulsado al ser creada la Secretaría de Educación Pública y se expandió considerablemente. De 1934 a 1940 se rigió por una orientación "socialista", que expresaba más bien la intención de que fuera científica y se extendiera a amplios sectores populares.

La situación internacional repercutió de manera importante en México. Con la Primera Guerra Mundial (1914-1918) aumentó el peso de Inglaterra y Estados Unidos en el mundo. En 1917 estalló la "Revolución de Octubre" en Rusia y se inició en ese extenso país, transformado en Unión Soviética, el intento de construir el socialismo. También se produjeron otras revoluciones en Europa y en muchas colonias. Los grupos gobernantes de la mayoría de los países lograron mantener el poder y reprimían las tendencias que consideraban subversivas.

En América Latina se dieron movimientos políticos o armados contra el predominio extranjero, de los que México fue considerado exponente y vanguardia.

La crisis económica mundial estallada en 1929 terminó con la modesta prosperidad lograda después de la Guerra Mundial. Grandes masas de trabajadores perdieron sus empleos y se acentuaron las contradicciones sociales e internacionales. En Alemania llegó al poder el partido nacionalsocialista (nazi), apoyado por el gran capital de su país, que reprimió violentamente toda protesta social y orientó su poder a la preparación de una nueva conflagración para ampliar sus dominios.

En 1939, Alemania agredió a Polonia, dando inicio a la Segunda Guerra Mundial, en que saldría derrotada junto con sus aliados, Italia y Japón, en 1945. El estallido de esta guerra coincidió con el final del gobierno cardenista.

No es fácil hacer una apreciación de conjunto del periodo que empieza con el estallido de la Revolución en 1910 y termina en 1938/1940, al concluir las transformaciones encabezadas por el gobierno del general Cárdenas. En lo fundamental, se puede observar que la participación activa del pueblo en la determinación de su destino fue muy intensa, en medio de luchas armadas, políticas y culturales. Se transformó profundamente el país, al romperse el predominio anterior de la propiedad latifundista, aunque ésta no dejó de existir, desarrollarse la industria, en gran parte en manos del Estado, y fortalecerse la conciencia nacional. El siguiente periodo partió de las nuevas condiciones creadas y de los problemas que no se habían solucionado, dando lugar a otros procesos y conflictos.

Sexta parte

Otro rumbo
(1940-1997)

19. ¿Cómo compartir el país? (1940-1982)

Durante las cuatro décadas posteriores al agitado periodo presidencial del general Cárdenas el gobierno afirmaba proseguir la Revolución de 1910, pero dejó de insistir en la defensa de las clases obrera y campesina para preconizar, en cambio, la unidad nacional. En los intensos debates y luchas políticas librados acerca del rumbo a tomar por el país y de las formas más adecuadas para incrementar la riqueza y distribuirla, no sólo se manifestaron las aspiraciones de los distintos grupos nacionales sino también, de manera importante, las cambiantes fuerzas enfrentadas en el mundo.

La relativa calma de los primeros treinta años se vio interrumpida por las huelgas obreras de 1958 y el movimiento estudiantil de 1968. En el lapso siguiente se intentó revitalizar la orientación iniciada entre 1940 y 1946, para desembocar finalmente en una crisis general que dio lugar a un nuevo cambio en la vida de la nación.

La situación internacional

En 1939 empezó la Segunda Guerra Mundial, al ser agredida Polonia por Alemania. Dos años más tarde se universalizó el conflicto, enfrentándose el "Eje" nazifascista encabezado por la Alemania hitleriana, Italia y Japón por un lado con los Estados Unidos, Gran Bretaña, la Unión Soviética y sus partidarios por el otro. El objetivo del primer grupo consistía en el dominio de Europa y de la costa occidental del Pacífico, con la perspectiva de alcanzar la hegemonía sobre toda la Tierra, a lo que añadió, desde 1941, el intento de destruir al país que se proclamaba socialista. Sus adversarios, a su vez, enarbolaban la bandera de la democracia y defendían sus propios territorios así como sus posesiones coloniales y esferas de influencia.

Los aliados antifascistas, apoyados por amplios sectores populares en todo el mundo, obtuvieron la victoria en 1945 gracias, sobre todo, al gran esfuerzo de la Unión Soviética que soportó el principal peso de la guerra en Europa, sufriendo la muerte de más de 20 millones de personas, y al potencial industrial y militar de los Estados Unidos, los que inauguraron la era nuclear al arrojar dos bombas atómicas sobre Japón, en los últimos meses del conflicto.

Para salvaguardar la paz se formó en 1945 la Organización de Naciones Unidas (ONU), que desempeñó y sigue realizando una importante labor en el fomento de la colaboración mundial en muchos aspectos, aunque no ha podido evitar el estallido de diversos conflictos y guerras locales.

Concluida la Guerra Mundial, se rompió la alianza de los vencedores para dejar su lugar a la "guerra fría" entre los países encabezados por Estados Unidos y el bloque dirigido por la Unión Soviética. En el enfrentamiento se aplicaron medidas económicas, políticas y culturales y se desarrolló una carrera armamentista que consumió enormes riquezas. En algunos conflictos bélicos, como los de Corea y Vietnam, se involucraron los problemas locales con la confrontación mundial.

El mundo se vio al borde de la guerra nuclear en 1962, cuando la Unión Soviética estacionó armas nucleares en Cuba ante la amenaza de que los Estados Unidos lanzaran un ataque militar contra la isla. El peligro fue conjurado al ser retirados por sus dueños estos misiles y comprometerse los Estados Unidos a no invadir al país antillano ni auspiciar una nueva intervención militar contra él, como la que habían promovido un año antes.

Entre 1945 y 1950, en varios países de Europa oriental se establecieron regímenes que emprendieron la construcción del socialismo, basados en la influencia adquirida por los comunistas en la lucha contra los ocupantes alemanes y en el apoyo que les prestaba el ejército soviético. En China triunfó una revolución encabezada por el Partido Comunista de ese país y la Revolución Cubana, victoriosa en 1959, tomó el mismo rumbo. Durante varios años, estos regímenes lograron importantes avances, superando graves dificultades y aplicando medidas dictatoriales, pero más tarde se estancaron y sufrieron un proceso de decadencia.

En la mayor parte del mundo se mantuvo la libre empresa, limitada en los países de alto desarrollo industrial por el "Estado de Bienestar" que, entre otras prestaciones sociales, amplió considerablemente la educación y los servicios de salud, respondiendo a demandas populares y con el fin de evitar el desarrollo de nuevas exigencias revolucionarias. También en muchos países de menor desarrollo se tomaron medidas del mismo tipo. Desde mediados de la década de 1970 retrocedió ese sistema.

La mayoría de las colonias, primero en Asia y después en África, obtuvieron su independencia y constituyeron el bloque de los "no alineados", que desempeñó un papel moderador en el conflicto de las dos grandes potencias.

Los países de América Latina intensificaron el proceso de industrialización iniciado en los años anteriores y trataron de fortalecer su independencia política y económica. En la mayoría de las naciones de América Central y del Sur predominaron dictaduras militares, apoyadas generalmente por los Estados Unidos, que reprimían violentamente a los movimientos populares, tachándolos de "comunistas".

Los gobiernos

Industrialización y nueva política nacional. El cambio de rumbo en México se perfiló desde el ascenso al poder del general Manuel Ávila Camacho, quien durante su campaña electoral había prometido dar seguridad a la propiedad privada y mantener la alianza con las organizaciones obreras y campesinas. Su declaración de ser creyente católico redujo la tensión con un importante sector y facilitó un nuevo fortalecimiento de la Iglesia católica. Un elemento que también propició la unidad nacional proclamada por el gobierno fue la alianza mundial antifascista, en cuya aplicación moderaron su actitud las fuerzas de izquierda como la CTM, la CNC y el Partido Comunista.

A pesar de haberse acordado entre los dirigentes obreros y empresariales, junto con el gobierno, esta tregua en las luchas sociales, no dejaron de producirse huelgas debidas al alza de los precios, pero su importancia fue inferior a la alcanzada en el periodo precedente. El reparto agrario continuó a un ritmo muy disminuido.

En la educación pública se suprimieron los anteriores postulados socialistas, cambio ratificado en 1946 por una modificación de la Constitución.

Por su parte, el conflicto internacional tuvo fuertes repercusiones en la República. México entró a la guerra contra Alemania en 1942, al ser hundidos por submarinos de ese país varios barcos mexicanos que llevaban petróleo a Estados Unidos. Su contribución a la lucha de los aliados consistió principalmente en evitar la actuación de los agentes del "Eje", suministrar mercancías a precios convenidos y suplir a los trabajadores norteamericanos reclutados por el ejército de su país. En los últimos meses del conflicto participó un destacamento de aviación, el "Escuadrón 201", en la lucha en el Pacífico.

Los Estados Unidos temían que Japón pudiera llevar a cabo acciones sobre su costa occidental y pidieron la colaboración de México

---

Presidentes de México, 1940-1982

General Manuel *Ávila Camacho*, 1940-1946.
Licenciado Miguel *Alemán* Valdés, 1946-1952.
Señor Adolfo *Ruiz Cortines*, 1952-1958.
Licenciado Adolfo *López Mateos*, 1958-1964.
Licenciado Gustavo *Díaz Ordaz*, 1964-1970.
Licenciado Luis *Echeverría* Álvarez, 1970-1976.
Licienciado José *López Portillo*, 1976-1982.

Todos los periodos presidenciales empezaron el 1o. de diciembre y terminaron el 30 de noviembre.

para enfrentar ese peligro. Ávila Camacho nombró comandante militar de la región al general Cárdenas, quien impidió la entrada de tropas norteamericanas e impuso que el servicio en las estaciones de radar que se contruyeron estuviera a cargo de personal mexicano, apoyado sólo temporalmente por expertos yanquis. El nombramiento de Cárdenas, quien después ocupó la Secretaría de la Defensa, facilitó la participación de sus partidarios en la política de Ávila Camacho y fortaleció la unidad nacional buscada por éste.

Con el fin de la guerra mundial en 1945 se afianzó la orientación iniciada en 1940. El gobierno del licenciado Miguel Alemán (1946-1952) amplió las garantías a la propiedad privada y favoreció la inversión extranjera, proveniente casi totalmente de Estados Unidos, complementada más tarde por capitales de otros países como Francia, Suiza, Alemania y Japón.

Se establecieron numerosas industrias de capital estatal y privado, dando lugar a la creación de empleos, la ampliación de los sistemas de enseñanza y de salud y a otros servicios que beneficiaban a amplios sectores populares. La riqueza de los grupos más adinerados creció rápidamente, al mismo tiempo que subsistía y se incrementaba una población cuyas condiciones de vida no mejoraron o llegaron inclusive a empeorar.

Ante la lucha de importantes sectores obreros por beneficiarse de las nuevas condiciones, el gobierno de Alemán y los posteriores a él corrompieron a dirigentes de trabajadores y, en varias ocasiones, utilizaron la fuerza pública para destituir directivas sindicales opuestas a su política, suprimiendo casi totalmente la democracia parcial existente en muchas de las organizaciones. Se canceló así la posibilidad de que las fuerzas obreras participaran en la orientación de la economía nacional, como se había pactado entre la CTM y los industriales, y fue el sector empresarial quien pudo imponer, en lo fundamental, sus intereses.

En 1958 se produjeron importantes movimientos de trabajadores en busca de mejoras salariales, que pronto pasaron a la exigencia de democracia sindical y lograron temporalmente imponer las directivas sindicales de su decisión. En el mismo año, fuertes sectores campesinos del noroeste, occidente y centro del país exigieron la continuación del reparto de tierras, mediante invasiones de haciendas y otras formas de lucha.

Diez años más tarde, la República se vio sacudida por un movimiento estudiantil que expresaba sobre todo el descontento de las capas medias de la población. El gobierno del presidente Gustavo Díaz Ordaz lo reprimió violentamente, terminando la aparente armonía social que regía hasta el momento.

El licenciado Luis Echeverría Alvarez, quien asumió la presidencia el primero de diciembre de 1970, se distanció de la política de su antecesor y trató de cerrar la brecha abierta por el conflicto de 1968 entre el gobierno y grandes sectores de la población. Para ello, tomó medidas a favor de los campesinos y de otros sectores de escasos recursos, que resultaron poco exitosas, e incrementó los presupuestos destinados a la enseñanza superior y técnica.

Varios de los presos del 68, ya liberados, promovieron la creación de partidos de orientación progresista, dando así un nuevo impulso a la vida política. En la clase obrera se manifestó una fuerte aspiración por democratizar los sindicatos, se formaron nuevas organizaciones fuera del control oficial, en muchos casos con el apoyo de grupos estudiantiles. No obstante, la situación entre los trabajadores cambió escasamente.

Algunos grupos, convencidos de que sólo la acción revolucionaria armada podía mejorar la situación del pueblo, formaron movimientos guerrilleros, reprimidos después de varios años de lucha.

El gran capital nacional, encabezado por el de Monterrey, repudió las supuestas tendencias socialistas de Echeverría y procuró desprestigiarlo. Contribuyó a ello que, para realizar su política, el gobierno incrementó considerablemente la deuda pública y se vio obligado a devaluar el peso en 1976, el último año de su gestión.

Al tomar posesión de la presidencia el licenciado José López Portillo, el primero de diciembre de 1976, puso en práctica la política preconizada por el Fondo Monetario Internacional y otras instituciones financieras mundiales. De acuerdo con ellas, redujo el gasto gubernamental para disminuir el endeudamiento público e impidió que los salarios se incrementaran al ritmo de la subida de los precios, mientras las empresas gozaron de amplia protección.

El petróleo parecía ofrecer en esos años una solución a los problemas de la economía nacional; su cotización internacional era muy elevada y se habían encontrado grandes yacimientos en aguas mexicanas frente a Campeche. La administración concertó fuertes préstamos para aprovechar estos recursos e impulsar más la industrialización, pero los precios del energético se derrumbaron a partir de 1981, haciendo imposible el pago de las obligaciones contraídas. Las reservas de dólares del Banco de México bajaron, muchos inversionistas sacaron su capitales del país y empezó un nuevo periodo de devaluación de la moneda.

El primero de septiembre de 1982, tres meses antes de terminar su gestión, López Portillo decretó la nacionalización de la banca, para encauzar los recursos disponibles en interés de la nación y evitar más salidas de ellos. La medida provocó una gran hostilidad de inversionistas nacionales y extranjeros y no logró los resultados buscados. Durante el sexenio siguiente se admitió nuevamente la participación del capital privado en los bancos, para reprivatizarlos finalmente a principios de la década de los noventa.

México y el mundo. La política internacional de México durante la Segunda Guerra Mundial (1939-1945) fue de participación en la alianza mundial antifascista, correspondida internamente por la "unidad nacional" proclamada por Ávila Camacho. La lucha común contra el nazifascismo facilitó superar varias dificultades surgidas a raíz de la nacionalización del petróleo en 1938, entre ellas el problema de la indemnización a las empresas expropiadas.

En los últimos meses de la guerra, México participó activamente en la fundación de la Organización de Naciones Unidas (ONU). En reuniones de los países americanos defendió el desarrollo de la industria nacional y se opuso a la pretensión estadounidense de abrir todo el continente al libre comercio.

Al estallar la llamada "Guerra fría", después de la Segunda Guerra Mundial, los Estados Unidos formaron una red internacional de alianzas militares, integrada por la Organización del Tratado del Atlántico del Norte ("OTAN") y otros acuerdos militares. En el marco de ese sistema, los estados americanos celebraron en 1947 el "Tratado Interamericano de Asistencia Recíproca" ("TIAR" o "Tratado de Río de Janeiro").

La participación de México en el "Mundo occidental", opuesto al "socialista", reforzaba la política aplicada con intensidad desde la presidencia del licenciado Alemán, de combatir la influencia comunista y reprimir también diversas tendencias opositoras, sindicalistas, agraristas y culturales, a pesar de que muchas de ellas no perseguían objetivos socialistas. Las autoridades, los dirigentes empresariales y la jerarquía católica solían atribuir las inquietudes sociales a una "conspiración comunista internacional", lo que constituyó una causa importante de la actuación del presidente Díaz Ordaz en el conflicto de 1968.

Al mismo tiempo, el gobierno mexicano adoptaba medidas en defensa de la soberanía nacional, ampliando sus relaciones internacionales y procurando la diversificación de su comercio con Europa y otras regiones del mundo. Un aspecto notorio de esta política fue el apoyo a los derechos y la soberanía de varios países latinoamericanos, como sucedió ante una sublevación auspiciada por Estados Unidos que destruyó el régimen democrático de Guatemala, en 1954. Asimismo, México condenó la intervención yanqui a la República Dominicana (1965) contra una revolución triunfante que pretendía restaurar la vigencia de la constitución democrática de ese país y también se manifestó solidario con la lucha de Panamá por recuperar el dominio de la zona del canal que atraviesa su territorio.

Gran repercusión tuvo el triunfo de la revolución encabezada por Fidel Castro en Cuba (1959), cuya orientación a favor de la soberanía política y el desarrollo económico provocó la hostilidad de Estados Unidos. Frente a ésta, el gobierno cubano concertó una alianza con los países socialistas, ante lo cual la Organización de Estados Americanos (OEA) decretó la expulsión de la "isla rebelde" del sistema continental, por ser "incompatible con los ideales democráticos". México, sosteniendo el principio del respeto a la soberanía nacional, fue el único país de América Latina en mantener sus relaciones diplomáticas con la nación "expulsada".

En Chile, Salvador Allende triunfó en las elecciones presidenciales de 1970 con un programa democrático y nacionalista. De inmediato fue atacado por fuerzas internas y por el gobierno de Estados Unidos, hasta ser derrocado y muerto mediante un golpe militar tres años más tarde. México colaboró con el gobierno de Allende y, en su momento, condenó severamente el golpe de Estado que lo derribó.

En 1979, una revolución popular derrocó la prolongada dictadura de la familia Somoza en Nicaragua y el gobierno mexicano se mostró solidario con el nuevo régimen, prosiguiendo una antigua tradición de amistad con el país ístmico. Aplicando medidas económicas y diplomáticas defendió el derecho de éste a darse el régimen de su preferencia, contra la hostilización que sufría de parte del gobierno norteamericano, el cual temía el establecimiento de un nuevo estado "comunista" en el continente. Finalmente, diez años después de la subida al poder de la revolución en Nicaragua, el gobierno de ese país fue entregado pacíficamente a una coalición conservadora, triunfante en las urnas electorales.

Amplios sectores mexicanos vieron con entusiasmo la conquista de la independencia de casi todas las naciones asiáticas y africanas, entre 1947 y 1965. El gobierno mexicano presidido por Echeverría obtuvo la aprobación por la ONU de la "Carta de Derechos y Deberes Económicos entre los Estados", en la que se prescribían medidas de colaboración entre los países llamados subdesarrollados y de apoyo a su crecimiento por las naciones avanzadas, pero los efectos de ese acuerdo fueron escasos.

En la década de los setenta, México recibió un grupo considerable de refugiados políticos que huían de los golpes de Estado en Chile, Uruguay, Brasil, Argentina y otros países americanos. Muchos de estos asilados dieron aportaciones valiosas a la cultura del país, como décadas antes lo habían hecho los republicanos españoles.

Con su actuación, México obtuvo un gran prestigio internacional, sobre todo en América Latina, provocando por otra parte el disgusto del gobierno de Estados Unidos, al oponerse, aunque con poco éxito, a la política yanqui de impulsar la libertad de comercio y promover su autoridad en el mundo, especialmente en América Latina.

La vida cambia

Capitalismo de Estado e iniciativa privada. Al terminar el periodo presidencial de Lázaro Cárdenas rivalizaban en la economía de México el sector estatal, el "social" y el de las empresas privadas. El primero estaba integrado fundamentalmente por los ferrocarriles, la industria petrolera y la Comisión Federal de Electricidad que suministraba energía a muchos estados, y por los grandes sistemas de riego. El Estado era también propietario de un extenso conjunto de bancos, encabezado por el Banco de México e integrado además por instituciones de fomento, entre las que sobresalían la Nacional Financiera y establecimientos destinados al apoyo de los ejidos.

El sector "social", a su vez, había sido impulsado fuertemente durante el periodo cardenista. Lo integraban los ejidos colectivos, orientados hacia el mercado y empeñados en superar sus problemas iniciales de organización. Había numerosas cooperativas, dedicadas a la pesca, el periodismo y otras actividades, favorecidas en muchos aspectos por leyes protectoras. También participaba en este sector una multitud de campesinos poseedores de pequeñas parcelas, generalmente de tierras pobres, que producían fundamentalmente para su propio consumo y participaban escasamente en la vida comercial.

La mayor parte del aparato económico estaba en manos de la iniciativa privada, integrada por empresarios poderosos, medianos o pequeños, además de un gran número de propietarios de establecimientos minúsculos, como talleres o comercios atendidos por sus dueños y las familias de éstos, a veces con el apoyo de unos cuantos trabajadores o empleados.

El núcleo más poderoso entre los industriales particulares era el de los empresarios de Monterrey, dedicados a la metalurgia, la producción de cerveza, envases de vidrio, cartón y otras mercancías. Había asimismo importantes fábricas de propiedad privada, entre las que sobresalían las textiles. El Distrito Federal y sus alrededores recibían energía eléctrica de la "Mexican Light and Power Co." (transformada después en "Compañía de Luz y Fuerza del Centro").

Algunas ramas del comercio al mayoreo estaban en manos de grupos poderosos, había varias grandes tiendas departamentales y una multitud de establecimientos medianos, pequeños y minúsculos.

Los bancos y demás instituciones financieras, cuya propiedad estaba reservada a inversionistas nacionales, desempeñaban un importante papel en la economía.

En las cuatro décadas posteriores a 1940 se produjo un vigoroso crecimiento económico, designado a veces el "milagro mexicano". El Estado intervenía activamente en las actividades productivas, comerciales y financieras, creando o desarrollando numerosas empresas, sobre todo en los periodos presidenciales de Díaz Ordaz y de Echeverría. Las décadas de los cincuenta y sesenta fueron tituladas de "desarrollo estabilizador", caracterizado por un lento incremento de los precios y escasa desocupación, con un clima político tranquilo en lo general, roto por el movimiento de 1968.

El gobierno estableció "corredores industriales" para fomentar la industrialización de distintas zonas del país, entre ellas en El Bajío de Guanajuato, realizó una intensa actividad de construcción de carreteras, creó sistemas de riego que beneficiaron varios millones de hectáreas y fundó o adquirió industrias con el propósito de integrar adecuadamente el aparato productivo

Se construyeron carreteras modernas

Las "Torres de Satélite" señalan el arranque de la autopista de México a Querétaro.

nacional. En este último aspecto destacaron la creación de empresas como "Altos Hornos de Monclova" (después "de México"), la siderúrgica "Lázaro Cárdenas" en Michoacán, y el impulso a la Comisión Federal de Electricidad a la que se incorporaron en 1960 las empresas locales del ramo y la Compañía de Luz y Fuerza del Centro, adquiridas por el gobierno. También se contaban entre las empresas estatales, entre otras, minas de plata, carbón, cobre y de mineral de hierro.

Para evitar la desocupación de trabajadores, el gobierno adquirió diferentes empresas que sufrían problemas económicos y logró sanear algunas de ellas.

De gran importancia fue la actividad de Petróleos Mexicanos, cuyas funciones de exploración, explotación, refinación y suministro se vieron completadas por la producción petroquímica. Además de dar una fuerte aportación al erario na-

Petroquímica

Petróleos Mexicanos construyó instalaciones para la producción de petroquímicos. Actualmente el gobierno busca la participación de inversionistas privados en gran parte de esta industria.

cional mediante los impuestos que pagaba y de prestar servicios sociales en sus centros de acción, durante mucho tiempo suministró sus productos a precios inferiores a los del mercado internacional. Por otra parte, debe mencionarse que sus trabajos produjeron considerables daños a la ecología, sobre todo en las zonas de los pozos petroleros, como Tabasco y Campeche.

En el estado de Hidalgo se construyó Ciudad Sahagún, donde se producía maquinaria para la industria, carros de ferrocarril y posteriormente para el metro, así como automóviles y camiones. Varias de las fábricas de este núcleo industrial fueron establecidas por empresarios privados y adquiridas después por el gobierno federal, mientras que otras eran de fundación gubernamental.

En lo referente a servicios, las autoridades incitaron a las dos compañías de teléfonos existentes a conectar entre sí sus redes y posteriormente adquirieron la mayoría de acciones de la nueva empresa, "Teléfonos de México". También crearon la "Comisión Nacional de Subsistencias Populares" ("Conasupo"), encargada de adquirir productos agrícolas esenciales como maíz y trigo a un precio de garantía fijado por el gobierno y de regular el suministro de artículos básicos para el consumo popular, o importarlos si la producción nacional era insuficiente. En determinados casos, Conasupo canalizaba subsidios a los precios de éstos con el fin de evitar alzas especulativas de los mismos.

Se fundó en 1943 el Instituto Mexicano del Seguro Social para brindar servicios médicos y pensiones de vejez o invalidez a los trabajadores y en 1959 se estableció con características semejantes el Instituto de Seguridad y Servicios Sociales de los Trabajadores del Estado (ISSSTE).

Con el fin de proporcionar vivienda a los sectores de ingreso medio y bajo, diversas dependencias gubernamentales construyeron multifamiliares y otros tipos de habitación. Grupos de personas de escasos recursos, a su vez, fundaron numerosos asentamientos, en ocasiones autorizados o también, con frecuencia, enfrentándose a desalojos y otras represiones. Muchos de estos poblamientos fueron legalizados después, pero en general tardaban tiempo en poder disponer de servicios como agua y drenaje.

Frecuentemente se criticaba el gasto originado por las empresas públicas acusando al gobierno de ser mal administrador, sin tomar en cuenta que la finalidad de ellas no era la obtención de ganancias sino el mejoramiento de las condiciones de vida de los sectores de escasos ingresos. A su vez, estas medidas, además de proporcionar ciertas facilidades a la población modesta, permitían mantener los salarios en un bajo nivel.

La economía mexicana estaba relacionada más que nunca antes con la mundial. El auge de la producción y del intercambio internacionales durante las tres décadas posteriores a la Segunda Guerra Mundial ayudó al desarrollo de la industria y del comercio en México, frenado en algunos momentos por las crisis en los países avanzados.

En la década de los setenta se produjeron problemas serios en la situación mundial, marcados por la devaluación del dólar respecto al oro, el incremento violento del precio del petróleo y sus derivados, así como por fuertes perturbaciones en los sistemas de créditos. Esta situación, junto con la política interna seguida en México y en otros países "en desarrollo", provocó dificultades en el pago de sus compromisos internacionales, devaluaciones de sus monedas y deterioro en las condiciones de vida de sus pueblos.

El gobierno mexicano, necesitado de recursos para la realización de sus obras, concertó elevados préstamos del exterior, sobre todo con bancos e instituciones gubernamentales norteamericanas. La deuda internacional, muy reducida en 1946, superó los tres mil millones de dólares en 1970, para llegar a 16 mil en 1976 y alcanzar los 80 mil en 1982, incrementando la dependencia del país respecto del extranjero. El pago de los intereses correspondientes perjudicaba gravemente a la economía, dando lugar a la baja en los niveles de vida de los sectores medios y pobres, a la reducción de la inversión y, con ello, a una creciente desocupación.

Durante varios periodos se mantuvo un alto valor del peso frente a la moneda norteamericana, facilitando la importación de mercancías a bajo precio y también la salida de la divisa estadounidense, lo que provocaba escasez de capital. Sin embargo, la moneda mexicana sufrió varias devaluaciones en el periodo, bajando de 4.85 por dólar en 1941 a 12.50 en 1954, a 23 en 1976 y entró en 1982 en una fuerte caída, llegando a más de cien pesos por la unidad estadounidense.

La empresa privada se desarrolló con vigor entre 1940 y 1982, favorecida por el incremento del mercado interno debido a las reformas cardenistas, el ventajoso suministro de los derivados del petróleo y la escasez de mercancías extranjeras durante la guerra mundial. Al restablecerse la paz, industriales mexicanos y el movimiento obrero orientado por Lombardo Toledano pidieron al gobierno que protegiera a la joven industria nacional y acordaron mantener en el mínimo posible los conflictos obrero-patronales.

Desde el gobierno de Miguel Alemán, además de realizarse las obras de infraestructura mencionadas que favorecían considerablemente la industrialización, se dio preferencia en las adquisiciones gubernamentales a los productos elaborados en el país y se frenó la importación de mercancías que hicieran competencia a las fabricadas nacionalmente. Al mismo tiempo se facilitó la inversión de capitales extranjeros que aprovecharon estas ventajas, dedicándose a diferentes actividades entre las que destacaban el ensamblado de automóviles, la producción de artículos electrodomésticos y de medicinas. En muchos casos hubo inversiones conjuntas entre capitales privados nacionales y extranjeros, y también con recursos estatales.

A las tiendas departamentales establecidas, como El Puerto de Liverpool y El Palacio de Hierro, se sumaron entre otras Sears, Woolworth y las de autoservicio, destacando en ese rubro la Comercial Mexicana, De Todo y Gigante. Con ello se redujo el papel de los negocios pequeños y medianos.

El turismo nacional e internacional fue adquiriendo gran peso en varias regiones, destacando primero Acapulco y, más tarde, otros centros como Cancún.

A pesar de que los dueños del capital resultaron los más favorecidos en este periodo, estuvieron en una pugna constante con el Estado y buscaron ampliar su campo de acción, especialmente hacia los renglones donde podían obtener las mayores ganancias. Se oponían al gobierno tachándolo de ser "mal administrador", con razón en algunos casos y sin ella en otros, y declaraban que la corrupción, la detallada reglamentación de actividades y los derechos sindicales frenaban sus actividades. Con frecuencia argumentaban que la "economía mixta" era una forma de socialismo o una vía hacia éste, aunque el Estado nunca planteó la sustitución o reducción importante de la propiedad privada sobre los medios de producción.

El campo. Desde el principio del gobierno de Miguel Alemán, las autoridades dieron una decidida preferencia a la agricultura comercial, de propiedad particular. En algunos periodos se entregaron grandes extensiones de tierras poco fértiles o forestales a los campesinos, con la excepción del reparto, en 1976, de la rica zona de los valles del Yaqui y del Mayo, en Sonora, donde se formaron exitosos ejidos colectivos.

Para dar garantías a los agricultores privados se estableció en 1946 el derecho de amparo contra las expropiaciones agrarias. Esta y otras medidas favorecieron a los "pequeños propietarios", cuyas posesiones en tierras húmedas o de riego estaban limitadas a 100 hectáreas por persona, aunque con frecuencia rebasaban esa extensión. Al mismo tiempo se suprimió la preferencia otorgada a los ejidatarios para recibir agua de los sistemas de riego construidos con recursos de la nación.

El sector social de la agricultura perdió importancia. Los ejidos colectivos se vieron hostilizados, entre otras medidas mediante la restricción de su acceso al riego y al crédito mientras éste se facilitaba a quienes se salieran de las colectividades. La baja en el precio internacional del algodón, principal producto de La Laguna (en los límites de los estados de Coahuila y Durango), contribuyó a que esta región pasara de próspera a empobrecida, para recuperarse después con otras actividades. El henequén, base de la riqueza de Yucatán, sufrió la competencia de las fibras artificiales, y la población de la Península vivió graves problemas económicos.

Por otra parte, se desarrolló el cultivo de trigo en las zonas de riego del Noroeste, así como el de productos destinados a la exportación y se formó un proletariado agrario de tipo industrial, dedicado a trabajar con tractores y diversos instrumentos modernos, entre los que eran una novedad los aviones fumigadores.

Durante 25 años, la producción agrícola creció a un ritmo superior al incremento de la población, pero a partir de 1965 se invirtió esta tendencia. El campo se descapitalizó al ofrecer tasas de ganancia muy inferiores a las arrojadas por las actividades industriales y comerciales. A su vez, debido al incremento de la población campesina, absorbido sólo parcialmente por la industria y los servicios, se redujo la extensión de las parcelas ejidales o comunales correspondientes a cada familia y se incrementó el número de campesinos sin tierra, generando extensa miseria y descontento.

La clase obrera industrial cambió profundamente en su composición, organizaciones, pensamiento, actuación social y política. En respuesta a la prepotencia manifestada por dueños y administradores extranjeros, había desarrollado desde el periodo porfirista un intenso nacionalismo, que se sumaba a su aspiración por mejorar sus condiciones de vida (véase recuadro "Los Flores Magón", p. 229). Durante la Revolución armada y después de ella se formó un combativo movimiento sindical, en cuyo seno se enfrentaban las tendencias dispuestas a pactar con el gobierno con las opuestas a éste. Posteriormente se había unido en apoyo al presidente Cárdenas y a las medidas nacionalistas y populares de éste.

En las cuatro décadas de que tratamos, muchos miles de campesinos acudieron a las industrias y llevaron a sus nuevas ocupaciones la mentalidad de las comunidades rurales. Otra causa que modificó la conciencia obrera se encontraba en la política del gobierno cardenista que llevó a extensos sectores del proletariado a ver como amigos y protectores al presidente y sus colaboradores, situación expresada y reforzada por dirigentes sindicales y autoridades que hablaban de un "pacto histórico" entre los obreros y el Estado.

Por último, a pesar de que los nuevos trabajadores no disfrutaban de un elevado nivel de vida, al disponer de servicios de salud y de perspectivas de superación para sus hijos veían que sus condiciones eran mejores de las que habían tenido en el campo. El conjunto de estos factores facilitó la sumisión pacífica de gran parte de las organizaciones obreras al gobierno, sin que éste dejara de emplear la violencia para imponer su autoridad.

En una parte del movimiento obrero, sobre todo en los sindicatos de mineros, petroleros, ferrocarrileros y electricistas, existía una fuerte tradición de lucha y se solían realizar asambleas periódicas, aunque muchos dirigentes actuaban en forma autoritaria, manipulaban o hasta traicionaban a sus representados. Esta última actitud era frecuente en las numerosas organizaciones pequeñas, base principal del núcleo encabezado por Fidel Velázquez, quien eliminó después de 1946 la influencia de Lombardo Toledano en la CTM.

Durante la presidencia de Miguel Alemán, el gobierno impuso su dominio sobre el movimiento sindical. Para ello, otorgaba privilegios a dirigentes dispuestos a colaborar con él, negaba el reconocimiento oficial a las directivas opositoras y, cuando estos métodos no resultaban suficientes, hacía uso

> **El "charrismo"**
>
> En 1948, Jesús Díaz de León, destituido secretario general del sindicato ferrocarrilero, fue repuesto en su cargo por la fuerza pública. Como era aficionado a la charrería, nació la costumbre de llamar "charros" a dirigentes impuestos por el gobierno, designación extendida posteriormente a quienes se sometían al poder público y al sector patronal.

de la fuerza pública, como sucedió en los casos del sindicato ferrocarrilero, del petrolero y del de mineros y metalúrgicos. La "cláusula de exclusión", mediante la cual los sindicatos podían privar de su trabajo a los oponentes, dejó de ser un instrumento destinado a evitar la intromisión patronal en la vida de las organizaciones obreras para transformarse en un poderoso mecanismo de control en manos de las directivas sindicales.

Los obreros realizaron varios intentos por crear una nueva central independiente y combativa, frustrados por la acción del gobierno, la falta de decisión y de unidad y, con frecuencia, la corrupción de los dirigentes. En 1966 se creó el "Congreso del Trabajo", que agrupaba a casi todas las organizaciones sindicales bajo la hegemonía de la CTM.

La fuerza de esta y de las demás centrales y sindicatos afiliados al Congreso del Trabajo, cuyos miembros eran automáticamente incorporados al PRI, residía en ser los titulares de los contratos de trabajo, asegurar a sus afiliados el cumplimiento de las garantías establecidas en la Ley y en que, en muchos casos, podían lograr para ellos mejores condiciones de trabajo de las obtenidas por otros trabajadores. Era muy importante el apoyo que les prestaba el gobierno al obstaculizar o reprimir a las tendencias y organizaciones independientes.

Ante la creciente corrupción de sus dirigentes, los sindicatos gobiernistas iban perdiendo el apoyo de los obreros, por lo cual las autoridades trataron en diferentes ocasiones de fomentar un sindicalismo que, sin dejar de obedecerle, pudiera significar un sostén efectivo para la política gubernamental, pero la mayoría de los directivos logró mantener sus posiciones.

En los últimos años de la presidencia de Adolfo Ruiz Cortines se produjo un intento de fuertes sectores obreros por recuperar la independencia de sus organizaciones. Los primeros movimientos fueron de telegrafistas y de maestros, sobre todo de las primarias del Distrito Federal, a los que siguió en 1958 el de los ferrocarrileros, encabezado por los comunistas Demetrio Vallejo y Valentín Campa. En un primer momento se exigían aumentos salariales, en respuesta a la fuerte subida del costo de la vida, pero los dirigentes sindicales "oficiales" trataron de frenar estas demandas, motivando así la lucha de los trabajadores por la libre designación de sus directivas. Los ferrocarrileros organizaron consejos para coordinar su lucha y eligieron secretario general a Vallejo, pero a principios de 1959 el gobierno intervino militarmente el sindicato e impuso una nueva dirección "charra".

Durante la presidencia de Echeverría distintos núcleos obreros crearon sindicatos independientes, hubo movimientos de rebeldía en varias organizaciones y destacó la "Tendencia Democrática" de los trabajadores de la Comisión Federal de Electricidad. Algunos de los nuevos movimientos lograron subsistir, pero en el Sindicato Unico de Trabajadores Electricistas de la República Mexicana (SUTERM), afiliado a la CTM, se impuso la directiva encabezada por Leonardo Rodríguez Alcaine, apoyado por Fidel Velázquez.

El sector patronal nunca dejó de combatir a los sindicatos, a pesar de que éstos, junto con el Estado, le garantizaron durante varias décadas la calma en las empresas y con ella la posibilidad de obtener buenos rendimientos en sus negocios.

La educación. Desde el ascenso de Ávila Camacho a la presidencia de la República se suprimió la educación socialista prescrita por el Artículo Tercero constitucional y cinco años más tarde fue modificado este ordenamiento. El nuevo artículo mantenía el carácter laico de la educación, indicaba que ésta debía basarse en el progreso científico y ser democrática, "considerando a la democracia no solamente como una estructura jurídica y un régimen político, sino como un sistema de vida fundado en el constante mejoramiento económico, social y cultural del pueblo". Hacía énfasis además en la afirmación de la nacionalidad y en la búsqueda de la mejor convivencia humana. Esta disposición constitucional sigue vigente hasta la fecha.

Entre 1940 y 1982 se incrementó considerablemente el sistema de educación pública, en respuesta a la demanda popular y para satisfacer las necesidades de la economía. En algunos periodos en forma acelerada y de manera lenta en otros aumentó el número de escuelas primarias, secundarias y técnicas, las de bachilleres, el estudiantado del Instituto Politécnico Nacional y el de la Universidad Nacional.

En el periodo presidencial de López Mateos se inició la elaboración y entrega gratuita de libros de texto para su uso obligatorio por los alumnos de las escuelas primarias. Algunos sectores se opusieron a esta medida, alegando que limitaba la libertad de los padres de familia, de las escuelas y de los maestros, aunque no se prohibió el uso adicional de otros textos. Para extensos grupos populares, los textos proporcionados por el Estado constituían la única manera de obtener un pequeño acervo personal de lecturas de buena calidad. Durante el gobierno de Luis Echeverría se reformaron estos libros y se reforzaron sus contenidos referentes a problemas sociales y de educación sexual, lo que levantó nuevas objeciones de sectores empresariales o ligados a la Iglesia católica.

A pesar de estos esfuerzos y de la realización de campañas de alfabetización se mantuvo un importante rezago educativo, expresado en un alto número de analfabetas y de personas sin terminar la enseñanza primaria. Se trabajó para mejorar la calidad de las escuelas, frecuentemente sin lograr los resultados buscados por no contar con los recursos didácticos necesarios, no preparar adecuadamente a los profesores para la aplicación de las innovaciones planteadas y no tomar en cuenta la experiencia y las opiniones de los docentes.

Durante la presidencia de Echeverría se crearon la Universidad Autónoma Metropolitana y el Colegio de Bachilleres, así como escuelas tecnológicas, ampliando el acceso a la enseñanza pública en el nivel medio superior y superior. En la UNAM se fundó el Colegio de Ciencias y Humanidades (CCH), dedicado principalmente al bachillerato, con una orientación dinámica e interdisciplinaria.

También se desarrollaron o crearon universidades en la mayoría de los estados. Sin embargo, las instituciones radicadas en la ciudad de México continuaban concentrando la mayor parte de la educación superior y de las actividades de investigación.

Se fundaron numerosos centros de investigación, la mayoría de ellos en la Universidad Nacional, dedicados a ciencias naturales, matemáticas, humanidades y problemas sociales. También se hacía investigación en el Instituto Politécnico y El Colegio de México, así como en otras instituciones, entre ellas varios centros médicos de alto nivel. En sus actividades buscaban la aplicación de los avances de la ciencia mundial a las condiciones de México, realizaban investigación de vanguardia, ayudaban a resolver problemas nacionales o universales y preparaban personal científico de alta capacidad. Una importante aportación a la cultura nacional fue la construcción en la ciudad de México del Museo Nacional de Antropología.

Las escuelas privadas tuvieron gran auge, en parte gracias a los criterios religiosos que sustentaban muchas de ellas y a la mayor disciplina impuesta a sus alumnos. Destacaron entre ellas la Universidad Autónoma de Guadalajara y el Instituto Tecnológico de Monterrey, el cual posteriormente estableció planteles en varias partes del país. El nivel académico de varias de estas instituciones era y es elevado, sin que dejen de existir planteles de escasa eficiencia.

La vida cotidiana se transformó debido al crecimiento de muchas ciudades entre las que sobresalían México, Guadalajara, Monterrey, Puebla y las de la frontera norte, con costumbres distintas a las del campo. Tuvo un gran papel en este cambio la influencia de la radio, el cine y la televisión, esta última extendida ampliamente a partir de 1950. A un ritmo más acelerado que antes cambiaban las modas, entre los jóvenes se popularizó el rock, y la música de los Beatles adquirió gran difusión después de 1960.

En las décadas de los sesenta y setenta se produjo en gran parte del mundo una tendencia de renovación, de fuerte impacto especialmente en los medios universitarios. Se trataba de una mezcla de planteamientos provenientes del marxismo con otros de tipo anarquista, antiautoritarios, aunados a la simpatía hacia los esfuerzos de superación realizados por los países que recién habían conquistado su independencia.

En esos años no sólo cambiaron muchas formas de pensamiento y de diversión, sino también las relaciones familiares en vastos sectores de la población. Se extendió el reconocimiento del derecho de la mujer a la educación, a la vida profesional y a tomar sus propias decisiones, aunque con frecuencia no se aplicaba plenamente lo aceptado en teoría. Se fortaleció el respeto a opiniones ajenas, incluyendo las religiosas, y se aflojó la tradicional autoridad que solía predominar en la mayoría de las familias, haciendo visibles problemas antes ocultos y facilitando un desarrollo más libre de sus integrantes, al mismo tiempo que se producían nuevos conflictos. No faltaron personas y organizaciones que consideraban inmorales y nocivas estas tendencias.

A partir de mediados de los setenta empezó a decaer esta orientación y avanzaron posiciones de tipo más tradicionalista.

En la vida cultural de las cuatro décadas se manifestaron nuevas tendencias junto a las desarrolladas anteriormente, en un ambiente de gran vitalidad y fuertes contradicciones. Al debilitarse la tradición de la Revolución fue cambiando el "estereotipo del mexicano" revolucionario por el bravucón y cantante que escondía su miseria y resentimiento a través de supuestas costumbres del campo.

Continuaba la participación de muchos intelectuales en la política nacional, como funcionarios, presentando opiniones y críticas o en oposición al gobierno, mientras otros preferían mantenerse alejados de toda relación con el poder público.

En 1946 se fundó el Instituto Nacional de Bellas Artes, dirigido inicialmente por el músico Carlos Chávez. Esta institución realizó una intensa promoción de múltiples actividades artísticas, entre ellas la creación de la Orquesta Sinfónica Nacional, dirigida durante 20 años por Luis Herrera de la Fuente que le dio un gran impulso.

La revista *Problemas Agrícolas e Industriales de México* y, posteriormente, *Política*, ambas bajo la dirección de Manuel Marcué Pardiñas, durante muchos años dieron a conocer profundos estudios, contribuyendo al pensamien-

---

Intelectuales y artistas en la política nacional

Algunos intelectuales desempeñaron elevados puestos gubernamentales, entre ellos el poeta Jaime Torres Bodet, quien dirigió durante unos años la UNESCO (Organización de Naciones Unidas para la Educación, la Ciencia y la Cultura), fue dos veces secretario de Educación Pública y en un periodo lo fue de Relaciones Exteriores; el escritor Agustín Yáñez, quien fue gobernador de Jalisco y después secretario de Educación Pública, así como el historiador y analista político Jesús Reyes Heroles, el que se desempeñó como secretario de Educación Pública y más tarde de Gobernación.

En una actitud de izquierda pero sin romper con el gobierno se encontraba Vicente Lombardo Toledano, licenciado y doctor en filosofía. José Revueltas, escritor comunista siempre opuesto al régimen, produjo obras de índole revolucionaria y en varias de ellas cuestionaba al Partido Comunista Mexicano, especialmente en *el Ensayo sobre un proletariado sin cabeza* y *Los errores*.

Muchos artistas e intelectuales participaban en la vida política, destacando los pintores Diego Rivera y David Alfaro Siqueiros, militantes comunistas, y el poeta Octavio Paz quien sostenía actitudes críticas respecto al gobierno y también, en forma creciente, condenando las posiciones de la izquierda. El sociólogo e historiador Pablo González Casanova, rector de la Universidad Nacional de 1970 a 1972, en su obra académica y como autoridad universitaria expresó e impulsó tendencias favorables al fortalecimiento de la democracia y de las medidas de desarrollo y bienestar social a cargo del Estado.

to progresista de México. El escritor y periodista Fernando Benítez creó en el semanario *Siempre!* un suplemento cultural, tipo de publicación extendido más tarde a múltiples revistas y periódicos.

Los muralistas trabajaron en los nuevos edificios de la Universidad Nacional y en otras obras públicas, innovando técnicas o aplicando formas tradicionales como el mosaico, y combinando la pintura con la arquitectura y la escultura. En muchos de sus trabajos continuaron presentando no sólo un mensaje estético sino también educativo y político, de orientación nacionalista y revolucionaria.

En la década de los cincuenta empezó a declinar el predominio de los "tres grandes" pintores, Rivera, Siqueiros, Orozco y los cercanos y discípulos de ellos, debido a la aparición de nuevas inquietudes artísticas y a la oposición a la tendencia política preconizada sobre todo por los dos primeros. En el muralismo, la pintura de caballete y otras formas destacaron múltiples artistas, entre ellos Carlos Mérida, Frida Kahlo, José Luis Cuevas y Rufino Tamayo, quien ya tenía una prolongada trayectoria artística.

Sobresalieron en este periodo los arquitectos Carlos Lazo y Juan O'Gorman (Ciudad Universitaria), Pedro Ramírez Vázquez (Ciudad Universitaria, Basílica de Guadalupe), Enrique de la Mora y Félix Condela (iglesias de trazo modernista), Mathias Goeritz (Torres de Satélite) y notorios escultores, entre ellos Juan Olaguíbel, autor de la *Flechadora* (conocida como *la Diana*). Leopoldo Méndez, Alfredo Zalce y otros grabadores destacaron en su especialidad.

En la abundante creación literaria y poética de la época deben anotarse obras dedicadas a la vida en el campo, como *Al filo del agua* de Agustín Yáñez y *El llano en llamas* y *Pedro Páramo* de Juan Rulfo. Carlos Fuentes hablaba de personajes de la Revolución Mexicana o surgidos de ésta, destacando entre sus numerosas obras *La muerte de Artemio Cruz* y *La región más transparente*. Augusto Monterroso, guatemalteco residente en México desde la década de los cincuenta, realizó una variada e innovadora obra. Vicente Leñero, en *Los albañiles*, hablaba de ese sector urbano. Entre los poetas sobresalían Carlos Pellicer, Jaime Sabines y Efraín Huerta.

Un nutrido grupo de autores se refería a temas indígenas o a las nuevas capas medias de las ciudades, o también a temas históricos y políticos, como José Agustín (*La tumba*), Jorge Ibargüengoitia (*Los relámpagos de agosto*) y José Revueltas, quien hablaba críticamente de las luchas de los comunistas, entre otros temas.

Destacó la abundante obra en prosa y poética de Octavio Paz, más tarde distinguido con el Premio Nobel de literatura.

Debe anotarse que aquí sólo se han citado algunos de los múltiples creadores artísticos de la época y una pequeña selección de sus obras. También es necesario mencionar que muchos de ellos incursionaron en distintas actividades, además de las mencionadas.

El grupo "Hyperión", con Luis Villoro, Jorge Portilla, Ricardo Guerra y Joaquín Sánchez McGrégor prosiguió las reflexiones filosóficas acerca de "lo mexicano" iniciadas años atrás por Samuel Ramos, atribuyendo importancia al trauma de la Conquista en la formación de la idiosincrasia del pueblo. Estas ideas se reflejaron entre otros trabajos en *El laberinto de la soledad*, de Octavio Paz. Leopoldo Zea y sus discípulos se interesaron por crear una filosofía latinoamericana, preocupación en la que participó Edmundo O'Gorman, desde el punto de vista del historiador. Fue importante la aportación a la filosofía de varios republicanos españoles asilados, como José Gaos, Wenceslao Roces y Adolfo Sánchez Vázquez.

Entre los autores de tendencia marxista sobresalían Eli de Gortari y Adolfo Sánchez Vázquez, quienes desarrollaron importantes reflexiones, y Wenceslao Roces con una amplia labor de traducción.

El cine produjo cintas importantes como *María Candelaria*, de tema popular, otras dedicadas a la Revolución, la vida en el campo y la urbana, muchas de ellas presentando una visión deformada del pueblo. Se formaron equipos de colaboradores como el integrado por el realizador Emilio ("El Indio") Fernández y el camarógrafo Gabriel Figueroa, reconocido internacionalmente, junto con el escritor Mauricio Magdaleno y actores como Pedro Armendáriz, Dolores del Río y María Félix.

Entre los artistas importantes destacaron además los hermanos Soler, Sara García, Pedro Infante y Jorge Negrete, los dos actores y cantantes, Joaquín Pardavé, compositor, actor y director cinematográfico, así como los cómicos Cantinflas, quien simbolizó durante un tiempo al "peladito" de la ciudad, ingenioso y de noble corazón, y Germán Valdés, "Tin Tan", representativo del "barrio" urbano.

La producción cinematográfica adquirió un carácter más industrial en las décadas de 1940 y 1950, consideradas la "Edad de oro" del cine mexicano, filmándose gran número de películas de amplia repercusión internacional. Los sindicatos de trabajadores manuales, técnicos, artísticos y literarios desempeñaron un importante papel creativo en estas labores. Posteriormente, si bien hubo en algunos momentos significativas realizaciones debidas a grupos independientes o al apoyo estatal, el cine nacional no volvió a vivir un auge como el anterior.

La televisión se desarrolló desde la década de los cincuenta, en su mayor parte como actividad comercial de escaso nivel cultural, pero los materiales didácticos y culturales elaborados por la Universidad y el Instituto Politécnico generalmente eran de alta calidad. El gobierno federal estableció las "telesecundarias" para llevar este nivel de enseñanza a nuevos sectores de la población y realizó temporalmente un esfuerzo por impulsar una actividad televisiva propia, de contenido cultural.

Como resultado de la fusión de varias emisoras privadas de televisión se creó en 1972 la empresa "Televisa", que extendió su influencia a muchos países de habla hispana incluyendo zonas de Estados Unidos, y durante dos décadas ejerció un monopolio casi completo en México.

Partidos y elecciones. El sistema político mexicano se mostraba sumamente estable desde que las fuerzas encabezadas por el presidente Cárdenas destruyeron, en 1935, el maximato callista. Mientras en América Latina eran frecuentes los golpes de Estado, en México ni siquiera llegó a presentarse una amenaza seria en ese sentido y un solo partido, el PRM transformado después en PRI, mantuvo sin sobresaltos el dominio del gobierno. Sin embargo, nunca fue la única organización política existente, y paulatinamente se desarrollaron nuevas condiciones que, en un proceso lento al principio y acelerado desde los ochenta, impusieron la modificación del sistema político y electoral.

El PRM, cuya Declaración de Principios, expresada en el lema "Por una democracia de trabajadores" nunca se aplicó, sufrió una primera modificación importante en 1940, con la eliminación del sector militar. Tres años después se debilitó la orientación hacia el reparto de la tierra de la Confederación Nacional Campesina (CNC), parte integrante del PRM, al incorporársele los llamados pequeños propietarios.

El PRI en 1940, al tomar fuerza la precandidatura presidencial del general Ávila Camacho, el PRM se transformó en Partido Revolucionario Institucional (PRI) el cual, como lo indica su nombre, puso énfasis en la institucionalización del sistema gubernamental, es decir, en su estabilidad. En su seno tomó importancia el "sector popular", representante de las llamadas clases medias, restando peso a las organizaciones obreras y campesinas.

En la transformación posterior del PRI desempeñó un gran papel la reducción o eliminación de las prácticas democráticas en las agrupaciones integrantes de sus sectores, conduciendo al alejamiento entre las direcciones y las bases que eran afiliadas de manera corporativa al partido por las organizaciones de que formaban parte. El PRI, a pesar de mantener sus declaraciones revolucionarias, apoyaba la política que favorecía el enriquecimiento de las clases propietarias y ensanchaba la diferencia entre éstas y las masas populares.

En 1939 se fundó el Partido Acción Nacional (PAN), en oposición a la política cardenista. Durante varias décadas fue adquiriendo influencia en las capas medias urbanas y pudo aprovechar ser prácticamente la única fuerza visible de oposición. En 1952 presentó por primera vez un candidato a la presidencia, Efraín González Luna, quien obtuvo el 8% de los votos, y en posteriores campañas avanzó lentamente, sin amenazar seriamente al partido gobernante.

Declarando como propósito impulsar al gobierno hacia un camino conducente al socialismo, Vicente Lombardo Toledano fundó en 1948 el Partido Popular (PP), que durante algún tiempo tuvo cierta fuerza entre sectores campesinos y del magisterio. En 1952, ese partido postuló a Lombardo como candidato a la presidencia, con la adhesión del Partido Comunista y del Obrero-Campesino, cercano al último. Ocho años más tarde, el PP se transformó en "Partido Popular Socialista", compartiendo así con el Comunista el objetivo de construir una sociedad de inspiración marxista. Posteriormente fue disminuyendo su importancia, hasta perder el registro electoral en 1997.

El Partido Comunista vio reducida su influencia debido al ambiente anticomunista predominante, a la represión gubernamental y a problemas internos, sin que dejara de contar con algún peso en núcleos campesinos y sectores universitarios. Entre estos últimos alcanzó una presencia importante en las décadas de 1960 y 1970.

En 1976 lanzó la candidatura presidencial de Valentín Campa y seis años más tarde, fusionado con otras organizaciones en el Partido Socialista Unificado de México (PSUM) postuló a Arnoldo Martínez Verdugo, quien logró cerca de 900 mil votos (3.86% del total).

Algunos otros partidos tuvieron escasa fuerza, entre ellos el Auténtico de la Revolución Mexicana (PARM), estrechamente ligado al PRI y el Demócrata Mexicano (PDM), organizado por la Unión Nacional Sinarquista. Algunas organizaciones funcionaron solamente para apoyar un candidato presidencial y se disolvieron una vez realizadas las elecciones correspondientes. Entre ellas pueden mencionarse el Democrático Mexicano que postuló al licenciado Ezequiel Padilla en 1946, la Federación de Partidos del Pueblo Mexicano, constituida por sectores de origen cardenista y por fuerzas conservadoras, cuyo candidato fue el general Miguel Henríquez Guzmán (1952), así como el Frente Electoral del Pueblo, organizado por el Partido Comunista, que lanzó la candidaura del dirigente campesino Ramón Danzós Palomino (1964).

La Cámara de Diputados se integraba por 300 miembros, electos en sus distritos respectivos, por lo que importantes sectores de opinión que no contaban con mayoría en algún distrito carecían de representación. Para dar voz a estos grupos, dotar de más autoridad a las decisiones del Legislativo, combatir la apatía de los electores y evitar el desarrollo de formas violentas de oposición se crearon en 1963 los "diputados de partido", asignados a las organizaciones que hubieran obtenido por lo menos el 2.5% de la votación nacional.

Más adelante se estableció la "representación proporcional", integrada por 100 diputaciones de los partidos según la votación alcanzada por éstos, acercando así la composición de la Cámara de Diputados a la proporción de los sufragios emitidos, al mismo tiempo que se mantenían los 300 distritos donde se elegían diputados por mayoría simple.

Organizaciones y movimientos sociales. El sector patronal no formaba parte de ningún partido, pero se expresaba a través de las cámaras de comercio o industria, a las que estaban obligadas a afiliarse las empresas. Sus principales organizaciones eran la Confederación Nacional de Cámaras de Comercio (Concanaco) y la de Industrias (Concamín), y durante varios años tuvo fuerza la Cámara de la Industria de Transformación (Canacintra) que exigía medidas proteccionistas en defensa de la industria nacional. Otra asociación, de afiliación libre, era la combativa Confederación Patronal de la República Mexicana (Coparmex). Todas estas organizaciones, incluyendo también las de banqueros y de otras instituciones financieras, se unieron en 1976 en el Consejo Coordinador Empresarial, de gran peso político, para oponerse a la política del presidente Echeverría.

En la década de los sesenta, la República se vio sacudida por agudos conflictos de las capas medias, descontentas sobre todo por la falta de democracia, la corrupción e ineficiencia en gran parte de la administración pública y la disminución de las oportunidades de trabajo para los profesionistas.

Una primera expresión masiva de ese disgusto se presentó de 1964 a 1965, cuando los médicos de los servicios públicos exigieron mejores condiciones de trabajo y al mismo tiempo aparecieron en varias universidades movimientos en busca de la democratización no sólo de sus instituciones sino del país en general.

El descontento y las aspiraciones de cambio tuvieron su expresión más violenta en 1968 en un movimiento estudiantil que abarcó a la Universidad Nacional, el Instituto Politécnico y otros centros de educación superior. Varias manifestaciones masivas de estudiantes apoyados por otros sectores exigieron la abolición de leyes represivas, la destitución de funcionarios responsabilizados de la violencia oficial y el diálogo público con las máximas autoridades del país. Durante dos semanas, el ejército ocupó la Ciudad Universitaria de México y otros planteles. Se celebraron pláticas entre delegados del Consejo Nacional de Huelga, representantivo del movimiento estudiantil y funcionarios del gobierno, pero a pesar de algunos acercamientos no se solucionó el conflicto.

El dos de octubre, un mítin estudiantil en Tlatelolco (ciudad de México) fue disuelto violentamente por el ejército con un saldo de muertos estimado, por las autoridades, en una treintena, mientras los líderes estudiantiles hablaron de cerca de un millar y distintos observadores lo calcularon en aproximadamente trescientos. Durante el movimiento y especialmente en el mitin del 2 de octubre fueron aprehendidos numerosos maestros y estudiantes, entre ellos la mayor parte de los integrantes del Consejo Nacional de Huelga, muchos de los cuales fueron liberados años después y un número indeterminado siguió desaparecido.

El gobierno, presidido por Díaz Ordaz, afirmó que el movimiento era parte de una conspiración comunista internacional, mientras los dirigentes y participantes del mismo sostenían que su aspiración era la democratización del país y que no obedecía a dirección ajena a éste. El conflicto abrió un profundo resentimiento entre los estudiantes, apoyados por distintos sectores populares, y las autoridades.

También a fines de la misma década se produjeron varias rebeliones armadas en México. La primera fue una guerrilla iniciada en 1967 en el Estado de Guerrero, encabezada por Lucio Cabañas, seguida de otra en la misma entidad, dirigida por Genaro Vázquez Rojas. La "Liga veintitrés de septiembre", basada principalmente en núcleos estudiantiles, importantes sobre todo en Sinaloa, actuó en varias ciudades entre 1973 y 1975. También realizaron acciones armadas algunos otros grupos. Todos ellos fueron reprimidos por el ejército y la policía, con un importante saldo de muertos, encarcelados y desaparecidos.

Crisis del "país compartido"

> **1968 en el mundo**
>
> El año sesenta y ocho no solamente en México fue agitado. En Checoslovaquia se produjo la llamada "Primavera de Praga", que buscaba una forma más democrática de socialismo, movimiento suprimido en agosto del mismo año por la intervención de tropas soviéticas y de países de su bloque.
>
> En Alemania hubo un breve pero masivo movimiento de estudiantes contra la actitud de gran parte de la prensa de ese país y a favor de la democratización de las universidades.
>
> De gran envergadura fue el "mayo francés", cuando los estudiantes galos, enarbolando el lema "prohibido prohibir", se rebelaron contra las estructuras autoritarias de sus universidades y de las normas sociales dominantes. Al mismo tiempo, Francia se vio paralizada por una prolongada huelga obrera general en demanda de aumentos salariales y mejores condiciones de vida, pero los dos movimientos nunca llegaron a unificarse ni a construir una dirección común.
>
> Protestas estudiantiles, especialmente amplias en 1969, estallaron en Estados Unidos con demandas similares y contra la intervención de su país en Vietnam. También en Italia y en otros países se manifestaron inquietudes semejantes en las universidades.
>
> Ningún gobierno perdió el poder por los movimientos de 1968, pero éstos dieron lugar a la democratización de muchas estructuras universitarias y a nuevos movimientos políticos.

La estructura de México desde el gobierno del general Lázaro Cárdenas se fundamentaba en un Estado basado en organizaciones sindicales, campesinas y "populares" (de burócratas y capas medias), cuyos miembros recibían ciertos beneficios y aseguraban el apoyo de sus afiliados a las acciones del gobierno, voluntariamente o mediante la coerción.

La iniciativa privada, sobre todo la propietaria de capitales fuertes, fue la más beneficiada con las acciones estatales y la calma social lograda por las autoridades y las organizaciones ligadas a ellas. Los inversionistas extranjeros ocuparon espacios crecientes, a veces en asociación con propietarios nacionales. El empresariado, nacional y extranjero, no formaba parte del aparato gubernamental pero ejercía creciente influencia en éste.

El sector de la "economía social", importante en 1940, fue perdiendo fuerza. Subsistió y pronto se volvió a incrementar una numerosa población marginada de toda ventaja.

Desde mediados de la década de los sesenta se hizo evidente el crecimiento de las contradicciones. La base social del Estado y de su partido, el PRI, se fue erosionando debido al deterioro y la corrupción de las organizaciones obreras y campesinas. Las capas medias, que se habían desarrollado vigorosamente, veían disminuidas sus posibilidades de superación y el empresariado exigía mayor libertad de acción. El movimiento estudiantil de 1968 fue una primera manifestación general de la crisis política, acompañada de crecientes problemas económicos.

Los intentos de los presidentes Echeverría y López Portillo por restaurar el desarrollo anterior no dieron resultado y se abrió el camino hacia una nueva orientación del país.

20. Hacia la globalización (1982-1997)

A partir de la llegada del licenciado Miguel de la Madrid Hurtado a la presidencia de la República (1982), México entró en otro rápido proceso de cambios profundos. A la evolución interna se sumó la aplicación de los conceptos sostenidos e impuestos por los Estados Unidos, los países de alto desarrollo y los organismos financieros como el Fondo Monetario Internacional (FMI), reduciendo el papel del Estado en la economía y abriendo ésta al mercado mundial. La vida política sufrió importantes alteraciones, en medio de fuertes problemas y crisis.

Se mantuvieron y en parte se acentuaron las diferencias sociales, económicas y políticas entre las distintas regiones del país, algunas de las cuales avanzaron en muchos aspectos mientras que en otras se mantuvieron situaciones de atraso.

Nueva situación internacional

El prolongado enfrentamiento entre los Estados Unidos y la Unión Soviética terminó a principios de los noventa. Una década antes, el llamado Tercer Mundo, de naciones dependientes y en atraso económico, había perdido su fuerza y cohesión.

Los países que se proclamaban socialistas habían alcanzado su máximo peso internacional hacia 1975, al quedar derrotados los Estados Unidos en Vietnam, pero después empezaron a manifestarse en ellos fuertes problemas. La Unión Soviética, dirigida por Mijaíl Gorbachov, fracasó en su intento de renovar el socialismo y dejó de existir a finales de 1991. Un año antes se había abierto la frontera entre las dos Alemanias (caída del "Muro de Berlín"), acontecimiento que marcó la desintegración del bloque encabezado durante décadas por el gobierno de Moscú. Los Estados Unidos lograron así el predominio político y militar en el escenario mundial.

El estallido de varios conflictos locales y de una sucesión de crisis económicas dio pronto al traste con la esperanza de que el fin de la "guerra fría" condujera a la paz generalizada, a la disminución de los gastos armamentistas y al mejoramiento en los niveles de vida de las grandes masas humanas.

La economía internacional acentuó su globalización, facilitando el libre flujo de mercancías y capitales en todo el mundo. Se consolidaron tres grandes regiones económicas: la Unión Europea, donde destacó el papel de Alemania, la zona del Pacífico occidental encabezada por Japón y el continente americano, bajo hegemonía yanqui. La competencia por los mercados impulsó a las empresas a reducir sus gastos, mediante el aumento de la productividad y la llamada flexibilización del trabajo, consistente en la intensificación de éste y en mayores facilidades de los empresarios para despedir obreros, modificar su actividad o cambiarlos de adscripción.

Una consecuencia de la globalización fue el desplazamiento de plantas industriales a los países donde los empresarios podían obtener mayores ganancias al pagar salarios e impuestos más reducidos y erogar menores recursos en la protección ecológica. Este movimiento permitió la creación de fuentes de trabajo en las naciones en desarrollo mientras las reducía en las más industrializadas, produciendo tendencias a la disminución de sueldos en éstas.

Se redujeron los beneficios proporcionados a la población por el "Estado de Bienestar" y se ampliaron las libertades de las empresas, incrementando la riqueza y, al mismo tiempo, la desocupación y la miseria. Nuevas técnicas de producción aumentaron el rendimiento del trabajo, pero al no crecer igualmente la capacidad de consumo de la población condujeron a reducir la planta laboral en muchos países.

Al quedar rezagados frente a los otros dos bloques económicos, y debido a su elevada deuda pública, los Estados Unidos devaluaron en los setenta su moneda respecto al oro, lo que incrementó la inestabilidad en los mercados mundiales. También presionaron a favor de una mayor libertad en el comercio internacional, con la finalidad de incrementar sus exportaciones.

Los gobiernos se orientaron fundamentalmente a garantizar el orden público, redujeron su intervención en la vida económica y confiaron en la regulación del mercado por la libre competencia. Con ello aumentó el dominio de las grandes empresas industriales, comerciales y financieras, especialmente de los organismos diseñados para asegurar la estabilidad económica mundial, como el Fondo Monetario Internacional y el Banco Mundial. Los observadores designan al sistema predominante en el mundo durante estos quince años como de "libre mercado" o "neoliberal".

Frente a la globalización económica, cultural y política del mundo, en muchos países se fortalecieron tendencias nacionalistas y de minorías étnicas, que en Yugoslavia, regiones de la disuelta Unión Soviética, Asia y África dieron lugar a conflictos militares, discriminaciones de tipo racista o cultural y a masacres. En el continente americano se desarrolló un fuerte movimiento de múltiples grupos indígenas a favor de su autonomía y el respeto a sus formas de vida.

En América Latina, las dictaduras que habían gozado durante décadas del apoyo de los Estados Unidos habían reprimido la resistencia del movimiento obrero a la implantación de las medidas de tipo neoliberal. Ante la presión democratizadora de amplios sectores sociales, casi todos los regímenes militares fueron sustituidos por gobiernos electos, disminuyeron las tensiones políticas y hubo cierto respeto a los derechos ciudadanos, pero no dejaron de existir abusos ni se revirtieron las medidas implantadas. Las condiciones de vida de los pueblos no mejoraron en forma apreciable y en muchos casos empeoraron.

El Estado se retira de la economía

El gobierno de López Portillo había terminado en medio de una grave crisis, con la devaluación de la moneda nacional y la nacionalización de la banca, dando lugar a la agudización del conflicto con los empresarios y a la exigencia de éstos de modificar a fondo la política económica.

A partir del ascenso de Miguel de la Madrid a la presidencia se aplicaron ampliamente las medidas demandadas tanto por la iniciativa privada como por el Fondo Monetario Internacional y el Banco Mundial, respaldados por Estados Unidos. Los bancos fueron reprivatizados en un proceso que abarcó varios años y se admitió después la participación de capital extranjero en estas instituciones. Se trató de frenar la inflación, es decir, la baja del valor adquisitivo de la moneda, para lo cual se evitó el incremento de los salarios, se redujo el gasto público y se facilitó la importación de mercancías, pero los precios continuaron subiendo. Al mismo tiempo se buscó una mayor productividad de los obreros, sobre todo mediante la reorganización laboral y la intensificación de los ritmos de trabajo.

En lugar de basar el desarrollo en el fomento al mercado interno, como se había hecho desde la Revolución de 1910, se dio preferencia a la exportación y se abrió más el país a la economía mundial.

Otra modificación profunda de la política económica consistió en el "adelgazamiento" del Estado, iniciado en 1982, durante la presidencia de Miguel de la Madrid y acentuado en los dos periodos si-

---

Presidentes de México (1982-2000)

Miguel *de la Madrid* Hurtado (1982-1988).
Carlos *Salinas* de Gortari (1988-1994).
Ernesto *Zedillo* Ponce de León (1994, para terminar en 2000).

(Todos los periodos abarcan del 1o. de diciembre al 30 de noviembre.)

guientes. Aceptando la tesis de que el sector público es mal administrador y buscando recuperar la confianza de los inversionistas privados, el gobierno clausuró o vendió muchas de las propiedades nacionales productivas o de servicios, algunas de las cuales proporcionaban considerables ganancias. Se privatizaron empresas importantes como Teléfonos de México, varios puertos marítimos y aéreos así como líneas ferrocarrileras y se iniciaron los trámites para aplicar las mismas medidas a la petroquímica y a la generación de energía eléctrica, entre otros sectores.

Al mismo tiempo, el gobierno redujo el aparato administrativo y detuvo el crecimiento de los bachilleratos y de la enseñanza superior públicos, con excepción de la dedicada a la preparación técnica. También las instituciones médicas y otros servicios proporcionados o apoyados con recursos nacionales vieron disminuidos sus recursos.

Los partidarios de estas políticas sostenían que así se sentarían las bases para un crecimiento sano y un posterior mejoramiento de la situación de los sectores de bajos ingresos. Sin embargo, entre 1982 y 1988 no fue abatida la inflación ni creció el producto nacional (el total de mercancías y servicios producidos en el país) y en el último año mencionado un derrumbe de la Bolsa de Valores arruinó a muchos pequeños inversionistas, acentuando la concentración de la riqueza en pocas manos.

La cantidad de bienes que se podían adquirir con el salario mínimo se redujo, al mismo tiempo que la proporción de las familias con ingresos inferiores a dos de estos salarios pasó del 40 al 60% de la población. Debido a la competencia de productos extranjeros, de 1985 a 1988 decayó en 10% la producción de maíz, frijol y arroz, haciendo necesaria la importación de estos alimentos básicos y provocando nuevos problemas en el campo.

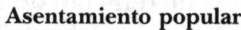
Asentamiento popular

El disgusto provocado en la población en el primer sexenio de la aplicación de tales medidas se expresó en las elecciones de 1988, de las que se hablará más adelante.

En el periodo presidencial de Carlos Salinas de Gortari (1988-1994) se intensificó la política emprendida por su antecesor y se complementó con otras medidas de la misma orientación. Mediante una modificación del Artículo 27 constitucional fue cancelado el derecho de los campesinos a solicitar dotaciones o ampliaciones de tierra o a crear nuevos centros de población y se autorizó dividir los ejidos en parcelas individuales, con derecho a venderlas, facilitando así una nueva concentración de la propiedad agraria.

La política de basar el desarrollo del país en la empresa privada se aplicó también a las comunicaciones terrestres, otorgando concesiones para construir y manejar 5 mil kilómetros de autopistas de cuota, a las que fueron incorporadas algunas vías puestas en servicio anteriormente por el Estado, el cual obtenía buenos rendimientos de ellas.

Durante varios años parecía exitosa la gestión de Salinas. Al igual que otros países en situación semejante, México obtuvo del gobierno norteamericano una reducción parcial de la deuda internacional, logrando un alivio en la situación financiera. Mediante sucesivos pactos celebrados entre el gobierno, el sector empresarial y los directivos de las centrales sindicales y agrarias se impidió casi totalmente el incremento de los salarios y de los ingresos de los campesinos, frenando pero no eliminando la inflación.

El primero de enero de 1994 entró en vigor entre Canadá, Estados Unidos y México el Tratado de Libre Comercio de América del Norte (TLC), que estipula la libertad de movimiento de capitales y la reducción o eliminación en pocos años de las tarifas aduanales entre sus miembros. Se pretende así integrar rápidamente una zona parecida a la Unión Europea, cuya formación ha requerido varias décadas. El acuerdo facilitó el establecimiento de empresas atraídas por los bajos sueldos en México, principalmente en la frontera norte, y permitió el incremento de las exportaciones, realizadas

Camino vecinal

Grandes extensiones del país están todavía mal comunicadas.

Un nuevo poder

El edificio de la Bolsa de Valores en la ciudad de México expresa la fuerza del capital financiero.

sobre todo por compañías trasnacionales.

Muchas fábricas mexicanas, incapaces de competir en las nuevas condiciones, tuvieron que suspender sus actividades. Entre otras se vieron afectadas la industria textil y la zapatera; la elaboración de juguetes nacionales desapareció en su mayor parte.

Las autoridades facilitaron la entrada de cuantiosos capitales que obtenían altas ganancias adquiriendo bonos de la deuda pública o especulando en la bolsa de valores. El ingreso de divisas (dólares y otras monedas internacionales) permitió mantener al peso con poco cambio respecto al dólar, pero también lo ponía en peligro por la facilidad con que estos recursos pueden salir del país.

La corrupción se desarrolló en forma extraordinaria en el proceso de las privatizaciones y en muchas empresas estatales o privadas. Al mismo tiempo, los sectores de ingresos medios y bajos sufrieron un grave deterioro en sus niveles de vida.

En conjunto, durante el sexenio salinista se logró un incremento en el producto nacional, a pesar de lo cual el promedio de éste por habitante había quedado en 1994 casi 8% por debajo del alcanzado en 1981.

Distintos críticos señalaron los peligros que corría la economía al estar sobrevaluado el peso y, con ello, incrementarse las importaciones sobre las exportaciones. También insistían en las consecuencias que produciría la reducción del mercado interno causada por la disminución en la capacidad de compra de la población, junto a la desarticulación del aparato productivo nacional, todo ello agravado por la alta deuda pública. Sin embargo, estas advertencias fueron desechadas por los inversionistas y las autoridades.

El aparente éxito de la política económica se vino abajo a finales de 1994. En ese año se añadió a los problemas señalados la intranquilidad política causada por el asesinato del candidato del PRI a la presidencia de la República, seguido a los pocos meses por el del presidente del mismo partido, provocando la salida de capitales y conduciendo a una violenta devaluación del peso. El aumento de los precios y la pérdida de lugares de trabajo causaron un nuevo empeoramiento en los niveles de vida de la población.

La producción nacional disminuyó considerablemente en 1995 y muchos empresarios medianos y pequeños se vieron imposibilitados de cumplir sus compromisos de pago. En la misma situación se encontraron miles de personas que se habían endeudado para adquirir casas, automóviles, productos electrodomésticos y bienes de uso diario, en algunos casos hipotecando sus propiedades o utilizando tarjetas de crédito. Esta situación provocó graves problemas financieros y el gobierno erogó cuantiosos recursos para mantener en operación al sistema bancario y otros servicios, como el de las autopistas concesionadas.

Las medidas adoptadas, junto con una mejoría de la economía internacional, permitieron a partir de 1996 la reanimación de las actividades en México que, de sostenerse a un elevado ritmo, llevaría en un quinquenio a recuperar los modestos niveles alcanzados en 1981.

Movimientos políticos y reformas electorales

El creciente disgusto popular había dado lugar, en las elecciones presidenciales de 1982, a que los votos de los principales partidos de oposición llegaran a sumar cerca del 20 por ciento del total emitido. La amplia exigencia de los ciudadanos por una mayor participación en las decisiones públicas llevó a nuevas reformas, entre las que destacó el aumento del número de diputados de representación proporcional de 100 a 200, incrementando la presencia de los partidos minoritarios en el Poder Legislativo.

En el seno del PRI, un sector encabezado por el ingeniero Cuauhtémoc Cárdenas y el licenciado Porfirio Muñoz Ledo planteó volver a los principios populares y nacionalistas de la Revolución Mexicana, adaptados a las nuevas condiciones del país y del mundo.

Al ser rechazadas sus demandas por la dirección de su partido, Cárdenas aceptó el ofrecimiento del pequeño Partido Auténtico de la Revolución Mexicana (PARM) de ser su candidato a la presidencia de la República. Esta postulación obtuvo pronto la adhesión de los partidos Frente Cardenista de Reconstrucción Nacional (PFCRN, antes Partido Socialista de los Trabajadores, actualmente Partido Cardenista), Popular Socialista (PPS) y, finalmente, del Mexicano Socialista (PMS), agrupándose todos ellos como "Frente Democrático Nacional" (FDN).

El ingeniero Cárdenas realizó una intensa campaña y obtuvo un extraordinario apoyo popular, debido a las reivindicaciones que planteó y a su decidida oposición a la política del gobierno.

El PAN, a su vez, presentó como candidato al empresario sinaloense Manuel J. Clouthier ("Maquío"), quien logró un fuerte impacto principalmente en el norte del país, con la exigencia de respeto al voto y libertad de empresa.

El aspirante postulado por el PRI era el licenciado Carlos Salinas de Gortari, quien había sido secretario de Programación y Presupuesto bajo la presidencia de Miguel de la Madrid.

En las elecciones realizadas en 1988, después de una reñida campaña, las autoridades declararon vencedor a Salinas de Gortari, a quien reconocieron haber obtenido algo más de la mitad de los sufragios, y afirmaron que el ingeniero Cárdenas había logrado aproximadamente el 30% de los votos, pero un amplio sector de la población consideró a éste el auténtico triunfador. En Michoacán, el Distrito Federal y otras regiones del país fueron electos los candidatos del Frente Democrático Nacional a senadores y, en algunos casos, de diputados. Después de las elecciones de 1991, en que el PRI recuperó posiciones y los partidarios de Cárdenas sufrieron un retroceso, la mayoría de los diputados acordó que se quemaran las boletas electorales de 1988, haciendo imposible un nuevo examen de éstas.

El Partido Acción Nacional pronto empezó a colaborar con el gobierno de Salinas, con cuya política coincidía ampliamente, sobre todo en el fomento de la libertad de empresa, la apertura del país al mercado mundial, el reconocimiento legal a las iglesias y la reanudación de relaciones diplomáticas con el Vaticano. En 1989 conquistó su primera gubernatura, la de Baja California, y más tarde logró lo mismo en Guanajuato, además de incrementar el número de ayuntamientos que dirigía, varios de ellos de gran importancia.

Por otra parte, el ex candidato Cárdenas llamó a formar un nuevo organismo político, constituido en 1989 con el nombre de "Partido de la Revolución Democrática" (PRD), que nunca aceptó como legítimo al gobierno de Carlos Salinas. En sus luchas, el PRD recurría a manifestaciones, ocupaciones de edificios públicos y carreteras, pero rechazaba la acción armada. El Frente Democrático Nacional se disolvió y sus partidos integrantes reanudaron sus actividades anteriores, con excepción del Partido Mexicano Socialista que entregó su registro electoral al PRD y dejó de existir.

El Partido de la Revolución Democrática (PRD)

El PRD se integró en 1989 con miembros de la Corriente Democrática del PRI, encabezada por Cárdenas y Muñoz Ledo, del Partido Mexicano Socialista, de otros grupos y de numerosos ciudadanos sin afiliación partidista previa. En un primer periodo tuvo que enfrentarse a las divergencias entre sus fundadores, así como a las existentes entre quienes buscaban un acuerdo con el presidente Salinas y los opuestos a ello.

El Frente Democrático Nacional (FDN) y el PRD rechazaron siempre recurrir a la acción armada, no obstante lo cual sufrieron agresiones violentas. El PRD denunció que entre 1988 y 1994 más de 300 de sus militantes fueron asesinados.

Los objetivos proclamados por el PRD consisten fundamentalmente en la democratización de la vida nacional, el mejoramiento del nivel de vida popular mediante la reestructuración de los ingresos y gastos gubernamentales, la defensa de las empresas públicas y privadas y una política internacional que busque, en el marco de las condiciones existentes, aprovechar las ventajas y reducir los perjuicios de la globalización económica y política.

Entre las primeras acciones del gobierno de Salinas destacó el encarcelamiento de Joaquín ("La Quina") Hernández Galicia, principal dirigente del Sindicato de Trabajadores Petroleros, acusado de acopio de armas y otros delitos. Posteriormente, distintos ramos de la petroquímica, pertenecientes a Petróleos Mexicanos, fueron reclasificados para permitir en ellos la participación de capital privado, medida a la que se había opuesto la organización dirigida por "La Quina". También cambió la dirección del Sindicato Nacional de Trabajadores de la Educación (SNTE), el de mayor membresía del país, cuyos afiliados llegaron a tener mayor libertad de actuación política, aunque sus principales dirigentes seguían integrados al PRI.

En 1992 se modificó la Constitución, otorgando personalidad jurídica a las iglesias y autorizándolas a poseer propiedades, pero manteniendo la prohibición de que actuaran en política electoral o como partido. Se restablecieron las relaciones diplomáticas con el Estado del Vaticano, sede del Papa, jefe universal de la Iglesia católica, que estaban suspendidas desde la rebelión cristera.

El gobierno agrupó con el nombre de "Solidaridad" múltiples actividades de desarrollo social, como la construcción de caminos y de distintas obras públicas realizadas conjuntamente por vecinos y autoridades municipales, estatales o federales, así como otras concesionadas a empresas particulares, entre ellas las correspondientes al programa de autopistas de cuota. Las autoridades les dieron amplia publicidad, mientras los opositores al régimen las tildaron de propaganda electoral y también las criticaron sectores del PRI, temerosos de que a través de ellas se tratara de sustituir a su partido por un nuevo organismo.

En los últimos años del gobierno de Salinas se produjeron varios hechos violentos de gran impacto, el primero de ellos el asesinato del cardenal Juan Jesús Posadas, en mayo de 1993. Las autoridades atribuyeron el crimen a una confusión de narcotraficantes, explicación rechazada por grandes sectores sociales. En marzo del año siguiente fue muerto de varios disparos el candidato presidencial del PRI, Luis Donaldo Colosio, y meses más tarde sufrió idéntica suerte José Francisco Ruiz Massieu, presidente del mismo partido. Los ejecutantes de estos dos atentados fueron aprehendidos y enjuiciados, pero no se aclaró la autoría intelectual de los mismos.

La República se vio sacudida el primero de enero de 1994 con la ocupación de varias ciudades de Chiapas por el "Ejército Zapatista de Liberación Nacional" (EZLN), integrado por miembros de distintas etnias mayas de ese estado. El gobierno reconoció el atraso y la falta de atención padecidos por los indígenas sublevados, pero atribuyó la organización del movimiento a agitadores extraños a ellos. Grandes manifestaciones en la ciudad de México y en otras partes del país expresaron su simpatía con el EZLN y exigieron la solución pacífica del conflicto, mientras el ejército nacional recuperó las ciudades ocupadas por los rebeldes, después de lo cual el gobierno proclamó un alto al fuego, aceptado por los zapatistas.

A los hechos de armas sucedieron negociaciones que produjeron algunos acercamientos pero no llegaron a dar fin al movimiento. Para ayudar a encontrar una solución digna al conflicto se formó la Comisión Nacional de Intermediación (Conai), con la participación de destacados miembros de la sociedad civil y presidida por el obispo de San Cristóbal de las Casas, Samuel Ruiz García, pero la situación continuó estancada.

Por otra arte, no obstante la repercusión política de la rebelión, siguieron llegando al país importantes recursos del exterior, los que empezaron a retirarse cuando los asesinatos de Colosio y Ruiz Massieu produjeron una sensación de falta de estabilidad.

En elecciones locales celebradas en distintos estados se reconocieron triunfos de partidos de oposición, pero también se mantuvieron prácticas de fraude e imposición. La organización más beneficiada fue el PAN, que logró algunos de sus éxitos por acuerdos negociados fuera de las leyes.

En 1993, el PRI nombró candidato a la presidencia al licenciado Luis Donaldo Colosio, quien se pronunció a favor de establecer una clara diferenciación entre el partido que lo postulaba y el gobierno. Después de su muerte, el PRI, con la intervención directa del presidente Salinas, designó candidato al doctor en economía Ernesto Zedillo Ponce de León, ex miembro del gabinete presidencial. Zedillo basó su campaña en la promesa de impulsar "el bienestar de la familia" y de asegurar la paz, en respuesta al deterioro de los niveles de vida y a la sublevación en Chiapas.

Sus dos contrincantes más fuertes fueron el licenciado Diego Fernández de Cevallos, por el PAN, y el ingeniero Cuauhtémoc Cárdenas, del PRD. Se realizó, por primera vez, un debate ante la televisión entre los tres candidatos, en el cual Fernández de Cevallos atacó a Zedillo por provenir del gobierno y se ensañó especialmente con Cárdenas, tachándolo de representar al "PRI menor", en atención a su procedencia de ese partido.

Después de una intensa campaña, en la que casi todos los medios masivos de comunicación apoyaron la candidatura del PRI e hicieron a un lado o atacaron la del PRD, Zedillo resultó vencedor en las elecciones y el PAN quedó en segundo lugar, con una votación considerablemente superior a la del PRD. Los demás candidatos obtuvieron escasos sufragios.

Al tomar posesión de su cargo, el doctor Zedillo anunció su disposición de respetar a todos los partidos y nombró procurador general de la República al licenciado Antonio Lozano Gracia, miembro del PAN, quien no pudo esclarecer los sonados asesinatos de 1993 y 1994 y fue relevado de su puesto dos años más tarde.

En el primer mes del nuevo sexenio se devaluó el peso ante una fuerte fuga de divisas, dando principio a una crisis económica extremadamente dura.

En febrero del año siguiente, a pesar de estarse realizando conversaciones con los mandos del EZLN, se dictaron órdenes de aprehensión contra éstos y el ejército ocupó, sin encontrar resistencia, la región dominada por los sublevados. Semanas más tarde, el Congreso de la Unión aprobó una ley en virtud de la cual se suspendieron las órdenes de aprehensión y se formó la Comisión de Concordia y Pacificación (Cocopa), integrada por diputados y senadores de todos los partidos representados en el Congreso. Se iniciaron prolongadas negociaciones que culminaron, en 1996, en los "acuerdos de San Andrés", referentes a la autonomía de los pueblos indígenas, pero cuya puesta en vigor no se ha logrado.

El ingeniero Raúl Salinas de Gortari fue encarcelado en 1995, acusado de haber organizado el asesinato del presidente del PRI, José Francisco Ruiz Massieu. El ex presidente Carlos Salinas, hermano menor de Raúl, abandonó el país para radicar en el extranjero.

En distintas partes del país se han multiplicado los conflictos en el campo, sobre todo respecto a la propiedad de la tierra. En la lucha contra los campesinos han participado cuerpos armados particulares, de manera especialmente intensa en el norte de Chiapas, fuera de la zona de presencia del EZLN. El ejército nacional ha intensificado su presencia en varios estados, realizando acciones de vigilancia y aprehensiones de sospechosos. La policía del estado de Guerrero realizó una matanza de campesinos en el vado de Aguas Blancas, cerca de Acapulco, y un año más tarde hizo su aparición otro grupo armado, llamado "Ejército Popular Revolucionario", que se declaró opuesto a negociar con el gobierno.

Ante la exigencia general de una mayor democratización se iniciaron negociaciones que condujeron, en 1996, a nuevos cambios legales, estableciendo la elección popular del jefe del gobierno del Distrito Federal y que el Instituto Federal Electoral, máximo órgano electoral de la República, dejara de pertenecer a la Secretaría de Gobernación para transformarse en institución autónoma, regida por un Consejo de ciudadanos sin filiación partidista, electo por la Cámara de Diputados. También se aprobaron medidas para garantizar el acceso equitativo de los contendientes a los medios de comunicación, limitar los gastos electorales y hacer más equilibrado el financiamiento público otorgado a los partidos. Estas nuevas disposiciones, imitadas por muchos estados de la República, avivaron el interés y la confianza de los ciudadanos en las elecciones, lo que repercutió en 1997 en las campañas electorales de diputados, senadores y del jefe de gobierno del Distrito Federal.

La tendencia a mayor limpieza y equidad en las elecciones logró éxitos importantes en algunas regiones, especialmente en las grandes ciudades, mientras se mantenían cacicazgos y actuaciones altamente represivas, sobre todo en el sur y sureste de la República.

A pesar de las exigencias de algunos sectores, no se autorizó el registro de candidatos independientes, reservando así a los partidos su postulación, no se estableció el plebiscito o referéndum (sujeción a votación popular de una medida), como tampoco se restauró la posibilidad de que varios partidos presentaran un mismo candidato.

Inquietudes y problemas

Inseguridad. Desde 1982 han aumentado considerablemente los asaltos a bancos, casas particulares, secuestros para cobrar rescates, asesinatos, fraudes financieros y violencia callejera. Se señalan entre las causas de estos fenómenos la reducción en los niveles de vida y la escasez de trabajo provocados por las crisis económicas, así como la corrupción de muchos miembros de los cuerpos de seguridad pública que actúan en complicidad con los delincuentes.

Al examinar las causas profundas de esta situación, se ha planteado que éstas radican en el incremento de la riqueza frente a una creciente pobreza y miseria, así como en el debilitamiento de la conciencia de responsabilidad social por el desarrollo de la competencia individualista. Otros sectores, a su vez, responsabilizan en primera línea al olvido de los valores considerados tradicionales y a la falta de educación moral de niños y jóvenes.

Muchos analistas, por su parte, encuentran otro elemento favorable al desarrollo de la delincuencia en las malas condiciones de las escuelas y la reducción de desayunos escolares, a las que se suman las tensiones en el seno de las familias debidas a la escasez de empleos adecuadamente remunerados y a la falta general de perspectivas de superación. Estas situaciones llevan en muchos casos a exigir una aportación económica a los menores o a que éstos huyan de sus hogares, transformándose en "niños de la calle", expuestos al alcoholismo, al consumo de drogas que eliminan la sensación de hambre y a vivir de trabajos ocasionales, la mendicidad o la delincuencia.

Un factor importante en el incremento de la inseguridad se encuentra en el auge del comercio y consumo de la mariguana, de las drogas derivadas del opio y de la coca o las elaboradas químicamente. Su creciente demanda en los Estados Unidos desde la década de los setenta creó un gran mercado para estos productos, abastecido en parte desde México con sustancias fabricadas localmente y con otras, provenientes de Sudamérica.

La prohibición del comercio de esas drogas, dañinas para la salud, junto a su alto precio, condujo a la formación de poderosos grupos dedicados a su elaboración y venta ("narcotraficantes"), cuyos recursos les permiten corromper a muchos funcionarios encargados de combatirlos y a contratar a personas sin recursos, muchas de ellas provenientes de la violencia callejera. También numerosos campesinos se han visto orillados a dedicarse a esas actividades, dado el escaso rendimiento que obtienen de otras labores o amenazados por los propios narcotraficantes.

Las autoridades estadounidenses iniciaron campañas contra la elaboración y el comercio de estos productos, aplicando medidas que en muchas ocasiones violan la soberanía de los países afectados.

El gobierno mexicano comisionó militares para integrar y dirigir a diferentes cuerpos de policía, buscando eliminar la corrupción e ineficiencia de éstos, pero sus acciones no han logrado resolver el problema.

Con el fin de combatir las violaciones a las normas legales cometidas por órganos oficiales, como la tortura aplicada frecuentemente por cuerpos policiacos, se crearon bajo la presidencia de Salinas las comisiones nacional y estatales de derechos humanos, que lograron cumplir parcialmente con su cometido. Se les ha acusado de defender a delincuentes, a pesar de que su función consiste únicamente en denunciar violaciones a las leyes cometidas por las autoridades responsables de aplicar éstas.

Educación, ciencia y cultura. No obstante que la preparación cultural, científica y tecnológica se considera indispensable para el progreso, se ha aplicado una política consistente en reducir los recursos destinados a la educación pública, en el marco de la disminución de los presupuestos estatales y las crisis económicas. El crecimiento de la población y del sistema de escuelas secundarias ha provocado un fuerte incremento en la demanda de acceso al nivel de bachillerato, cuya insatisfacción ha dado lugar a protestas públicas.

El desarrollo de los colegios de paga, desde el nivel primario hasta el superior, ha ampliado las oportunidades ofrecidas a los sectores en condiciones de erogar los gastos correspondientes, sin contrarrestar el estancamiento de los sistemas educativos.

Los medios electrónicos han seguido avanzando a un ritmo cada vez más acelerado, destacando en ese campo la difusión de las computadoras, tanto las empleadas por empresas y particulares como las utilizadas en la investigación científica. Las técnicas digitales ofrecen nuevas posibilidades de estudio y también de creación técnica y artística en distintas formas. A su vez, las comunicaciones por satélite facilitan el acceso al conocimiento universal y también se utilizan crecientemente para el contacto entre las instituciones culturales mexicanas y la atención a gran número de escuelas.

En las ciencias se ha desarrollado la concepción de "sistemas complejos", que hace énfasis en la interrelación estrecha de todos los aspectos de la realidad al igual que las interpretaciones marxistas, pero sin dar importancia a las ideas de lucha de clases y de explotación como lo hacen éstas. Los conceptos marxistas, de gran presencia en los años anteriores aunque frecuentemente mal empleados o distorsionados, perdieron la aceptación que habían disfrutado durante largo tiempo.

En diversas disciplinas se siguen realizando importantes actividades de investigación, muchas de ellas de alto nivel, a pesar de los problemas económicos y de la dificultad para incorporar científicos jóvenes a sus instituciones.

La cultura y las costumbres populares se han visto crecientemente influidas y, hasta cierto grado, internacionalizadas por los medios de comunicación, entre los que destacan la radio y la televisión, cuya repercusión se refuerza por la utilización de las nuevas técnicas como la transmisión por satélite.

Problemas ambientales y de salud. Las condiciones naturales, base de la vida, se han visto severamente amenazadas en distintas formas, una de ellas la contaminación del aire en las grandes ciudades y zonas fabriles por las industrias y los gases provenientes de los automotores. Otra causa de ese deterioro ecológico se encuentra en la basura que no se reintegra a los ciclos naturales y forma enormes depósitos que contaminan extensas regiones.

También el uso inadecuado de fertilizantes y plaguicidas ha perjudicado grandes extensiones agrícolas y, junto con desechos industriales y domésticos, afecta aguas subterráneas y superficiales. Ha continuado la destrucción de áreas forestales, por su explotación excesiva y su transformacion en campos de cultivo o de pastoreo.

En ciudades y campos, sobre todo del norte y centro de la República, se han presentado graves problemas de escasez de agua, debidos al aumento de la población, a la deforestación y al desperdicio del líquido.

La destrucción de las condiciones naturales afecta a toda la Tierra, impulsada, de un lado, por los altos niveles de consumo de energéticos y la economía de despilfarro en los países desarrollados y, de otro, por la situación en las naciones poco industrializadas. Además de lo ya señalado, es notoria la destrucción de la capa de ozono que rodea al Globo y lo protege contra el exceso de rayos ultravioletas, y asimismo se prevé un incremento en la temperatura debido al "efecto invernadero" producido por los gases industriales, cuyo resultado sería la descongelación de las zonas árticas y de los glaciares, cambios climáticos y la inundación de las regiones costeras.

Se han aprobado leyes y acuerdos nacionales e internacionales para combatir el deterioro del medio ambiente, cuya eficacia sólo podrá verse en el transcurso de varias décadas. Estas medidas son todavía insuficientes y se han visto obstaculizadas por poderosos sectores temerosos de ver afectados sus intereses económicos.

En 1981 se identificaron en México los primeros casos del "Síndrome de Inmunodeficiencia Adquiririda" ("sida"), padecimiento que se propagó rápidamente. Se trata de una enfermedad trasmitida por contacto sexual, transfusión de sangre, agujas hipodérmicas infectadas o de madre a hijo. Se ha avanzado en su tratamiento, sumamente costoso, pero hasta el momento es incurable.

En una primera etapa el sida se presentaba sobre todo entre homosexuales y drogadictos, pero se extendió después a todo tipo de personas y constituye hoy un problema mundial de salud. Algunos grupos, sobre todo religiosos, lo consideran un castigo divino y rechazan el uso del condón (preservativo), cuya eficacia para reducir el peligro de contagio ha sido comprobada por múltiples estudios.

La *"sociedad civil"* adquirió creciente importancia en el periodo examinado. Se suele designar actualmente con este término a lo relativo a las relaciones entre individuos, grupos y clases sociales fuera de la "sociedad política", formada ésta por las instituciones estatales y de poder. Sus exponentes tradicionales en las ciudades en México eran las cámaras de industria o de comercio, iglesias, sindicatos y otras organizaciones, pero también se pueden incluir en ese concepto las comunidades rurales, en las que generalmente se da un elevado nivel de cooperación.

En ocasión de dos terremotos que en septiembre de 1985 causaron numerosas víctimas y el derrumbe de gran cantidad de edificios en la ciudad de México y algunos estados de la República, se produjo una fuerte reacción de la sociedad civil. En auxilio de los perjudicados se movilizaron y organizaron espontáneamente grandes grupos de ciudadanos, cuya acción rebasó en mucho a la realizada por las autoridades, condujo a la formación de distintas agrupaciones de apoyo mutuo entre la población y a la conciencia de ésta de su capacidad de actuar en forma independiente.

Más adelante adquirieron gran presencia las "Organizaciones no gubernamentales" (ONG), existentes desde antes o de nueva creación, formadas por ciudadanos con el fin de defender a minorías sociales, mujeres, otros grupos discriminados o a propugnar los derechos humanos en general. Al aumentar el interés de la población por las elecciones se formaron diversas ONG para promover medidas que aseguren la limpieza de los comicios o con el propósito de vigilar la actuación de las autoridades.

En la sociedad civil se incluyen la prensa, la radio y la televisión, más libres y críticas que en periodos anteriores. Deben mencionarse como innovación los canales de televisión locales dedicados a atender las regiones correspondientes y difundir la cultura, así como las estaciones de radio que trasmiten en idiomas indígenas.

Con frecuencia resulta difícil establecer con claridad la delimitación entre sociedad civil y política, ya que las organizaciones de la primera muchas veces exigen del poder público la aplicación de determinadas medidas, actuando así sobre la esfera de gobierno.

Los indígenas, orillados en su mayoría a las regiones más inaccesibles del país, con escasos servicios de salud y de educación, parecían olvidados en la práctica no obstante los esfuerzos de algunas instituciones y su igualdad legal con los demás ciudadanos. Las acciones encaminadas a "incorporarlos a la cultura nacional", es decir, a eliminar sus características propias, no han impedido que muchas etnias conserven sus idiomas, costumbres y autoridades tradicionales y expresen de diversas maneras el deseo de preservar su identidad, seguir formando parte de la nación, progresar y mejorar su nivel de vida. En múltiples peticiones, marchas a la ciudad de México y otras acciones han manifestado sus aspiraciones, generalmente sin obtener las respuestas buscadas.

La aparición del Ejército Zapatista de Liberación Nacional (EZLN) impulsó fuertemente el debate público al presentar demandas referidas al país en general o dedicadas a los problemas de las etnias. En las primeras se pronuncia contra la economía neoliberal y llama a la sociedad civil a organizarse para establecer el gobierno del pueblo. En cuanto a los indígenas, exige el otorgamiento de autonomía a esos pueblos para garantizar el respeto a sus costumbres y la posibilidad de su desarrollo propio, en el marco de la nación mexicana.

Los planteamientos del EZLN, manejados hábilmente en los medios de comunicación nacionales e internacionales por su vocero y jefe militar, el subcomandante Marcos, lograron un fuerte impacto en amplios sectores. Muchos otros grupos autóctonos han expuesto también con insistencia sus problemas y exigencias coincidentes con los planteados por los zapatistas y se han organizado en el "Congreso Nacional Indígena" para alcanzarlos por medios pacíficos, enarbolando el lema "Nunca más un México sin nosotros".

> **El Ejército Zapatista de Liberación Nacional (EZLN)**
>
> El EZLN, a diferencia de las guerrillas "clásicas", afirmó desde su aparición su calidad de ejército. Según lo declarado por sus voceros, obedece a las poblaciones donde se formó, que se habían organizado en el Comité Clandestino Revolucionario Indígena (CCRI) y habían tomado la decisión de lanzarse a la guerra en pos de sus demandas, encargando el mando de las acciones al subcomandante Marcos, pero manteniendo las decisiones fundamentales en manos del CCRI y de las asambleas de los pueblos. En sus filas milita un número de mujeres, quienes añadieron a las demandas generales de su movimiento el planteamiento de la igualdad de derechos con los hombres.
>
> A pesar de la ocupación de la zona rebelde por el ejército nacional desde febrero de 1997 y del establecimiento de bases militares en ella, continúan las manifestaciones de la población en apoyo de las demandas del EZLN, expresadas repetidas veces en actos masivos.
>
> A la región han acudido numerosos observadores y simpatizantes nacionales y extranjeros, muchos de los cuales realizan acciones de suministro de víveres y otros productos a los pueblos, imparten enseñanza sobre distintos temas, construyen escuelas y llevan a cabo otras actividades de apoyo civil, ayudando también a mantener viva la atención nacional e internacional en el movimiento. En muchos países de América y Europa se han producido declaraciones de apoyo al EZLN de parte de grupos y personalidades.

Representantes de diferentes fuerzas sociales y personas simpatizantes con los objetivos proclamados por el EZLN acudieron a reuniones convocadas por éste en las montañas y selvas de Chiapas. Muchos de ellos iniciaron la formación del "Frente Zapatista de Liberación Nacional", que no se propone actuar como partido ni aspirar al poder político y preconiza en cambio el predominio de la sociedad civil.

Algunos sectores, entre ellos dirigentes empresariales, jerarcas de la Iglesia católica y Fidel Velázquez, entonces secretario general de la Confederación de Trabajadores de México (CTM), pidieron que el Estado reprimiera a los alzados de Chiapas. Por otra parte, una importante tendencia de la misma iglesia, encabezada por el obispo de San Cristóbal de las Casas, ha mostrado su simpatía por las demandas de los sublevados y realizado esfuerzos para resolver pacíficamente el conflicto.

Las iglesias han intensificado su actuación. Algunas agrupaciones protestantes o de otras confesiones religiosas han logrado incrementar el número de sus adeptos, pero la mayoría de la población sigue profesando la fe católica. La iglesia de esta denominación realiza una activa campaña para difundir sus posiciones e interviene en la discusión de diferentes problemas nacionales, pidiendo con frecuencia que el poder público acepte sus conceptos morales y sociales e

> **La autonomía**
>
> *La autonomía*, exigida por el EZLN y varios pueblos indígenas mexicanos, como también por muchas etnias del continente americano, consiste en el derecho a mantener sus costumbres, idiomas y formas de gobierno, en un territorio determinado. Se ha manifestado el temor de que esta estructura pondría en peligro la unidad de la nación y la vigencia de las garantías constitucionales o que daría lugar a la segregación de las propias poblaciones aborígenes, pero los voceros indígenas han manifestado reiteradamente su reconocimiento a la Constitución y han rechazado toda idea de separarse del conjunto nacional. También han repudiado el exclusivismo étnico y han señalado que en las regiones autónomas los pobladores gozarían de derechos iguales, sin importar si se trata de personas de habla española o pertenecientes a una etnia determinada.
>
> Un problema especialmente delicado radica en la cuestión de la propiedad de la tierra, base fundamental de la vida de las comunidades indígenas aspirantes a la autonomía. Se está debatiendo la forma de resolver esta cuestión.

imponga su acatamiento. Sobresalen en sus planteamientos los referentes a la educación y a la vida de las familias y su oposición al uso de los anticonceptivos. Las recomendaciones públicas del nuncio (embajador) papal han provocado la oposición de aquellos sectores que consideran indebida la intervención de un representante diplomático en cuestiones de competencia nacional.

El primer semestre de 1997

No es fácil establecer las dificultades, tendencias y perspectivas del México de nuestros días, acerca de las cuales existen múltiples opiniones y actitudes, explícitas unas y ocultas o no precisadas otras. Sin embargo, no es ocioso presentar un panorama de la situación, sujeto desde luego a examen y crítica.

México presenta, en el momento actual, el cuadro de un pueblo en lucha por su superación, en el marco de una situación nacional y mundial cambiante y confusa. Algunos sectores consideran que el rumbo emprendido en los últimos quince años, de privatización de la economía, disminución de la protección proporcionada por el Estado a los sectores económicamente débiles, libertad de empresa e incorporación irrestricta al mercado mundial es el único posible y que, en pocos años, conducirá a un mayor bienestar nacional.

Otros, en cambio, opinan que la orientación seguida significa subordinar la nación a fuerzas internacionales y a un pequeño grupo de grandes empresarios, a cuyos intereses obedecería el gobierno, y consideran conveniente crear condiciones que promuevan el desarrollo de la iniciativa popular en todos los aspectos de la vida. Para ello, propugnan sustituir la orientación actual y plantean la adopción de una política dirigida a fortalecer el mercado interno en el marco de las condiciones prevalecientes en el mundo, mejorar rápidamente los niveles de vida populares, desarrollar la democracia y buscar la reducción de las diferencias sociales.

En cuanto a la convivencia entre los ciudadanos, hay tendencias partidarias de establecer controles más estrictos para mantener el orden público y también, para algunos, en lo referente a aspectos culturales y morales. En cambio, otras consideran posible y conveniente mejorar las relaciones entre las personas y los grupos sociales, creando condiciones que promuevan los sentimientos de solidaridad, basados en la libre convicción de los individuos.

Por primera vez en la historia de la nación, el debate acerca de la forma de organizarse no se reduce a pequeños círculos de intelectuales o a la acción armada, sino que participan en él amplios sectores sociales en expresiones públicas y mediante su intervención en procesos electorales.

El pueblo mexicano decidirá su camino.

Resumen (1940-1997)

La situación en México se vio influida, en forma más pronunciada que en épocas anteriores, por la combinación de los acontecimientos mundiales con los movimientos resultantes de causas internas de la República.

En la Segunda Guerra Mundial (1939 - 1945), México formó parte de la amplia coalición encabezada por Estados Unidos y la Unión Soviética que triunfó sobre el "Eje nazifascista" de Alemania Italia y Japón.

Restablecida la paz, se produjo la llamada "guerra fría" entre los bloques encabezados respectivamente por los Estados Unidos y la Unión Soviética. El gobierno norteamericano creó un sistema mundial de alianzas en el que México participó llevando en muchos aspectos una política propia. El gobierno nacional procuraba fortalecer sus relaciones con otras naciones, especialmente con las de América Latina donde apoyó posiciones populares y nacionalistas, contrariando con frecuencia los deseos norteamericanos. También causó el disgusto yanqui la colaboración mexicana con los países "no alineados" que buscaban su fortalecimiento y desarrollo fuera del dominio de los dos grandes grupos imperantes en la arena internacional.

El Zócalo capitalino

La plaza central de la ciudad sigue siendo el lugar de los grandes actos cívicos, de las verbenas populares y de las concentraciones políticas.

De especial importancia fue la posición mexicana respecto a Cuba, donde triunfó en 1959 una revolución nacionalista y popular, encabezada por Fidel Castro, misma que logró importantes éxitos en sus primeros años y se declaró socialista en 1961, ante una intervención auspiciada por Estados Unidos. La Organización de Estados Americanos, bajo la dirección de éstos, decidió el rompimiento de relaciones con Cuba y sólo México no acató ese acuerdo.

La política internacional de México se fue identificando posteriormente con la estadounidense, sobre todo desde principios de la década de los ochenta, al orientarse en forma creciente a la incorporación del país al mercado mundial. En 1991 dejó de existir la Unión Soviética, afirmándose así la posición de los Estados Unidos como la principal potencia del mundo, sin que dejaran de presentarse oposiciones a su actuación.

La situación de México se caracterizaba en 1940 por la gran tensión entre los partidarios de continuar la política encabezada por el presidente saliente, Lázaro Cárdenas, y los adversarios de ésta. También estaba influida por la Segunda Guerra Mundial, estallada en 1939.

El nuevo gobierno mexicano, presidido por Manuel Ávila Camacho, frenó el reparto de la tierra, cambió la orientación de la educación y favoreció las actividades de los empresarios. Esta política se facilitó por la moderación del movimiento obrero y otros sectores de izquierda, en el marco de la alianza mundial antifascista. La entrada de México a la guerra al lado de los aliados contribuyó a su vez a atenuar los conflictos internos.

En las décadas posteriores al fin de la guerra, se aceleró el proceso de industrialización y se incrementó la inversión extranjera, apoyados vigorosamente por las autoridades mediante importantes obras públicas y con el otorgamiento de facilidades a las empresas. Se desarrolló la "economía mixta", de capital estatal y privado, cuya colaboración no excluía constantes pugnas entre ambos sectores. Al mismo tiempo perdieron importancia las cooperativas de trabajadores y los ejidos colectivos, integrantes del llamado "sector social".

La nueva orientación se vio favorecida por la colaboración del movimiento obrero con los empresarios y el Estado, pactada libremente al principio y vuelta obligatoria desde fines de la década de los cuarenta por la intervención directa del gobierno en los sindicatos. La democracia parcial existente en las organizaciones obreras quedó suprimida en la mayoría de éstas, cuyos dirigentes acataban crecientemente las indicaciones patronales y del gobierno, al mismo tiempo que lograban algunas ventajas para los trabajadores sindicalizados y mantenían así cierta fuerza política que les permitía obtener puestos públicos y beneficios personales.

Las condiciones de vida de amplios sectores de la población mejoraron, sobre todo gracias a la creación de empleos en la industria y los servicios, así como a la ampliación de las instituciones públicas de educación y salud y la construcción de viviendas populares. Al mismo tiempo, creció una fuerte clase empresarial, ligada cada vez más a la economía mundial, y se desarrollaron las llamadas "clases medias".

De 1940 a principios de los ochenta se fomentó la actividad tanto de la industria estatal como de la privada, mediante la protección aduanal al mercado interno, situación aprovechada también por los inversionistas extranjeros.

Por otra parte, las condiciones de vida en el campo empeoraron debido al estancamiento de la agricultura, obligando a muchos campesinos a buscar trabajo en las ciudades o en Estados Unidos, al mismo tiempo que se desarrollaban algunas zonas donde se empleaba maquinaria moderna y se cultivaban productos destinados a la exportación o al abastecimiento de las regiones urbanas. Se incrementó el número de solicitantes de tierra, cuyas gestiones obtuvieron poco éxito.

En 1958 se dieron fuertes movimientos en busca de repartos de tierra y una importante lucha en varios sindicatos por mejores salarios y la independencia de sus organizaciones. Los trabajadores ferrocarrileros lograron imponer a los líderes de su preferencia, pero a principios del año siguiente fueron reprimidos por el gobierno y el sindicato quedó nuevamente bajo control estatal.

Un masivo movimiento de los estudiantes de las universidades y otras instituciones de enseñanza superior exigió en 1968 libertades democráticas, revelando el profundo descontento de amplios sectores del país. El movimiento fue reprimido violentamente después de varios meses, dejando un profundo impacto, principalmente entre los intelectuales y los sectores medios.

Los presidentes Luis Echeverría (1970-1976) y José López Portillo (1976-1982) trataron de reanudar el desarrollo basado en el incremento de empresas y servicios públicos, así como en el estímulo al capital privado, simultáneamente al control de obreros y campesinos a través de sus respectivas organizaciones. Con esta finalidad, Echeverría destinó cuantiosos recursos a las universidades y al impulso de actividades productivas, y López Portillo intentó aprovechar los altos precios internacionales del petróleo para lograr un fuerte crecimiento económico. Ante la insuficiencia de los recursos nacionales, los dos mandatarios gestionaron préstamos internacionales y la deuda externa subió de 3 mil millones de dólares en 1970 a 16 mil en 1976, para llegar a 80 mil seis años más tarde.

Los gobiernos de ambos presidentes terminaron en severas crisis políticas y económicas, acompañadas de devaluaciones del peso. López Portillo nacionalizó sorpresivamente la banca en 1976 con el fin de dirigir los recursos depositados en ella al desarrollo del país y de estabilizar la moneda. La medida no produjo los efectos deseados, y en cambio acrecentó el conflicto entre el sector empresarial y el gobierno.

A partir de 1982, los grupos dirigentes iniciaron la apertura completa del país hacia el mercado internacional, reduciendo las barreras aduanales hasta casi anularlas. En 1994 entró en vigor el Tratado de Libre Comercio (TLC) con Canadá y Estados Unidos, facilitando el flujo de mercancías y capitales entre los tres países. De 1990 a 1994 hubo un ligero auge económico, pero a fines de ese año estalló una nueva crisis con otra devaluación violenta de la moneda nacional.

Durante las cinco décadas del periodo se incrementaron las diferencias sociales, proceso acelerado en los últimos quince años al sufrir un fuerte deterioro los ingresos reales de asalariados, trabajadores independientes, campesinos y pequeños empresarios e incrementarse la desocupación.

El gobierno, las organizaciones de inversionistas y muchos expertos afirman que la política aplicada conducirá en un plazo no muy largo al crecimiento sano y estable de la economía y dará lugar al mejoramiento general de la población, a diferencia de otros sectores que no comparten esta opinión y exigen cambiar la orientación adoptada. Debates y tendencias semejantes se manifiestan en muchos países, sin excluir los de alto nivel económico como Francia, Italia, Gran Bretaña y Estados Unidos.

Respondiendo a una creciente exigencia popular, se modificaron las leyes electorales, acercando la composición del poder legislativo a la proporción de los votos emitidos, limitando los gastos en las campañas electorales y facilitando un acceso más equitativo de los contendientes a los medios de comunicación.

En las elecciones presidenciales de 1988 obtuvo un sorprendente éxito Cuauhtémoc Cárdenas, pero no logró impedir que el candidato del PRI, Carlos Salinas de Gortari, fuera declarado vencedor. Cárdenas llamó a sus partidarios a constituir el Partido de la Revolución Democrática (PRD) y empezó a formarse un sistema de tres actores políticos principales: el PRI, que sigue siendo mayoritario; el PAN, conquistador de varias gubernaturas y presidencias municipales, y el PRD, consolidado y con triunfos electorales después de superar un retroceso inicial. Junto a ellos actúan, con desempeños variables, algunos partidos de menor penetración en la sociedad.

Llegaron a tener gran presencia en la vida nacional las "organizaciones no gubernamentales" (ONG), dedicadas a plantear y defender reivindicaciones específicas, entre ellas el respeto a los derechos humanos y la limpieza electoral.

En 1994 fueron ocupadas varias ciudades de Chiapas por el "Ejército Zapatista de Liberación Nacional" (EZLN), que exige el respeto a las comunidades indígenas y la mejoría de las condiciones de vida de éstas, y plantea el establecimiento de un gobierno nacional sujeto al mandato popular. El ejército recuperó rápidamente las ciudades ocupadas por el EZLN, se suspendieron las hostilidades y dieron inicio prolongadas negociaciones, sin llegar a un acuerdo definitivo.

El sistema educativo nacional tuvo de 1940 a 1980 una fuerte expansión en todos los niveles, continuada después en las escuelas primarias, secundarias y de educación tecnológica, no así en lo correspondiente a las instituciones de enseñanza superior. Una innovación importante ha sido la enseñanza a distancia mediante programas televisivos, para los cuales se empezó a usar la transmisión a través de satélites, sistema aprovechado también para una mayor relación con la comunidad internacional.

Hubo una intensa vida en música, danza, arquitectura, escultura, literatura y otras actividades artísticas. En las décadas de los cuarenta y cincuenta destacó la pintura mural con mensajes sociales y revolucionarios, desplazada posteriormente por otras tendencias. El cine mexicano logró durante algún tiempo obras importantes, para quedar reducido después a la elaboración de cintas de escaso valor, con algunas excepciones notables. Muchas de estas manifestaciones culturales de México lograron el reconocimiento internacional.

La radio y la prensa se han expresado con mayor libertad, presentando con frecuencia críticas sociales y políticas. La televisión, que empezó a extenderse a partir de 1950, ha penetrado ampliamente en la población, con materiales generalmente de bajo nivel, pero también, principalmente en los canales culturales, con obras de gran valor artístico, político y educativo.

Las formas de vida han sufrido importantes cambios, sobre todo en las grandes ciudades, con una liberación de las costumbres considerada benéfica por unos y atentatoria a la moral por otros.

En el primer semestre de 1997 está abierto el debate, reflejado en gran parte en las campañas electorales, acerca del desarrollo futuro de México.

21. Últimos acontecimientos (1o./VII-31/XII/97)

En las elecciones federales realizadas el seis de julio, el Partido Revolucionario Institucional (PRI) obtuvo 235 diputados, el de la Revolución Democrática (PRD) 126, Acción Nacional (PAN) 124, el Verde Ecologista (PVEM) 8 y el del Trabajo (PT) 7. Fue especialmente llamativo el avance del PRD en gran parte del país, mientras el PAN mantuvo su votación y el PRI sufrió un retroceso notorio, perdiendo la mayoría absoluta que había tenido desde su fundación en 1929, entonces como PNR.

Se formó así un sistema de tres partidos fuertes y otros dos menores, con una ligera mayoría de las diputaciones de oposición, dando por resultado la necesidad de que los actores políticos entablen negociaciones para poder tomar decisiones.

El Senado fue renovado sólo en una cuarta parte, conservando el PRI la mayoría absoluta pero con un notable avance de sus oponentes.

En general, los comicios fueron aceptados como legítimos, aunque en algunos estados se reprochó a las autoridades haber favorecido a determinados candidatos.

Los diputados del PRD, PAN, PVEM y PT arrebataron al PRI el gobierno de la Cámara de Diputados y el informe presidencial fue contestado, en forma crítica, por Porfirio Muñoz Ledo, del PRD. Por primera vez en muchas décadas hubo debates serios acerca de los proyectos de ingresos y gastos del gobierno federal para 1998, los que finalmente fueron aprobados, con escasas modificaciones, por las diputaciones del PRI y del PAN.

En la contienda por el gobierno del Distrito Federal, sujeto por primera vez al sufragio popular, triunfó el ingeniero Cuauhtémoc Cárdenas, postulado por el PRD, con el 47% de los sufragios frente a 26% de Alfredo del Mazo (PRI) y 15% de Carlos Castillo Peraza (PAN). El mismo partido conquistó además la mayoría absoluta en la Asamblea Legislativa local, lo que le proporcionó una fuerza considerable al asumir el gobierno de la entidad, conflictiva y endeudada, el 5 de diciembre de 1997.

El PAN logró mantener las gubernaturas de los estados de Baja California, Guanajuato, Jalisco y Chihuahua y les pudo sumar los de Querétaro y Nuevo León.

El nuncio (embajador) del Vaticano, Justo Mullor, lanzó una exhortación a formar asocaciones para oponerse a "una moral racionalista e inventada", y denunció la violencia y corrupción reinantes, así como la penetración del narcotráfico en distintas esferas del poder público. Diferentes sectores lo acusaron de intervenir en asuntos internos del país, respondiendo el criticado que se le había malentendido y simplemente hablaba en favor de la verdad y de la moral.

A fines de diciembre fueron asesinados en Acteal, Chiapas, 45 indígenas, en su mayoría mujeres y niños, por un grupo de personas dotadas de armas de alto poder, sin que intervinieran las fuerzas de seguridad del estado, que se encontraban cerca del lugar de los hechos. Algunos de los delincuentes fueron aprehendidos pocos días después y declararon ser miembros del PRI o del PT, partidos que condenaron la acción. La masacre causó tremenda indignación nacional e internacional e incrementó la tensión en el estado.

En cuanto al desarrollo económico, no obstante que se han producido incrementos en las inversiones y un aumento en el número de las plazas de trabajo, la situación de las mayorías no ha recuperado sus modestos niveles de hace varios años.

Séptima parte

Recapitulaciones y reflexiones

22. Pasado, presente y perspectivas

Un recorrido a través del tiempo

Al relatar el pasado, con frecuencia se hace referencia a los hechos más llamativos, relacionados entre sí sólo por su sucesión en el tiempo. Esto equivale a estudiar un bosque examinando los árboles sobresalientes, ignorando sus características comunes, el ambiente en que se desenvuelven y la influencia que ejerce sobre ellos su relación mutua. Para ver en su conjunto el bosque o, en nuestro caso, la historia, conviene hacer un repaso de sus elementos relevantes, con espíritu crítico y sin ignorar el papel que en la selección de éstos desempeñan los puntos de vista personales del estudioso.

Nuestro recorrido debe empezar por las raíces del pueblo mexicano. La primera de ellas está constituida por los pobladores originales de América quienes, a través de un proceso de trabajo y superación de decenas de miles de años, evolucionaron de recolectores y cazadores a agricultores en gran parte del México actual, de Centroamérica y de la zona andina del Continente. Sobre esta base se formaron durante tres mil años vigorosas culturas, cuya influencia perdura hasta hoy. Entre los pueblos americanos de la época había contactos comerciales e influencias culturales, más o menos intensos, y también frecuentes guerras.

Con la llegada de los europeos a América, a fines del siglo XV, empezó el prolongado choque entre los pueblos autóctonos y los conquistadores, que alteró profundamente la vida de unos y otros. En la mayor parte del continente fueron los súbditos de los reyes de España quienes impusieron su idioma, su religión y una nueva organización social, económica y política.

Durante trescientos años, en el territorio llamado entonces Nueva España se formó una sociedad estratificada, dominada por los llegados de Europa y por los criollos, descendientes "puros" de éstos, nacidos en la tierra conquistada. Ambos se consideraban españoles, pero los puestos principales en el gobierno y en la Iglesia estaban casi totalmente en manos de los peninsulares.

La población indígena, disminuida catastróficamente, vivió sometida y explotada; aceptó de buen o mal grado el cristianismo pero conservó parte de sus costumbres, aunque modificadas por las nuevas condiciones.

Con los pobladores europeos y aborígenes convivieron negros traídos como esclavos, así como personas de otras procedencias, éstas en número más reducido. La relación entre los distintos grupos dio lugar a un intenso mestizaje físico, religioso y cultural.

La aparente calma de la vida colonial se vio interrumpida con frecuencia por la lucha de los indígenas en defensa de sus tierras, pacífica o armada, que a veces buscaba reconstruir los antiguos estados autóctonos. También otros sectores de la población, entre ellos los esclavos y grupos de trabajadores, como los mineros, peleaban en defensa de sus intereses.

Gran parte de las tierras y otras fuentes de riqueza eran propiedad de los criollos, quienes llegaron a considerarse "americanos" y a querer tomar en sus manos la dirección del país. Sus contradicciones con la metrópoli se acentuaron desde finales del siglo XVIII. En 1808, la falta de un rey legítimo en España les brindó la oportunidad de pelear abiertamente por sus aspiraciones.

Fracasado el intento de las autoridades criollas de separarse de la metrópoli, el 16 de septiembre de 1810 estalló la sublevación. En los primeros años de la lucha predominó entre los rebeldes el sector que deseaba la independencia junto con la abolición o reducción de las diferencias sociales, pero posteriormente se impusieron quienes buscaban mantener sus privilegios y lograron establecer el estado independiente en 1821.

El nuevo país estaba bajo el dominio de los hacendados, jerarcas eclesiásticos y mandos militares, éstos provenientes en su mayoría de las filas del ejército que había combatido contra los insurgentes. Las masas de indígenas, campesinos y otros pobres, base de la fuerza de la insurgencia encabezada por Hidalgo y Morelos, siguieron privadas de representación política y su situación no mejoró, no obstante la abolición de las diferencias legales entre los distintos grupos de ciudadanos.

Por más de tres décadas hubo múltiples pugnas personalistas, entrelazadas con las luchas por abolir los privilegios establecidos durante el periodo colonial. Los portadores de estas aspiraciones eran las capas medias de la población constituidas por rancheros, pequeños empresarios e intelectuales, muchos de éstos formados en el bajo clero.

El país se vio enfrentado a varias invasiones extranjeras, la más importante de ellas fue la estadounidense, en que México perdió más de la mitad de su territorio.

La Reforma (1854-1860), dirigida por Benito Juárez, rompió aspectos importantes de la estructura proveniente de la Colonia, en una dura lucha que incluyó una guerra civil de tres años. La base social de la transformación que llevó a cabo radicaba en campesinos, miembros de las capas medias, hacendados y rancheros que buscaban mayor libertad y posibilidades de desarrollo. Sus medidas esenciales consistieron en el rompimiento del predominio cultural, político y, en gran parte, económico que tenía la iglesia católica, la separación de ésta del Estado, la nacionalización de sus cuantiosos bienes, la abolición de los privilegios del clero y de los militares y el establecimiento de las libertades individuales, entre ellas la religiosa. La Reforma se expresó en distintas leyes y, sobre todo, en la Constitución aprobada en 1857.

El gobierno constitucional triunfante pronto se vio enfrentado a la intervención francesa que estableció un nuevo imperio, solicitado y apoyado por los conservadores, pero que aplicó una política liberal. México recuperó su independencia en una guerra de cinco años, que consolidó la identificación de su pueblo como nación.

La siguiente etapa, el llamado porfiriato (1876-1910), se significó por la industrialización, la construcción de una amplia red ferroviaria y la división, más tajante que nunca antes, de la población entre una mayoría desposeída y un pequeño sector propietario de grandes riquezas. La República vivió tres décadas de aparente calma, se desarrollaron en alguna medida las llamadas clases medias y adquirieron gran peso las inversiones extranjeras. Debido a estas últimas, al crecimiento del comercio exterior y a los empréstitos obtenidos en otros países, se fortaleció la relación con el mercado mundial.

El poder se concentró en manos del presidente y de un reducido sector de funcionarios, lo que provocó protestas alimentadas también por las violaciones a la Constitución y a los principios de la Reforma. Las luchas campesinas y obreras se vieron impulsadas por un sector del liberalismo opositor, encabezado por los hermanos Flores Magón, que evolucionó hacia ideas de revolución social, adoptando los principios del anarquismo.

En la revolución que estalló en 1910, un sector estuvo dirigido por miembros de las capas medias, empresarios nacionales, hacendados y rancheros deseosos de acabar con los privilegios de los allegados al presidente y de los extranjeros. Por otra parte se integraron fuertes ejércitos dirigidos por campesinos o por revolucionarios provenientes de otras clases explotadas, cuyas aspiraciones consistían en el reparto de tierras y, en general, en lograr mejores condiciones de vida para los sectores pobres de la población, rebasando las metas exclusivamente políticas. En una primera etapa, ambas fuerzas estuvieron unidas en la lucha contra Porfirio Díaz.

Caído éste se enfrentaron los dos grupos en una cruenta guerra civil. Los ejércitos dirigidos por Francisco Villa y Emiliano Zapata, que pugnaban por los cambios más radicales, fueron derrotados pero varias de sus demandas, sostenidas por amplios sectores populares, encontraron una expresión parcial en la Constitución que se aprobó en 1917 y que sigue en vigor actualmente. Especialmente, el artículo 27 de ésta estipulaba el reparto de la tierra a favor de los campesinos, además de restaurar la propiedad de la nación sobre el subsuelo. El artículo 123, a su vez, consagra los derechos de asociación y de huelga a favor de los obreros. La educación pública mantiene su carácter laico y establece la obligación del Estado de impartirla.

En el periodo siguiente se consolidó el Estado, dirigido por los caudillos provenientes del carrancismo que había triunfado y promovido la elaboración de la Constitución de 1917. En una primera fase buscaba someter a su dominio a los movimientos obreros y campesinos, algunos de ellos sumamente combativos, otorgándoles las concesiones indispensables para mantener el poder, al mismo tiempo que defendía, en ocasiones con poco éxito, la soberanía nacional frente a las pretensiones del extranjero, principalmente de Estados Unidos.

El gobierno de Lázaro Cárdenas (1934-1940), en cambio, hizo suyas y encabezó muchas de las demandas del movimiento popular, entregó a los campesinos gran parte de las tierras más productivas y nacionalizó la principal fuente de energéticos, el petróleo. Un amplio sector del pueblo llegó a sentirse identificado con el Estado.

Posteriormente crecieron con mayor rapidez los sectores empresariales, en medio de una pugna que enfrentaba el capital privado, nacional y extranjero, contra el Estado, cuyas inversiones desempeñaban una importante función para el crecimiento de la industria y de los servicios sociales.

A partir de los ochenta llegaron a imponerse los sectores interesados en vincular estrechamente el país a la economía internacional y se sucedieron varias crisis económicas violentas. Por su parte, las organizaciones obreras y campesinas ligadas al régimen perdieron casi totalmente su fuerza anterior.

Muchos sectores exigieron y lograron parcialmente una reforma de los sistemas electorales, abriendo mayores espacios a la acción política y a la presencia de partidos de oposición en los órganos de gobierno, aunque sin alterar la estructura y organización del país. Al mismo tiempo se presentaron nuevos movimientos de rebeldía, moderados unos y radicales otros, levantando reivindicaciones apoyadas por una parte de la sociedad y rechazadas por el gobierno, los sectores empresariales, otras fuerzas sociales y por los organismos financieros internacionales.

El problema al que se enfrenta México en esta etapa histórica consiste en lograr una estructura que le permita superar sus dificultades, y en hacerlo en forma pacífica. La acción consciente y sostenida del pueblo podrá lograr la transformación requerida, como lo ha hecho en situaciones anteriores.

La historia y el historiador

El estudio del pasado, al igual que toda indagación de la realidad, responde al deseo humano de conocer el mundo, pero no se limita al puro placer de saber. De manera directa o indirecta, muchas veces sin proponérselo, sus resultados llegan a repercutir sobre nuestra vida, al permitirnos comprender las causas, las características y las consecuencias de lo examinado. En muchas ramas del saber humano esto es obvio y no requiere mayor explicación, como sucede, por ejemplo, con la física, la química, la medicina y la geografía.

La historia, por su parte, además de proporcionarnos una satisfacción al saciar nuestra curiosidad y, en su caso, emocionarnos con determinados acontecimientos y personajes, nos permite reflexionar con seriedad sobre las características y causas del comportamiento de la sociedad humana a través del tiempo. Tal análisis, a su vez, es una base para normar la actuación del ser humano, es decir, para su libertad de participar en la determinación de su propio destino.

La historia comparte la función señalada con las demás ciencias sociales y, en un sentido más amplio, con todas las ramas del saber.

Se presenta entonces la pregunta acerca de la forma en que el historiador obtiene los datos que presenta, de la confianza que merece su labor y de los criterios que fundamentan sus juicios.

La información histórica se nutre de diferentes fuentes, como son los hallazgos de restos humanos, utensilios, construcciones y otros. Importantes son los documentos escritos por contemporáneos de los sucesos, ya sea que se hayan elaborado con el fin de proporcionar una información a las generaciones futuras, como es el caso de las crónicas, consistan en informaciones o propuestas a un gobernante o sean cartas personales, de las que el observador atento puede desprender un conocimiento más general. También los mitos y los relatos orales proporcionan conocimientos valiosos.

El siguiente paso es la evaluación de la información obtenida: ¿son verdaderos los datos?; ¿cuáles de ellos son relevantes y cuáles deben ser dejados de lado? Se aplican diferentes métodos para contestar la primera pregunta, como el análisis químico de restos y documentos para determinar su antigüedad y el estudio comparativo de distintas informaciones acerca del mismo acontecimiento. La atribución de importancia a un dato, a su vez, depende en mucho del enfoque aplicado por el historiador.

En este último aspecto se presentan dos problemas que han conducido a muchos observadores a negarle carácter de ciencia a la historia. Por una parte, el autor de una información siempre está condicionado, en mayor o menor medida, por su propia situación. Así, no será igual el relato de la conquista de Tenochtitlan escrito por Cortés al expuesto por uno de sus soldados, y menos todavía al del vencido. Lo mismo se puede decir de la Revolución de 1910: para unos se trató de la destrucción del orden y de la prosperidad, mientras otros la consideran la liberación de la esclavitud. Los ejemplos se pueden multiplicar indefinidamente.

El historiador, a su vez, aplica un criterio proveniente de su educación, del contorno social en que se mueve y de las conclusiones de sus estudios anteriores, así como del análisis del tema que esté tratando. De acuerdo con ello, considerará más relevante la actuación de personalidades destacadas o la de grupos o clases sociales, atribuirá mayor importancia a la cultura, a la religión o a la economía, o aplicará otros criterios. Nunca podrá ser imparcial, pero para ser objetivo tomará en cuenta con especial cuidado las informaciones e interpretaciones que se opongan a su propio punto de vista.

El problema se complica aún más por el hecho de que nuevos datos y análisis refutan frecuentemente verdades que ya parecían establecidas y aceptadas. La historia, como todas las ciencias, no está hecha: se está haciendo continuamente.

De lo dicho, aplicable al estudio de un problema histórico determinado y también a una presentación de conjunto, se desprende que el historiador ciertamente tendrá su punto de vista, pero también deberá estar consciente de que éste no constituye una verdad irrefutable, y aceptará la existencia de consideraciones e interpretaciones distintas, respetables en función de la seriedad de su información y análisis.

Algunas reflexiones

Periodos "tranquilos" y momentos agitados. Durante muchos siglos, los observadores de la historia se interesaban casi exclusivamente en los "grandes acontecimientos" como guerras o revoluciones, y en la actuación de jefes de estado, artistas destacados, innovadores religiosos o pensadores sobresalientes. No se ponía interés en las modificaciones "menores" de la técnica, la vida cotidiana y la forma de pensar de la gente.

Sin embargo, un estudio más cuidadoso enseña que a través de estos cambios poco visibles se forman las condiciones que dan lugar a movimientos profundos. Para entender el desarrollo humano es necesario tomar en cuenta tanto las evoluciones producidas en plazos prolongados como los movimientos violentos característicos de determinados momentos, y la relación entre unas y otros. En ese examen no se debe olvidar que los pueblos siempre están actuando, en ocasiones de manera poco visible y en otras de manera evidente. También es necesario considerar que su presencia generalmente es poco conocida por dejar escasas huellas escritas. Las investigaciones de los últimos años han sacado a la luz muchos de estos movimientos.

Dirigentes y masas populares. Un debate acerca de las características de México se refiere al papel desempeñado por los *tlatoanis*, virreyes, presidentes y otros caudillos, y su relación con el pueblo. Muchos autores atribuyen a las masas mexicanas un carácter pasivo, consideran a éstas incapaces de desarrollar iniciativa propia y piensan que sólo los dirigentes han sabido tomar decisiones.

Esta afirmación se ve refutada por múltiples hechos. Entre ellos están las decisiones colectivas tomadas en determinadas ocasiones por los pueblos americanos antes y después del arribo de los europeos, las gestiones pacíficas o violentas de las comunidades "blancas" o "indias" en la época colonial, las acciones en la lucha por la Independencia, las iniciativas populares frente a la invasión norteamericana, los chinacos combatientes contra el Imperio de Maximiliano, los ejércitos villistas y zapatistas, el apoyo a la nacionalización del petróleo, entre otras.

Lo dicho no significa que la voluntad de los gobernantes carezca de importancia ni niega la fuerza que éstos obtienen de la estructura del Estado o de las organizaciones que dirigen, ni su capacidad de encauzar la acción popular en determinados momentos, pero sí hace insostenible la tesis de la pasividad popular.

Es más: los grandes movimientos en la historia de México, como la Independencia, la Reforma, la victoria sobre la Intervención francesa, la Revolución de 1910 y las transformaciones del periodo cardenista sólo fueron posibles gracias a la acción y las iniciativas de las masas populares, hechas suyas, en gran parte, por sus dirigentes.

Unidad nacional y luchas sociales. Estrechamente relacionado con el problema anterior se encuentra el del "interés nacional" frente al de los diferentes grupos. La sociedad mexicana, como todas las del mundo actual, está compuesta por clases y grupos con intereses y aspiraciones propios, en muchos casos contradictorios. Al respecto, basta con pensar en la lucha por la tierra entre campesinos y hacendados, la pugna entre trabajadores y empresarios por salarios y ganancias, y muchas otras situaciones. Los grupos privilegiados suelen identificar sus ventajas particulares con el interés de la nación y consideran que sus puntos de vista son los únicos convenientes y realizables, y en consecuencia proclaman a la obediencia como la mayor virtud ciudadana.

La crisis en que terminó la Colonia, el desastre del autoritarismo de Santa Anna o el del final del porfirismo, entre otras situaciones, hacen ver que no hay tal identidad de intereses y proyectos de los sectores privilegiados con los propios de los marginados de los beneficios. Es necesario distinguir entre la unidad entendida como la obediencia a los poderosos y lo que puede llamarse auténtica unidad nacional, correspondiente a la voluntad y el progreso de la mayoría de la población.

¿Progreso para todos? Los partidarios de un movimiento generalmente afirman que las medidas propuestas o tomadas por ellos benefician a toda la nación. En la realidad no sucede así: se dan simultáneamente ventajas para unos y perjuicios para otros o también un grupo es beneficiado y afectado negativamente por una misma medida. Así, para citar algunos ejemplos, vemos que la Independencia liberó a los indígenas del pago de tributos y de la discriminación legal, pero los privó de la relativa protección de las leyes

españolas; la Reforma amplió la libertad y también abrió el camino para acelerar el despojo de tierras de los campesinos.

La incorporación de opositores. Un aspecto poco considerado por los observadores es la capacidad demostrada durante mucho tiempo por el Estado mexicano de cooptar fuerzas opositoras, es decir, incorporarlas a su estructura, satisfaciendo algunas de sus demandas y anulándolas, al mismo tiempo, como adversarias. Así sucedió con el Plan de Iguala al proclamar la igualdad de derechos entre españoles y americanos, con la inclusión de lerdistas en el gabinete de Porfirio Díaz y al insertar demandas agraristas y obreras en los proyectos de Carranza y de Obregón. En esta forma se atenuaron muchos problemas, pero al no resolverlos a fondo volvían a presentarse posteriormente, a veces con mayor violencia.

Cultura o culturas. Toda comunidad desarrolla una cultura, cuyas características están originadas en gran parte por sus antecedentes. En el caso de México, observamos que el gobierno colonial intentó imponer las normas de la metrópoli, dejando aisladas, en segundo plano y sin posibilidad de desarrollo las de los indios. Durante el primer siglo del México independiente se continuó esta política y, a partir de la Revolución, se consideró cultura nacional la llamada cultura mestiza. Sin embargo, el México de hoy es una nación pluricultural; una parte importante de su riqueza está constituida por los pueblos indígenas que conservan sus estructuras propias, en las que se encuentran fusionadas tradiciones ancestrales con influencias españolas y del México independiente.

Son innumerables los problemas que plantea la historia de México. Aquí sólo ha sido posible examinar unos pocos, que consideramos de especial interés.

¿Hacia dónde?

Según una opinión muy extendida, el hombre sólo puede dirigir su propia vida —o ni siquiera ésta— pero no le es posible participar en la orientación de la sociedad de la que forma parte. Ésta estaría determinada por "los poderosos", nacionales o extranjeros y, en lo económico, por las "leyes del mercado", superiores a toda voluntad humana y sólo aprovechables por los dueños de bienes cuantiosos.

Efectivamente, es indudable la gran fuerza de los núcleos económica y políticamente poderosos en el interior de la nación, la del mercado mundial y los organismos financieros internacionales, así como la influencia de los medios modernos de comunicación. Sin embargo, tampoco se puede desconocer el papel que desempeñan los gobiernos y la acción de los distintos sectores sociales, coincidentes con el poder público o en oposición a él.

Se imponen entonces dos preguntas: ¿qué desean los ciudadanos, y cuáles son las formas para transformar en realidad sus aspiraciones? Ambas interrogantes han recibido múltiples respuestas, referentes a necesidades inmediatas o buscando soluciones de tipo permanente. Estas últimas con frecuencia no se expresan con claridad y no son fáciles de definir, pero la observación atenta de la experiencia histórica puede ayudar a encontrarlas.

La "Declaración Universal de Derechos Humanos", aprobada por la Organización de Naciones Unidas (ONU) en 1948, da una respuesta general a los problemas planteados, al decir en su artículo primero: "Todos los seres humanos nacen libres e iguales en dignidad y derechos y, dotados como están en razón y conciencia, deben comportarse fraternalmente los unos con los otros".

Para hacer realidad este ideal, la Declaración consigna, entre otros, el derecho a la libertad y a la seguridad personal; a la salud y a la protección especial de niños, desempleados, enfermos y ancianos; a recibir educación, tendente al pleno desarrollo de la personalidad humana; a elegir libremente un trabajo, remunerado en forma equitativa y satisfactoria y a defender sus intereses por medio de sindicatos; a ser respetado en la vida privada, contraer matrimonio mediante el libre consentimiento de las partes y formar una familia; a tener propiedad; a disfrutar de libertad de conciencia y de religión y a reunirse y formar organizaciones pacíficamente. También señala expresamente el derecho a participar en el gobierno de su país, en forma directa o por medio de representantes libremente elegidos.

La Declaración prohíbe todo tipo de discriminación, ya sea por motivo de raza, color, sexo, idioma, religión, opinión política o cualquier otro motivo, así como la esclavitud, la tortura y la detención y el destierro arbitrarios. Afirma al mismo tiempo la soberanía de los estados y la obligación de toda persona a participar en las funciones y actividades de la sociedad en cuyo seno vive.

Las recomendaciones de esta Declaración, por su carácter general, pueden interpretarse de distintas maneras y es obvio que, en gran medida, no se aplican actualmente. Sin embargo, expresan aspiraciones por cuya realización se puede y se debe pugnar, en las formas y con los objetivos específicos que determinen cada pueblo, cada nación.

Las luchas realizadas a través del tiempo por los mexicanos y muchos artículos de la Constitución vigente revelan la misma aspiración que la expresada en la Declaración de la ONU. En resumen consiste en organizar a la sociedad humana en tal forma que proporcione una vida digna a todos sus integrantes, o sea, les permita vivir en libertad, facilite el desarrollo de la personalidad de todos y les dé acceso a los medios necesarios para una vida decorosa. ¿Qué significa esto en la práctica?

Un requisito básico para disfrutar de la libertad consiste en la seguridad, es decir, en estar protegido tanto contra robos, asaltos y otras violencias como frente a abusos de la autoridad. Hay pocas dudas acerca de este principio general y sólo se debe anotar la discusión, periódicamente reavivada, acerca de la represión de la delincuencia. Al respecto, la experiencia demuestra la necesidad de la aplicación rápida y justa de las leyes y la escasa eficiencia de los "castigos ejemplares", como la pena de muerte. Es necesario también evitar la frecuente injusticia consistente en la poca posibilidad del carente de recursos para defenderse de acusaciones injustas o exageradas, frente a las oportunidades de quien dispone de poder o riqueza.

La democracia constituye otro componente de la libertad, y acerca de ella se expresan muchos puntos de vista. Casi todo mundo está de acuerdo en la necesidad de que los ciudadanos puedan designar libremente a sus gobernantes, mediante elecciones periódicas, justas y equitativas.

Por otra parte, no hay consenso en cuanto a las funciones de la autoridad democrática. Muchas personas consideran que las elecciones tienen como única finalidad designar a los gobernantes, pero exigen que éstos intervengan sólo mínimamente en la vida de la sociedad, sobre todo en lo referente a la economía.

Frente a este punto de vista se imponen dos consideraciones. Es un hecho que todos los gobiernos, aunque no manejen empresas propias, intervienen en la economía a través de la determinación de los impuestos y de los servicios públicos. Sus acciones, forzosamente, benefician a determinados sectores y clases sociales, frecuentemente a costa de otros. A este respecto, la función democrática consiste en acatar la voluntad popular.

Con alguna frecuencia se alega que el "hombre de la calle" no tiene la preparación necesaria para saber qué es conveniente y realizable. Este argumento olvida la idea básica de la democracia, de que son los ciudadanos quienes tienen derecho a tomar las decisiones acerca de sus problemas. Para llevar esto a la práctica, se requiere que dispongan de la información necesaria, puedan prepararse para comprenderla y analizarla y estén en condiciones de discutir las diferentes propuestas entre las cuales puedan escoger. Las campañas políticas realizadas con técnicas de promoción mercantil, basadas en la "imagen" de los candidatos más que en sus planteamientos, pueden corresponder a las formas de la democracia pero niegan su contenido.

Otra reflexión acerca de la democracia va más allá de lo apuntado. "Democracia" significa gobierno del pueblo y supone la capacidad de escoger a los gobernantes, pero no se reduce a ello. Su campo abarca toda la vida de la sociedad, con la única limitación de respetar el derecho de toda persona a manifestarse en contra de una decisión adoptada y, en general de adoptar otro punto de vista. No es fácil encontrar la forma adecuada para lograr tal organización, pero es indispensable para la existencia real de la vida democrática.

Estrechamente unida con lo anterior está la cuestión del libre desarrollo de la personalidad que requiere, sin duda, disponer de un mínimo bienestar, de la oportunidad de recibir educación, de debatir sus puntos de vista y de vivir en la forma que desee, considerando que la mayor libertad de cada uno redunda en la mayor libertad de todos. Aquí también es difícil encontrar la manera correcta de aplicar esta aspiración, y en diferentes momentos y circunstancias deberán adoptarse soluciones distintas, seguramente nunca perfectas pero cuya superación deberá buscarse continuamente.

La estructura económica de la sociedad constituye otro condicionante de la vida de sus miembros. Es reconocido generalmente que la pobreza y, con mayor razón, su forma extrema, la miseria, con sus correlatos de desnutrición, enfermedades, discriminación social y escasa preparación escolar limitan severamente el desarrollo de la personalidad, aunque no faltan hombres y mujeres que preservan su dignidad a pesar de vivir en esas condiciones. Pero la organización de la economía y los conceptos que ella engendra y que a su vez la impulsan, repercuten más allá de lo señalado.

Una fuerte desigualdad entre las condiciones de vida de unos y otros sectores sociales engendra y fortalece sentimientos de frustración entre los desfavorecidos y de autocomplacencia de los beneficiados. La imposibilidad de lograr la satisfacción de sus necesidades básicas, que afecta amplios grupos en los periodos de desocupación permanente que acompaña a las crisis económicas severas, suele engendrar en sus víctimas la desesperación, la renuncia a encauzar su propia vida y da lugar, con frecuencia, a refugiarse en el alcoholismo, la drogadicción, la violencia o las interpretaciones místicas de la vida. Se plantea entonces la pregunta sobre el papel de la sociedad y de sus organismos para enfrentar estos problemas.

Una cuestión fundamental al respecto se encuentra en la concepción básica que anima a la comunidad. Actualmente está muy extendida la idea, planteada desde fines del siglo XVIII por los economistas liberales clásicos, que la mejor vía para el avance de la sociedad consiste en que cada uno de sus miembros goce de la máxima libertad en la búsqueda de su propio provecho. En su forma extrema, esto conduce a identificar el éxito económico con el logro de los objetivos en la vida de las personas y produce una competencia despiadada que condena a la frustración permanente a los perdedores en esta lucha, situación que se trasmite a los descendientes de éstos y de los "exitosos".

La ayuda que suministran personas o instituciones privilegiadas a quienes viven en la pobreza atenúa las consecuencias de la situación pero no la elimina y puede contribuir no sólo a estabilizarla sino también a mayores sentimientos de frustración.

Frente a ello se han planteado distintas opciones, que en su forma más radical proponen la transformación en propiedad social de los bienes que permiten obtener riqueza, es decir, del capital o, de manera más moderada, procuran garantizar a todos los miembros de la sociedad condiciones de vida decorosas. En la base de esta concepción está la idea del deber de cada uno de participar en la superación de todos, es decir, la solidaridad social.

Debe señalarse que la búsqueda de una organización económica conveniente no puede dejar de tomar en cuenta las relaciones cada vez más estrechas entre todos los países del mundo. Hoy en día, muchos productos se elaboran por partes en distintos países para ensamblarse después y los capitales circulan libremente entre las naciones en busca de los lugares donde gocen de las mejores condiciones para la obtención de ganancias.

Los países necesitados de inversiones tratan de atraerlas ofreciendo mano de obra disciplinada y de bajo costo, con lo que han conseguido un incremento moderado de la ocupación sin lograr mejorar las condiciones generales de vida, en parte debido a la reducción de los servicios públicos. A su vez, esta situación repercute negativamente sobre las naciones industrializadas, por el desplazamiento de sus fuentes de trabajo a las regiones "en desarrollo". Medidas locales adecuadas podrían atenuar esta tendencia, pero sólo una acción de alcance global es capaz de revertirla eficazmente.

Actualmente se manifiestan en muchas partes movimientos que buscan humanizar las condiciones de trabajo, algunos de los cuales han llegado a los gobiernos de sus naciones. Así, en Francia, Italia y otros países se plantea hoy reducir la semana laboral, manteniendo los salarios y protegiendo así la capacidad adquisitiva de la población, además de otras medidas. Forman parte del mismo movimiento fuerzas que, sin haber llegado a ser gobernantes en sus naciones, han logrado éxitos locales. México no debe dejar de examinar esta tendencia y de buscar las medidas convenientes para el mejoramiento de sus condiciones.

También es necesario considerar la situación de las minorías nacionales y étnicas, planteada hoy en muchos países del mundo, que en México se expresa en las demandas de los pueblos indígenas por el derecho a mantener y desarrollar sus propias culturas, en el marco del país. Estas comunidades forman parte de la riqueza nacional y es necesario crear condiciones que les permitan su desarrollo, de acuerdo con sus aspiraciones y en el respeto a los derechos sociales e individuales de sus integrantes. Negar esta posibilidad equivaldría a excluirlos de los beneficios de la democracia y de los derechos humanos.

Junto a los problemas planteados se encuentran el de la igualdad entre hombres y mujeres, la protección a la niñez, la conservación y reconstitución de la ecología y muchos otros. Todos ellos están ligados con el logro de la democracia y de la estructura económica de las sociedades.

Una sociedad democrática no puede dejar de examinar su propia orientación, de definir el objetivo que desea alcanzar y de buscar las vías para ello.

¿Qué hacer?

La problemática enunciada, sin duda, es abrumadora. Su superación se enfrenta a graves obstáculos y no puede darse en poco tiempo. Pero sólo un camino que se emprende lleva a una meta; en cambio, la inactividad, la resignación ante lo enorme de la tarea significa renunciar a la más noble capacidad del ser humano, la de hacerse responsable de su propio devenir, y no puede conducir sino al desastre.

La acción corresponde a todos los seres humanos y tiene que expresarse en la elaboración de las metas, a corto y largo plazo, en la formación de las organizaciones requeridas y en imprimir a los gobiernos la orientación que adopten.

Para lograr éxito no se deben soslayar las diferencias y contradicciones existentes entre los distintos grupos humanos, entre diferentes sociedades y en el seno de éstas. El respeto a las normas democráticas y su profundización puede abrir la vía para lograr pacíficamente mejores condiciones en beneficio de todos los seres humanos.

La dignidad demostrada por el pueblo mexicano a través de su historia, y su capacidad de acción, le permitirán encontrar el camino adecuado.

Referencias generales

Guía bibliográfica

La Guía, que contiene sólo una mínima parte de la enorme bibliografía existente, está destinada a facilitar un conocimiento más profundo de la historia de México, sin llegar a niveles propios del especialista. Está estructurada en *Obras generales*, *Periodos* (siguiendo la organización del *Esbozo*) y *Temas específicos*.

Se usan las siguientes abreviaturas en la indicación de algunas editoriales:

ColMéx: Colegio de México, México.
FCE: Fondo de Cultura Económica, México.
IIH: Instituto de Investigaciones Históricas, Universidad Nacional Autónoma de México, México.

OBRAS GENERALES

Referencias generales

Enciclopedia de México, 3a. ed., México, Enciclopedia de México, 12 vols., 1978.
IGUI–IZ, Juan B., *Bibliografía biográfica mexicana*, IIH, 1969.
IIH, *Historiografía mexicana*. Los cinco volúmenes proyectados, de los cuales se han publicado dos, están pensados para presentar la imagen elaborada por estudiosos mexicanos de la historia de México.

Recopilaciones documentales y trabajos de interpretación

IIH, *Historia documental de México*, 1964, 2 vols. (Abarca de la época prehispánica hasta aproximadamente 1960.)
MATUTE, Álvaro, *México en el siglo XIX. Antología de fuentes e interpretaciones históricas*, Lecturas universitarias, UNAM, 1993.
MATUTE, Álvaro, *Antología de Historia de México. Documentos, narraciones y lecturas*, Secretaría de Educación Pública, México, 1993 (Abarca de 1810 a 1960.)

TENA RAMÍREZ, Felipe, *Leyes fundamentales de México*, México, Porrúa, 1957.
BONFIL Batalla, Guillermo, *México profundo. Una civilización negada*, México, Edit. Grijalbo, 1989.

Historias globales

BETHEL, Leslie, *Historia de América Latina*, 10 vols.; Cambridge University Press, Crítica, Barcelona. (Abarca de la Colonia hasta 1930.)
COLMEX, *Historia general de México*, 2 vols.
GALEANA de Valadés, Patricia (Coordinadora académica), *México y su historia*, 12 vols., UTEHA, México. (Abarca hasta 1982.)
KATZ, Friedrich, *Ensayos mexicanos*, Ed. Patria, México.
LEÓN-PORTILLA, Miguel (Coordinador general), *Historia de México*, 13 vols. Salvat Mexicana de Ediciones, México. (Abarca hasta 1970.)
SEMO, Enrique (Coordinador), *México, un pueblo en la historia*, 8 vols., Alianza Editorial Mexicana, México. (Abarca hasta 1985.)

PERIODOS ESPECÍFICOS

Raíz americana

LEÓN-PORTILLA, Miguel, *Los antiguos mexicanos a través de sus crónicas y cantares*, FCE, Col. Popul. 88.
LÓPEZ AUSTIN, Alfredo y Leonardo López Luján, *El pasado indígena*, ColMéx, FCE, México, 1996.

América como colonia europea

LEÓN-PORTILLA, Miguel, *Visión de los vencidos*, UNAM.
COATSWORTH, John, *Los orígenes del atraso. Nueve ensayos de historia económica de Méx. en los s. XVIII y XIX*, Méx., Alianza, 1990.

Formación y consolidación del México independiente

ARRANGOIZ, Francisco de Paula, *México desde 1808 hasta 1867*, México, Porrúa (Col. Sepan cuántos, 82), 1968.
KRAUZE, Enrique, *Siglo de caudillos. Biografía política de México (1810-1910)*, Tusquets Edits., México.
COSÍO VILLEGAS (Dir.), *Historia Moderna de México*, México, Hermes, 9 vols. (Abarca República Restaurada y Porfiriato.)

¡Paz, orden y progreso!

GUERRA, Francisco Javier, *México: del antiguo régimen a la revolución*, ColMéx, 2 vols.

Un proyecto nacionalista y popular y *Otro rumbo*

AGUILAR CAMÍN, Héctor y Lorenzo Meyer, *A la sombra de la Revolución Mexicana (1910-1989)*, Cal y Arena, México, 1997.
ColMéx, *Historia de la Revolución Mexicana*, 23 vols.
GILLY, Adolfo, *La revolución interrumpida*, Ed. Era, México, 1994.
GILLY, Adolfo, *El cardenismo, una utopía mexicana*, México, Cal y Arena, 1994.
KNIGHT, Alan, *La Revolución Mexicana: del Porfiriato al nuevo régimen constitucional*, México, Grijalbo, 2 vols., 1996.
KRAUZE, Enrique, *Biografías del poder. Biografías de la Revolución Mexicana (1910-1940)*, Tusquets Edits., México. (Díaz a Lázaro Cárdenas.)
KRAUZE, Enrique, *La presidencia imperial. Ascenso y caída del sistema político mexicano (1940-1996)*, México, Tusquets Edit., 1997.
MEDINA PEÑA, Luis, *Hacia el nuevo estado. México, 1920-1994*, FCE, 1995.
MEYER, Jean, *La cristiada*, México, Siglo XXI edit., 3 vols.
OLIVERA SEDANO, Alicia, *Aspectos del conflicto religioso de 1926 a 1929*, México, Inst. Nal. de Antropología e Historia, 1966.

TEMAS ESPECÍFICOS

Relaciones internacionales

GALEANA, Patricia, *México y el mundo: historia de sus relaciones exteriores*, México, Senado de la República, 1900-1991, 8 vols.
ZORRILLA, Luis G., *Historia de las relaciones entre México y los Estados Unidos de América, 1800-1958*, México, Porrúa, 2 vols.

Campo

DURÁN, Marco Antonio, *El agrarismo mexicano*, Siglo XXI Edits.
GONZÁLEZ DE LEÓN, Antonio, *Historia de la cuestión agraria mexicana*, Siglo XXI Edits.
KATZ, Friedrich, *La servidumbre agraria en México en la época porfiriana*, México, Ed. Era.
SILVA HERZOG, *El agrarismo mexicano y la reforma agraria: exposición y crítica*, FCE.

Clase obrera

GONZÁLEZ CASANOVA, Pablo (Coordinador). *La clase obrera en la historia de México*, 17 vols., Instituto de Investigaciones Sociales, UNAM y Siglo XXI edit. (Abarca de la Colonia hasta 1979.)

Estado y partidos políticos

GONZÁLEZ CASANOVA, Pablo, *El Estado y los partidos políticos en México*, Ed. Era, México, 1988. (Varios ensayos; de interés especial "El partido del Estado y el sistema político".)

Vida cotidiana

PÉREZ MONTFORT, Ricardo, *Estampas de nacionalismo popular mexicano*. México, Ctro. de Investigaciones y Estudios Superiores en Antropología Social. (Abarca de finales del siglo XIX a la década de 1950.)

VIQUEIRA Y ALBÁN, Juan Pedro, *¿Relajados o reprimidos? Diversiones públicas y vida social en la Ciudad de México durante el siglo de las Luces*, FCE, 1987.

Arte

Enciclopedia de historia del arte, Ed. Salvat.

Créditos de las ilustraciones

Todos los esquemas geográficos fueron realizados por Dolores Duval H. y Juan Brom.

p. 34, Archivo Grijalbo.
p. 35, *México y su historia*, México, UTEHA, 1984, t. 1, p. 35.
p. 38 (izq.), *Historia de México*, México, Salvat, 1978, t. 1, p.191.
p. 38 (der.), *ibid.*, p.201.
p. 41, Archivo Grijalbo.
p. 43, *Historia de México*, México, Salvat, 1978, t. 5, p. 998.
p. 46, Archivo Grijalbo.
p. 47, *México y su historia*, México, UTEHA, 1984, t. 1, p. 105.
p. 49, *Historia de México*, México, Salvat, 1978, t. 2, p. 329.
p. 50, Archivo Grijalbo.
p. 54 (arriba), *Historia de México*, México, Salvat, 1978, t. 1, p.173.
p. 54 (abajo), *México y su historia*, México, UTEHA, 1984, t. 1, p. 39.
p. 55, *Historia de México*, México, Salvat, 1978, t. 2, p. 250.
p. 56, *ibid.*, t. 2, p, 436.
p. 57. *ibid.*, t. 2, p, 359.
p. 59, *ibid.*, t. 3, p, 625.
p. 60, *ibid.*, t. 3, p, 635.
p. 61, *ibid.*, t. 3, p, 715.
p. 106, *Viaggio nel Messico millenario*, Novara, Instituto Geografico De Agostini, 1988, pp. 38-39.
p. 107, *México y su historia*, México, UTEHA, 1984, t. 4, p. 474.
p. 131, Archivo Grijalbo.
p. 134, *México y su historia*, México, UTEHA, 1984, t. 5, p. 644.
p. 135, Archivo Grijalbo.
p. 139, *idem*.
p. 141, *idem*.
p. 144, *Historia de México*, México, Salvat, 1978, t. 7, p. 1691.
p. 158, Benítez, Fernando, *Historia de la ciudad de México*, Barcelona, Salvat, 1984, t. 6, p. 56.
p. 1 a color, *Historia de México*, México, Salvat, 1978, t. 3, p. 540.
p. 2 a color, *ibid.*, t. 3, p. 588.
p. 3 a color, *ibid.*, t. 3, p. 531.
p. 4 a color, *México y su historia*, México, UTEHA, 1984, t. 3, p. 367 y 370.
p. 5 a color, *ibid.*, t. 3, pp. 369 y 370.
p. 8 a color (arriba), *Museo Nacional de Antropología*. 14a. ed., México, GV Editores, 1996, contraportada.
p. 8 a color (abajo), Archivo Grijalbo.
p. 188, *México y su historia*, México, UTEHA, 1984, t. 7, p. 917.
p. 227, Archivo Casasola.
p. 228 (arriba), *Así fue la Revolución Mexicana*, México, Conafe, 1985, p. 106.
p. 228 (abajo), Revista *El Chamuco*, núm. 46, 16 de dic., de 1997, p. 3.
p. 230, *Así fue la Revolución Mexicana*, México, Conafe, 1985, p. 187.
p. 232, Archivo Casasola.
p. 235, *idem*.
p. 239 (arriba), *idem*.
p. 239 (abajo), *idem*.
p. 240 (arriba), *idem*.
p. 240 (abajo), Rius, *Posada, el novio de la muerte*, México, Grijalbo, 1997, p. 84.
p. 254, *México y su historia*, México, UTEHA, 1984, t. 10, p. 1307.
p. 257, Archivo Casasola.
p. 264, Benítez, Fernando, *Historia de la ciudad de México*, Barcelona, Salvat, 1984, t. 7, p. 63.
p. 265, Archivo Casasola.
p. 266, *idem*.
p. 292, *Historia de México*, México, Salvat, 1978, t. 11, p. 2578.
p. 293, Archivo Casasola.
p. 294 (arriba), Archivo Grijalbo.
p. 294 (abajo), *idem*.
p. 332, García Canclini, Néstor, La ciudad de los viajeros, México, Grijalbo, 1997, p. 20.
p. 333, Archivo Grijalbo.
p. 334, *idem*.
p. 347, *idem*.